担保公司会计实务

侯旭华 编著

中国财政经济出版社

图书在版编目（CIP）数据

担保公司会计实务/侯旭华编著.—北京：中国财政经济出版社，2015.1
ISBN 978-7-5095-5710-5

Ⅰ.①担… Ⅱ.①侯… Ⅲ.①担保－会计－研究－中国 Ⅳ.①F832.39

中国版本图书馆CIP数据核字(2014)第232278号

责任编辑：刘五书　林治滨	责任校对：徐艳丽
封面设计：孙俪铭	版式设计：董生平

中国财政经济出版社 出版

URL：http://www.cfeph.cn
E-mail：cfeph@cfeph.cn

（版权所有　翻印必究）

社址：北京市海淀区阜成路甲28号　邮政编码：100142
发行处电话：88190406　财经书店电话：64033436、84041336
北京富生印刷厂印刷　各地新华书店经销
787×1092毫米　16开　21.5印张　532 000字
2015年1月第1版　2015年1月北京第1次印刷
印数：1—3 060册　定价：52.00元
ISBN 978-7-5095-5710-5/F·4614
（图书出现印装问题，本社负责调换）
本社质量投诉电话：010-88190744
打击盗版举报热线：010-88190492、QQ：634579818

前言

我国担保业起步较晚，担保会计理论尚处于"拓荒"阶段。2010年7月14日财政部发布了《企业会计准则解释第4号》，规定融资性担保公司（以下简称担保公司）应当执行企业会计准则，按照有关保险合同的相关规定进行会计处理。但它只是一个原则性规定，并没有具体的实施细则，不具备可操作性。而且，担保公司经营过程及其结果与保险行业相比，还是有着显著的差异性。究竟如何将保险会计理论契合到担保公司整个风险管理和内控机制中去，找到自己的核心价值和定位，是担保公司面临的新课题。本书突出担保业的特色，从实务的角度，对担保公司会计业务及其核算方法、核算规范进行全面阐述。本书具有以下几个特点：

1. 内容新颖。本书立足于现行会计准则、解释公告，充分吸收国际财务报告准则最新研究成果，对担保公司会计处理提出了新的构想。同时，本书实时追踪最新税收、法律等相关政策发展动态，对政府补助、营业税、所得税的计算及其核算进行全面分析，具有前瞻性。

2. 涉及业务复杂。本书对原担保合同、再担保合同确认、计量和会计处理进行全方位的阐述。特别是对未到期责任准备金、担保赔偿准备金的计量采用了更为全面、复杂的技术标准。对共保、分担保费收入的确认和计量、分保账单的设计，摊回赔付支出、应收分保准备金的确认、当期结清的分入业务的核算、债务重组核算等疑难问题提出了具体处理方法。

3. 行业针对性明显。本书对体现担保公司特色的业务重点论述，尽量简化与其他行业有着共性的业务比如固定资产、无形资产、负债、所有者权益的核算。突出担保业的金融属性，对金融资产、金融负债、衍生金融工具进行重点阐述。

4. 操作性强。本书立足担保实际，兼容担保会计实务新变化，充分介绍了技术进步和担保业务创新导致的担保新兴业务或老业务新流程的会计处理问题和会计处理方法。本书论述深入浅出，重点和难点都辅以案例，实务操作详细具体。

5. 便于读者自主式学习。本书每一章正文后面都附有关键词、复习思考题和练习题，关键词附有英文翻译，特别是教材最后一部分附有练习题的详细答案。本书不但可以作为高等院校会计学、金融学有关专业教学用书，而且可以作为担保公司财会人员、管理人员以及担保经纪人、担保公估人、担保监管部门等学习担保公司财务会计知识的重要参考书。

本书是本人主持的湖南省哲学社会科学基金项目（编号：13YBB119）阶段性成果。在写作过程中，中南大学申建凯教授、长沙银行申钰希、长沙雨花区财政局尹煜华、复旦大学经济学院院长助理许闲副教授、安徽财经大学陈美桂老师参与了本书的资料收集和整理工作。在调研过程中，得到了山东汇银担保公司财务部经理李春雷的指导和支持，在此表示诚挚的谢意。另外，感谢中国财政经济出版社刘五书博士对本书稿的精心修改和润色。

如何规范担保公司会计处理是一个值得长期研究和探索的过程。本书的出版以期能够抛砖引玉，为担保会计理论的发展贡献一份力量，对担保实务起到一定的借鉴和参考作用。由于时间仓促，书中所提出的见解难免有不成熟之处，敬请各位同仁不吝指正，以便进一步充实和完善。

侯旭华
2014 年 8 月

目 录

第一章 担保公司会计导论 / 1

第一节 担保公司会计的概念和特点 / 1

第二节 担保公司会计要素及其计量属性 / 3

第三节 担保公司会计的基本前提与会计基础 / 8

第四节 担保公司会计信息质量要求 / 10

第五节 担保公司会计科目与账户 / 13

第六节 借贷记账法 / 22

第二章 原担保合同的核算 / 29

第一节 原担保合同的确定 / 29

第二节 原担保合同担保费收入的核算 / 33

第三节 原担保合同准备金的核算 / 39

第四节 原担保合同代偿支出的核算 / 48

第三章 再担保合同的核算 / 59

第一节 再担保合同核算概述 / 59

第二节 分保账单 / 63

第三节 再担保合同核算的基本要求 / 66

第四节 分出业务的核算 / 67

第五节 分入业务的核算 / 78

第四章 政府补助的核算 / 92

第一节 政府补助核算概述 / 92

第二节 政府补助的会计处理 / 95

第五章　外币交易的核算 / 101

第一节　外币交易核算概述 / 101
第二节　外币分账制的核算 / 103
第三节　外币统账制的核算 / 107

第六章　担保合同收入、费用和利润的核算 / 113

第一节　担保合同收入的核算 / 113
第二节　担保合同费用的核算 / 115
第三节　担保合同利润的核算 / 143

第七章　金融资产的核算 / 162

第一节　货币资金的核算 / 162
第二节　以公允价值计量且其变动计入当期损益的金融资产的核算 / 170
第三节　买入返售金融资产的核算 / 173
第四节　持有至到期投资的核算 / 175
第五节　贷款和应收款项的核算 / 179
第六节　可供出售金融资产的核算 / 188
第七节　长期股权投资的核算 / 191
第八节　金融资产减值的核算 / 197

第八章　金融负债的核算 / 209

第一节　金融负债核算概述 / 209
第二节　以公允价值计量且其变动计入当期损益的金融负债的核算 / 211
第三节　其他金融负债的核算 / 213

第九章　衍生金融工具的核算 / 223

第一节　衍生金融工具核算概述 / 223
第二节　衍生工具的核算 / 225
第三节　套期保值的核算 / 227

第十章 担保公司财务报表 / 235

第一节 担保公司财务报表概述 / 235

第二节 资产负债表 / 239

第三节 利润表 / 246

第四节 现金流量表 / 251

第五节 所有者权益变动表 / 262

第六节 附注 / 268

练习题答案 / 283

参考文献 / 334

第一章
担保公司会计导论

第一节 担保公司会计的概念和特点

担保公司会计（Guarantee Company Accounting）是指将会计理论运用于担保公司的一门专业会计。它是以货币为主要计量单位，对担保公司经营过程及其结果进行反映和监督并向有关方面提供会计信息的一种管理活动。

担保公司会计是会计学的一个分支，是一种特殊的行业会计。因此，担保公司会计不仅具有一般会计的共性，而且，由于其自身的经营的特殊性，又有着自己的个性。为了全面、准确地理解担保会计的含义，掌握其本质特征，必须把握担保公司会计的特点。

一、担保公司会计的基本特征是货币计量

会计离不开计量，计量单位有很多，比如实物量、劳动量，而作为会计的主要特点是以货币为计量单位。只有借助于货币量度，才能把各种性质相同或不同的经济业务加以综合，形成经营管理所必需的综合性信息。如果不能用货币来计量，就不是会计所反映的内容，比如，一个公司有多少担保费收入，发生了多少代偿，实现了多少利润，这些都能够用货币来计量，它们是担保公司会计所反映的内容，但一个公司的新产品开发、展业、人力资源管理状况如何，就不是会计所反映的内容，因为它们不能够用货币来计量。

二、担保公司会计的基本职能是核算和监督

从会计产生与发展的历史过程，我们不难得出这样的结论：管理经济离不开会计，经济

越发展，会计越重要。会计在管理经济中之所以那么重要，是由会计本身所具有的功能决定的。会计功能又称会计职能。会计在经济管理中的职能概括起来是：对会计主体的经济活动进行核算和监督。会计的核算与监督两项基本职能已写进《中华人民共和国会计法》中，会计是依法核算和依法监督。

三、担保公司会计的主要内容是担保公司经营过程及其结果

担保是指担保人与银行业金融机构等债权人约定，当被担保人不履行对债权人负有的融资性债务时，由担保人依法承担合同约定的担保责任的行为。担保公司是指依法设立，经营融资性担保业务的有限责任公司和股份有限公司。担保公司经营的是信用，管理的是风险，承担的是责任，研究担保公司会计问题，除了对一般会计理论体系要有充分认识外，最重要的是要了解担保行业业务性质的特殊性。担保行业的特殊性主要表现在以下三个方面：

1. 担保产品的特殊性

（1）无形性。对于一般制造业，经营的是一种商品，其物质实体是有形的，而对于担保业，担保经营以特定风险的存在为前提，以集合大量风险单位为条件，以大数法则为数理基础进行代偿，担保经营者在经营中实际充当了风险集散的媒介。担保公司在投保人交纳保费以后，经核保后以出具保单作为同意承担风险的书面证明，保单承诺若被担保人在保单生效后不履行对债权人负有的融资性债务时，担保公司负有代偿的责任。可见，担保公司向投保人出售的是一纸对投保人未来不能按合同约定履行义务时代其履行代偿义务的信用承诺，担保商品是无形商品。由于其经营对象比较抽象，经营产品本身就是风险，因此担保公司自身分享风险显得较为突出。

（2）金融性。担保公司是从事风险管理、出售信用产品的专业机构，信用是金融的本质。所以，担保业务的实质是一种金融业务。融资性担保作为一种经济活动，通过外部担保和增信，体现出信用放大和财务杠杆的作用，从而影响社会资金的流向和大小，使资金流向收益较高、风险较低的地方，充分体现了金融体系的基本功能——资金配置和风险配置。2010年3月8日财政部、国家发展和改革委员会等七个部门联合发布了《融资性担保公司管理暂行办法》（以下简称《暂行办法》），规定融资性担保公司经监管部门批准，可以经营贷款担保、票据承兑担保、贸易融资担保、项目融资担保、信用证担保等部分或全部融资性担保业务。经监管部门批准，可以兼营下列部分或全部业务：诉讼保全担保、投标担保、预付款担保、工程履约担保、尾付款如约偿付担保等履约担保业务，与担保业务有关的融资咨询、财务顾问等中介服务，以自有资金进行投资和监管部门规定的其他业务。

（3）中介性。担保公司处于被担保人和担保受益人的中间环节，被担保人不是一个企业或几个企业，而是一个群体。担保受益人绝大部分是银行和金融机构，也有自然人或机构投资者。因而，担保公司具有公共保证人特点。

（4）或有性。担保业务实质是一种期权互换，因此，或有事项是担保会计的主要核算对象。这种或有事项是由于担保公司提供担保事项而形成的，其结果具有较大不确定性，必须通过未来担保到期发生代偿或解除担保予以证实。

（5）风险性。一方面，担保业务的风险发生机制具有较强不确定性。由于担保项目的金额、期限各异，反担保措施的落实程度千差万别，担保项目的离散性很大，很难精确地计

算出合适的担保费率以维持业务需求与保本盈利之间的平衡。另一方面，由于担保业务面临来自被担保人、担保公司自身、金融机构以及法律、政策等几个方面风险的集合，其中任何一个方面发生问题，担保机构都将直接承担责任风险，高杠杆的经营特征决定了行业本身具有较高风险，同金融机构的密切联系则使得融资担保风险极易转化为金融风险，并可能最终转化为财政风险，这就对担保公司风险管控能力提出了很高的要求。

（6）社会公共性。担保产品属于准公共产品，由于担保业务的高风险性，担保资金投入需要政府资金引导，社会资金参与；担保代偿损失需要政府补偿并享受减免税的优惠。没有政府支持的财力支撑体系，规模化的担保体系是很难形成的。

2. 担保成本发生与收入补偿的顺序与一般行业相反

对于一般制造业，成本发生在前，产品定价在后，利润是售价与成本相抵的结果，而担保公司业务属于远期交易，收入实现在即期，风险成本在远期，因为担保公司不可能等到将来发生担保代偿责任后才决定保单售价，必须预先设定一个保单价格作为保单销售的依据，因此，担保行业在计算利润时需要采用特殊的程序、方法和假设，具有较强的预计性。

3. 担保资金运动形态表现为货币资金的收付

担保公司是经营担保业务的专门企业，其基本职能是组织代偿。因此，它不同于工商企业，是不从事直接生产和商品流通的。其业务活动，表现为货币资金的收付活动。一方面通过开展各种担保业务以收取担保费的方式从各个方面吸收大量的货币资金；另一方面通过代偿以及开支各项费用付出大量的货币资金，并通过货币资金的收付过程来实现担保公司自身的利润。由此可见，担保会计的对象，是担保公司资金运动过程中的收付及其增减变动情况。大量的现金流转是担保业的一大特色。

四、担保会计的本质是一种提供会计信息的管理活动

会计是一种经济工作，是一种为经济管理服务的社会实践，它除了记账、算账、报账以外，更重要的是提供决策有用的信息。因此，担保会计的本质是一种管理活动，其目的是提供会计信息，从某种意义上讲，它又是一个信息系统。

第二节
担保公司会计要素及其计量属性

一、会计要素

会计要素是对会计对象具体内容所作的基本分类，是会计对象的具体化。按照《企业会计准则——基本准则》规定，会计要素包括资产、负债、所有者权益、收入、费用和利润。

（一）资产（Asset）

担保公司的资产是指公司过去的交易或事项形成的、由公司拥有或者控制的、预期会给公司带来经济利益的资源。担保公司资产作为一种经济资源，它包括货币资金、财产、债权和其他权利。

对于制造业，主要从事商品生产和流通，原材料、在产品、产成品以及批发零售商业的购进商品等存货占了很大比重，资产以经营性资产为主。而担保业因担保产品是无形的信用承诺，故存货项目较少，而且担保公司收到投保人缴纳的保费后，为了实现在一定期限内滞留在担保公司内的资金的保值、增值，绝大部分要运用于投资方面，故以各种银行存款、债券和上市股票为主的有价证券、不动产、贷款等投资资产占总资产的比重较大。《暂行办法》规定，担保公司可以以自有资金进行投资，但仅限于国债、金融债券及大型企业债务融资工具等信用等级较高的固定收益类金融产品，以及不存在利益冲突且总额不高于净资产20%的其他投资。

担保公司资产按其流动性不同，分为流动资产和非流动资产。

流动资产是指预计在一个正常营业周期中变现、出售或耗用，或者主要为交易目的而持有，或者预计在资产负债表日起一年内（含一年）变现的资产，以及自资产负债表日起一年内交换其他资产或清偿负债的能力不受限制的现金或现金等价物。担保公司流动资产主要包括库存现金、银行存款、存出保证金、交易性金融资产、买入返售金融资产、应收保费、应收利息、应收代位追偿款、应收股利、应收分保账款、其他应收款、预付赔付款、拆出资金、低值易耗品等。

非流动资产是指流动资产以外的资产，主要包括长期股权投资、固定资产、投资性房地产、无形资产等。

（二）负债（Liability）

负债是指公司由过去的交易或者事项形成的、预期会导致经济利益流出公司的现时义务。现时义务是指公司在现行条件下已承担的义务。未来发生的交易或者事项形成的义务，不属于现时义务，不应当确认为负债。从负债的定义可以看出，负债所代表的是公司由于其过去的交易或事项所形成的现时义务。

对于担保业，经营的对象不是商品，而是保单。保单一经签发就具有法律效力，一旦被担保人不履行对债权人负有的融资性债务时，担保公司负有代偿的义务。因此，担保业务实质上是对担保契约承担的一种将来偿付责任。对于担保行业，负债项目较一般会计重要。

对于制造业，其负债主要表现为借款和应付项目。对于担保业，负债中占比例最大的是各种责任准备金。因为保单出单日不一定在每年年初，所以经常会产生担保期限跨越会计年度的现象。虽然担保费在出单时已经入账，但按照权责发生制原则应把不属于当期的担保费以未到期责任准备金的形式提存出来，从当年收入中扣抵，作为该年度利润表的费用与资产负债表的负债列示，在下年度再转回作为真正担保费收入，来承担跨年底的担保责任。另外，担保公司在承担保证责任的过程中，常常会由于担保风险的出现而造成担保公司的流出或负债的增加，这种风险的出现往往滞后于担保收入的确认，且在时间上和数额上难以预见，如果等到风险发生时一次性计入损益，有可能造成损益的大幅度波动。因此按照谨慎性原则，有必要在收入确认的当期，预先从费用中提取的一定担保赔偿准备金，作为未来担保风险损失的支出来源。

负债按偿还期限的长短可分为流动负债和非流动负债。

流动负债是指预计在一个正常营业周期中清偿、或者主要为交易目的而持有、或者自资产负债表日起一年内（含一年）到期应予以清偿、或者公司无权自主地将清偿推迟至资产负债表日后一年以上的负债。担保公司流动负债包括短期借款、存入保证金、拆入资金、应付利息、应付股利、应付手续费及佣金、预收保费、应付分保账款、预收赔付款、担保赔偿准备金、卖出回购金融资产款、应付职工薪酬、应缴税费等。

非流动负债是指流动负债以外的负债，包括长期借款、应付债券、长期应付款等。

（三）所有者权益（Owner's Equity）

所有者权益是指公司资产扣除负债后由所有者享有的剩余权益。对于公司来说，其所有者权益又称为股东权益。所有者权益体现公司投资者对净资产的所有权，它是公司生存和持续发展的基础，也是公司举借负债的基础保证。通常由股本（或实收资本）、资本公积（含资本溢价或者股本溢价、其他资本公积）、担保扶持基金、盈余公积、一般风险准备和未分配利润。

为了规范经营，《暂行办法》对担保机构设立了准入门槛，规定注册资本的最低限额不得低于人民币500万元。注册资本为实缴货币资本。

为了防范可能出现的经营风险，担保公司在提足各项责任准备金的基础上，在向投资者分配利润之前，经担保公司董事会或主管财政机关批准，按一定比例从税后利润中提取一般风险准备金，用于弥补特大代偿发生的亏损等。一般风险准备金必须专款专用，不得用于转增资本和向投资者分红。另外，由于担保业务的高风险性，要求实行充分的财政补偿制度，需要设置不需偿还的担保扶持基金，反映政府政策性扶持的基金。担保经营的风险性要求设置一般风险准备和担保扶持基金项目，这也是制造行业没有的。

（四）收入（Revenue）

收入是指公司在日常活动中形成的、会导致所有者权益增加的、与所有者投入资本无关的经济利益的总流入。对于担保公司而言，收入是指公司在销售保单、提供服务及让渡资产使用权等日常活动中所形成的经济利益的总流入，包括担保业务收入和其他业务收入。收入不包括为第三方或者客户代收的款项。

担保公司的收入主要来源于担保费收入。担保费收入很大程度上并非会计意义上的收入，其性质是介于负债与收入之间。也就是说，担保公司向保户收取的担保费并不是真正的收入，有很大一部分要通过责任准备金的形式提存出来，将来随时要向保户支付，是对保户的一项负债。因此，担保费收入增加的同时也增加了担保负债。收取担保费时担保服务尚待开始，此时为担保人的负债而非收入，承保后继续提供服务，担保费开始由负债转为收入。

（五）费用（Expense）

费用是指公司在日常活动中发生的、会导致所有者权益减少的、与向所有者分配利润无关的经济利益的总流出。成本是对象化了的费用。对于担保公司而言，成本是指公司为销售某一担保产品而发生各种耗费。费用是指公司某一会计期间为销售保单、提供服务等日常活动经济利益的流出。由此可见，担保成本是以担保产品为归集对象，而担保费用是以会计期间为归集对象。

按照财务制度规定，公司在业务经营过程中发生的与业务经营有关的支出，包括赔付支出、退保金、业务及管理费、手续费及佣金支出、分保业务支出、提取责任准备金以及其他有关支出，按规定计入成本和费用，属于当期的直接计入当期费用。

由于担保费率的确定按收支相抵的原则，对未来发生担保事故的一种成本预测，因此，定价成本是一种预计成本亦即事前成本，同时，由于发生担保责任造成的代偿是事后成本亦即实际成本。担保会计成本核算存在两套不同的成本体系，即预计成本体系和实际成本体系。预计成本体系建立在经验数据的基础上，以现在对将来的期望值作为计算基础；实际成本体系是以发生担保责任后所支出的担保赔付为核算基础，是检验保单定价是否合理的重要数据来源。保单预计成本和实际成本的差异形成了担保公司的利润。这也是与一般制造业不同之处，因为，对于一般制造业，利润是售价与成本相抵的结果。

(六) 利润 (Profit)

利润是指公司在一定会计期间的经营成果，它是各项收入抵补各项支出后所获得的最后成果。如果收入大于支出即为利润；反之，即为亏损。

利润包括收入减去费用后的净额、直接计入当期利润的利得和损失等。

直接计入当期利润的利得和损失，是指应当计入当期损益、会导致所有者权益发生增减变动的、与所有者投入资本或者向所有者分配利润无关的利得或者损失。利润有营业利润、利润总额、净利润和综合收益总额。营业利润是营业收入减去营业支出后的金额。利润总额是指营业利润加上营业外收入，减去营业外支出后的金额。净利润是指利润总额减去所得税费用后的金额。综合收益总额是净利润加上其他综合收益的总额。

与一般行业比较，担保行业利润有明显的财务特征，这主要体现在以下四个方面：

1. 担保行业利润有较强的预计性

与一般企业正好相反，担保行业收取担保费在前，成本支出在后，这期间需要专门的方法与大量的职业判断进行确认和计量。因此，预计性在担保行业利润中扮演着举足轻重的角色。担保行业利润对担保公司来说尽管还是一个会计概念，在利润表上表现为收入与费用、支出的差额，但是，担保行业利润同时又是一个估计概念，收入与费用、支出的后面还要扣除提取的责任准备金。而责任准备金的计量需要运用大量的假设、经验数据和贴现率，由于估计方法的局限性与担保监管当局谨慎性要求的影响，责任准备金的估计值与实际值常有较大偏差。因此，担保会计中确认利润时，人为色彩更加浓厚。

2. 利润实现有较强的滞后性

对于担保期限在一年以上长期担保合同，在收入补偿与发生成本之间存在较长的时间差，利润的实现具有较强的滞后性。原则上，在一份保单终止效力以前，担保公司是无法计算这份保单所带来的真实利润。可见，对担保行业利润的考核仅限于一个会计年度或承保年度是不能真实充分地评价担保行业的经营绩效的。只有在历史时期分析的基础上把握利润变动的周期规律，才能准确分析担保行业的承保业绩和利润趋势。

3. 担保行业利润有一定的射幸性

担保业经营的是或有事项，其结果具有较大偶然性和不确定性。担保常脱离于整个经济系统之外，更多受自然或人为因素影响，其利润或亏损的波动也脱离宏观经济周期的变化；即使有大数法则在起作用，担保利润的高低仍然有一定的射幸性，巨灾和重大责任对担保经营稳定性起决定性作用，导致担保行业利润周期的振幅很大，远远超过其他行业的波动程度，有时一个巨灾的发生，使担保公司追求利润的不懈努力全部化为乌有，最后有可能因巨额亏损而导致破产。

4. 担保行业利润，并非按个别业务计算汇总而成，而是根据总体业务计算而成

这是依据大数法则经营的必然结果。就某个别业务来说，担保公司有可能亏损，但如果承保的业务量达到一定规模，风险的不确定性就会减少，就总体业务而言，会逐渐产生利润。

二、会计要素的计量属性

公司在将符合确认条件的会计要素登记入账并列报于会计报表及其附注（又称财务报表，下同）时，应当按照规定的会计计量属性进行计量，确定其金额。计量属性是指所予以计量的某一要素的特性方面，如桌子的长度、铁矿的重量等。从会计角度，计量属性反映的是会计要素金额的确定基础，主要包括历史成本、重置成本、可变现净值、现值和公允价值等。

1. 历史成本（Historical Cost）

历史成本又称为实际成本，就是取得或制造某项财产物资时所实际支付的现金或者其他等价物。在历史成本计量下，资产按照购置时支付的现金或者现金等价物的金额，或者按照购置资产时所付出的对价的公允价值计量。负债按照因承担现时义务而实际收到的款项或者资产的金额，或者承担现时义务的合同金额，或者按照日常活动中为偿还负债预期需要支付的现金或者现金等价物的金额计量。

采用历史成本计价是因为实际成本的数据容易取得，实际成本是实际发生的，具有客观性，便于查核，有较强的可验证性，经得起检验，所以，除非法律、行政法规和国家统一的会计制度另有规定者外，公司一律不得自行调整其账面价值。

值得注意的是，如果资产已经发生了减值，其账面价值已经不能反映其未来可收回金额，公司应相应地计提资产减值准备。另外，担保监管会计原则基于"准清算"假设，侧重变现能力，因此，有相当一部分资产的计价不以历史成本为依据。

2. 重置成本（Replacement Cost）

重置成本又称现行成本，是指按照当时市场条件下，重新取得同样一项资产所需支付的现金或者现金等价物的金额。在重置成本计量下，资产按照现在购买相同或者相似资产所需支付的现金或者现金等价物的金额计量。负债按照现在偿付该项债务所需支付的现金或者现金等价物的金额计量。

3. 可变现净值（Net Realizable Value）

可变现净值是指在正常生产经营过程中，以预计售价减去进一步加工成本和销售所必需的预计税金、费用后的金额。在可变现净值计量下，资产按照其正常对外销售所能收到现金或者现金等价物的金额扣减该资产至完工时估计将要发生的成本、估计的销售费用以及相关税费后的金额计量。

4. 现值（Present Value）

现值是指对未来现金流量以恰当的折现率进行折现后的价值，是考虑货币资金时间价值因素等的一种计量属性。在现值计量下，资产按照预计从其持续使用和最终处置中所产生的未来净现金流入量的折现金额计量。负债按照预计期限内需要偿还的未来净现金流出量的折现金额计量。

5. 公允价值（Fair Value）

公允价值是指市场参与者在计量日发生的有序交易中，出售一项资产所能收到或转移一项负债所需支付的价格。市场参与者是相互独立、熟悉交易情况、有能力并自愿进行资产或负债交易的买方和卖方。关联方通常不能视为市场参与者。计量日的引入突出了公允价值的动态性，由于资产、负债价值的波动性，计量结果必须和特定时点联系在一起。有序交易，是指在计量日前一段时期内相关资产或负债具有惯常市场活动的交易。清算等被迫交易不属于有序交易。有序交易突出了市场导向，而非交易主体或交易自身导向。

第三节 担保公司会计的基本前提与会计基础

一、担保公司会计的基本前提

我国《企业会计准则》中明确指出，企业进行会计确认、计量和报告的基本假设和前提包括四个方面：会计主体、持续经营、会计分期、货币计量。

（一）会计主体（Accounting Entity）

会计主体或称会计个体，是指会计工作为其服务的特定单位或组织。它规定了会计工作的空间范围。其基本含义是：会计确认、计量和报告是用来说明特定公司个体所发生的交易或事项的，对该特定个体的各项经营活动的记录和反映应当与其所有者的活动、债权人的活动以及交易对方的活动相分离。

会计主体假设要求在会计核算中应区别于本公司经济活动和其他企业或个人的经济活动的界限，不要将其他企业或个人的经济活动纳入本公司会计核算的范围。只有通过对经济业务正确的区别和判定，才能把握会计核算的立场，才能正确地反映本公司会计主体的财务状况和经营成果，才能提供正确的会计信息。

会计主体不同于法律主体。法律主体往往都是会计主体。但会计主体不一定是法律主体。作为会计主体，它可以是一个子公司，或者是一个子公司的分支机构，或者是若干个子公司组成的母公司或集团公司。

（二）持续经营（Continuity）

持续经营是指会计主体的经营活动将按照现在的形式和既定的目标无限期地继续下去，

在可预见的未来不会清算。它规定了会计工作的时间范围。它要求会计人员在进行会计核算时应当以公司持续、正常的经营活动为前提。

在持续经营假设下，公司所持有的资产，将按预定的目的在正常的经营过程中被耗用、出售或转让；它所承担的债务，也将在正常的经营过程中清偿。可以说，会计核算上所使用的一系列会计原则和会计处理方法都是建立在持续经营前提的基础上的。当然，任何公司都可能破产、解散，公司一旦进行清算，持续经营假设就不能成立，就要实行清算会计。另外，担保监管会计运用的是准清算假设，它侧重于保证公司能够履行当前的与未来的义务。它假设担保公司现在就能够以其现有资产偿付其现在及未来的债务，它对资产的计价侧重于现在的变现能力，对准备金的提取更为保守和稳健。对持续经营假设的不同理解与运用是导致公认会计原则下的担保会计与担保监管会计分离的重要原因。例如，监管会计计提准备金所用的假设比公认会计原则中所用的假设苛刻，计算出来的结果自然而然地相对较高。

（三）会计分期（Accounting Period）

会计分期又称会计期间，它是指连续不断的经营过程可以被划分为相等的时间单位，以便对公司的经营状况进行及时、连续的反映。会计分期基本前提的确立，使公司会计核算定期结账；定期提供会计报表，及时向信息的使用者提供会计信息。我国担保公司一般采用历年制，即以日历年度作为会计年度，会计期间分为年度、半年度、季度和月份，起讫日期采用公历日期。

因为会计分期假设的存在，才会产生应收、应付、递延等会计处理方法，才会有权责发生制的诞生。

（四）货币计量（Monetary Unit）

货币计量是指公司在会计确认、计量和报告过程中采用货币作为计量单位，记录和反映公司的经营情况。

在货币计量假设下，担保公司会计核算以人民币为记账本位币，公司的经营活动一律通过人民币核算反映。以外币为主的外资公司，可按规定以某种外币为记账本位币，但在编制和提供会计报表时应当折合为人民币。我国在境外设立的公司在向国内报送会计报表时，应当折合为人民币。

货币计量是以货币价值不变、币值稳定为条件，因为只有币值相对稳定，在不同时间内所进行的确认和计量的价值才具有可比性和可延续性，才能正确地确定公司的经营成果，反映公司的财务状况。但遇到恶性通货膨胀，物价大幅度上涨，这一假设不再成立，应该对该假设的运用进行一定的修正，实行通货膨胀会计。特别是对持续时间长的长期保单来说，币值不变假设的局限性较为明显，因此，在计提各种长期责任准备金确定贴现率时应考虑通货膨胀因素。

二、会计基础

会计的确认、计量和报告应当以权责发生制为基础。权责发生制基础（Accrual Basis）又称应收应付制，它是以会计期间来确认收入和费用的归属期，即凡是当期已经实现的收入和已经发生或应当负担的费用，不论款项是否收付，都应当作为当期的收入和费用；凡是不属于当期的收入和费用,即使款项已在当期收付,也不应当作为当期的收入和费用。

收付实现制是与权责发生制相对应的一种会计基础。收付实现制(Cash Basis)又称实收实付制,它是以款项是否收付来确认收入和费用的归属期,即凡是当期已经实际收付的收入和费用,无论款项收付已经发生或应当负担,都应作为当期的收入和费用处理。

第四节 担保公司会计信息质量要求

由于会计信息代表的是一定的经济利益关系,并且会计信息因公开披露,还会直接或间接地造成一些影响,因此,涉及会计信息利益的各方为了自身的经济利益,必然对会计信息提出一系列的要求。会计信息的质量要求主要包括以下几个方面:

一、可靠性

可靠性(Reliability)又称真实性,它是指公司应当以实际发生的交易或事项为依据进行会计确认、计量和报告,如实反映确认和计量要求的各项会计要素及其相关信息,保证会计信息真实可靠、内容完整。可靠性是对会计工作的基本要求。特别作为担保业,它不同于一般的行业,它经营的是风险,销售的是一纸对投保人未来无法履行义务予以代偿的信用承诺,涉及大多数公众的利益,具有显著的公众性和社会性。从一定意义上讲,担保是信用的象征,担保会计作为核算和反映担保经营活动的工具,它所产生的信息必须真实、可靠,这不仅关系到投资者的利益,而且直接关系到广大投保人的利益,是担保公司的社会责任。因此,担保业作为经营风险的特殊行业,更应该注重会计信息的客观性。

二、相关性

相关性(Relevance)是指会计信息要与使用者的使用目的相关,一般认为会计信息应具有与决策相关联、能够影响决策的能力。对于担保公司来说,相关性就意味着披露更广泛的信息。这主要是因为担保业务日趋复杂化,担保公司所开展的业务也越来越多,混业经营是世界的潮流,这些都使得担保公司的业务比一般工商企业的业务要复杂而且多变。只有把握好相关性,以适当的方式披露与担保公司相关的所有信息,才能更好地满足使用者的要求。对于信息的使用者而言,会计信息要成为有用的,必须能够帮助信息的使用者总结过去、现在的工作以及预测将来事项的结局,或者能够证实或纠正信息使用者先前的预期,从而增强决策者预测的能力。

三、可理解性

可理解性(Understandability)是指会计记录和会计信息必须清晰明了,便于财务报告使用者理解和使用。

会计信息的目的在于它的使用。只有了解会计信息的内涵，弄懂会计信息的内容，才能更好地使用会计信息。可理解性是使信息的使用者能够领悟其重要意义的质量特征。提高财务信息可理解的程度，需要做出一定的努力。从成本与效益的角度出发，只能为少数人所理解或使用的信息，应不予提供。反之，编制财务报表，也不能仅仅因为有些人理解上有困难，或因为有些投资者和债权人不予使用，而把有关信息排除在外。因此，提高信息的可理解性，可以提高信息的效益。

四、可比性

可比性（Comparability）要求公司提供的会计信息应当相互可比。主要包括两层含义：

（一）同一公司不同时期可比

它要求同一公司不同时期发生相同或者相似的交易或事项，应当采用一致的会计政策，不得随意变更。确需变更的，应当在附注中说明。它侧重于同一公司不同时期的纵向对比。但强调会计核算的一致性并不意味着所选择的会计程序和处理方法不能作任何变更，当经济环境的变化要求适当变更会计程序和方法时，可以作适当的调整，但必须在财务报告附注中加以说明。

（二）不同公司相同会计期间可比

它要求不同公司同一会计期间发生相同或者相似的交易或事项，应当按照规定的会计政策，确保会计信息口径一致、相互可比。可比性侧重于不同公司的横向对比，信息使用者能从不同公司相同的期间数据中得到相似或相异的结论。对担保公司而言，不同类型的公司之间是没有可比性的，而相同类型与规模的公司间的比较才有意义。

五、实质重于形式

实质重于形式（Substance Over Form）也即经济实质重于法律形式，它要求公司应当按照交易或事项的经济实质进行会计确认、计量和报告，不应当仅以交易或事项的法律形式为依据。

例如，担保公司以融资租赁方式租入的资产，虽然从法律形式来讲，担保公司并不拥有其所有权，但是由于租赁合同中规定的租赁期相当长，接近于该资产的使用寿命；租赁期满时公司有优先购买该资产的选择权；在租赁期内，公司有权支配资产并从中受益。所以，从其经济实质来看，公司能够控制其创造的未来经济利益，会计核算上应将以融资租赁方式租入的资产视为自有固定资产。

又如，对于担保费收入的确认，强调的是"担保合同成立并承担相应的担保责任"这一经济实质，并不以"担保合同成立"这一法律形式作为唯一标准。遵循实质重于形式原则，体现了对经济实质的尊重，能够保证会计核算信息与客观经济事实相符。

六、重要性

重要性（Importance）是指公司提供的会计信息应当反映与公司财务状况、经营成果和现金流量等有关的所有重要交易或者事项。重要性是对信息披露范围的一个补充限制。重要性原则与会计信息成本效益直接相关。当今社会信息膨胀，会计信息存在信息过剩的问题，如披露大量不重要信息，必然淹没其他重要信息，削弱重要信息的被关注程度。因此，在进行信息披露时应当区别重要程度，采用不同的披露方式。对于重要的事项单独反映，重点披露；对于次要的事项，合并反映，简单披露。

重要性本身没有确切的衡量标准，哪些情况重要，是否需要在财务报告中重点披露，很大程度上取决于会计人员的经验判断。一般来说，应当从质和量两个方面综合进行分析。从性质来说，当某一事项有可能对决策产生一定影响时，就属于重要事项；从数量方面来说，当一项目的数量达到一定规模时，就可能对决策产生影响。担保公司业务具有复杂化、交易迅速、交易数量巨大等特点，因此需要充分利用重要性原则，对哪些信息需要详细披露、哪些信息只需简要披露、哪些信息无需披露等作出合理安排。比如，担保公司存货所占比重不大，而且金额较小，对决策不会产生重大影响，因此，没有必要单独作为一个项目披露。

七、谨慎性

谨慎性（Prudence）又称稳健性，它是指公司对交易或者事项进行会计确认、计量和报告应当保持应有的谨慎，不应高估资产或者收益、低估负债或者费用。谨慎性反映了会计人员对其所承担的责任的一种态度，它可以在一定程度上降低管理当局对公司通常过于乐观的态度所可能导致的危险。担保公司是经营风险的特殊行业，其经营对象的风险性、担保成本未来的不确定性以及担保责任的连续性等经营特性，与经营环境的融合和交织，使担保公司经营较之一般企业经营更具风险，加之担保公司涉于广大的公众利益，其业务对象具有广泛的社会性，这从而也就决定了担保行业在处理会计信息方法上必须更加稳健保守。此外，监管会计由于服务对象、目标以及假设不同，在稳健程度上显得比公认会计更为保守，所选用的方法和程序往往把谨慎性原则运用到了极致。

值得注意的是，谨慎性并不意味着公司可以任意设置各种秘密准备，否则，就属于滥用谨慎性原则，将视为重大会计差错处理。

八、及时性

及时性（Timelines）是指公司对于已经发生的交易或者事项，应当及时进行会计确认、计量和报告，不得提前或者延后。会计信息的使用者利用会计信息，目的主要是进行经营决策活动。市场经济条件下，经济环境瞬息万变，这对会计信息的及时性提出了越来越高的要求。坚持及时性原则主要从以下三个方面进行：（1）经济业务发生后，及时地取得证明经济业务发生有效的会计凭证；（2）对已经取得的会计凭证进行及时的处理，及时登账，编制会计报表；（3）及时地传递会计信息，对已编制好的会计报表，及时传递给会计报表的使用者。

第五节 担保公司会计科目与账户

一、会计恒等式

（一）会计恒等式的含义

会计恒等式（Accounting Equation），也称会计等式或会计方程式，它是表明各会计要素之间基本关系的恒等式。6个会计要素可分为3组，组成3个等式。

1. 资产、负债、所有者权益的会计等式

任何公司为了从事经营活动，实现预期目标，都需要拥有一定数量和结构的经济资源，如现金、银行存款、房屋等，这些为公司拥有或控制的能以货币计量的经济资源就是资产。而公司的资产最初来源于两个渠道：一是由债权人提供；二是由所有者提供。既然公司的债权人和所有者提供了全部资产，就应该对公司的资产享有要求权，在会计上把这种对公司资产的要求权统称为"权益"。其中，属于债权人的权益称为"负债"，属于所有者的权益称为"所有者权益"，用公式表示即为：

资产 = 权益
　　 = 债权人权益 + 所有者权益
　　 = 负债 + 所有者权益

资产、负债、所有者权益的会计等式是最基本的会计等式，表明会计主体在某一特定时点资产、负债、所有者权益之间的静态关系。它是设置会计科目、复式记账、编制资产负债表的理论依据。

2. 收入、费用、利润的会计等式

资产、负债、所有者权益的会计等式实质上反映了公司某一会计期间开始时的财务状况，然而，公司某一会计期间都要从事担保经营活动，公司开展担保经营活动的直接目的是实现利润。为了追求利润，公司必须取得收入，同时必然产生相应的费用。通过收入与费用的比较，就可以计算公司在一定会计期间的利润，确定公司的盈利水平。收入、费用、利润的会计等式用公式表示，即为：

收入 − 费用 = 利润

这一等式动态地反映了收入、费用、利润之间的关系，它是编制利润表的理论依据。

3. 资产、负债、所有者权益与收入、费用、利润的会计等式

从公司产权关系来看，利润归属于资本所有者。若公司赚取利润，将使所有者权益增加；若公司发生亏损，将使所有者权益减少。而利润是收入与费用相抵的结果，因此，收入将使所有者权益增加，费用将使所有者权益减少。在会计期间内的任一时刻，上述会计恒等式又可扩展为：

资产 = 负债 + 所有者权益 + 利润

或

资产 = 负债 + 所有者权益 +（收入 – 费用）

公司的利润进行利润分配后，以上扩展等式又恢复为：

资产 = 负债 + 所有者权益

（二）经济业务发生对会计恒等式的影响

公司在经营活动中会发生各种各样的经济业务，例如，公司收到担保费、支付代偿款、发放工资、支付费用、缴纳税费等，都必然会引公司的资产、负债和所有者权益经常发生增减变动。但是，无论经济业务引起资产、负债和所有者权益发生怎样的变化，都不会破坏会计等式的平衡关系，下面举例说明。

例 1 – 1 甲公司收到保户预交担保费 30 000 元，存入银行。

这项经济业务的发生，使公司的资产项目银行存款增加了 30 000 元；同时，也使公司的负债项目预收保费增加了 30 000 元，引起资产总额和负债总额发生了变化。但是，等式两边同时增加相等金额，会计等式仍然成立。

例 1 – 2 甲公司接受丁公司投入资本 200 000 元，存入银行。

这项经济业务的发生，使公司的资产项目银行存款增加了 200 000 元；同时，也使公司的所有者权益项目实收资本增加了 200 000 元，引起资产总额和所有者权益总额发生了变化。但是，等式两边同时增加相等金额，会计等式仍然成立。

例 1 – 3 甲公司以银行存款 50 000 元，支付前欠代理人的手续费。

这项经济业务的发生，使公司的资产项目银行存款减少了 50 000 元；同时，也使负债项目应付手续费减少了 50 000 元，引起资产总额和负债总额发生了变化。但是，等式两边同时减少相等金额，会计恒等式仍然成立。

例 1 – 4 甲公司经批准用银行存款归还某公司投资 70 000 元。

这项经济业务的发生，使公司的资产项目银行存款减少了 70 000 元；同时，也使所有者权益项目实收资本减少了 70 000 元，引起资产总额和所有者权益总额发生了变化。但是，等式两边同时减少相等金额，会计恒等式仍然成立。

例 1 – 5 甲公司用银行存款预先支付赔付款 5 000 元。

这项经济业务的发生，使公司的资产项目银行存款减少了 5 000 元；同时，也使公司的资产项目预付赔付款增加了 5 000 元。公司资产内部两个项目以相等的金额一增一减，不会引起资产总额变动，会计恒等式仍然成立。

例 1 – 6 甲公司向银行借入 6 个月的借款 10 000 元，偿还前欠代偿款。

这项经济业务的发生，使公司的负债项目短期借款增加了 10 000 元，同时，也使负债项目应付赔付款减少了 10 000 元。公司负债内部两个项目以相等的金额一增一减，不会引起负债总额变动，会计恒等式仍然成立。

例 1 – 7 甲公司按有关规定，将盈余公积 50 000 元转增资本。

这项经济业务的发生，使公司的所有者权益项目实收资本增加了 50 000 元；同时，也使所有者权益项目盈余公积减少了 50 000 元。公司的所有者权益内部两个项目以相等的金额一增一减，不会引起所有者权益总额变动，会计恒等式仍然成立。

例 1-8 甲公司将 M 公司持有的甲公司长期债券 500 000 元,转作 M 公司对甲公司的投入资本金。

这项经济业务的发生,使公司的所有者权益项目实收资本增加了 500 000 元;同时,也使公司的负债项目应付债券减少了 500 000 元。负债及所有者权益中两个项目以相等的金额一增一减,权益总额未变,会计恒等式仍然成立。

上面列举的 8 项经济业务,归纳起来,不外乎以下 4 种类型。

(1) 经济业务的发生,引起资产项目和负债或所有者权益项目同时增加,等式两边增加的金额相等(如例 1-1 和例 1-2)。

(2) 经济业务的发生,引起资产项目和负债或所有者权益项目同时减少,等式两边减少的金额相等(如例 1-3 和例 1-4)。

(3) 经济业务的发生,引起资产内部项目之间一增一减,增减金额相等(如例 1-5)。

(4) 经济业务的发生,引起负债或所有者权益内部以及负债与所有者权益之间两个项目一增一减,增减金额相等(如例 1-6、例 1-7 和例 1-8)。上述 4 种类型的经济业务如图 1-1 所示。

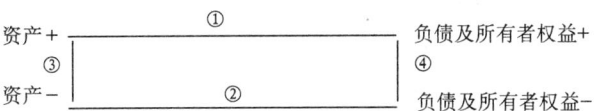

图 1-1 经济业务发生变化对会计等式的影响

在会计实务中,上述 4 种类型可以进一步分解为 9 种形式,如表 1-1 所示。

表 1-1 会计要素变化关系表

资产	=	权益	资产	=	负债	+	所有者权益
(1) 增加		增加	①增加		增加		
			②增加				增加
(2) 减少		减少	③减少		减少		
			④减少				减少
(3) 增加、减少			⑤增加、减少				
(4)		增加、减少	⑥		增加、减少		
			⑦				增加、减少
			⑧		增加		减少
			⑨		减少		增加

二、会计科目

(一) 会计科目的含义

会计科目 (Accounting Subject) 是对会计对象的具体内容进行分类的项目名称。设置会计科目作为会计核算的一种专门方法，是正确运用复式记账、填制会计凭证、登记账簿和编制会计报表等会计核算方法的基础。

（二）会计科目的分类

1. 会计科目按经济内容分类

这种分类是根据会计要素的具体内容来划分，担保公司会计科目可分为以下五类：

（1）资产类科目。它包括反映流动资产的科目，如"库存现金"、"银行存款"、"交易性金融资产"、"买入返售金融资产"、"应收利息"、"应收代位追偿款"、"应收保费"、"预付赔付款"等科目；反映非流动资产的科目，如"长期股权投资"、"存出资本保证金"、"固定资产"、"无形资产"等科目。

（2）负债类科目。它包括反映流动负债的科目，如"短期借款"、"存入保证金"、"应付手续费及佣金"、"应付职工薪酬"、"预收保费"、"应交税费"、"担保赔偿准备金"等科目；反映非流动负债的科目，如"长期借款"、"应付债券"、"长期应付款"等科目。

（3）共同类科目。共同类科目是具有双重性质的科目，包括"货币兑换"、"衍生工具"、"套期工具"、"被套期项目"等科目。

（4）所有者权益类科目。它包括反映资本金的科目如"实收资本"以及在经营中形成的"资本公积"、"盈余公积"、"一般风险准备"等科目。

（5）损益类科目。它包括反映各项收入的科目，如"保费收入"、"利息收入"、"投资收益"、"营业外收入"等科目；反映各项费用支出的科目，如"赔付支出"、"手续费及佣金支出"、"业务及管理费"、"营业外支出"、"所得税费用"等科目。

为了便于编制凭证、登记账簿、查阅科目、提高记账效率以及开展电算化的需要，需对会计科目进行统一编号。每类会计科目的编号之间，留有一定的空号，以备增补新的科目。这种编号方法，具有清晰明了、灵活性强等特点。

2. 会计科目按提供核算指标详细程度分类

为了既提供总括核算指标，又提供详细核算指标，会计科目可分为总分类科目、二级科目和明细分类科目三级。

总分类科目，也称"总账科目"或"一级科目"，是总括反映会计对象具体内容的科目。如"银行存款"、"保费收入"、"业务及管理费"等。总分类科目主要由会计制度统一规定，公司可根据自身的具体情况作适当的减并增补。

明细分类科目，也称明细科目或细目，是对总分类科目进一步分类的科目。在会计核算中，明细分类科目所提供的资料是最为具体和详细的。由于各公司的规模、特点不同，因此，会计制度只规定一些必要的明细科目，其他明细科目可由公司根据实际需要自行规定。

二级科目，也称子目，是介于总分类科目和明细分类科目之间的科目，它比总分类科目提供的指标详细，但又比明细分类科目提供的指标概括。例如，在"应收分保合同准备金"总分类科目下面，可按类别设置"未到期责任准备金"、"担保赔偿准备金"等二级科目，在二级科目下面，还可按业务分设细目，以便详细反映各种应收分保合同准备金增减变动的情况和结果。

(三) 担保公司会计科目表

为了保证会计核算指标的口径一致,便于会计指标的对比和汇总,公司应按企业会计准则的规定设置会计科目,以保证会计科目的统一性。但是,公司在不违反会计准则中确认、计量和报告规定的前提下,可以根据本公司的实际情况自行增设、分拆、合并会计科目。公司不存在的交易或者事项,可不设置相关会计科目。

担保公司会计科目表如表1-2所示。

表1-2　　　　　　　　　　　会 计 科 目 表

顺序号	编号	会计科目名称
		一、资产类
1	1001	库存现金
2	1002	银行存款
3	1031	存出保证金
4	1101	交易性金融资产
5	1111	买入返售金融资产
6	1122	应收保费
7	1123	预付赔付款
8	1124	预付分出保费
9	1131	应收股利
10	1132	应收利息
11	1201	应收代位追偿款
12	1211	应收分保账款
13	1212	应收分保合同准备金
14	1221	其他应收款
15	1231	坏账准备
16	1302	拆出资金
17	1303	贷款
18	1304	贷款损失准备
19	1411	低值易耗品
20	1412	低值易耗品跌价准备
21	1441	抵债资产
22	1442	抵债资产跌价准备
23	1451	损余物资
24	1452	损余物资跌价准备

续表

顺序号	编号	会计科目名称
25	1501	持有至到期投资
26	1502	持有至到期投资减值准备
27	1503	可供出售金融资产
28	1511	长期股权投资
29	1512	长期股权投资减值准备
30	1521	投资性房地产
31	1522	投资性房地产减值准备
32	1531	长期应收款
33	1541	存出资本保证金
34	1601	固定资产
35	1602	累计折旧
36	1603	固定资产减值准备
37	1604	在建工程
38	1605	在建工程减值准备
39	1606	固定资产清理
40	1701	无形资产
41	1702	累计摊销
42	1703	无形资产减值准备
43	1711	商誉
44	1801	长期待摊费用
45	1811	递延所得税资产
46	1901	待处理财产损溢
		二、负债类
47	2001	短期借款
48	2002	存入保证金
49	2003	拆入资金
50	2101	交易性金融负债
51	2111	卖出回购金融资产款
52	2201	应付赔付款
53	2202	应付手续费及佣金
54	2203	预收保费

续表

顺序号	编号	会计科目名称
55	2204	预收赔付款
56	2211	应付职工薪酬
57	2221	应交税费
58	2231	应付利息
59	2232	应付股利
60	2241	其他应付款
61	2261	应付分保账款
62	2314	代理业务负债
63	2401	递延收益
64	2501	长期借款
65	2502	应付债券
66	2601	未到期责任准备金
67	2602	担保赔偿准备金
68	2701	长期应付款
69	2702	未确认融资费用
70	2801	预计负债
71	2901	递延所得税负债
		三、共同类
72	3002	货币兑换
73	3101	衍生工具
74	3201	套期工具
75	3202	被套期项目
		四、所有者权益类
76	4001	实收资本
77	4002	资本公积
78	4003	担保扶持基金
79	4101	盈余公积
80	4102	一般风险准备
81	4103	本年利润
82	4104	利润分配
83	4201	库存股

续表

顺序号	编号	会计科目名称
84	4401	其他权益工具
		五、损益类
85	6011	利息收入
86	6031	保费收入
87	6051	其他业务收入
88	6061	汇兑损益
89	6101	公允价值变动损益
90	6111	投资收益
91	6201	摊回担保赔偿准备金
92	6202	摊回赔付支出
93	6203	摊回分保费用
94	6301	营业外收入
95	6402	其他业务成本
96	6403	营业税金及附加
97	6411	利息支出
98	6421	手续费及佣金支出
99	6501	提取未到期责任准备金
100	6502	提取担保赔偿准备金
101	6511	赔付支出
102	6531	退保金
103	6541	分出保费
104	6542	分保费用
105	6601	业务及管理费
106	6701	资产减值损失
107	6711	营业外支出
108	6801	所得税费用
109	6901	以前年度损益调整

三、账户

(一) 账户的含义

账户（Account）是根据会计科目开设的，用于归集和记录各项经济业务的一种工具，即根据会计科目在账簿中开设的户头。

(二) 账户的结构

所谓账户的结构,是指账户应设置哪些部分,各部分反映什么内容。不同的记账方法具有不同的账户结构。即使同一种方法下,不同性质的账户其结构也是不同的。但无论采用哪种记账方法,账户属于何种性质,其账户的基本结构都是由左右两方组成。通常,人们把账户的左方称为"借方",右方称为"贷方",其基本内容如下:

(1) 账户的名称,即会计科目。
(2) 日期,即记录经济业务发生的日期。
(3) 摘要,即对经济业务的简要说明。
(4) 凭证编号,即记录经济业务的依据。
(5) 金额增加额、减少额及余额。

为了便于在教学中说明问题,账户常用一个简要格式即"T"字形账户来表示,如表1-3所示:

表1-3 "T"字形账户

借方	账户名称(会计科目)	贷方

在实际工作中最基本的账户格式是三栏式账户,其格式如表1-4所示。

表1-4 账户名称(会计科目)

年		凭证编号	摘要	借方	贷方	借/贷	余额
月	日						

通过账户记录的金额可以提供期初余额、本期增加发生额、本期减少发生额、期末余额四个核算指标。本期增加发生额是指一定时期(月份、季度、半年度、年度)内账户所登记的增加金额的合计数。本期减少发生额是指一定时期内账户所登记的减少金额的合计数。本期(增加或减少)发生额是根据会计凭证记录账户的原始数据,属于动态指标,反映有关会计要素的增减变动情况。在没有期初余额的情况下,本期增加发生额与本期减少发生额相抵减后的差额,就是期末余额。本期的期末余额就是该账户下期的期初余额。期初、期末余额不是根据会计凭证登记的,而是根据账户记录的发生额计算的,属静态指标,反映有关会计要素的具体内容增减变动的结果。在有期初余额的情况下,期末余额的计算公式如下:

期末余额 = 期初余额 + 本期增加发生额 - 本期减少发生额

第六节 借贷记账法

借贷记账法（Debit Credit Bookkeeping）是以"借"和"贷"为记账符号的一种复式记账方法。借贷记账法起源于13世纪的意大利。最初，"借"和"贷"两字表示一种债权、债务关系。但随着商品经济的发展，"借"和"贷"两字失去了原来的含义，纯粹是一种记账符号。"借"和"贷"两字的意义取决于账户的性质。

一、借贷记账法的账户结构

借贷记账法下，每一账户分为"借方"和"贷方"两方，规定账户左方为"借方"、账户右方为"贷方"，这是借贷记账法下账户的基本结构。不同性质的账户，其"借方"和"贷方"登记的内容不同。

借贷记账法下，各类账户的结构可归纳如表1－5。

表1－5　　　　各类账户的结构

借方	账户名称（会计科目）	贷方
资产　　　　　＋	资产	－
负债　　　　　－	负债	＋
所有者权益　　－	所有者权益	＋
收入　　　　　－	收入	＋
费用　　　　　＋	费用	－

需要说明的是，借贷记账法下，除了按经济内容设置上述类型的账户之外，还可以设置和运用一些既可以是资产又可以是负债的共同性质的账户。该类账户可以根据其期末余额的方向来判断其性质，若为借方余额，表示一笔资产；若为贷方余额，表示一笔负债。

二、借贷记账法的记账规则

借贷记账法的记账规则是"有借必有贷，借贷必相等"。此规则要求在每项经济业务发生后，都要以相等的金额、相反的方向登记到相互联系的两个或两个以上的账户中去。

为了便于把经济业务准确地记入账户，保证账户记录的正确性，在记账之前，应首先编制会计分录。会计分录简称为分录，是指对每一项经济业务列示其应借、应贷的账户及金额的一种记录形式。即按照复式记账法的要求，根据每项经济业务的内容，确定账户、记账方向和金额的记录。因此，一笔会计分录应包括三项基本要素：会计科目，应借、应贷的记账方向和记账金额。

会计分录按其所反映的经济业务的复杂程度、所涉及的会计账户的多少，分为简单会计分录和复合会计分录。简单会计分录指经济业务的记录只涉及两个账户的记录，即一个账户记借方、另一个账户记贷方的会计分录，一借一贷的会计分录，会计科目的对应关系清楚。复合会计分录指经济业务的记录涉及两个或两个以上账户的会计分录，即一借多贷、多借一贷和多借多贷的会计分录，复合分录可以理解为多个简单的会计分录。

编制会计分录，应按以下步骤进行：

（1）分析经济业务引起哪些要素变动，是资产（费用）还是权益（收入）。

（2）确定经济业务涉及的账户名称。例如，是资产类账户中的库存现金，还是负债类账户中的应付手续费及佣金等，该账户的金额是增加了还是减少了。

（3）确定经济业务应记入账户的方向。即经济业务应记入哪个账户（或哪些）账户的借方，哪个（或哪些）账户的贷方。

（4）确定应借、应贷账户是否正确、借贷金额是否相等。

假设某公司 20×4 年 8 月发生以下业务，其会计分录的编制举例如下：

1. 以银行存款购入电脑 10 000 元

这笔业务涉及"固定资产"和"银行存款"两个账户，一方面公司的固定资产增加了 10 000 元，另一方面公司的银行存款减少了 10 000 元。"固定资产"属于资产类账户，其增加应记入"固定资产"账户的借方；"银行存款"属于资产类账户，其减少应记入"银行存款"账户的贷方。应编制如下会计分录：

借：固定资产　　　　　　　　　　　　　　　　　　　　　　　10 000
　　贷：银行存款　　　　　　　　　　　　　　　　　　　　　　　　10 000

2. 收到现金担保费 1 000 元

这项经济业务的发生，一方面使公司的库存现金增加了 1 000 元，另一方面使公司的保费收入增加了 1 000 元。因此，这笔业务涉及"库存现金"和"保费收入"两个账户。"库存现金"属于资产类账户，其增加应该记入该账户的借方；"保费收入"属于损益类（收入）账户，其增加应该记入该账户的贷方。应编制如下会计分录：

借：库存现金　　　　　　　　　　　　　　　　　　　　　　　1 000
　　贷：保费收入　　　　　　　　　　　　　　　　　　　　　　　　1 000

3. 以银行存款支付水电费 15 000 元

这笔业务涉及"业务及管理费"和"银行存款"两个账户。一方面公司的业务及管理费增加，另一方面公司的银行存款减少。"业务及管理费"属于损益类（费用）账户，其增加应该记入该账户的借方；"银行存款"属于资产类账户，其减少应该记入该账户的贷方。应编制如下会计分录：

借：业务及管理费　　　　　　　　　　　　　　　　　　　　　15 000
　　贷：银行存款　　　　　　　　　　　　　　　　　　　　　　　　15 000

4. 预收担保费 50 000 元，存入银行

这笔业务涉及"银行存款"和"预收保费"两个账户，一方面公司银行的存款增加了 50 000 元，另一方面公司的预收保费增加了 50 000 元。"银行存款"属于资产类账户，其增加应记入"银行存款"账户的借方；"预收保费"属于负债类账户，其增加应记入"预收保费"账户的贷方。应编制如下会计分录：

借：银行存款　　　　　　　　　　　　　　　　　　　　　　　　　50 000
　　贷：预收保费　　　　　　　　　　　　　　　　　　　　　　　　　　50 000

5. 接受法人投资100 000元，存入银行

这笔业务涉及"银行存款"和"实收资本"两个账户，一方面公司的银行存款增加，另一方面投资者投入公司的资本增加。"银行存款"属于资产类账户，其增加应记入"银行存款"账户的借方，"实收资本"属于所有者权益类账户，其增加应记入"实收资本"账户的贷方。应编制如下会计分录：

借：银行存款　　　　　　　　　　　　　　　　　　　　　　　　　100 000
　　贷：实收资本　　　　　　　　　　　　　　　　　　　　　　　　　　100 000

6. 向银行借入款项为六个月的借款20 000元存入银行

这笔业务涉及"银行存款"和"短期借款"两个账户，一方面公司的银行存款增加，另一方面公司的短期借款增加。"银行存款"属于资产类账户，其增加应记入"银行存款"账户的借方，"短期借款"属于负债类账户，其增加应记入"短期借款"账户的贷方。应编制如下会计分录：

借：银行存款　　　　　　　　　　　　　　　　　　　　　　　　　20 000
　　贷：短期借款　　　　　　　　　　　　　　　　　　　　　　　　　　20 000

7. 提取未到期责任准备金800元

这笔业务涉及"提取未到期责任准备金"和"未到期责任准备金"两个账户。一方面公司提取未到期责任准备金使公司的费用增加，另一方面使公司的未到期责任准备金增加。"提取未到期责任准备金"属于损益类（费用）账户，其增加应该记入该账户的借方；"未到期责任准备金"属于负债类账户，其增加应该记入该账户的贷方。应编制如下会计分录：

借：提取未到期责任准备金　　　　　　　　　　　　　　　　　　　800
　　贷：未到期责任准备金　　　　　　　　　　　　　　　　　　　　　　800

8. 取得投资收益80 000元并存入银行

这项经济业务的发生，一方面使公司的银行存款增加了80 000元，另一方面使公司的投资收益增加了80 000元。因此，这笔业务涉及"银行存款"和"投资收益"两个账户。"银行存款"属于资产类账户，其增加应该记入该账户的借方；"投资收益"属于损益类（收入）账户，其增加应该记入该账户的贷方。应编制如下会计分录：

借：银行存款　　　　　　　　　　　　　　　　　　　　　　　　　80 000
　　贷：投资收益　　　　　　　　　　　　　　　　　　　　　　　　　　80 000

上述会计分录都是一借一贷的会计分录，即属于简单会计分录。但实际工作中，由于经济业务的复杂性，有时还需要编制复合会计分录，比如某公司本期担保费1 000 000元，实收700 000元存入银行，余款尚未收到。编制会计分录如下：

借：银行存款　　　　　　　　　　　　　　　　　　　　　　　　　700 000
　　应收保费　　　　　　　　　　　　　　　　　　　　　　　　　　300 000
　　贷：保费收入　　　　　　　　　　　　　　　　　　　　　　　　　1 000 000

此笔经济业务所编制的会计分录，属于一贷多借的复合会计分录，公司编制复合会计分录，可以简化分录的编制工作，提高记账工作的效率，但是，为了保持账户对应关系的清楚，一般不宜把几项不同的经济业务合并在一起，编制多借多贷的会计分录。

三、借贷记账法的试算平衡

在账户中记录经济业务的过程中，可能会发生各种各样的错误，因此，应采用相应的方法，检验账户记录的正确性、完整性。借贷记账法的试算平衡（Trial Balance）就是指根据"资产＝负债＋所有者权益"的恒等关系以及借贷记账法的记账规则，检查和验证所有账户记录是否平衡、正确的方法。试算平衡有发生额试算平衡法和余额试算平衡法。

1. 发生额试算平衡法

发生额试算平衡法是根据本期所有账户的借方发生额合计数等于所有账户的贷方发生额合计数的关系，来检查全部账户的借贷方发生额是否相等的方法。其计算公式为：

全部账户本期借方发生额合计数＝全部账户本期贷方发生额合计数

2. 余额试算平衡法

余额试算平衡法是运用会计等式，根据本期所有账户的借方余额合计数等于所有账户的贷方余额合计数的关系，检查所有账户的借方期初余额或期末余额和贷方期初余额或期末余额合计数是否相等的方法。其计算公式为：

全部账户期初借方余额合计数＝全部账户期初贷方余额合计数

全部账户期末借方余额合计数＝全部账户期末贷方余额合计数

在实际工作中，试算平衡都是通过编制试算平衡表来进行的。现以前8题为例，编制试算平衡表（见表1-6）。

表1-6　　　　　　总分类账户本期发生额及余额试算平衡表

20×4年8月31日

会计科目	期初余额		本期发生额		期末余额	
	借方	贷方	借方	贷方	借方	贷方
库存现金			1 000		1 000	
银行存款			250 000	25 000	225 000	
预收保费				50 000		50 000
固定资产			10 000		10 000	
短期借款				20 000		20 000
未到期责任准备金	（无）	（无）		800		800
实收资本				100 000		100 000
保费收入				1 000		1 000
投资收益				80 000		80 000
提取未到期责任准备金			800		800	
业务及管理费			15 000		15 000	
合计			276 800	276 800	251 800	251 800

应该说明的是，编制试算平衡表只是通过借贷金额是否平衡来检查账户记录是否正确。如果试算平衡表中的发生额或余额不平衡，肯定账户记录有错误，应及时查找纠正，直到实现平衡为止。但是，即使借贷平衡，并不能说明账户记录绝对正确，因为有些错误并不影响借贷双方的平衡关系。例如，一笔经济业务全部重记、漏记、颠倒了记账方向，借贷仍然平衡。因此，根据试算平衡表的结果，只能确认账户记录是否基本正确。

关键词

担保公司会计　资产　负债　所有者权益　收入　费用　利润　权责发生制　公允价值　会计恒等式　会计科目　账户　借贷记账法　会计分录

复习思考题

1. 简述担保公司会计的特点。
2. 说明担保公司会计要素中不同于一般企业会计的特殊项目。
3. 简述担保公司会计核算的基本前提。
4. 简述担保公司会计信息质量要求。
5. 简述担保公司会计要素的计量属性。
6. 简述权责发生制和收付实现制的区别。
7. 简述担保公司会计科目表的分类。
8. 简述借贷记账法的账户结构和记账规则。

练习题

习题一

一、目的：练习资产、负债和所有者权益的划分。

二、资料：某公司20×1年10月末资产、负债和所有者权益状况见下表。

三、要求：根据表中资料，分清资产、负债及所有者权益，并将金额填入相应栏目中。

序号	内　容	资产	负债及所有者权益	
			负债	所有者权益
1	公司的房屋及建筑物54 500元			
2	财会部门库存现金500元			
3	应收的代位追偿款20 000元			

续表

序号	内　　容	资产	负债及所有者权益	
			负债	所有者权益
4	存入的代偿保证金 10 000 元			
5	拥有空调等设备 15 000 元			
6	应付给代理人的手续费 4 200 元			
7	代偿后收回的物资 24 000 元			
8	应收投保人的保费 2 000 元			
9	预付给保户的赔款 120 800 元			
10	提供给保户的贷款 8 400 元			
11	债务重组收回的物资 29 000 元			
12	政府投入的担保扶持基金 151 000 元			
13	应付给股东利润 24 000 元			
14	购买随时抛售的股票 135 000 元			
15	投资者投入的资本 240 000 元			
16	购买三年期债券 40 000 元			
17	发行三年期债券 20 000 元			
	合　　计			

习题二

一、目的：熟悉资金变化类型。

二、资料：某公司 20×1 年发生下列经济业务：

1. 用银行存款购买电脑 50 000 元。
2. 以银行存款 65 000 元上缴上月税金。
3. 向保户预收保费 100 000 元。
4. 以银行存款 30 000 元支付前欠代理人手续费。
5. 收到投资者投入的资本 2 000 000 元。
6. 以公司的专利权 75 000 元对外进行长期投资。
7. 接受某外商投资一辆轿车，价值 350 000 元。
8. 将盈余公积 25 000 元转增资本。
9. 公司所有者甲代公司归还银行欠款 80 000 元，并将其转为投入资本。
10. 经批准代所有者乙以其资本金偿还其所欠的账款 91 000 元。

三、要求：填入下列表格：

业务类型	经济业务序号
1. 一项资产增加，另一项资产减少	例：1
2. 一项负债增加，另一项负债减少	
3. 一项所有者权益增加，另一项所有者权益减少	
4. 一项资产减少，一项负债减少	
5. 一项资产增加，一项负债增加	
6. 一项资产减少，一项所有者权益减少	
7. 一项资产增加，一项所有者权益增加	
8. 一项负债增加，一项所有者权益减少	
9. 一项负债减少，一项所有者权益增加	

习题三

一、目的：熟悉借贷记账法的记账方法。

二、资料：某公司20×1年发生下列经济业务：

1. 投资者以一项专利投入资本500 000元。
2. 收回客户担保费，系现金5 000元。
3. 接受银行通知，转入公司活期存款账户利息4 000元。
4. 收到客户预付的保费90 000元，存入银行。
5. 以银行存款50 000元购买公务用车。
6. 以银行存款支付代理人手续费2 000元。
7. 以现金支付职工预借差旅费3 000元。
8. 以银行存款预付赔付款10 000元。
9. 以现金支付招待用烟800元。
10. 以银行存款购买股票20 000元，准备随时出售。

三、要求：运用借贷记账法编制会计分录并编制试算平衡表。（不考虑期初余额）

第二章
原担保合同的核算

第一节 原担保合同的确定

一、担保合同的定义

担保合同（Guarantee Contract）是指为促使债务人履行其债务，保障债权人的债权得以实现，而在债权人（同时也是担保权人）和债务人之间，或在债权人、债务人和第三人（即担保人）之间协商形成的，当债务人不履行或无法履行债务时，以一定方式保证债权人债权得以实现的协议。它包括以下几层含义：

（一）担保合同的定义应强调重大担保风险的转移

担保合同的认定，关键在于确定重大担保风险是否发生转移。只要担保合同中，含有重大担保风险，就可以认定为担保合同。承担被担保人的重大担保风险，是原担保合同区别于其他合同的主要特征。

（二）按照风险损失转移的层次分类，担保合同被划分为原担保合同和再担保合同

原担保合同（Original Guarantee Contract）是指担保人向投保人收取担保费，对约定的可能发生的代偿承担赔偿金责任的担保合同。

再担保合同（Re-guarantee Contract）是指一个担保人（再担保分出人）分出一定的担保费给另一个担保人（再担保接受人），再担保接受人对再担保分出人由原担保合同所引起的赔付成本及其他相关费用进行补偿的担保合同。

二、原担保合同的分类

1. 贷款担保

贷款担保是担保公司为放款人（金融机构）和借款人（主要是工商企业和自然人）提供的第三方保证。主要包括流动资金贷款担保、固定资产贷款担保、个人消费贷款担保、个人经营性贷款担保等。

2. 票据承兑担保

票据是出票人依据法律规定签发的、约定自己或委托人在见票时或在指定日期无条件支付确定的金额给收款人或持票人的有价证券，包括期票、汇票、本票和支票。票据承兑担保是债务人以外的第三人对票据承兑所发生的债务予以保证的行为。其目的在于通过第三人保证票据承兑，使被保证人经营资金免于积压，提高资金利用率。

3. 贸易融资担保

贸易融资担保是为银行对进口商或出口商提供的与进出口贸易结算相关的短期融资或信用便利提供的担保。包括授信开证、进口押汇、提货担保、出口押汇、打包放款、外汇票据贴现、国际保理融资业务、出口买方信贷等。

4. 项目融资担保

项目融资担保是指借款方或第三方以自己的信用或资产向贷款或租赁机构做出的偿还保证。被担保人主要是项目直接投资者和与项目有直接或间接利益关系的机构、提供项目建设或者项目生产经营机构，包括政府机构、商业机构（如承包商、供应商）、国际金融机构。项目融资担保具体可以分为物权担保和信用担保。物权担保是借款人或担保人以自己的有限资产或权益资产为履行债务而设定的担保物权，如抵押权、质押权、留置权等。信用担保是担保人以自己的资信向债权人保证对债务人履行债务承担的责任，如担保保证书、安慰信等。

5. 信用证担保

信用证是银行用以保证买方或进口方有支付能力的凭证。按照这种结算方式的一般规定，买方先将货款交存银行，由银行开立信用证，通知异地卖方开户银行转告卖方，卖方按合同和信用证规定的条款发货，银行代买方付款。信用证担保是指在信用证业务中某一方要求对方或第三方担保相应的付款或者交付货物的担保。

6. 诉讼保全担保

诉讼保全担保是指申请人在向法院申请进行财产保全时，向法院提交的对因财产保全不当给被申请人所造成的损失进行赔偿的担保。主要包括诉前财产保全担保、诉讼财产保全担保和财产执行担保等。

7. 投标担保

投标担保是指由担保人为投标人向招标人提供的保证投标人按照招标文件的规定参加招标活动的担保。如投标人未能履行投标的义务，担保人保证支付给受益人一定的金额，招标人以此来达到约束投标人在中标后一定签约的目的。

8. 预付款担保

预付款担保是指担保人保证签约方将预付款全部用于对合同的履行，否则由保证人代为赔偿。此种保函的担保金额随预付款中实际支出的金额减少而递减。

9. 工程履约担保

工程履约是指担保保证人根据承包商的要求，给予工程业主（受益人）的一项保证。保证中标人及时履行其与受益人所订合同的责任义务。

10. 尾付款如约偿付担保

尾付款如约偿付担保是指担保人对与工程合约中规定的尾付款承保，以保证卖方及时收到尾付款。

三、原担保合同的内容

原担保合同主要包括以下内容：
（1）被保证的主债权种类、数额；
（2）债务人履行债务的期限；
（3）保证或抵（质）押的方式。对于抵押合同，包括抵押物的名称、数量、质量、状况、所在地、所有权权属或者使用权权属；对于质押合同，包括质物的名称、数量、质量、状况；
（4）担保的范围；
（5）担保的期间；
（6）双方认为需要约定的其他事项。

四、担保与反担保

1. 反担保的概念

按照《中华人民共和国担保法》第四条规定，"第三人为债务人向债权人提供担保时，可以要求债务人提供反担保。"反担保是指为债务人担保的第三人，为了保证其追偿权的实现，要求债务人提供的担保。在债务清偿期届满，债务人未履行债务时，由第三人承担担保责任后，第三人即成为债务人的债权人，第三人对其代债务人清偿的债务，有向债务人追偿的权利。当第三人行使追偿权时，有可能因债务人无力偿还而使追偿权落空，为了保证追偿权的实现，第三人在为债务人作担保时，可以要求债务人为其提供担保，这种债务人反过来又为担保人提供的担保叫反担保。反担保一般采用交纳保证金、抵（质）押反担保、信用反担保三种形式。

2. 反担保和担保的区别和联系

（1）反担保和担保的区别

①反担保的担保对象不同于担保。担保的担保对象是主合同债权人对债务人的债权，换言之，所担保的是债务人对债权人之债务的履行、债权人的债权的实现。反担保的担保对象则是担保人对被担保人（债务人）的追偿权。该追偿权在担保合同依法成立时即已设定并在担保人承担担保责任后实际发生，其性质为担保人基于担保合同关系及代债务人为债务清偿之事实而产生的一种新债权。担保人向债务人追偿损失的债权在主体、发生原因及范围等方面，均有别于主合同债权人的债权。

②反担保合同的当事人不同于担保合同。反担保合同的双方当事人也是债权人与担保人,但该两方当事人的担当者却与担保合同大有不同。反担保合同中债权人是在本担保中为债务人提供担保并对债务人享有追偿权的担保人,即担保人;反担保合同中的担保人(即反担保人),既可以由债务人自己充当,也可以由债务人以外的人充当。主合同及担保合同中的债权人不再是反担保合同的当事人,也不是利害关系人,反担保设定与否、方式与内容如何,均与其无关。反担保人只对享有追偿权的本担保人负其义务,即使本担保中的担保人无力承担担保责任,如保证人无全部代偿能力等,主合同债权人亦无权要求反担保人对此承担责任。

③反担保的从属性与补充性有特殊的表现。反担保也是担保,因而也具有担保所固有的从属性与补充性,然而此二性在反担保中有特殊的表现。与担保合同从属于债权人与债务人间的主合同不同,反担保合同从属于担保人与债权人间的担保合同,它是担保合同的从合同而不是主合同的从合同。即担保合同相对于主合同而言,是从合同,但其相对于反担保合同而言又处于"主合同"的地位。反担保的成立、效力、变更、解除等,并不直接决定于债权人与债务人间的主合同(但主合同对反担保合同可能有间接影响),而是决定于担保合同。同样,反担保责任的补充性也不是相对于主合同债务人的债务不履行责任而言,而是指担保人在取得对债务人的追偿权后,债务人不对担保人之损失履行清偿义务时,反担保人方负代为清偿责任。

(2) 反担保和担保的联系

①反担保中的债权人为原担保人。

②反担保是以原担保有效存在为前提的。

③反担保仅仅限于约定担保。

④反担保所担保的实际是原担保人的追偿权。

由于原担保人的追偿权是在一定条件下才出现的,因此反担保所担保的属于未来的债权。

3. 反担保合同的内容

反担保合同应当包括以下内容:

(1) 被担保的主债权种类、数额;

(2) 主债务人履行债务的期限;

(3) 担保金额;

(4) 反担保人的责任、义务;

(5) 反担保人的违约责任;

(6) 反担保合同与本担保合同的关系;

(7) 双方认为需要约定的其他事项。

五、混合担保合同分拆

混合担保合同(Mixed Guarantee Contract)是指既包括担保风险又包括非担保风险的合同,主要包括内含衍生金融工具的担保合同、含有储蓄成分的担保合同、自由分红担保合同、财务担保与信用风险合同等。对于混合担保合同应进行分拆处理:

(1) 担保人与被担保人签订的合同，使担保人既承担担保风险又承担其他风险的，应当分别下列情况进行处理：

①担保风险部分和其他风险部分能够区分，并且能够单独计量的，应当将担保风险部分和其他风险部分进行分拆。担保风险部分，确定为担保合同；其他风险部分，不确定为担保合同。

②担保风险部分和其他风险部分不能够区分，或者虽能够区分但不能够单独计量的，如果担保风险重大，应当将整个合同确定为担保合同；如果担保风险不重大，不应当将整个合同确定为担保合同。

(2) 确定为担保合同的，应当按照《企业会计准则第 25 号——原保险合同》、《企业会计准则第 26 号——再保险合同》等进行处理；不确定为担保合同的，应当按照《企业会计准则第 22 号——金融工具确认和计量》、《企业会计准则第 37 号——金融工具列报》等进行处理。

第二节 原担保合同担保费收入的核算

一、担保费收入的核算

(一) 担保费收入的概念

担保费收入（Premium Income）是担保公司为了承担一定的风险责任而向投保人收取的担保费，或者是投保人为将其风险转嫁给担保公司而支付的代价。担保费收入是衡量担保业务发展规模的客观尺度，也是衡量担保公司有无发展活力的重要依据。担保费收入的多少，反映担保公司承保能力的大小和担保责任的大小。对于担保费收入的理解，需要澄清以下几个基本概念：

(1) 入账保费（Recorded Premium）。担保费收入一般指入账保费。入账即登记入账，指在会计核算上已记录为本期的担保费收入。入账保费是担保公司在一定时期内签发的保单已经收到或尚未收到的担保费总额。

(2) 未赚保费（Unearned Premium）。亦称未到期保费，指某一年度的入账保费中应该用于支付下一年度发生的代偿的保费。因为担保业务是跨年度连续经营的，每一年度末决算时，当年签发的担保单，有许多尚未到期，可能在下一年度发生代偿，因此，当年的担保费收入不能都用于支付当年发生的代偿，而必须提存一部用于支付下一年度发生的代偿，从当年担保费收入中提存的这一部分资金就是未赚保费，实际上也就是未到期责任准备金。

(3) 已赚保费（Earned Premium）。亦称已到期保费，指某一年度中可以用于当年代偿支出的担保费收入。每年会计期末，担保人须将所收担保费中在当期会计年度已负了责任或已终止合同的那部分担保费作为已赚保费入账。已赚保费等于上年度转回的未赚保费加上本年度入账保费减去本年度未赚保费。由此可见，已赚保费才是担保公司的实际担保费收入。

（二）原担保合同担保费收入确认的条件

担保费收入同时满足下列条件的，予以确认：

1. 原担保合同成立并承担相应担保责任

担保合同成立是先决条件，但是担保合同成立并不意味着担保公司开始承担相应的担保责任，有些担保合同，签订合同是一个日期，合同条款规定担保公司开始承担担保责任可能是另外一个日期，在这种情况下，在签订合同时，不能将收到的担保费作为担保费收入，只能作为预收款处理，待承担担保责任时再转为担保费收入。对于一般担保合同，一般强调主合同与从合同同时成立。比如虽签订担保合同但其主合同（借款合同）尚未签订或未放款，此时担保公司的收费，应在"预收保费"科目反映，待借款合同签订并实际放款后，再转为担保费收入。如果担保产品为银行授信额度，担保客户有权在指定时间内无条件地向银行提取贷款，在此情况下，银行批出授信额度当天，担保公司便开始承担不可撤回的担保责任，则应确认其担保费收入。

2. 与原担保合同相关的经济利益很可能流入

这规定了担保公司只有在有把握收取担保费时，才能确认担保费收入。一般来讲，既然已经确定为其担保，担保人是具备支付担保费的能力的。当然，对于有一些特殊情况的老客户，应根据以前的信用状况和信息等加以判断。如果有确凿证据表明投保人不能按担保合同规定的期限和金额交纳担保费，则不能确认担保费收入。比如，某公司为某一企业设备融资进行担保，假设该企业经营状况不佳，属于破产清算范围，有证据表明担保费收回的可能性不大，在这种情况下，公司本期不应作为担保费收入，而应于实际收到担保费时确认。

3. 与原担保合同相关的收入能够可靠地计量

假设承保条件改变或担保对象的担保价值发生变化，造成收入和相关的成本难以确定，公司不能将其作为担保费收入。在担保签订后，担保费金额通常已经确定。但由于一些不确定因素，也有可能出现金额变动的情况，比如预收担保费后，根据被担保人请求，双方对担保费金额进行协商的情况，不应确认收入，而应在"预收保费"科目反映。

（三）担保费的计算

担保费是购买担保服务产品的价格，也是担保经营的物质基础。其计算公式为：

担保费 = 担保金额 × 担保基准费率 × 担保年限

担保费率是担保人按照单位担保金额向投保人收取担保费的标准。

担保费率的计算公式为：

担保费率 = （基本费率 + 风险增率 × 风险度） × 调节系数

其中调节系数为市场供求系数。

作为担保公司一般还会收取一定比例（1%左右）或固定的评审费、评估费等。

（四）原担保合同担保费收入的业务程序

1. 企业申请

投保人向担保公司投保时，应填写"委托担保申报表"，提供担保申请材料，包括营业执照副本、验资报告、财务报表、资信证明、营业章程、法定代表人证明（委托）书和法定代表人（或委托人）身份证、项目可行报告和主管部门批件、企业或项目的相关证明材料、反担保有关资料。值得注意的是，提供的材料除复印件外，同时应提供原件备验；提供的材料复印件要加盖公章；法人代表授权委托需法人代表亲笔签字授权。

2. 担保受理

担保公司指定专人负责项目受理，对符合受理条件的项目予以正式受理，填写"担保项目受理登记表"，并向申报企业发出受理通知，申报企业按照通知要求预交评审费。

3. 项目初审

公司受理担保项目后，即开展项目初审，进行实地调查，初审的内容包括：企业基本情况、项目基本情况、项目和后续产品的技术分析、企业财务状况、市场预测及销售分析、企业资金及还款来源、安全保障措施、基本风险度评估、企业需要说明的问题等。初审后应提交担保调查报告，填写"担保项目处理表"。

4. 项目评审

初审完成后，公司内部资信评估部开展项目的详细评审，复议项目评审通过后，按程序报公司决策机构审批。公司从受理项目起，一般在 10—20 个工作日内通知企业办理担保手续（或作出不予担保的答复）。

5. 签订合同

评审正式通过后，担保公司向被担保企业发出"同意担保通知函"，准备空白合同文本（借款合同、担保合同、反担保合同），经担保部、综合部、律师、总经理审核后，填写"合同审核表"，与被担保企业正式签订合同，填写"合同登记表"，填写"担保费认缴单"。

6. 抵押登记

担保公司和被担保企业准备抵（质）押登记资料，包括主合同、担保合同、反担保合同及其他资料，反担保方式为抵押或质押，应提供的材料为：抵押物、质物清单；抵押物、质物权力凭证；抵押物、质物评估资料；担保单；董事会同意抵押、质押的决议；抵押物、质物为共有的，提供全体共有人同意抵押的声明；抵押物、质物为海关监管的，提供海关同意抵押或质押的证明；抵押物、质物为国有企业，提供主管部门及国有资产管理部门同意抵押或质押的证明。根据权力证书或抵（质）押相关材料填写抵押登记表（登记机关签章）。

7. 担保收费

被担保企业获准担保的通知后，按规定交纳担保费。缴费时，内勤人员填制"保费收据"缴费凭证一式三联交被担保企业，被担保企业凭此向出纳人员交款或到银行转账。保费收据后面要附担保合同副本或复印件。

8. 账务处理

出纳人员在收到被担保企业交来的现金或银行支票和内勤人员填制的保费收据后，在保费收据上加盖专用收讫章，并签名。第一联"保费收据"交被担保企业收执；第二联"收据副本"退内勤人员作为登记"××业务分户卡"；第三联"收据存根"连同银行存款解缴回单，一并送交会计部门，会计人员据以办理会计手续。

待每日对外营业结束前，会计部门收到业务部门汇总编制的"保费日报表"、保费收据存根及银行存款收账通知等附件，经对有关单证的内容进行审查无误后，即可编制记账凭证，办理入账手续。

如果个人作为投保方（被担保人），原担保合同担保费收入的业务程序如下：

1. 个人申请

投保人向担保公司投保时，应填写"委托担保申报表"，提供担保申请材料，包括投保人及配偶身份证明（身份证、军官证、港（澳、台）胞证、护照等）、投保人及配偶户口本、投保人婚姻证明（结婚证、离婚证、单身证明或无婚姻证明）、投保人收入证明、用户及配偶财产证明（房产证、车辆等）、反担保等有关资料。值得注意的是，提供的材料除复印件外，同时应提供原件备验；提供的材料复印件要投保人亲笔签字授权。对于反担保资产应提供原件做质押或抵押。

2. 担保受理

担保公司指定专人负责项目受理，对符合受理条件的项目予以正式受理，填写"担保项目受理登记表"，并向投保人发出受理通知，投保人按照通知要求预交评审费。

3. 项目初审

公司受理担保项目后，即开展项目初审，进行实地调查，初审的内容包括：投保人基本情况、投保人资产情况、投保人资信情况、投保人资金及还款来源、安全保障措施、基本风险度评估等。初审后应提交担保调查报告，填写"担保项目处理表"。

其他环节与企业投保流程相似。

（五）科目设置

1. "保费收入"科目

"保费收入"科目用来核算公司承担担保风险而按原担保合同、再担保合同规定向投保人收取的款项，包括担保费收入和分担保费收入。公司为其他单位代收的款项，不得确认为本公司的担保费收入。该科目属于损益类（收入）科目，其贷方登记本期实现的担保费收入，借方登记发生退保费和无代偿优待以及期末结转"本年利润"科目的数额，结转后该科目无余额。该科目应按担保合同和业务设置明细账。

2. "应收保费"科目

"应收保费"科目用来核算公司按照原担保合同约定应向投保人收取而未收到的担保费、评审费和手续费。该科目属于资产类科目，其借方登记公司发生的应收保费及已确认坏账并转销的应收保费又收回的金额，贷方登记收回的应收保费及确认为坏账而冲销的应收保费，余额在借方，反映公司尚未收回的保费。本科目应按照投保人设置明细账。

3. "预收保费"科目

"预收保费"科目用来核算公司在担保合同成立并开始承担担保责任前向投保人预收的担保费。分入分保业务再担保接受人提前向再担保分出人收取的分保费也在本科目核算。该科目属于负债类科目，其贷方登记预收的担保费，借方登记担保责任生效结转保费收入的金额，余额在贷方，反映公司向投保人预收的担保费。该科目应按投保人设置明细账。

4. "应付保费"科目

"应付保费"科目用来核算公司按原担保合同约定已向投保人收取保费，日后发生退保、减保的担保费以及代理其他担保公司办理担保业务收取的担保费。公司与其他担保公司联合共保的担保业务也在本科目核算。该科目属于负债类科目，其贷方登记应付的保费，借方登记支付的应付保费，余额在贷方，反映公司尚未支付的应付保费。该科目应按被代理公司和业务设置明细账。

（六）核算举例

1. 签发保单时缴纳担保费的核算

例 2-1 某担保公司会计部门收到业务部门交来的个人贷款担保保费日报表、保费收据存根和银行收账通知 50 000 元。应编制会计分录如下：

借：银行存款　　　　　　　　　　　　　　　　　　　　　50 000
　　贷：保费收入——贷款担保　　　　　　　　　　　　　　　　50 000

2. 分期缴纳担保费的核算

对于一些大保户或保额高的保户，经担保公司同意，可以分期缴纳担保费。保单一经签单，则全部担保费均应作为保费收入，未收款的部分则作为"应收保费"递延，等到下期收款时再冲销。

例 2-2 某担保公司会计部门收到业务部门交来的项目融资担保保费收据，东风机械厂应交担保费 150 000 元，当时交来转账支票 50 000 元，其余部分约定分 5 期交清。应编制会计分录如下：

首期收款并发生应收担保费时：

借：银行存款　　　　　　　　　　　　　　　　　　　　　50 000
　　应收保费——东风机械厂　　　　　　　　　　　　　　　100 000
　　贷：保费收入——项目融资担保　　　　　　　　　　　　　150 000

以后每期收到应收保费时：

借：银行存款　　　　　　　　　　　　　　　　　　　　　20 000
　　贷：应收保费——东风机械厂　　　　　　　　　　　　　　20 000

3. 预收担保费的核算

如果发生客户提前缴费或缴纳保费在前、承担担保责任在后的业务，则应作为预收保费处理，担保责任生效时再转为保费收入。

例 2-3 某担保公司与甲客户签订贸易融资担保合同，20×3 年 8 月收取担保费 150 万元，担保金额 1 000 万元，20×4 年 2 月合同生效，担保责任期间为一年。应编制会计分录如下：

20×3 年 8 月，公司收到投保人交纳的担保费：

借：银行存款　　　　　　　　　　　　　　　　　　　　　1 500 000
　　贷：预收保费——甲客户　　　　　　　　　　　　　　　　1 500 000

20×4 年 2 月，担保合同生效：

借：预收保费——甲客户　　　　　　　　　　　　　　　　1 500 000
　　贷：保费收入——贸易融资担保　　　　　　　　　　　　　1 500 000

4. 趸交担保费的核算

趸交担保费是在担保合同签订时，投保人就把约定的整个担保责任期间应交的担保费一次性付清。在会计实务中，只要同时符合收入确认的三项条件，对于趸交保费采用一次性确认保费收入。会计期末，其收入与风险成本的配比可以通过未到期责任准备金提取来体现。

例 2-4 某担保公司 20×4 年 1 月 1 日为客户某一设备租赁进行担保，担保金额 100 万元，期限为 5 年，担保费率 3%，按照合同规定担保费一次性交纳。应编制会计分录如下：

借：银行存款　　　　　　　　　　　　　　　　　　　　　　　　　30 000
　　贷：保费收入——项目融资担保　　　　　　　　　　　　　　　　　　30 000

5. 中途加保的核算

担保合同成立并开始承担担保责任后，在保单有效期内，担保事项若有变动，比如担保项目升值、财产重估等原因，所以被担保人中途会要求加保。中途加保的担保费收入核算，与投保时担保费收入的账务处理相同。

例 2-5　某公司会计部门收到业务部门转来的批单、保费收据及银行收账通知，某企业投保的设备融资担保因资产重估增值而引起担保金额上升，按担保费率计算应追加担保费7 000元。应编制会计分录如下：

借：银行存款　　　　　　　　　　　　　　　　　　　　　　　　　7 000
　　贷：保费收入——项目融资担保　　　　　　　　　　　　　　　　　　7 000

6. 中途退保的核算

对于担保期限在1年（含1年）的短期担保合同，中途退保或部分退保，应按已保期限与剩余期限的比例计算退保费，退保费直接冲减担保费收入。退保时被担保人必须将保费收据、保单正本退回，尚结欠的应收保费，则从退保费中扣除。

例 2-6　乙公司20×4年3月1日向银行借款3 000 000元，由担保公司为该公司提供担保，担保期限为1年，该公司应向担保公司交纳担保费60 000元，尚有10 000元担保费未交。20×4年10月，该公司提前归还银行贷款，相应解除担保合同。担保公司会计部门开出转账支票支付该公司退保费50 000元。应编制会计分录如下：

借：保费收入——贷款担保　　　　　　　　　　　　　　　　　　　60 000
　　贷：应收保费——乙公司　　　　　　　　　　　　　　　　　　　　10 000
　　　　银行存款　　　　　　　　　　　　　　　　　　　　　　　　50 000

7. 共保业务的核算

共同担保（Co-insurance），简称共保，是指两个或两个以上的担保人共同承保同一标的的同一风险、同一担保事故，并按照约定的比例承担担保责任的经营行为。共保业务根据各担保机构承担的份额不同，可区分为主承保方和非主承保方，主承保方即负责签发保单的一方。主承保方和非主承保方共同承担风险的共保业务，按担保合同确定的总保费及承担风险的份额计算自身承担份额的保费，计入保费收入。

例 2-7　光明电器厂投保的一份保额5 000 000元、2年期的项目融资担保合同于20×1年12月1日成立，由甲、乙两家担保公司联合担保，合同总担保费为300 000元，20×2年2月保费收到。合同约定：担保风险的调查、管理及保费收缴工作以甲公司为主，保费按6∶4在甲、乙两家担保公司之间分配结算，出单手续费5 000元由乙公司承担。

（1）甲公司应编制会计分录如下：

20×1年12月1日担保合同成立时：

借：应收保费——光明电器厂　　　　　　　　　　　　　　　　　180 000
　　贷：保费收入——项目融资担保　　　　　　　　　　　　　　　　180 000

20×2年2月实际收到保费时：

借：银行存款　　　　　　　　　　　　　　　　　　　　　　　　180 000
　　贷：应收保费——光明电器厂　　　　　　　　　　　　　　　　　180 000

对收取的应支付给乙公司的保费资金：
借：银行存款　　　　　　　　　　　　　　　　　　　　120 000
　　贷：应付保费——乙公司　　　　　　　　　　　　　　　　120 000
实际支付时：
借：应付保费——乙公司　　　　　　　　　　　　　　　120 000
　　贷：银行存款　　　　　　　　　　　　　　　　　　　　　120 000
向乙公司收取手续费时：
借：银行存款　　　　　　　　　　　　　　　　　　　　　5 000
　　贷：其他业务收入——手续费收入　　　　　　　　　　　　5 000
（2）乙公司应编制会计分录如下：
接到承保通知后，应根据自身承担份额：
借：应收保费——光明电器厂　　　　　　　　　　　　　120 000
　　贷：保费收入——项目融资担保　　　　　　　　　　　　　120 000
收到甲公司划转的保费后：
借：银行存款　　　　　　　　　　　　　　　　　　　　120 000
　　贷：应收保费——光明电器厂　　　　　　　　　　　　　　120 000
向甲公司支付出单手续费：
借：其他业务成本——出单费　　　　　　　　　　　　　　5 000
　　贷：银行存款　　　　　　　　　　　　　　　　　　　　　5 000

第三节　原担保合同准备金的核算

一、原担保合同准备金的确认

1. 原担保合同准备金的相关规定

原担保合同准备金包括未到期责任准备金（Unearned Premium Reserve）和担保赔偿准备金（Guarantee Compensation Reserve）。目前，担保公司对于原担保合同准备金的计提，采取的是2005年11月9日财政部颁布的《担保企业会计核算办法》（下称《办法》）和2010年3月8日财政部、国家发展和改革委员会等七个部门联合发布的《融资性担保公司管理暂行办法》（下称《暂行办法》）中所规定的标准。2010年7月14日财政部颁布的《企业会计准则解释第4号》（下称《4号解释》）要求担保公司采用符合市场实际的折现率，以合理估计金额（即以公允价值）为基础计量担保合同准备金，同时考虑边际因素和货币时间价值，这有利于真实公允地反映担保公司的财务状况和经营业绩，有助于投资者对担保公司的价值评估和监管部门的风险监管，而且可以增强股东利益的货币时间价值效应，有效降低担保公司在发展初期的股东增资压力和资本占用成本，对担保公司内涵价值的增长将产生持

2. 担保准备金的充足性测试

充足性测试（Adequacy Test）是指计算为将来可能履行的担保责任而提取的准备金是否足够、充分，以确保担保准备金负债没有被低估。担保公司在确认担保费收入或担保事故发生的当期已经确认了担保准备金，但是，随着时间的推移和理赔案件调查的深入，原定担保假设可能发生变化，导致已确认的担保准备金金额与担保公司应承担的代偿责任不一致。此时，如果不对确认的担保准备金金额进行调整，就不能真实地反映担保公司应承担的代偿责任。为了保证担保准备金足够、充分，基于会计信息的稳健性要求，并考虑成本效益原则，担保公司应当至少于每年年度终了，根据销售方式、服务方式和衡量获利能力的方式，并以获得的被担保人财务状况、生产或生存环境为依据对担保准备金进行充足性测试，将已提取的相关准备金余额与充足性测试日重新计算的结果进行比较。如果后者大于前者，则将其差额作为保费不足准备金增加担保准备金；相反，不调整。

二、未到期责任准备金的核算

（一）未到期责任准备金的性质

未到期责任准备金（Unearned Premium Reserve）亦称"未满期担保费准备金"或"未赚保费"，它是指公司担保责任未解除时，为承担未到期责任而提取的准备，包括公司为担保期间在1年以内（含1年）的担保合同项下尚未到期的担保责任提取的短期责任准备金和为担保期间在1年以上的担保合同项下尚未到期的担保责任提取的长期责任准备金。

由于担保合同的年度与会计年度通常是不一致的，因此，在会计核算期末时，不能把所收取的担保费全部当作担保费收入处理，对于担保责任尚未届满，应属于下年度的部分担保费，必须以准备金的形式提存出来，因此，其实质为递延受益。

（二）未到期责任准备金的计量

1. 短期担保合同采用未赚保费法

对于短期担保合同（担保期限在一年或一年以下），期限比较短，没必要对未来现金流量进行折现，基于成本效益原则，可以采用未赚保费法（Unearned Premium Model），其计算公式如下：

未到期责任准备金 =［(总保费 − 首日费用) × 未到期比例］
= 总保费 ×（1 − 保单获取成本率）× 未到期比例

首日费用（Acquisition Cost）即保单获取成本或招揽费用，它是签发担保合同所发生的增量成本（销售、承保和保单合同成立时发生的费用），包括手续费支出、营业税金及附加、监管费、分保费用支出、摊回分保费用、与担保费挂钩的承保人员工资等。

依美国财务会计准则公报第60号和加拿大公认会计原则规定，保单获取成本应予以资本化，并依保费收入列为收益的比例转列为费用，其未摊销的取得成本应列为资产。我国对保单获取成本直接列为首日费用，计入当期损益，即一次性作为费用全额列支。在提取未到期责任准备金时应予以扣除，否则，如果按毛保费计提法，随着准备金的计提，保单获取成本重复列支了一次，隐藏了利润，降低了会计信息的透明度。

对于未到期比例的计算，应采用百分比估算法，它包括 1/2 法、1/8 法、1/24 法、1/365 法。

（1）1/2 法。采用此法的前提条件是假设全年 365 天每天签单起保收取的担保费都是相等的，即以 7 月 1 日为平均保单签发日，这样，一年的保单在当年还有 50% 的有效部分未到期，故期末提取未到期责任准备金 =（本期担保费收入 - 首日费用）×50%。这种方法虽然简便易行，但是在整个担保期间风险并不是均匀分布的，并且保单生效也不是均匀分布在整个承保年度，因此这种方法显然不够准确。

按照财政部颁布的《办法》和《暂行办法》规定，担保公司应当按照当年担保费收入的 50% 提取未到期责任准备金，也即采用 1/2 法。

从理论上讲，如果在下期发生担保代偿损失，应将上期已计提的准备金作为损失的抵减项目；如果下期担保责任期已过，未发生担保代偿损失，则应将上期提取的准备金转回，确认为一项收益。但实际工作中，由于日常业务量很大，如果分别每个合同作如此处理，将带来很大工作量，不便于操作。因此，提取未到期责任准备金从费用列支，在会计期末实行差额提取。

例 2-8 甲担保公司贷款担保业务大部分担保业务周期是 1 年期，其担保费收入及提取未到期责任准备金资料如表 2-1 所示。

表 2-1　　　　甲担保公司担保费收入及未到期责任准备金情况表　　　　单位：万元

月份	20×2 年担保费收入	20×2 年应提取未到期责任准备金	20×1 年担保费收入	20×1 年已提取未到期责任准备金	差额补提
1	90	45	50	25	20
2	130	65	60	30	35
3	120	60	150	75	-15
4	140	70	130	65	5
5	80	40	60	30	10
6	100	50	120	60	-10
7	110	55	140	70	-15
8	150	75	130	65	10
9	130	65	120	60	5
10	100	50	110	55	-5
11	140	70	130	65	5
12	160	80	140	70	10
合计	1 450	725	1 340	670	55

（2）1/8 法。也称为按季计算法。采用此法的前提条件是假设每一季度中承保的所有保单是逐日开出的，且每天开出的保单数量、每份保单的保额及担保费大体均匀。这样，就可

以认为所有保单都在每季之中签发,即每季度的保单有半个季度的责任未到期。一年中有8个"半季度",因此,到年末时,对在第一季度投保的保单应提取的准备金为第一季度保费的1/8,另外7/8为已到期保费。对在第二季度投保的保单应提取的未到期准备金为第二季度保费的3/8,另外5/8为已到期保费。依此类推,故年末未到期责任准备金为:第一季度保费×1/8+第二季度保费×3/8+第三季度保费×5/8+第四季度保费×7/8,其计算公式是:

未到期责任准备金=(当季担保费收入-首日费用)×(签发保单季数×2-1)÷8

例2-9 甲担保公司贷款担保业务20×2年各季度担保费收入和首日费用如表2-2所示。

表2-2　　　　甲担保公司贷款担保担保费收入和首日费用表　　　　单位:万元

项目	一季度	二季度	三季度	四季度
担保费收入	85	109	74	172
首日费用	6	8	6	15

则该公司年末未到期责任准备金为:

未到期责任准备金=(85-6)×1÷8+(109-8)×3÷8+(74-6)×5÷8+(172-15)×7÷8=227.63(万元)

(3) 1/24法。也称为按月计算法。采用此法的前提条件是假设一个月内所有承保的保单是30天内逐日开出的,且保单数量、保额、保费大体均匀,这样就可以认为所有保单都在每月之中签发,即本月承保时保单在当月内的有效期天数都是15天即半个月,每月的保单有半个月的责任未到期。一年可分为24个半个月,对一年期保单来说,开立保单的当月末已到期责任为1/24,23/24的保费则是未到期责任准备金。以后每过一个月,已到期责任加上2/24,未到期责任准备金减少2/24,到年末,1月份开出保单的未到期责任准备金为保费的1/24,2月份开出保单的未到期责任准备金为保费的3/24……其余类推,到12月份开出保单的未到期责任准备金为保费的23/24,其计算公式是:

未到期责任准备金=(当月担保费收入-首日费用)×(签发保单月份×2-1)÷24

例2-10 甲担保公司20×2年贷款担保业务担保一年期保单订立于1月、5月、8月、10月、12月,其担保费收入和首日费用如表2-3所示。

表2-3　　　　甲担保公司贷款担保担保费收入和首日费用表　　　　单位:万元

项目	1月份	5月份	8月份	10月份	12月份
担保费收入	64	85	132	203	278
首日费用	7	11	18	25	36

该公司年末未到期责任准备金为:

未到期责任准备金=(64-7)×1÷24+(85-11)×9÷24+(132-18)×15÷24+(202-25)×19÷24+(278-36)×23÷24=474.21(万元)

值得注意的是,如果担保公司未到期责任准备金是按月提取,那么,每月在计算未到期责任准备金时应相应往前推 12 个月。比如，在 20×2 年 8 月提取未到期责任准备金时，20×1 年 9 月份开出保单的未到期责任准备金为保费的 1/24，10 月份开出保单的未到期责任准备金为保费的 3/24……其余类推，到 8 月份开出保单的未到期责任准备金为保费的 23/24。

按 1/24 法计提未到期责任准备金的核算特点是，每月开出保单时，当月按保费的 23/24 计提未到期责任准备金，随着担保责任期限的逐渐缩短而逐月按 2/24 转回，即将大部分保费通过计提准备金的方式事后逐月反映为利润。

(4) 1/365 法。也称为逐日计算法。根据每张保单的剩余未到期天数，逐笔计算未到期责任准备金。其计算公式是：

未到期责任准备金 =（当日担保费收入 − 首日费用）× 剩余未到期天数 ÷ 担保期天数

例 2−11 甲担保公司 2010 年 6 月 30 日承保一年期贷款担保业务，共收保费 187 000 元，首日费用 4 500 元，则该公司年末未到期责任准备金为：

未到期责任准备金 =（187 000 − 4 500）× 181 ÷ 365 = 90 500（元）

采用 1/365 法最为准确、可靠，因此，未到期比例原则上采用 1/365 法，但是这种方法建立在先进的准备金计算技术与计算手段基础之上，采用此法应有足够的电脑设备和完备的统计资料档案。由于全年 365 天每天签单起保收取的担保费都是不相等的，以年末这个时点计算，未到期责任准备金计算公式如下：

年末未到期责任准备金 = 每日保单未到期责任准备金之和

$$= P_1 \times 1 \div 365 + P_2 \times 2 \div 365 + \cdots + P_i \times i \div 365 + \cdots + P_{365} \times 365 \div 365$$

$$= \sum_{i=1}^{365} P_i \times i \div 365$$

其中：i 表示一年中的第 i 日；

P_i 表示第 i 日的担保费收入。

例 2−12 甲担保公司 20×2 年的款担保业务 1 月每日的担保费收入（扣除首日费用）统计如下，用 1/365 法计算年末未到期责任准备金。

表 2−4　　　　　　　　1 月每日担保费收入统计表　　　　　　　　单位：万元

月份	1 月							2 月……
日期	1 日	2 日	5 日	9 日	15 日	26 日	31 日	1 日……
担保费收入	30	45	100	40	42	190	62	198……

未到期责任准备金 = 30 × 1 ÷ 365 + 45 × 2 ÷ 365 + 100 × 5 ÷ 365 + 40 × 9 ÷ 365

　　　　　　　　+ 42 × 15 ÷ 365 + 190 × 26 ÷ 365 + 62 × 31 ÷ 365

　　　　　　　= 23.21（万元）

2. 长期担保合同采用三因素法

对于长期担保合同（担保期限在一年以上），由于期限长以及未来损失的不确定性和存在的一些难以预知因素，准备金的计量方法相对复杂，可以采用三因素法（Three − factors Method），即考虑对现金流明确的当前估计、反映现金流的时间价值和显性的边际三个因素。

(1) 未来现金流（Future Cash Flow）。未来现金流是预期未来现金流出与预期未来现金流入的差额，即预期未来净现金流出，它是一种合理估计负债。预期未来现金流出主要包括根据担保合同承诺的保证利益、管理担保合同或处理相关赔付必需的合理费用（包括保单维持费用、理赔费用等）。预期未来现金流入包括担保费和其他收费。预期未来净现金流出的合理估计金额，应当以资产负债表日可获取的当前信息为基础，按照各种情形的可能结果及相关概率计算确定，不得锁定。

（2）货币时间价值（Time Value of Currency）。货币时间价值涉及对现金流进行贴现。货币时间价值影响重大的，应当按照适当的折现率或贴现率对相关未来现金流量进行折现。是否重大的标准是计量单位整体负债的久期应该超过一年。折现率市场利率可以中央国债登记结算有限责任公司编制的750个工作日国债收益率曲线的移动平均为基准，加合理的溢价确定。

（3）边际因素（Margin Factor）。担保准备金计量涉及的边际因素包括风险边际（Risk Margin）和合同服务边际（Contract Service Margin）。风险边际是为应对预期未来现金流的不确定性而提取的准备金。在所有其他因素相同的情况下，风险调整通常会增加准备金的计量金额。合同服务边际是为了不确认首日利得而确认的边际准备金，于担保合同初始确认日确定，在整个担保期间内摊销。当担保费的预期现值超过了未来现金流出预期现值和风险边际之和，存在首日利得，反之存在首日损失。基于会计稳健性要求，担保公司在担保合同初始确认日不应当确认首日利得，而将其作为准备金的组成部分；发生首日损失的，应当予以确认并计入当期损益。

（三）科目设置

1. "未到期责任准备金"科目

"未到期责任准备金"科目用来核算公司提取的原担保合同未到期责任准备金和再担保合同分保未到期责任准备金。该科目属于负债类科目，其贷方登记提取的未到期责任准备金，借方登记冲减的未到期责任准备金，余额在贷方，反映公司的未到期责任准备金。该科目应按担保合同及业务设置明细账。

2. "提取未到期责任准备金"科目

"提取未到期责任准备金"科目用来核算公司按规定提取的原担保合同未到期责任准备金和再担保合同分保未到期责任准备金。该科目属于损益类（费用）科目，其借方登记提取的未到期责任准备金数额，贷方登记冲减已提取的未到期责任准备金数额，期末将本科目发生额转入"本年利润"，结转后该科目无余额。该科目应按担保合同及业务设置明细账。

（四）账务处理

（1）公司在确认原保费收入、分保费收入的当期，应按计算确定的未到期责任准备金，借记"提取未到期责任准备金"科目，贷记"未到期责任准备金"科目。

（2）资产负债表日，应按有关规定重新计算确定的未到期责任准备金与已确认的未到期责任准备金的差额，调整未到期责任准备金余额。

（3）原担保合同提前解除的，应按相关未到期责任准备金余额，借记"未到期责任准备金"科目，贷记"提取未到期责任准备金"科目。

（4）在确认原担保合同保费收入的当期，按相关再担保合同约定计算确定的相关应收分保未到期责任准备金金额，借记"应收分保未到期责任准备金"科目，贷记"提取未到期责任准备金"科目。

资产负债表日，调整原担保合同未到期责任准备金余额的，按相关再担保合同约定计算确定的应收分保未到期责任准备金的调整金额作相应的调整分录。

（5）期末，将"提取未到期责任准备金"科目发生额转入"本年利润"科目，结转后该科目无余额。

（五）核算举例

例2-13 如前例2-8，该担保公司应作如下会计处理：

1月末：

借：提取未到期责任准备金——贷款担保　　　　　　　　　　200 000
　　贷：未到期责任准备金——贷款担保　　　　　　　　　　　　200 000

3月末：

借：未到期责任准备金——贷款担保　　　　　　　　　　　　150 000
　　贷：提取未到期责任准备金——贷款担保　　　　　　　　　　150 000

其他月份账务处理略。

例2-14 某公司为甲客户提供授信贷款担保，甲客户现有特殊原因要求退保，合同提前解除，该合同已提取未到期责任准备金10 000元。应编制会计分录如下：

借：未到期责任准备金——贷款担保　　　　　　　　　　　　10 000
　　贷：提取未到期责任准备金——贷款担保　　　　　　　　　　10 000

三、担保赔偿准备金的核算

（一）担保赔偿准备金的概念和内容

担保赔偿准备金（Guarantee Compensation Reserve）是指担保公司为尚未终止的担保合同在担保人未按合同履行义务，担保公司发生代偿义务支付赔偿金而提取的准备金。

担保公司在承担代偿责任的过程中，常常会发生各种风险，且在时间上和数额上难以预见，如果等到风险发生时一次性计入损益，有可能造成损益的大幅度波动。因此，按照谨慎性原则，有必要在收入确认的当期，预先从费用中提取一定的担保赔偿准备金，作为未来担保风险损失的支出来源，因此其实质为预计成本。

担保赔偿准备金包括代偿准备金和理赔费用准备金。代偿准备金是指担保人为承担代偿责任而支付赔偿金提取的准备金。理赔费用准备金是指担保人为承担代偿责任可能发生的费用而提取的准备金。理赔费用准备金分为直接理赔费用准备金和间接理赔费用准备金。理赔费用中有些费用是与具体的赔案直接相关的，如专家费、律师费、损失检验费等，有些费用是间接相关的，与赔案没有直接的联系，比如相关理赔人员薪酬等。

（二）担保赔偿准备金的计量

财政部颁布的《办法》和《暂行办法》规定，担保公司应按不低于当年年末担保责任余额1%的比例提取担保赔偿准备金。担保赔偿准备金累计达到当年担保责任余额10%的，实行差额提取。这种刚性的提取方法与担保公司风险的不确定性不相匹配。而且《办法》

和《暂行办法》中并没有明确年末担保责任余额的内涵，导致各担保公司年末上报在保余额统计资料时口径不一致，从而造成信息不可比。此外，担保赔偿准备金没有考虑理赔费用准备金的提取，计提不够全面。

担保赔偿准备金是针对代偿责任已经发生但尚未结案的赔案而提取的准备金，它是一种预计赔偿，应基于理赔系统中的估损数据计提，期末还应进行充足性测试。具体包括以下三种估计方法：

1. 逐案估算法（Each Case Estimation Method）

理赔人员逐一估计每起索赔案件的代偿赔付额，然后记入理赔档案，到一定时间把这些估计的数字汇总，并进行修正，据以提存准备金。这种方法比较简单，但工作量较大。适用于索赔金额确定，或索赔金额大小相差悬殊而难以估算平均代偿额的业务。

2. 平均值估算法（Average Value Estimation Method）

首先根据担保公司的以往代偿损失资料计算出平均值，然后再根据对将来代偿赔付金额变动趋势的预测加以修正，把这一平均值乘以已报告代偿数目，就可得出担保赔偿准备金数额。这一方法适用于赔款可快速决定、索赔案多且每案赔款金额差异不大的业务。

3. 损失率法（Loss Ratio Method）

假定某特定年度的实际代偿赔付金额与预期代偿赔付金额相同，选择一个时期的代偿损失率作为预期损失率法乘以担保费来估计某类业务的最终代偿赔付金额，从估计的最终代偿赔付额中扣除已支付的赔款和理赔费用，即为担保赔偿准备金数额。这种方法简便易行，但假定的代偿损失率与实际代偿损失率可能会有较大出入，此时按这种方法计算则不太准确。

担保公司在提取担保赔偿准备金时，应同时考虑为承担代偿责任可能发生的费用，提取理赔费用准备金（Claim Expense Reserve），它分为直接理赔费用准备金和间接理赔费用准备金。理赔费用中有些费用是与具体的赔案直接相关的，如专家费、律师与诉讼费、损失检验费、公估费等，有些费用是间接相关的，与赔案没有直接的联系，比如调查费、相关理赔人员薪酬、资产使用费、外部监管费用及税费、理赔办公费等。对间接理赔费用准备金，应采用比较合理的比率分摊法提取。所谓合理的比率，就是合理估计理赔费用支出与代偿赔付支出的比例关系，首先要合理地划分哪些是理赔费用，理赔费用与代偿赔付支出的比率也需要有经验数据作为支撑。然后再以当期计提的担保赔偿准备金作为基础，乘以估计的理赔费用比率，计算理赔费用准备金。经验数据包括本期以及过往期间理赔费用支出。

（三）担保赔偿准备金和未到期责任准备金的区别

担保赔偿准备金和未到期责任准备金的区别如表 2-5 所示。

表 2-5　　　　　　　担保赔偿准备金和未到期责任准备金的区别

	性质	提取比例	用途
担保赔偿准备金	针对整体业务风险，体现谨慎性	不超过年末担保责任余额 1%，可累加，达 10% 后差额提取	抵冲担保损失
未到期责任准备金	针对项目未到期责任，与期间对应	当年担保费 50%，不累加	保持当年担保费 50%，不冲减

（四）科目设置

1. "担保赔偿准备金"科目

"担保赔偿准备金"科目用来核算公司提取的原担保合同和再担保合同担保赔偿准备金。该科目属于负债类科目，其贷方登记提取的担保赔偿准备金，借方登记冲减的担保赔偿准备金，余额在贷方，反映公司担保赔偿准备金的金额。该科目应按担保赔偿准备金的类别、担保合同设置明细账。

2. "提取担保赔偿准备金"科目

"提取担保赔偿准备金"科目用来核算公司按规定提取的原担保合同和再担保合同担保赔偿准备金。该科目属于损益类（费用）科目，其借方登记提取的担保赔偿准备金数额，贷方登记冲减已提取的担保赔偿准备金数额，期末将本科目发生额转入"本年利润"，结转后该科目无余额。该科目应按担保赔偿准备金的类别和担保合同设置明细账。

（五）账务处理

（1）投保人发生担保合同约定的担保责任的当期，应按规定，借记"提取担保赔偿准备金"科目，贷记"担保赔偿准备金"科目。

（2）对担保赔偿准备金进行充足性测试，应按补提的担保赔偿准备金，借记"提取担保赔偿准备金"科目，贷记"担保赔偿准备金"科目。

（3）原担保合同担保人确定支付赔付款项金额或实际发生理赔费用的当期，应按冲减的相应担保赔偿准备金余额，借记"担保赔偿准备金"科目，贷记"提取担保赔偿准备金"科目。

（4）期末，将"提取担保赔偿准备金"科目发生额转入"本年利润"科目，结转后该科目无余额。

（六）核算举例

例 2-15 某担保公司项目融资担保 20×1 年年初"担保赔偿准备"余额 200 万元。当年累计担保 1 200 万元，20×1 年 7 月发生代偿损失 150 万元，年末担保责任余额 1 500 万元。本年有关担保赔偿准备金计算及账务处理如下：

担保赔偿准备金累计数 = 200 - 150 = 50（万元）

未超过年末担保责任余额的 10%（1 500 × 10% = 150 万元）

年末提取担保赔偿准备金 = 1 500 × 1% = 15（万元）

借：提取担保赔偿准备金——项目融资担保　　　　　　　　150 000
　　　贷：担保赔偿准备金——项目融资担保　　　　　　　　　　150 000

如果该公司年初"担保赔偿准备金"余额为 500 万元

担保赔偿准备金累计数 = 500 - 150 = 350（万元）

超过年末担保责任余额的 10%（1 500 × 10% = 150 万元）

则采取差额提取：

借：担保赔偿准备金金——项目融资担保　　　　　　　　2 000 000
　　　贷：提取担保赔偿准备金金——项目融资担保　　　　　　　　2 000 000

例 2 – 16 某担保公司 20×1 年贷款担保业务发生代偿损失 850 000 元,冲减相应担保赔偿准备金余额。应编制会计分录如下:

借:担保赔偿准备金——贷款担保　　　　　　　　　850 000
　　贷:提取担保赔偿准备金——贷款担保　　　　　　　　850 000

例 2 – 17 某公司 20×1 年贸易融资担保业务已提取担保赔偿准备金为 2 563 000 元,根据有关部门进行充足性测试计算结果,本年应提取担保赔偿准备金为 2 588 000 元。应编制调整分录如下:

借:提取担保赔偿准备金——贸易融资担保　　　　　25 000
　　贷:担保赔偿准备金——贸易融资担保　　　　　　　　25 000

如果该公司年末充足性测试计算结果,本年应提取担保赔偿准备金为 2 535 000 元,则不需作调整分录。

第四节　原担保合同代偿支出的核算

(一) 代偿支出的内容

代偿支出(Compensatory Payment)是指被担保人未按合同约定履行义务,由担保人代其履行义务而支付的代偿赔付款及处理担保事故的相关费用支出。从严格意义上讲,代偿支出尚不是担保公司的最后损失,担保公司在代位补偿后仍有可能从被担保人收到一定的追偿款,但从谨慎的角度出发,担保公司发生代偿后即确认损失,而以后收到的追偿金额则冲减相赔付支出。

代偿支出包括直接赔付、直接理赔费用、间接理赔费用。代位追偿款、收回错赔骗赔款及损余物资折价应冲减相关项目的赔付支出。

(1) 直接赔付,是指根据担保合同约定支付给受益人的代偿赔付款,应在实际支付赔付时确认,直接计入相关项目的成本。

担保事故发生后、赔偿金额尚未最终确定前预付给被担保人或受益人的赔付,应作为预付赔付款入账,结案时转为赔付支出。

(2) 直接理赔费用,是指理赔过程发生的能准确分清到赔案的相关费用,包括专家费、律师与诉讼费、损失检验费、公估费、举报人奖励以及其他直接费用。直接理赔费用,按实际发生额,直接计入相关项目的赔付支出。

(3) 间接理赔费用,是指理赔过程发生的与担保事故直接有关但不能准确分清到赔案的相关费用,包括车辆使用费、差旅费、调查取证费以及相关理赔人员薪酬等其他相关费用。间接理赔勘查费,按当期赔案件数或其他合理的方法,分摊计入相关项目的赔付支出。

(4) 承担赔付担保金责任后应当确认的代位追偿款,冲减相关项目的赔付支出。

(5) 收回赔付及物资折价,包括收回错赔骗赔付以及收回损余物资折价,按实际收回错赔骗赔的款项或确认的收回损余物资价值,直接冲减相关项目的赔付支出。

（二）代偿支出的业务程序

1. 理赔受理

发生担保代偿责任后，受益人应在48小时内通知担保公司，如涉及违法行为应立即通知公安机关，防止损失的扩大，并提供保单原件、索赔证据，按照保单要求提出索赔。担保公司理赔部门接受报案后，办理有关手续，它包括接受索赔报案时的报案登记、核对保单、报告案情和登记立案工作。

2. 确认索赔的有效性

确认索赔的有效性是实现担保赔付的前提，其目的主要有两点：一是重新审核各项合同的有效性，核实合同的实际履行情况，为追偿工作打好基础。二是避免因快速简捷的赔付而引发的道德风险，比如金融机构（如银行、租赁公司等）工作人员丧失向借款人催收欠款的积极性。

（1）确认索赔有效性的主要工作内容

①确认各种合同各方主体是否准确无误；
②确认贷款人是否充分履行借款合同及保证合同各项义务；
③提出索赔时间是否超过担保责任期限；
④贷款人是否未经担保公司许可就允许借款人转让债务；
⑤贷款人是否未经担保公司许可就允许借款人延长债务偿还期限；
⑥借款人与贷款人是否双方串通，骗取担保公司提供担保；
⑦贷款人是否未履行应尽的监督贷款用途义务，致使贷款用于国家禁止或限制性生产领域；
⑧确认担保赔付的范围及金额；
⑨明确担保公司赔付后所享有的追偿权利，同时完善充分享有该追偿权利所需要的法律要件。

（2）在确认索赔的有效性时应注意的事项

①担保公司与金融机构（银行等）签订合作协议时，必须规定金融机械（银行等）向担保公司索赔时的条件以及担保公司的赔付期限，同时应当让金融机构（银行等）充分了解担保公司的赔付程序，避免在赔付过程中银行产生误解，影响双方合作。

②快速及时的担保赔付有利于改善贷款人的现金流，是保持担保公司与金融机构（银行等）良好合作关系的重要因素。但是，担保公司在保证赔付效率的同时，必须考虑要完善追偿工作所需的法律要件。

③担保期间是根据当事约定或法律规定，债权人应当向债务人或保证人主张权利的期间。债权人没有在该期间主张权利，则保证人不再承担责任。

3. 实施担保代偿

担保代偿的实施通常采取以下三种方式：

（1）一次性赔付，担保公司行使追偿权利。

（2）担保公司代借款人履行还款义务，法律诉讼程序全部结束后再进行担保代偿，保证担保物权的实现。

（3）贷款人通过一定的程序，首先执行借款人资产弥补贷款损失，对仍未收回的贷款部分，由担保公司代位清偿。由于法律诉讼、执行往往需要较长的时间，所以这种赔付方式容易影响贷款人现金流，引发贷款人与担保公司的纠纷，降低担保公司对贷款人的吸引力。

（三）代偿支出的核算

1. 当时结案的赔付支出的核算

担保公司收到被担保人赔偿申请及各项有关材料后，应进行认真审核，确定赔偿责任，计算应赔金额，经批核后及时支付赔付。在核算时应设置"赔付支出"科目。

"赔付支出"科目用来核算公司支付的原担保合同赔付款项和再担保合同赔付款项。该科目属于损益类（费用）科目，其借方登记赔付支出、预付赔付的转销、理赔费用，贷方登记代位追偿款和损余物资的冲减额、错赔骗赔的追回款以及期末结转"本年利润"科目的数额，结转后该科目无余额。该科目应按担保合同和业务设置明细账。

例 2-18 某担保公司接受委托，为 A 公司在当地商业银行借款 100 万元提供担保，担保费率为 3%，款项收到。借款合同和担保合同约定借款期限自 20×1 年 10 月 1 日至 20×2 年 9 月 30 日止。20×2 年 10 月借款合同到期，A 公司陷入财务危机未能归还全部借款，担保公司履行了代偿责任，支付了代偿款本息 76 万元。应编制会计分录如下：

借：赔付支出——贷款担保　　　　　　　　　　　　　760 000
　　贷：银行存款　　　　　　　　　　　　　　　　　　　　760 000

2. 预付赔付款的核算

在处理赔案的过程中，有些赔案损失较大，且案情比较复杂，由于种种原因不能当时或短时间内核实损失、确定赔付金额。但为了尽快恢复投保单位或个人的生产经营和正常生活秩序，担保公司按估赔的一定比例，先预付一部分赔付，待核实结案时再一次结清。一般来说，预付赔付金额不得超过估损金额的 50%，而且不能跨年度使用，结案率至少在 85% 以上。在核算时应设置"预付赔付款"科目。

"预付赔付款"科目用来核算担保公司在理赔过程中按合同约定预付的款项。分入分保业务预付的现金赔付也属于该科目核算。该科目属于资产类科目，其借方登记向保单持有人预付的赔付款以及向分出公司发出现金赔付账单并支付的现金赔付款，贷方登记结案后转为赔付支出的金额以及收到分保账单后转销的现金赔付款，余额在借方，反映实际预付的赔付款。该科目应按债权人或分保分出人设置明细账。

例 2-19 20×4 年某担保公司为某一承包商提供工程履约担保，现承包商未能及时履行其与工程业主所订合同的责任和义务，准备支付给工程业主赔偿金。因案情复杂一时不能结案，20×4 年 5 月担保公司按预计损失的 50%，以支票预付代偿款 80 000 元，20×4 年 11 月，经调查核实确定该项目实际损失为 170 000 元，再开出支票结清此赔案。应编制会计分录如下：

预付赔付款时：
借：预付赔付款——某工程业主　　　　　　　　　　　80 000
　　贷：银行存款　　　　　　　　　　　　　　　　　　　　80 000
结案时：
借：赔付支出——工程履约担保　　　　　　　　　　　170 000
　　贷：预付赔付款——某工程业主　　　　　　　　　　　80 000

　　　　银行存款　　　　　　　　　　　　　　　　　　　　　　　　　　　90 000

3. 应付赔付款的核算

应付赔付款是指公司应付未付的赔付。在核算时应设置"应付赔付款"科目。该科目属于负债类科目，其贷方登记应付未付给保户的赔付款，借方登记实际支付给保户的赔付款，余额在贷方，反映尚未支付的赔付款。该科目应按债权人设置明细账。

例 2-20 某公司为某一物流中心提供商业票据承兑担保，20×4 年 8 月甲供货商未能按期收到票面金额，担保公司履行代偿义务，金额为 400 000 元，但因资金紧张，代偿款尚未支付。20×4 年 12 月支付代偿款 400 000 元。应编制会计分录如下：

发生代偿时：
　　借：赔付支出——票据承兑担保　　　　　　　　　　　　　　400 000
　　　　贷：应付赔付款——甲供货商　　　　　　　　　　　　　　　400 000

实际支付时：
　　借：应付赔付款——甲供货商　　　　　　　　　　　　　　　400 000
　　　　贷：银行存款　　　　　　　　　　　　　　　　　　　　　　400 000

4. 理赔费用的核算

在理赔中发生的直接理赔费用和间接理赔费用应在"赔付支出"科目核算。

例 2-21 某公司承担的项目融资担保发生代偿，聘请某公估行进行评估工作，以银行转账支票支付评估费 12 000 元。应编制会计分录如下：

　　借：赔付支出——项目融资担保　　　　　　　　　　　　　　12 000
　　　　贷：银行存款　　　　　　　　　　　　　　　　　　　　　　12 000

5. 代位追偿款的核算

代位追偿款（Subrogation Account）是担保公司事先按照担保合同约定代偿后取得对被担保人的求偿权而追回的价款。公司发生代偿支出后尚不是担保公司的最后损失，担保公司代被担保人支付赔付款，与此同时，从被担保人处取得对代偿的价款进行追偿的权利。从理论上讲，追偿款属于代位求偿，实质上不是一项收入，而是对赔付支出的一种抵减，不应作为收入处理。

担保人承担赔付担保金责任应收取的代位追偿款，同时满足下列条件的应确认为应收代位追偿款：

（1）与该代位追偿款有关的经济利益很可能流入；

（2）该代位追偿款的金额能够可靠地计量。

对应收代位追偿款，担保公司应及时行使追偿权，并遵循以下原则：

（1）穷尽原则。对被担保企业反担保物、反担保人都要进行追偿，直至有充分证据表明都已穷尽。

（2）变现原则。对代位追偿款应考虑以货币资金受偿，从严控制以物抵债。受偿方式以现金受偿为第一选择，被担保人无货币资金偿还能力时，要优先选择以直接拍卖、变卖非货币资产的方式回收代偿款。当现金受偿确实不能实现时，可接受以物抵债。

（3）责任追究原则。对造成代偿损失的应查明原因，进行责任追究。

（4）批准原则。要根据公司的管理权限，经股东大会或董事会、经理会议或类似机构批准。

(5) 账销案存原则。

为了核算和监督追偿款的发生和收回情况，担保公司应设置"应收代位追偿款"科目，核算公司按照原担保合同约定承担赔付担保金责任后确认的代位追偿款。该科目属于资产类科目，其借方登记应收的代位追偿款，贷方登记收回的应收代位追偿款，余额在借方，反映公司尚未收回的代位追偿款。本科目应按照被追偿单位（或个人）设置明细账。

例 2-22 某担保公司为 A 企业提供贷款担保，20×4 年 3 月出现代偿一笔，支付代偿款 200 000 元，有确凿证据表明其中可确认的可收回金额为 150 000 元，20×4 年 11 月，经多方努力，代偿回收金额为 150 000 元。应编制会计分录如下：

20×4 年 3 月支付代偿款时：

借：赔付支出——贷款担保　　　　　　　　　　　　200 000
　　贷：银行存款　　　　　　　　　　　　　　　　　　　　200 000

支付代偿款，取得向 A 企业追偿的权利：

借：应收代位追偿款——A 企业　　　　　　　　　　150 000
　　贷：赔付支出——贷款担保　　　　　　　　　　　　　　150 000

20×4 年 11 月通过追收收回款项时：

借：银行存款　　　　　　　　　　　　　　　　　　150 000
　　贷：应收代位追偿款——A 企业　　　　　　　　　　　　150 000

例 2-23 若上例代偿回收金额为 120 000 元，应编制会计分录如下：

借：银行存款　　　　　　　　　　　　　　　　　　120 000
　　赔付支出——贷款担保　　　　　　　　　　　　　 30 000
　　贷：应收代位追偿款——A 企业　　　　　　　　　　　　150 000

例 2-24 某担保公司 20×4 年发生如下业务：

(1) 2 月 1 日，代被担保单位甲公司偿还某银行借款本息共计 520 000 元，已用银行存款支付；

(2) 2 月 29 日，业务部及风险控制部提交材料，列明甲公司同意变卖设备以偿还代偿款 350 000 元，此外别无资金来源可用于偿还代偿款（为其提供反担保的单位已遭封查停产）；

(3) 3 月 2 日，甲公司交来变卖设备款 350 000 元，存入银行。

该担保公司应编制会计分录如下：

(1) 2 月 1 日，支付代偿款时：

借：赔付支出——贷款担保　　　　　　　　　　　　520 000
　　贷：银行存款　　　　　　　　　　　　　　　　　　　　520 000

(2) 2 月 29 日，确认应收代位追偿款时：

借：应收代位追偿款——甲公司　　　　　　　　　　350 000
　　贷：赔付支出——贷款担保　　　　　　　　　　　　　　350 000

(3) 3 月 2 日，收回代偿款时：

借：银行存款　　　　　　　　　　　　　　　　　　350 000
　　贷：应收代位追偿款——甲公司　　　　　　　　　　　　350 000

例 2-25 假设上例，3 月 2 日甲公司委托第三人变卖设备，承诺第三人按实收价款的

5%提取劳务费后,已转账方式转入该担保公司账户 370 000 元。担保公司应编制会计分录如下:

借:银行存款 370 000
　　贷:应收代位追偿款——甲公司 350 000
　　　　赔付支出——贷款担保 20 000

6. 损余物资的核算

损余物资(Salvage Value)是指担保公司代偿后收回的反担保抵押或质押物资。收回损余物资要严格按规定手续办理,开列清单,并设置"损余物资登记簿",列明损余物资的品名、数量、损坏程度、残值数额。取得的损余物资,应当按照同类或类似资产的市场价格计算确定的金额确认为资产,并冲减当期赔付支出。市场价格不包括处置费用。如果不存在活跃的交易市场,应当根据可实现价值和资产成新率计算。损余物资应当以市价计量,不计提折旧。会计期末,应重新判断市场价格,并将市价与账面价值的差额,调整当期赔付支出。收取损余物资后应坚持"物尽其用"的原则,根据可用程度,及时进行处置,尽快实现损余物资向货币资产的有效转化。

为了核算和监督损余物资的发生和处置情况,担保公司应设置"损余物资"科目,核算公司按照原担保合同约定承担赔偿担保金责任后取得的损余物资成本。该科目属于资产类科目,其借方登记公司承担赔偿担保金责任后取得的损余物资,贷方登记处置损余物资时收到的金额,余额在借方,反映公司承担赔偿担保金责任后取得的损余物资成本。本科目应按照损余物资种类设置明细账。损余物资发生减值的,可以单独设置"损余物资跌价准备"科目。

例 2-26 A 公司为一商贸流通企业,代理经营著名体育品牌产品,20×4 年 2 月经某担保公司评审后为其一年期流动资金贷款 4 000 000 元进行担保,并在合同中设定了用 A 公司存放在某仓库的百万元体育商品进行抵押,另采用该公司 20%股权进行质押,并在公证处办理了强制执行公证。20×5 年 2 月借款到期,A 公司因经营不善未能全额归还借款,担保公司履行了代偿责任,支付了借款本息共计代偿款 3 240 000 元,并取得了相应反担保质押物的处置权。经双方约定,A 公司 20%股权进行变现,转入担保公司账户 2 000 000 元,体育商品由担保公司收回,同类资产市场价格 1 160 000 元。20×5 年 12 月,担保公司将这批商品变卖,价款 1 220 000 元存入银行。担保公司应编制会计分录如下:

(1) 20×5 年 2 月支付代偿款时:

借:赔付支出——贷款担保 3 240 000
　　贷:银行存款 3 240 000

(2) 收到 A 公司股权变现款时:

借:银行存款 2 000 000
　　贷:赔付支出——贷款担保 2 000 000

(3) 收回体育商品时:

借:损余物资——体育商品 1 160 000
　　贷:赔付支出——贷款担保 1 160 000

(4) 20×5 年 12 月收到体育商品变卖款时:

借:银行存款 1 220 000

  贷：损余物资——体育商品　　　　　　　　　　　　　　　1 160 000
    赔付支出——贷款担保　　　　　　　　　　　　　　　　60 000

例 2-27　如果上例 20×5 年 12 月，担保公司将商品变卖，变卖价款为 1 140 000 元，应编制会计分录如下：

  借：银行存款　　　　　　　　　　　　　　　　　　　　　1 140 000
    赔付支出——贷款担保　　　　　　　　　　　　　　　　20 000
  贷：损余物资——体育商品　　　　　　　　　　　　　　　1 160 000

值得注意的是，处置损余物资时，已计提跌价准备的，还应同时结转跌价准备。

7. 错赔或骗赔案件的核算

在担保理赔过程中，有时会发生错赔或骗赔案件，担保公司发现后应依法查处并追回赔付，会计上采取冲减赔付支出的账务处理。

例 2-28　某担保公司为某客户提供诉讼保全担保，支付代偿款后被发现是错赔案件，由于工作失误多赔了 6 000 元。经与保户交涉，该保户以现金退回了多收的赔付款。担保公司应编制会计分录如下：

  借：库存现金　　　　　　　　　　　　　　　　　　　　　　6 000
    贷：赔付支出——诉讼保全担保　　　　　　　　　　　　6 000

8. 综合举例

例 2-29　20×3 年 5 月 16 日，甲担保公司与乙企业签订一份担保合同，对乙企业在当地商业银行一年期借款 6 000 000 元进行担保，以企业主要生产设备进行抵押，借款合同和担保合同约定借款期限自 20×3 年 5 月 16 日至 20×4 年 5 月 15 日，担保费为 300 000 元，担保费于合同生效当日一次性支付。经计算后确定，甲担保公司针对该项合同未到期责任准备金的提取金额为 150 000 元，针对该项合同担保赔偿准备金的提取金额为 60 000 元。20×4 年 5 月借款合同到期，乙企业陷入财务危机未能归还全部借款，担保公司履行了代偿责任，支付了偿还商业银行借款本息共计 4 300 000 元。甲担保公司同时收回部分生产设备并享有了对乙企业的代位追偿权。假设生产设备同类资产市场价格为 1 500 000 元，代位追偿款估计可收回 2 000 000 元。20×4 年 9 月甲担保公司转让生产设备收入 2 000 000 元，20×4 年 11 月从乙企业收回补偿 1 900 000 元。甲担保公司应编制会计分录如下：

（1）20×3 年 5 月，甲担保公司根据合同确认保费收入并提取准备金：

  借：银行存款　　　　　　　　　　　　　　　　　　　　　　300 000
    贷：保费收入——贷款担保　　　　　　　　　　　　　　300 000
  借：提取未到期责任准备金——贷款担保　　　　　　　　　　150 000
    贷：未到期责任准备金——贷款担保　　　　　　　　　　150 000

（2）20×3 年末，提取担保赔偿准备金：

  借：提取担保赔偿准备金——贷款担保　　　　　　　　　　　60 000
    贷：担保赔偿准备金——贷款担保　　　　　　　　　　　60 000

（3）20×4 年 5 月支付代偿款，并收回抵押物资及确认代位追偿权：

  借：赔付支出——贷款担保　　　　　　　　　　　　　　　4 300 000
    贷：银行存款　　　　　　　　　　　　　　　　　　　4 300 000

冲回担保赔偿准备金余额时：

借：担保赔偿准备金——贷款担保	60 000	
贷：提取担保赔偿准备金——贷款担保		60 000

收回抵押物资时：

借：损余物资——生产设备	1 500 000	
贷：赔付支出——贷款担保		1 500 000

确认应收代位追偿款：

借：应收代位追偿款——乙企业	2 000 000	
贷：赔付支出——贷款担保		2 000 000

（4）20×4年9月处置抵押物资：

借：银行存款	2 000 000	
贷：赔付支出——贷款担保		500 000
损余物资——生产设备		1 500 000

（5）20×4年11月收到代位追偿款：

借：银行存款	1 900 000	
赔付支出——贷款担保	100 000	
贷：应收代位追偿款——乙企业		2 000 000

关键词

担保合同　原担保合同　反担保　保费收入　已赚保费　未到期责任准备金　担保赔偿准备金　赔付支出　损余物资　应收代位追偿款

复习思考题

1. 简述原担保合同的分类。
2. 简述反担保和担保的区别和联系。
3. 简述混合担保合同的分拆处理。
4. 简述担保费收入的确认条件。
5. 简述未到期责任准备金的计算方法。
6. 简述担保赔偿准备金的内容和计算方法。
7. 简述担保赔偿准备金和未到期责任准备金的区别。
8. 简述赔付支出的内容。
9. 简述代位追偿款的确认条件和追偿原则。
10. 简述损余物资的计量方法。

练习题

习题一

一、目的：练习原担保合同担保费收入的核算。

二、资料：担保公司发生下列经济业务：

1. 某公司业务部门交来信用证担保保费日报表和保费收据存根，以及现金5 000元，该业务是保单生效时收到全部保费。

2. 某公司20×3年1月1日为甲客户提供项目融资担保500万元，期限两年，按照合同规定按照季度缴纳，每季度缴纳担保费金额为1万元，担保费在本季度结束后10日内缴纳，20×3年4月6日客户按照合同约定将担保费1万元汇到担保公司银行账户。

3. 红星设备厂20×3年1月1日向银行贷款300万元，并由担保公司为该企业提供担保，担保期限为1年，20×3年7月1该企业因特殊情况退保，应退保费8 500元，但该企业尚有保费2 800元未缴。

4. 某公司为乙公司基础设施建设项目融资进行担保，双方约定担保费为100 000元，分期付款。首期已收到20 000元，其余保费分4期收取。

5. 某公司与A客户签订工程履约担保合同，于20×3年3月收取担保费300万元，20×4年1月合同生效，担保责任期间为一年。

6. 某公司与某投标商签订投标担保合同，担保期限为三年，合同约定担保公司于20×3年6月一次性收取保费30万元。

7. 某公司收到业务部门缴来的A企业贷款担保保费日报表、保费收据存根以及银行收账通知，共计200 000元。该业务自下月5日起，担保公司承担担保责任。5日，担保责任开始生效。保费收入共计300 000元，又收到现款（由银行转账）40 000元；余款尚未收到。

8. 一份保额300万元、3年期的贷款担保合同于20×4年1月1日放款成立，由甲、乙、丙三家担保公司联合担保，每家承担100万元担保责任，合同总保费90万元一次收取。合同约定：担保风险的调查、管理及担保费收缴工作以甲公司为主，担保费按承担担保责任的比例在甲、乙、丙三家担保公司之间分配结算。

9. 某公司为客户担保贷款100万元，担保收费2万元，担保合同约定，如果客户按期还款，无违约行为，贷款还清后，按照担保费的10%返还保户，以示奖励。现该客户无违约行为，按照规定返还给该客户保费。

三、要求：根据上述资料编制会计分录。

习题二

一、目的：练习原担保合同准备金的核算。

二、资料：担保公司发生下列经济业务：

1. 某公司20×3年贷款担保一年期保单订立于4月和9月，直接承保的担保费收入分别为 250 000 元和 360 000 万元，20×2 年 4 月和 9 月该公司贷款担保担保费收入分别为 320 000 元和 340 000 万元，按 1/2 法提取未到期责任准备金。

2. 某公司贷款担保合同提前解除，该合同已提取未到期责任准备金 40 000 元。

3. 某公司贷款担保 20×3 年年初"担保赔偿准备金"余额 500 万元。当年累计担保 1 500 万元，20×3 年 8 月发生代偿损失 350 万元，年末担保责任余额 1 800 万元，按规定提取担保赔偿准备金。

4. 如果上题 20×3 年年初"担保赔偿准备金"余额 600 万元，按规定提取担保赔偿准备金。

5. 某公司信用证担保发生代偿，公司支付代偿金 40 000 元，理赔费用 3 000 元，冲减相应担保赔偿准备金余额。

6. 某公司 20×4 年提取项目融资担保赔偿准备 765 000 元，根据有关部门进行充足性测试计算结果，本年应提取担保赔偿准备金 823 000 元。

7. 假设上题根据有关部门进行充足性测试计算结果，本年应提取担保赔偿准备金 728 000 元。

三、要求：根据上述资料编制会计分录。

习题三

一、目的：练习原担保合同代偿支出的核算。

二、资料：担保公司发生下列经济业务：

1. 20×3 年某公司接受委托，为甲公司在当地商业银行一年期借款 200 万元提供担保，担保费为 3%，款项收到。担保期限为一年，借款年利率为 5%，20×3 年 10 月借款合同到期，甲公司陷入财务危机未能归还全部借款，担保公司履行了代偿责任，支付了代偿款本金 200 万元。

2. 20×3 年某公司为某一投标商提供投标保证担保，现投标商未能履行投标义务，发生代偿。因案情复杂一时不能结案，20×3 年 3 月担保公司按预计损失的 50%，以支票预付代偿款 100 000 元，20×3 年 10 月，经调查核实确定该项目实际损失为 130 000 元，再开出支票结清此赔案。

3. 某公司为某一服装企业提供贷款担保，20×3 年 6 月该企业无力偿还银行借款，担保公司履行代偿义务，金额为 82 万元，但因资金紧张，代偿款尚未支付。20×3 年 12 月支付全部代偿款。

4. 某公司承担的项目融资担保发生代偿，因案情复杂，以银行转账支票支付专家费、律师与诉讼费、损失检验费共计 25 000 元。

5. 20×3 年 5 月为 A 企业提供的信用证担保业务出现代偿一笔，金额为 18 万元，其中可确认的可收回金额为 16 万元，20×3 年 10 月，代偿回收金额为 14 万元。

6. 某担保公司 20×3 年 3 月 1 日，为甲企业承担的项目融资担保出现代偿一笔，金额为 84 万元，已用银行存款支付。3 月 12 日，业务部及风险控制部提交材料，列明甲企业同意公开拍卖库存存货以偿还部分代偿款 52 万元。5 月 2 日，甲企业交来变卖存货款 51 万元，存入银行。

7. 甲企业为一机械企业，20×3 年 3 月某担保公司为其提供 600 万元一年期贷款担保，并在合同中设定了用甲企业的设备进行抵押,另采用该公司50%债券进行质押,并在公证处办理了强制执行公证。20×4年3月借款到期,A企业因经营决策失误未能归还借款,担保公司履行了代偿责任,支付了借款本息共计代偿款525万元,并取得了对相应反担保质押物的处置权。经双方约定,A公司50%债券进行变现,转入担保公司账户220万元,设备由担保公司收回,同类资产市场价格248万元。20×4年8月,担保公司将设备变卖,价款252元存入银行。

8. 某公司已经代偿的项目融资担保业务经公安机关破案后确定为骗赔案件,追回款项150 000元存入银行。另外,被担保企业同意以一辆小轿车抵偿代偿款。该车原价200 000元,市场评估价128 000元。经与客户协商,此车由担保公司收回处理。经公开拍卖,此车实际收到车价款120 000元。

三、要求:根据上述资料编制会计分录。

习题四

一、目的:综合练习原担保合同业务的核算。

二、资料:某担保公司发生下列经济业务:

20×3年7月8日,A担保公司与B企业签订一份担保合同,对B企业在当地商业银行一年期借款200万元进行担保,以企业库存存货进行抵押,借款合同和担保合同期限为一年,担保费为6万元,保费于合同生效当日一次性支付。经计算后确定,针对本合同未到期责任准备金的提取金额为3万元,针对本合同担保赔偿准备金的提取金额为2万元。20×4年7月借款合同到期,B企业陷入财务危机未能归还全部借款,担保公司履行了代偿责任,支付了银行借款本息共计116万元。A担保公司同时收回库存存货并享有了对B企业的代位追偿权。假设该批存货同类资产市场价格为50万元,代位追偿款估计可收回60万元。20×4年10月A担保公司转让库存存货收入47万元,20×4年11月从B企业收回补偿65万元。

三、要求:根据上述资料,编制A担保公司有关会计分录。

第三章
再担保合同的核算

第一节
再担保合同核算概述

一、再担保的基本概念

再担保（Re-guarantee），也称分担保，是担保人在原担保合同的基础上，通过签订再担保合同，将其所承担的部分风险和责任向其他担保人进行担保的行为。在再担保业务中，习惯上把分出自己承保业务的担保人称作原担保人，或称分出人；接受分保业务的担保人称作再担保人、分入人、分保接受人。原担保人通常通过签订再担保合同，支付规定的分保费，将其承担的风险和责任的一部分转嫁给一家或多家担保或再担保公司，以分散责任风险，保证其业务经营的稳定性。分保接受人按照再担保合同的规定，对担保人的原保单下的赔付承担补偿责任。再担保的责任额度按接受人对每一具体的风险单位、每一次事故或每一年度所承担的责任在再担保合同中分别加以规定。

二、再担保和原担保的关系

再担保的基础是原担保，再担保的产生正是基于原担保人经营中分散风险的需要。因此，原担保和再担保是相辅相成的，它们都是对风险的承担和分散。担保是投保人以交付担保费为代价将风险责任转嫁给担保人，实质是在全体被担保人之间分散风险；再担保人是原担保人以交付分保费为代价将风险责任转嫁给再担保人，在它们之间进一步分散风险。因此，再担保是担保的进一步延续，是担保的担保，也是担保业务的组成部分。

三、再担保合同的概念

再担保合同（Re-guarantee Contract），是指一个担保人（再担保分出人）分出一定的担保费给另一个担保人（再担保接受人），再担保接受人对再担保分出人由原担保合同所引起的赔付成本及其他相关费用进行补偿的担保合同。

再担保合同首先要满足担保合同的定义。担保合同成立的关键在于判断担保人是否承担了重大担保风险。

四、再担保的种类

按照责任限额分类，再担保可以分为比例再担保和非比例再担保。

（一）比例再担保

比例再担保（Proportional Re-guarantee）是指以担保金额为基础确定每一风险单位的自留额和分保额，分出公司的自留额和接受公司的接受额均是按照担保金额的一定比例确定的。比例再担保又可以分为成数再担保、溢额再担保以及成数和溢额混合再担保。

1. 成数再担保

成数再担保（Quota Share Re-guarantee）是按照担保金额的一定比例作为自留额和分保额。它是一种最简单的分保方式。分保分出人以担保金额为基础，对每一风险单位按固定比例即一定成数作为自留额，将其余的一定成数转让给分保接受人，担保费和担保赔付款按同一比例分摊。成数分保的责任、担保费和赔付款的分配，表现为一定的百分比，但就具体分保合同而言，则表现为一定的金额。成数分保的分出公司和分入公司有着共同的利害关系，对每一笔业务，分出公司有盈余或亏损，分入公司也相应有盈余或亏损，这种分保方式实际上具有合伙经营的性质。

假设原担保金额均在最高限额之内，成数再担保责任、担保费和赔付款的计算如表3-1所示。

表3-1　　　　　　　　　　成数分保计算表　　　　　　　　　单位：万元

标的	总额100%			自留30%			分出70%		
	担保金额	担保费	赔付款	自留额	担保费	自负赔付款	分保额	分保费	摊回赔付款
甲	100	1	0	30	0.3	0	70	0.7	0
乙	300	3	20	90	0.9	6	210	2.1	14
丙	400	4	30	120	1.2	9	280	2.8	21
合计	800	8	50	240	2.4	15	560	5.6	35

2. 溢额再担保

溢额再担保（Surplus Re-guarantee）是按担保金额的一定比例作为自留额，余下的金额作为分保额。它是指分出公司以担保金额为基础，规定每一风险单位的一定额度作为自留额，并将超过自留额的部分即溢额，分给分入公司。分入公司按承担的溢额责任占担保金额的比例收取分保费和分摊分保赔付款、分保费用等。

自留额是分出公司按业务质量的好坏和自己承担责任的能力，在签订溢额再担保合同时确定的，通常以固定数额表示。例如，担保公司的自留额为100万元，承保金额400万元，则分保金额为300万元。在溢额分保合同中，溢额与总保额之间的比例称为分保比例，该笔业务的分保比例为75%。溢额分保中的分保比例并不是固定不变的，不同业务有不同的比例。

溢额再担保的分入公司不是无限度地接受分出公司的溢额责任，而通常以自留额的一定倍数，即若干"线"数为限，一"线"相当于分出公司的自留额。如自留额为20万元，分保额为5线，则分入公司最多接受100万元，即分保额为100万元。

假设某溢额分保合同的自留额为20万元，现有3笔业务，溢额分保的责任、担保费和赔付款分配的结果列示如表3-2所示。

表3-2　　　　　　　　　　　　溢额分保计算表　　　　　　　　　　单位：元

业务次序	总额100%			自留部分			分出部分			
	担保金额	担保费	赔付款	担保金额	担保费	赔付款	比例	担保金额	担保费	赔付款
第一笔	200 000	500	300	200 000	500	300	0	0	0	0
第二笔	500 000	1 250	400	200 000	500	160	60%	300 000	750	240
第三笔	800 000	2 000	600	200 000	500	150	75%	600 000	1 500	450
合计	1 500 000	3 750	1 300	600 000	1 500	610	—	900 000	2 250	1 000

3. 成数和溢额混合再担保

成数和溢额混合再担保是前两种方式的混合运用。成数溢额混合再担保合同并无一定的形式，可视分出公司的需要和业务质量而定。假设一个自留额40万元的溢额合同，规定对于自留额部分，分出公司有权另行订立成数分保合同。如将其中的70%分出。在这种情况下，混合分保的责任分配如表3-3所示。

表3-3　　　　　　　　　　成数和溢额混合分保计算表　　　　　　　　　单位：元

担保金额	成数分保			溢额分保
	金额	自留30%	分出70%	
200 000	200 000	60 000	140 000	0
400 000	400 000	120 000	280 000	0
700 000	400 000	120 000	280 000	300 000
1 000 000	400 000	120 000	280 000	600 000

(二) 非比例再担保

非比例再担保（Non-proportional Re-guarantee）又称超额损失分保，它是以赔付款金额为基础确定每一风险单位的自留额和分保额。非比例再担保又可分为超额赔款再担保和超额赔付率再担保。

1. 超额赔款再担保

超额赔款再担保（Excess of loss Re-guarantee）是根据一定的条件确定一个自负赔付款限额，接受公司仅承担超过自负赔付款限额后的全部或部分赔付款。例如，现有一超过200万元以后的800万元的超赔分保合同，有3笔业务发生代偿损失，则赔付款的分摊情况表3-4所示。

表 3-4　　　　　　　　超额赔款再担保赔付款分摊计算表　　　　　　　　单位：元

业务次序	发生赔付款	分出公司承担赔付款	分入公司承担赔付款
第一笔	2 000 000	2 000 000	—
第二笔	2 400 000	2 000 000	400 000
第三笔	3 000 000	2 000 000	1 000 000
合计	7 400 000	6 000 000	1 400 000

2. 赔付率超赔再担保

赔付率超赔再担保（Excess of Loss Ratio Re-guarantee）是根据一定的条件确定一个年度自负赔付率，接受公司只承担超过该赔付率以后的全部或部分赔付款。即按赔付款与担保费的比例来确定自负责任和再担保责任。即在约定的某一年度内，由再担保人就超过某一赔付率的责任负责。

例如，某超过赔付率再担保合同规定，赔付率在70%以下由分出公司负责，超过70%至120%，即超过70%以后的50%，由接受公司负责，并规定赔付金额60万元的责任限制，两者以较小者为准。假设担保费收入为100万元，已发生赔付款为80万元，则赔付率为80%，分出公司70%，计70万元；接受公司负责70%以后的部分，即10%，计10万元。

仍以上例合同为例，若已发生赔付款为135万元，则赔付率为135%，分出公司负责70%，计70万元；接受公司负责70%以后的50%，即50万元（小于60万元）；还有15万元赔付款将仍由分出公司负责。

五、再担保的安排方式

再担保有临时再担保合同、固定再担保合同和预约再担保合同三种基本安排方式。

（一）临时再担保合同（Facultative Re-guarantee Contract）

临时再担保合同是对于业务的分出和分入，分出公司和分入公司均无义务的约束，可自由选择。它是一种诞生最早的分保方式，一般适合于新开办的或不稳定的业务、固定再担保合同中规定除外的或不愿放入固定再担保合同的业务，以及超过固定再担保合同限额或需要超赔再担保保障的业务。在安排时需将分出业务的具体情况和分保条件逐笔告诉对方，对方是否接受或接受多少可以完全自由选择。对于分出公司来说，是否要办理临时分保，可视危险情况来决定。临时再担保的本质是在于,对于某一风险单位,担保人是否进行再担保、再担保多少,完全由本身所承受的风险责任情况以及自留的多少来决定,逐笔与再担保人接洽;另一方面,再担保人是否接受、如何接受、接受多少,可以根据危险的性质、自身的承保能力、与原担保人的业务关系等,酌情自行决定。

(二) 固定再担保合同 (Fixed Re-guarantee Contract)

固定再担保合同也称合约再担保,是分出公司和分入公司对于所规定范围内的业务有义务约束,双方都无权选择。它是因临时再担保不能满足分出公司的需要而出现的一种再担保安排方式。分出公司和接受公司双方事先通过契约将业务范围、地区范围、除外责任、分保佣金、自留额、合同限额、账单的编制与发送等各项分保条件用文字形式予以固定,明确双方的权利和义务。一经双方签订合同,双方均应遵守。因此,固定再担保对当事人双方都具有强制性。

(三) 预约再担保合同 (Treaty Re-guarantee Contract)

预约再担保合同是介于临时再担保和固定再担保之间的一种安排方式。一般而言,它对于分出公司来说相当于临时再担保,而对于接受公司来说相当于合约再担保。也就是说,这种安排对于分出公司没有强制性,业务是否需要办理再担保或分出多少,完全可以自由决定。但对于接受公司来说具有强制性,凡属预约分保范围内的每笔业务不能加以挑剔选择,都必须接受。因此,预约再担保合同又称为临时固定再担保合同,它克服了临时再担保合同手续繁琐的缺点,是对固定再担保合同的自动补充。

(四) 财务再担保合同 (Financial Re-guarantee Contract)

财务再担保是指担保人与再担保人约定,担保人支付再担保费给再担保人,再担保人为担保人提供财务融通,并对于担保人因风险所致损失,负担赔偿责任的行为。和传统再担保一样,财务再担保也是为担保公司提供转移风险的工具,只是传统再担保的目的是分摊承保风险 (Underwriting Risk) 为主,而财务再担保则是着重分担财务风险 (Financial Risk),主要以投资风险 (Investment Risk) 为主。原担保人购买财务再担保的主要目的是为了得到在某一时点上包括偿付能力在内的综合资金实力,保证其财务收支平衡,避免由于积累承保损失或其他经济因素的变化所致的亏损或破产。

第二节 分保账单

一、分保账单的概念和格式

1. 分保账单的概念

分保账单（Re-guarantee Account List）是分出公司对于分保业务活动的各项财务指标按一定格式填制的凭证。分保账单的编制是分保管理程序中很关键的一环，是履行分保协定和条款的凭据，也是分保实务中最繁重的工作。分保账单能否及时、准确地编制出来，不仅可以从中反映出公司的管理水平，而且也可以保证及时结付。

再担保业务的核算比较特殊，依据的是分保分出人定期开出的分保业务账单。分保账单是再担保业务的原始凭证，既是再担保双方当事人进行往来账务清算的依据，又是编制记账凭证的依据。因此，熟悉分保业务账单是进行再担保业务核算的重要前提。

2. 分保账单的格式

对于分保账单的格式，尽管不同的担保具有不同的形式，但其宗旨类同，主要内容大同小异，经常项目基本一致，只是临时性项目有所差异。表3-5以经常应用的项目为例，说明分保账单的一般格式。

表3-5　　　　　　　　　　　分　保　账　单

公司名称：　　　　　　　　　　　　　　　　业务类型：
分入公司名称：　　　　　　　　　　　　　　业务年度：
账单期：　　　　　　　　　　　　　　　　　货币单位：

借　方		贷　方	
项　目	金　额	项　目	金　额
分保赔款		分保费	
固定分保手续费		保费准备金返还	
浮动分保手续费		准备金利息	
纯益手续费			
经纪人手续费			
税款及杂项			
保费准备金扣存			
应付你方余额		应收你方余额	
合计		合计	
你方成分%		你方成分%	

二、分保账单的编制

1. 分保账单的基本内容

分保账单（见表3-5）载明了分保业务活动的分出保费、分保赔款、分保费用、扣存和返还准备金等主要财务指标，这些内容是相互关联的。下面说明分保账单所包括的基本内容。

（1）分保费（Re-guarantee Premium）。分保费是指分保分出人根据分保业务计算的应向分保接受人分出的保费。当保单项下的保费分期收取时，分保费应分期支付。

（2）分保赔款（Re-guarantee Indemnity）。分保赔款是指分保接受人向分保分出人支付的赔付款。

（3）固定分保手续费（Fixed Re-guarantee Commission）。分保手续费又称分保佣金，是指分保分出人向分保接受人收取的报酬，即分保分出人支付的手续费（或佣金）中应由分保接受人承担的份额。平时对手续费率暂定一个标准。

（4）浮动分保手续费（Floating Re-guarantee Commission）。浮动分保手续费是根据分保分出人赔付率情况对原手续费进行调整的手续费，其高低取决于分出公司赔付率的高低，其目的在于鼓励分保分出人注重核保品质。比如暂定手续费率为30%，赔付率等于65%的，分保手续费率为分保费的30%，赔付率每超过或低于65%一个百分点（不足一个百分点不计），分保手续费率减少或增加0.5个百分点，但分保手续费率最高以35%为限，最低以25%为限。

（5）纯益手续费（Profit Commission）。纯益手续费又称盈余手续费，是指分保接受人同意在其取得利润的基础上支付给分保分出人一定比例的报酬。纯益手续费制度的建立，旨在鼓励原担保人谨慎核保，使合约业务能产生利润，或酬谢原担保人努力使合约产生利润。比例再担保常有此项规定。纯益手续费的计算公式如下：

纯益手续费 =（收入项目合计 - 支出项目合计）× 纯益手续费率

其中，收入项目和支出项目由合同规定。收入项目一般包括分担保费收入，支出项目一般包括分保费用、分保赔付支出以及相关的其他税费等。纯益手续费由合同规定。如计算结果为亏损时，则将亏损滚转至下一业务核算期。

（6）经纪人手续费（Broker Fee）。经纪人手续费是指分保业务通过经纪公司安排时，分保接受人补贴分保分出人所付经纪人佣金的份额。

（7）税款及杂项（Taxes and Miscellaneous）。税款及杂项主要是指分保分出人按保费收入计算缴纳的营业税金及其他有关费用中应由分保接受人承担的份额。

（8）保费准备金（Premium Reserves）。保费准备金是根据分保合同按分保费的一定比例，由分保分出公司从应付给分保接受人的保费中扣存，以确保分保接受人履行再担保责任，并在下一账单期退还的保费准备金。扣存期12个月，次年同期返还，归还的同时要支付利息。针对这一内容，在分保账单的借方和贷方分别设置保费准备金扣存和准备金返还项目。

（9）准备金利息（Interest on Reserves）。准备金利息是指按分保合同规定的办法和商定利率，对扣存的保费准备金计算的利息，在交换分保业务中，可经双方商定互免计算准备金的利息。

（10）余额（Balance）。余额即分保账单中收支轧抵后表现在借方或贷方的差额。因为分保账单的借贷方要平衡，所以，应付的余额列在借方，应收的余额列在贷方。

2. 分保账单的编制方法

编制分保账单有以下两种方法：

（1）对分保账单的每一个项目，都按分保接受人所接受的比例直接列出具体数字。例如，承保业务的总分出保费为20万元，分保接受人所接受的比例是10%，那么在分保账单上反映的分保费数字为2万元（200 000 × 10%）。

（2）对分保账单的每一项目都按100%列示数字，再列出某个分保接受人所接受的比例，然后计算出该分保接受人应分担的数字。例如，有一笔业务，有几家再担保公司接受分保，可以编制一张统一的账单（按100%），然后将每一个接受公司的"应付你方余额"或"应付我方余额"用其所接受的成分计算列示。

第二种方法与第一种方法比较，具有简化分保账单编制手续的优点。

第三节 再担保合同核算的基本要求

一、采用权责发生制原则

再担保合同确认、计量和报告的基本原则是权责发生制。对于再担保合同而言,权责发生制意味着在确认原担保合同资产、负债和损益的当期,应当根据合同,确认相应的再担保合同负债、资产和损益,而无论相关的款项是否已经收付。对再担保分出人来说,应当在确认原担保合同担保费收入的当期,按照相关再担保合同的约定,计算确定分出保费、应向再担保接受人摊回的分保费用,同时确认应收分保未到期责任准备金;在提取原担保合同担保赔偿准备金的当期,按照相关再担保合同的约定,确认相应的应收分保准备金资产;在确定支付赔付款项金额或实际发生理赔费用的当期,按照相关再担保合同的约定,计算确定应向再担保接受人摊回的赔付成本等。对再担保接受人来说,应当采用预估等合理的方法,及时确认分担保费收入,从而根据相关再担保合同的约定,计算确定分保费用,并及时评估有关责任准备金。

二、再担保合同与原担保合同独立处理

虽然再担保合同的确定依赖于原担保合同,但在会计处理上,再担保合同的各个经济事项都必须独立于原担保合同单独地确认、计量和报告,不能与原担保合同的会计事项合并确认、计量和报告。

为了真实反映担保公司的权利和义务以及相关的收益和费用状况,再担保分出人不应当将再担保合同形成的资产与有关原担保合同形成的负债相互抵销,再担保分出人不应当将再担保合同形成的收入或费用与有关原担保合同形成的费用或收入相互抵销。在实务中,对于再担保分出人,担保合同准备金不得以分保后的净额列报,担保合同担保费收入不得以扣除分出保费后的净额列报,原担保合同费用不得以扣除摊回分保费用后的净额列报,担保合同赔付成本不得以扣除摊回赔付支出后的净额列报等,再担保合同形成的上述资产、负债、收入和费用应单独列示。因为,无论是否能从再担保接受人处摊回,再担保分出人对投保人都应该承担全部的责任,因此,再担保分出人通常没有权力将应从再担保接受人收取的金额与应支付给直接投保人的金额相抵销。总额列报可以更清楚地说明再担保分出人享有的权力和承担的义务以及相关的收益、费用。

三、再担保合同债权、债务不得抵销

为真实、完整地反映担保公司的财务状况,再担保合同形成的债权、债务应单独确认、

计量和报告，不得随意抵销。这一原则有两层含义：第一，再担保分出人可能同时又是再担保接受人，其与同一再担保合同人同时有分出和分入业务时，分出与分入业务分别形成的债权、债务应单独确认，不得相互抵销，不得以抵销后的净额列报。即再担保合同双方应按照各自在不同的再担保合同中所处的角色，分别确认其对对方的债权和债务。第二，同一笔分保业务产生的债权和债务不得相互抵销。对于一笔分保业务，再担保分出人对再担保接受人会同时产生应收分保账款和应付分保账款，再担保分出人应将其单独列示，不得相互抵销。但是，如果债权和债务的结算点相同或者双方在合同中约定可以抵销，担保公司可以以抵销后的净额列示再担保合同产生的资产和负债。

第四节 分出业务的核算

一、分出保费的核算

再担保分出人应当在确认原担保合同担保费收入的当期，按照相关再担保合同的约定，计算确定分出保费，计入当期损益。

（一）分出保费的确认

1. 合约分保业务

对于合约分保业务，再担保分出人与再担保接受人签订再担保合同，约定某一范围内的所有业务自动按照预先确定的条件进行分保。因此，再担保分出人应在原担保合同担保费收入确定时，即按照合约约定，计算其对应的分出保费，计入当期损益。

2. 临时分保业务

对于临时分保业务，再担保分出人可以视情况决定是否分出某一保单，再担保接受人也需要对每一风险单位进行独立的核保后决定是否接受以及接受条件，因此，再担保合同的签订会滞后于原担保合同。

如果再担保分出人在原担保合同确定当期与再担保接受人签订了再担保合同，再担保分出人应在再担保合同确定时，按照再担保合同约定计算原担保合同对应的分出保费。

如当期未确定再担保合同，则担保责任仍由再担保分出人承担，与原担保合同相关的经济利益也仍属于再担保分出人，同时，分出保费也难以可靠计量，因此，再担保分出人不应确认分出保费。

3. 预约分保业务

预约分保业务分出保费的确认参照临时分保业务处理。

（二）分出保费的账务处理

为了反映再担保分出人向再担保接受人分出的保费，应设置"分出保费"科目。该科目属于损益类（费用）类科目，其借方登记分出的保费，贷方登记转入"本年利润"数额，结转后该科目无余额。该科目应按担保业务设置明细账。其账务处理为：

1. 公司在确认原担保合同担保费收入的当期，应按再担保合同约定计算确定的分出保费金额，借记"分出保费"科目，贷记"应付分保账款"科目。

在原担保合同提前解除的当期，应按再担保合同约定计算确定的分出保费的调整金额，借记"应付分保账款"科目，贷记"分出保费"科目。

2. 对于超额赔款再担保等非比例再担保合同，应按再担保合同约定计算确定的分出保费金额，借记"分出保费"科目，贷记"应付分保账款"科目。调整分出保费时，借记或贷记"分出保费"科目，贷记或借记"应付分保账款"科目。

3. 期末，应将"分出保费"科目发生额转入"本年利润"科目，结转后该科目无余额。

二、摊回分保费用的核算

再担保分出人应当在确认原担保合同担保费收入的当期，按照相关再担保合同的约定，计算确定应向再担保接受人摊回的分保费用，计入当期损益。

（一）摊回分保费用的确认

1. 合约分保业务

合约分保业务的手续费包括固定手续费、浮动手续费和纯益手续费三种类型：

（1）固定手续费。固定手续费可在确认原担保合同担保费收入的当期，根据原担保合同发生的费用支出，按照再担保合同约定的固定比例计算确定，计入当期损益。

（2）浮动手续费。浮动手续费中的预收分保手续费可在确认原担保合同担保费收入的当期，根据原担保合同发生的费用支出，按照再担保合同约定的固定比例计算确定，计入当期损益。

浮动手续费中的调整手续费由于在业务年度结束后根据赔付情况才能准确计算，因此，应当在确认原担保合同担保费收入的当期，根据当期原担保合同的赔付情况，按照合理的方法预估应摊回的分保费用，计入当期损益。预估一般可采用历史保单终极赔付率预估法，即根据公司经验数据，计算历史保单终极赔付率，并以此判断新业务的终极赔付水平，从而确定浮动手续费调整金额。

（3）纯益手续费。再担保分出人应当根据相关再担保合同的约定，在能够计算确定应向再保接受人收取的纯益手续费时，将该项纯益手续费作为摊回分保费用，计入当期损益。"能够计算确定"是指，再担保分出人能够根据再担保合同的约定，预估当期的纯益手续费金额。

纯益手续费一般跟分出的担保业务的盈利情况挂钩，再担保分出人在计算纯益手续费时所应用的盈利计算假设应与计算原担保合同所形成的负债时所应用的盈利计算假设相一致。例如，再担保分出人在准备合同项下与纯益手续费有关的损益计算书时，损益中的支出项目一般包括担保赔偿准备金，担保赔偿准备金的评估应与再担保分出人对该笔分出业务所对应的原担保合同评估担保赔偿准备金时采用的假设相一致。

2. 临时分保业务

对于临时分保业务，如果再担保合同在原担保合同担保费收入确认的当期确定，则可参照合约分保业务的方法确认应摊回的分保费用；如原担保合同担保费收入确认的当期未能确定再担保合同，再担保分出人不确认分出保费，相应的，也不应确认摊回分保费用。

3. 预约分保业务

预约分保业务摊回分保费用的确认参照临时分保业务处理。

（二）摊回分保费用的账务处理

为了反映再担保分出人向再担保接受人摊回的分保费用，应设置"摊回分保费用"科目。该科目属于损益类（收入）类科目，其贷方登记向再担保接受人摊回的费用，借方登记期末结转"本年利润"的数额，结转后该科目无余额。该科目应按担保业务设置明细账。其账务处理为：

1. 公司在确认原担保合同担保费收入的当期，应按相关再担保合同约定计算确定的应向再担保接受人摊回的分保费用，借记"应收分保账款"科目，贷记"摊回分保费用"科目。

2. 计算确定应向再担保接受人收取的纯益手续费的，应按相关再担保合同约定计算确定的纯益手续费，借记"应收分保账款"科目，贷记"摊回分保费用"科目。

3. 在原担保合同提前解除的当期，应按相关再担保合同约定计算确定的摊回分保费用的调整金额，借记"摊回分保费用"科目，贷记"应收分保账款"科目。

4. 期末，应将"摊回分保费用"科目发生额转入"本年利润"科目，结转后该科目无余额。

三、摊回赔付支出的核算

再担保分出人应当在确定支付赔付款金额的当期，按照相关再担保合同的约定，计算确定应向再担保接受人摊回的赔付成本，计入当期损益。

（一）摊回赔付支出的确认

对于合约分保业务，再担保分出人可按照再担保合同的约定，根据当期原担保合同的赔付成本，计算确定当期应摊回的赔付成本，计入当期损益。

临时分保业务和预约分保业务的摊回赔付支出的确认参照合约分保业务处理。

（二）摊回赔付支出的账务处理

为了反映再担保分出人向再担保接受人摊回的赔付成本，应设置"摊回赔付支出"科目。该科目属于损益类（收入）类科目，其贷方登记向向再担保接受人摊回的赔付成本，借方登记期末结转"本年利润"的数额，结转后该科目无余额。该科目应按担保业务设置明细账。其账务处理为：

1. 在确定支付赔付款项金额或实际发生理赔费用而确认原担保合同赔付成本的当期，应按相关再担保合同约定计算确定的应向再担保接受人摊回的赔付成本，借记"应收分保账款"科目,贷记"摊回赔付支出"科目。

2. 公司因取得和处置损余物资、确认和收到应收代位追偿款等而调整原担保合同赔付成本的当期,应按相关再担保合同约定计算确定的摊回赔付支出的调整金额,借记或贷记"摊回赔付支出"科目、贷记或借记"应收分保账款"科目。

3. 对于超额赔款再担保等非比例再担保合同,计算确定的应向再担保接受人摊回的赔付成本的,应按摊回的赔付成本的金额,借记"应收分保账款"科目、贷记"摊回赔付支出"科目。

4. 期末,应将"摊回赔付支出"科目发生额转入"本年利润"科目,结转后该科目无余额。

四、应收分保准备金的核算

(一) 应收分保准备金的确认

1. 再担保分出人应当按照相关再担保合同的约定,计算确认相关的应收分保未到期责任准备金资产。再担保分出人应当在资产负债表日调整原担保合同未到期责任准备金余额时,相应调整应收分保未到期责任准备金余额。

应收分保未到期责任准备金采用未赚保费法计提,计算公式如下:

期末应收分保未到期责任准备金余额 = 期末有效保单保费收入 × 分出比例 × (1 - 分保保单获取成本率) × 未到期比例 + 充足性测试所需保费不足准备金

分保保单获取成本率 = 摊回分保费用 ÷ 分出保费

2. 再担保分出人应在提取原担保合同担保赔偿准备金的当期,按照相关再担保合同的约定,计算确定应向再担保接受人摊回的相应准备金,确认当期损益,并同时确认相应的应收分保准备金资产。

(二) 科目设置

1. "应收分保合同准备金"科目

"应收分保合同准备金"科目用来核算再担保分出人从事再担保业务确认的应收分保未到期责任准备金,以及应向再担保接受人摊回的担保赔偿准备金。该科目属于资产类科目,其借方登记应收的分保合同准备金,贷方登记冲减的应收分保准备金,余额在借方,反映再担保分出人从事再担保业务确认的应收分保合同准备金余额。该科目应按再担保接受人和再担保合同设置明细账。再担保分出人也可以单独设置"应收分保未到期责任准备金"、"应收分保担保赔偿准备金"等科目。

2. "摊回担保赔偿准备金"科目

"摊回担保赔偿准备金"科目用来核算再担保分出人从事再担保业务应向再担保接受人摊回的担保赔偿准备金。该科目属于损益类(收入)科目,其贷方登记向再担保接受人摊回的担保赔偿准备金,借方登记期末结转"本年利润"的数额,结转后该科目无余额。该科目应按担保业务设置明细账。

(三) 应收分保准备金的账务处理

1. 公司在确认原担保合同担保费收入的当期,按照相关再担保合同约定计算的相关应收分保未到期责任准备金金额,借记"应收分保合同准备金"科目,贷记"提取未到期责任准备金"科目。

资产负债表日,调整原担保合同未到期责任准备金余额,按相关再担保合同约定计算确定的应收分保未到期责任准备金的调整金额,作相应的调整分录。

2. 公司在提取原担保合同担保赔偿准备金的当期,按相关再担保合同的约定计算确定的应向再担保接受人摊回的担保赔偿准备金金额,借记"应收分保合同准备金",贷记"摊回担保赔偿准备金"科目。

3. 在确定支付赔付款项金额或实际发生理赔费用而冲减原担保合同相应担保赔偿准备金的当期,按相关应收分保担保准备金的相应冲减金额,借记"摊回担保赔偿准备金"科目,贷记"应收分保合同准备金"科目。

4. 在对原担保合同担保赔偿准备金进行充足性测试补提担保赔偿准备金时,按相关再担保合同约定计算确定的应收分保担保准备金的相应增加额,借记"应收分保合同准备金",贷记"摊回担保赔偿准备金"科目。

5. 在原担保合同提前解除而转销相关未到期责任准备金余额的当期,借记"提取未到期责任准备金"科目,贷记"应收分保合同准备金"科目。

在原担保合同提前解除而转销相关担保赔偿准备金余额的当期,按相关应收分保担保准备金余额,借记"摊回担保赔偿准备金"科目,贷记"应收分保合同准备金"科目。

五、再担保合同损益的调整

再担保分出人在确认原担保合同担保费收入的当期,在计算确定再担保合同各项损益时,虽然已采用合同预定或尽量合理的方法对再担保合同损益进行了计算或估算,但在确定分保账单时,仍然可能因为各种情况导致账单数据和前期计算或估算数据不一致。再保分出人应在与再保接受人确定分保账单的当期,按照账单数据与前期计算或估算数据的差额,调整当期相关再担保合同损益项目。

六、再担保合同形成的债权、债务

再担保合同形成的债权主要包括:应收分保账款、应收分保准备金;再担保合同形成的债务主要包括:应付分保账款、存入分保准备金。另外,再担保分出人与再担保接受人之间的预付款行为会形成预付款资产或负债。

(一)再担保合同形成的债权、债务的确认

1. 存入分保准备金,是指公司的再担保业务按合同约定,由分保分出人扣存分保接受人部分分保费以应付未了责任的准备金。存入分保准备金通常根据分保业务账单按期扣存和返还,扣存期限一般为12个月,至下年同期返还。

2. 再担保分出人应按照权责发生制原则确认由此形成的对再担保接受人的债权或债务。

(1)再担保分出人应在确认分出保费的同时,确认应付分保账款;

(2)在确认摊回分保费用和摊回赔款的同时,确认应收分保账款;

(3) 在对原担保合同确认责任准备金负债的同时，确认应收分保准备金；
(4) 在调整以上项目的同时，调整对应的再担保合同债权、债务；
(5) 再担保分出人应在收到再担保接受人预付的摊回分保款时，确认预收款负债；
(6) 在收到再担保接受人支付的分保准备金时确认存入分保准备金；
(7) 在向再担保接受人支付预付的分出保费时，确认预付款资产。

3. 需要指出的是，预付分出保费主要发生在超额赔款再担保业务中。超额赔款再担保业务的分出保费主要组成部分 MDP 保费（Minimum and Deposit Premium）是再担保分出人提前支付给再担保接受人的预付性质的分出保费，再担保分出人应在支付 MDP 保费时将其确认为预付款资产，并在每期按照超额赔款再担保合同计算或估算当期分出保费时冲减此项预付款资产，冲减至零后再确认应付分保账款。

4. 应收分保账款、应付分保账款、预付分出保费、预收摊回分保赔付款和存入分保准备金应区分不同的再担保接受人分别进行确认。不得将不同的再担保接受人的债权、债务合并确认，以保证债权债务的清晰、可靠和易于追踪管理。

5. 再担保分出人与再担保接受人就相互间的再担保债权债务进行实际结算时，再担保分出人应于完成结算当期同时调整该次结算所涉及的、已确认在该再担保接受人名下的应收分保账款、应付分保账款、预付分出保费、预收摊回分保赔付款和存入分保准备金。实务中，当再担保分出人与再担保接受人在某次结算的金额是双方部分债权与债务轧差后的净额时，再担保分出人应分别调整已确认的债权债务，不得以净额直接调整其对该再担保接受人的债权或者债务。

6. 再担保合同形成的债权如发生减值，适用《企业会计准则第 22 号——金融工具确认和计量》和《企业会计准则第 37 号——金融工具列报》。

（二）再担保合同形成的债权的会计处理

1. 应收分保账款的会计处理

应收分保账款是指担保公司从事再担保业务应收取的款项。为了反映应收分保账款的发生和收回情况，应设置"应收分保账款"科目。该科目属于资产类科目，其借方登记分保业务中应收未收款项的发生数，贷方登记收回数，余额在借方，反映应收尚未收回的分保账款。分出业务中该科目要求按再担保分出人和再担保合同设置明细账。

应收分保账款的一般账务处理在本节都详细阐述，这里不再赘述。再担保分出人、再担保接受人结算分保账款时，按应付分保账款金额，借记"应付分保账款"科目，按应收分保账款金额，贷记"应收分保账款"科目，按其差额，借记或贷记"银行存款"科目。

2. 应收分保准备金的会计处理

应收分保准备金的会计处理在前面已经述及，这里不再赘述。

3. 预付分出保费的会计处理

预付分出保费是指在超额赔款再担保业务中，再担保分出人提前支付给再担保接受人的预付性质的分出保费。为了反映预付分出保费的发生情况，应设置"预付分出保费"科目。该科目属于资产类科目，其借方登记预付的分出保费，贷方登记冲减的已预付的分出保费，余额在借方，反映尚未转销的预付分出保费款。该科目要求按分入人设置明细账。其账务处理为：

（1）在超额赔款再担保业务中，再担保分出人提前支付给再担保接受人的预付性质的分出保费时，借记"预付分出保费"科目，贷记"银行存款"科目。

（2）每期按照超额赔款再担保合同计算或估算当期分出保费时，借记"应付分保账款"，贷记"预付分出保费"科目。

（三）再担保合同形成的债务的会计处理

1. 应付分保账款的会计处理

应付分保账款是指担保公司从事再担保业务应付未付的款项。为了反映应付分保账款的发生和支付情况，应设置"应付分保账款"科目。该科目属于负债类科目，其借方登记分保业务中应付未付款项的发生数，贷方登记实际支付的数额，余额在贷方，反映公司从事再担保业务应付未付的款项。分出业务中该科目要求按再担保分入人和再担保合同设置明细账。

其账务处理在本节都详细阐述，这里不再赘述。

2. 存入分保准备金的会计处理

存入分保准备金是指公司分出业务按约定扣存分入人的保费形成准备金，为了反映的存入分保准备金发生情况，应设置"存入保证金"科目。该科目属于负债类科目，其借方登记扣存的分保准备金，贷方登记返还的分保准备金，余额在贷方，反映尚未返还的分保准备金。该科目要求按分入人设置明细账。其账务处理为：

（1）发出分保业务账单时，按账单标明的扣存本期分保保证金，借记"应付分保账款"科目，贷记"存入保证金"科目。

（2）按账单标明的返还上期扣存分保保证金，借记"存入保证金"科目，贷记"应付分保账款"科目。

（3）计算存入分保保证金利息时，借记"利息支出"，贷记"应付分保账款"科目。

3. 预收摊回分保赔款的会计处理

预收摊回分保赔款是指从事再担保分出业务预收的分保赔款。为了反映预收摊回分保赔款的发生情况，应设置"预收赔付款"科目。该科目属于负债类科目，其贷方登记预收的分保赔款，借方登记转销的预收分保赔款，余额在贷方，反映尚未转销的预收分保赔款。该科目要求按分入人设置明细账。其账务处理为：

（1）再担保分出人应在收到再担保接受人预付的摊回分保款时，借记"银行存款"科目，贷记"预收赔付款"科目。

（2）公司在确定支付赔付款项金额或实际发生理赔费用而确认原担保合同赔付成本的当期，借记"预收赔付款"，贷记"应收分保账款"科目。

七、分出业务的核算举例

例 3-1 承前例 2-29，20×3 年 5 月 16 日，甲担保公司与乙企业签订一份担保合同，对乙企业在当地商业银行一年期借款 6 000 000 元进行担保，以企业主要生产设备进行抵押，借款合同和担保合同约定借款期限自 20×3 年 5 月 16 日至 20×4 年 5 月 15 日，担保费为 300 000 元，担保费于合同生效当日一次性支付。经计算后确定，甲担保公司针对该项合同未到期责任准备金的提取金额为 150 000 元，针对该项合同担保赔偿准备金的提取金额为

60 000元。同时,甲担保公司与A担保公司签订了一份比例再担保合同,约定A担保公司承担源于原担保合同的担保风险的20%,根据原担保合同发生的费用支出计算分保费用为50 000元。20×4年5月借款合同到期,乙企业陷入财务危机未能归还全部借款,担保公司履行了代偿责任,支付了偿还商业银行借款本息共计4 300 000元。甲担保公司同时收回部分生产设备并享有了对乙企业的代位追偿权。假设生产设备同类资产市场价格为1 500 000元,代位追偿款估计可收回2 000 000元。20×4年9月甲担保公司转让生产设备收入2 000 000元,20×4年11月从乙企业收回补偿1 900 000元。担保公司应编制会计分录如下:

1. 20×3年5月,按照再担保合同确定分出保费、应收未到期责任准备金及分保费用:

借:分出保费——贷款担保　　　　　　　　　　　　　　　60 000
　　贷:应付分保账款——A公司　　　　　　　　　　　　　　　60 000

按照再担保合同约定计算的相关应收分保未到期责任准备金:

借:应收分保合同准备金——A公司　　　　　　　　　　　　30 000
　　贷:提取未到期责任准备金——贷款担保　　　　　　　　　　30 000

按再担保合同约定计算确定的应向再担保接受人摊回的分保费用:

借:应收分保账款——A公司　　　　　　　　　　　　　　　10 000
　　贷:摊回分保费用——贷款担保　　　　　　　　　　　　　　10 000

2. 20×3年末,按照再担保合同确定应向再担保接受人摊回的担保赔偿准备金:

借:应收分保合同准备金——A公司　　　　　　　　　　　　12 000
　　贷:摊回担保赔偿准备金——贷款担保　　　　　　　　　　　12 000

3. 20×4年5月支付代偿款,并收回抵押物资及确认代位追偿权:

(1) 冲减应收的担保赔偿准备金:

借:摊回担保赔偿准备金——贷款担保　　　　　　　　　　　12 000
　　贷:应收分保合同准备金——A公司　　　　　　　　　　　　12 000

(2) 摊回赔付支出:

借:应收分保账款——A公司　　　　　　　　　　　　　　　860 000
　　贷:摊回赔付支出——贷款担保　　　　　　　　　　　　　860 000

(3) 收回抵押物资:

借:摊回赔付支出——贷款担保　　　　　　　　　　　　　　300 000
　　贷:应收分保账款——A公司　　　　　　　　　　　　　　　300 000

(4) 确认应收代位追偿款:

借:摊回赔付支出——贷款担保　　　　　　　　　　　　　　400 000
　　贷:应收分保账款——A公司　　　　　　　　　　　　　　　400 000

4. 20×4年9月处置抵押物资:

借:摊回赔付支出——贷款担保　　　　　　　　　　　　　　100 000
　　贷:应收分保账款——A公司　　　　　　　　　　　　　　　100 000

5. 20×4年11月收到代位追偿款:

借:应收分保账款——A公司　　　　　　　　　　　　　　　20 000
　　贷:摊回赔付支出——贷款担保　　　　　　　　　　　　　20 000

例 3-2 甲担保公司 20×3 年将承保的项目融资担保业务同时分保给乙和丙两家担保公司,乙公司占 60%,丙公司占 40%,根据 20×3 年第二季度发生的分保业务编制分保账单并寄送乙和丙再担保公司(假设分保账单数据和平时发生一致,不需调整),分保账单格式如表 3-6、表 3-7 所示。

表 3-6　　　　　　　　　　　　　分　保　账　单

公司名称:甲担保公司　　　　　　　　　　　业务类型:项目融资担保
分入人:乙再担保公司　　　　　　　　　　　业务年度:20×3 年
账单期:20×3 年第二季度　　　　　　　　　货币单位:万元

借方		贷方	
项　目	金　额	项　目	金　额
分保赔款	850	分保费	500
固定分保手续费	150	保费准备金返还	250
浮动分保手续费	80	准备金利息	10
纯益手续费			
经纪人手续费			
税款及杂项			
保费准备金扣存	300		
应付你方余额		应收你方余额	620
合计	1 380	合计	1 380
你方成分(60%)		你方成分(60%)	372

表 3-7　　　　　　　　　　　　　分　保　账　单

公司名称:甲担保公司　　　　　　　　　　　业务类型:项目融资担保
分入人:丙再担保公司　　　　　　　　　　　业务年度:20×3 年
账单期:20×3 年第二季度　　　　　　　　　货币单位:万元

借方		贷方	
项　目	金　额	项　目	金　额
分保赔款	850	分保费	500
固定分保手续费	150	保费准备金返还	250
浮动分保手续费	80	准备金利息	10
纯益手续费			
经纪人手续费			
税款及杂项			
保费准备金扣存	300		
应付你方余额		应收你方余额	620
合计	1 380	合计	1 380
你方成分(40%)		你方成分(40%)	248

甲担保公司应编制会计分录如下:

1. 在确认原担保合同担保费收入的当期,计算确定分出保费:

借:分出保费——项目融资担保　　　　　　　　　　　　　5 000 000
　　贷:应付分保账款——乙公司　　　　　　　　　　　　　3 000 000
　　　　　　　　　　——丙公司　　　　　　　　　　　　　2 000 000

2. 在确认原担保合同担保费收入的当期,计算确定应向再担保接受人摊回的分保费用:

借:应收分保账款——乙公司　　　　　　　　　　　　　1 380 000
　　　　　　　　——丙公司　　　　　　　　　　　　　　920 000
　　贷:摊回分保费用——项目融资担保担保　　　　　　　　2 300 000

3. 在确定原担保合同赔付成本的当期,计算确定的应向再担保接受人摊回的赔付成本:

借:应收分保账款——乙公司　　　　　　　　　　　　　5 100 000
　　　　　　　　——丙公司　　　　　　　　　　　　　3 400 000
　　贷:摊回赔付支出——项目融资担保担保　　　　　　　　8 500 000

4. 发出分保账单时,按账单标明的扣存本期分保准备金:

借:应付分保账款——乙公司　　　　　　　　　　　　　1 800 000
　　　　　　　　——丙公司　　　　　　　　　　　　　1 200 000
　　贷:存入保证金——存入分保保证金——乙公司　　　　1 800 000
　　　　　　　　　　　　　　　　　　——丙公司　　　　1 200 000

5. 按账单标明的返还上期扣存分保分保准备金:

借:存入保证金——存入分保保证金——乙公司　　　　　1 500 000
　　　　　　　　　　　　　　　　——丙公司　　　　　1 000 000
　　贷:应付分保账款——乙公司　　　　　　　　　　　　1 500 000
　　　　　　　　　　——丙公司　　　　　　　　　　　　1 000 000

6. 计算存入分保保证金利息时:

借:利息支出　　　　　　　　　　　　　　　　　　　　　100 000
　　贷:应付分保账款——乙公司　　　　　　　　　　　　　60 000
　　　　　　　　　　——丙公司　　　　　　　　　　　　　40 000

7. 结算分保账款时:

借:应付分保账款——乙公司　　　　　　　　　　　　　2 760 000
　　　　　　　　——丙公司　　　　　　　　　　　　　1 840 000
　　银行存款　　　　　　　　　　　　　　　　　　　　6 200 000
　　贷:应收分保账款——乙公司　　　　　　　　　　　　6 480 000
　　　　　　　　　　——丙公司　　　　　　　　　　　　4 320 000

其中:应付分保账款(乙公司) = 3 000 000 - 1 800 000 + 1 500 000 + 60 000 = 2 760 000(元)
应付分保账款(丙公司) = 2 000 000 - 1 200 000 + 1 000 000 + 40 000 = 1 840 000(元)
应收分保账款(乙公司) = 1 380 000 + 5 100 000 = 6 480 000(元)
应收分保账款(丙公司) = 920 000 + 3 400 000 = 4 320 000(元)

例3-3 A担保公司与B担保公司签订投标担保分保合同,采取溢额分保方式,担保公司承保金额5 000万元,自留额为3 000万元,A公司本月担保费800万元,发生赔付款

600万元，按合约规定A公司向B公司提供理赔资料，B公司向A公司预付了100万元的现金赔款。

分保比例 =（5 000 - 3 000）÷5 000 × 100% = 40%

分出保费 = 800 × 40% = 320（万元）

摊回赔付支出 = 600 × 40% = 240（万元）

A担保公司应作如下会计处理：

1. 按照再担保合同确定分出保费：

借：分出保费——投标担保　　　　　　　　　　　　　3 200 000
　　贷：应付分保账款——B公司　　　　　　　　　　　　　　3 200 000

2. 收到现金赔款时：

借：银行存款　　　　　　　　　　　　　　　　　　　1 000 000
　　贷：预收赔付款——B公司　　　　　　　　　　　　　　　1 000 000

3. 摊回赔付支出时：

借：应收分保账款——B公司　　　　　　　　　　　　2 400 000
　　贷：摊回赔付支出——投标担保　　　　　　　　　　　　2 400 000

同时

借：预收赔付款——B公司　　　　　　　　　　　　　1 000 000
　　贷：应收分保账款——B公司　　　　　　　　　　　　　　1 000 000

例3-4　甲担保公司与乙担保公司签订贸易融资担保分保合同，采取超额赔款再担保方式。分出公司自赔额为3 000 000元，按合约规定甲担保公司提前支付给乙担保公司分出保费3 000 000元，当期按照超额赔款再担保合同计算当期分出保费为7 000 000元，实际发生赔款5 000 000元。

甲担保公司应作如下会计处理：

1. 甲担保公司提前支付给乙担保公司的预付性质的分出保费时：

借：预付分出保费——乙公司　　　　　　　　　　　　3 000 000
　　贷：银行存款　　　　　　　　　　　　　　　　　　　　3 000 000

2. 按照超额赔款再担保合同计算当期分出保费时：

借：分出保费——贸易融资担保　　　　　　　　　　　7 000 000
　　贷：应付分保账款——乙公司　　　　　　　　　　　　　7 000 000

借：应付分保账款　　　　　　　　　　　　　　　　　3 000 000
　　贷：预付分出保费——贸易融资担保　　　　　　　　　　3 000 000

3. 摊回赔付支出时：

借：应收分保账款——乙公司　　　　　　　　　　　　2 000 000
　　贷：摊回赔付支出——贸易融资担保　　　　　　　　　　2 000 000

第五节 分入业务的核算

一、分担保费收入的核算

（一）分担保费收入的确认和计量

分担保费收入同时满足下列条件的才能予以确认：

1. 再担保合同成立并承担相应的担保责任

一般自签订日起成立，但自合同规定的起期日起才开始承担担保责任。

2. 与再担保合同相关的经济利益很可能流入

一般情况下，如果再担保分出人信用良好，能够按照合同规定如期发送分保账单并结算分保往来款项，则意味着与再担保合同相关的经济利益很可能流入再担保接受人；

3. 与再担保合同相关的收入能够可靠地计量

它分为以下两种情况：

（1）如果再担保接受人可以在每一会计期间对该期间的分担保费收入金额做出合理估计，则应按照估计金额确认当期分担保费收入及相关分保费用。

（2）如果再担保接受人只有收到分保业务账单时才能对分担保费收入进行可靠计量，则应当于收到分保业务账单时根据账单标明金额确认分担保费收入及相关分保费用。

（二）分担保费收入的预估方法

再担保分入业务会计处理的主要特点之一是业务数据的间接性、滞后性和不完整性。由于再担保接受人收到分出人提供账单的滞后性，使再担保接受人在满足分担保费收入确认条件当期，通常无法及时收到分出人提供的实际账单，此时再担保接受人应根据再担保合同的约定对当期分担保费收入进行专业、合理的预估。分担保费收入的预估通常是由分入担保公司承保人员（Underwriter）完成的。分担保费收入所依附的再担保合同必须成立。

1. 比例再担保合同分担保费收入的预估方法

对于比例再担保合同，分担保费收入依赖于分出公司的业务规模。在签订再担保合同时，再担保分出人要估计再担保合同的保费（估计担保费收入 EPI），报告给再担保接受人。承保人以估计担保费收入（EPI）为数据基础，结合再担保人自身积累的历史数据、担保行业公开的统计数据、国家公布的相关经济指标数据等，运用自身经验对分担保费收入进行估计。

2. 非比例再担保合同分担保费收入的预估方法

对于非比例再担保合同，最终担保费收入除依赖于再担保分出人保费规模之外，还与其损失赔付经验有关。承保人通常以合同中列明的最低担保费收入（MDP）作为数据基础进行估计。

3. 临时再担保业务分担保费收入的预估方法

对于临时再担保业务,规模一般较小,通常再担保保费都为确定的值;可以逐单对保费进行预估,也可以将风险相似的合同进行合并进行保费预测。

(三)分担保费收入的会计处理

对于分担保费收入的会计处理,应在"保费收入"科目下设置"分保费收入"二级科目,并按照再担保合同和业务设置明细账进行核算,也可以单独设置"分保费收入"科目。具体核算方法包括以下两种:

1. 终期分担保费收入预估法

(1)采用本方法预估分担保费收入,再担保接受人应在再担保合同开始生效当期预估并确认该再担保合同在有效期内能给接受人带来的全部分担保费收入,并进而确定属于本会计年度的分担保费收入,进行账务处理。

(2)确认分担保费收入当年,再担保接受人如有充分证据表明可对该最终保费进行更准确的估计,则应对原预估数据进行调整,调整金额计入当期损益。

(3)该会计年度一旦结束,在以后年度一般不再调整保费数据,除非该业务年度实际收到账单的保费总数大于预估总数时,才将大于的数据计入收到账单当期。

(4)再担保接受人应在分担保费收入相关实际账单基本收到后,根据实际账单累计分担保费收入数据调整原预估分担保费收入,差额计入当期损益。

(5)若进行终期调整之后,还有分担保费收入流入,则再担保接受人应在收到相关账单当期予以确认,分担保费收入计入收到账单当期。

(6)再担保接受人应当在收到分出人提供的实际账单时,在按照账单标明的金额入账的同时,按照账单标明的金额冲减预估分担保费收入。

(7)终期分担保费收入预估法应用举例

例 3-5 某再担保合同起期后,预估分保费收入 1 500 万元,预估分保手续费 500 万元,两者之差为预估应收账款 1 000 万元(假设符合债权、债务抵销条件,下同)。会计处理为:

借:预估分保手续费　　　　　　　　　　　　　　　　　　5 000 000
　　预估应收账款　　　　　　　　　　　　　　　　　　　10 000 000
　　贷:预估分保费收入　　　　　　　　　　　　　　　　　15 000 000

收到第一期账单,分保费收入 200 万元,分保赔款 20 万元,分保手续费 60 万元,应收分保账款 120 万元。会计处理为:

借:分保费用　　　　　　　　　　　　　　　　　　　　　　600 000
　　赔付支出　　　　　　　　　　　　　　　　　　　　　　200 000
　　应收分保账款　　　　　　　　　　　　　　　　　　　1 200 000
　　贷:保费收入　　　　　　　　　　　　　　　　　　　　2 000 000
借:预估分保费收入　　　　　　　　　　　　　　　　　　2 000 000
　　贷:预估分保手续费　　　　　　　　　　　　　　　　　　600 000
　　　　预估应收账款　　　　　　　　　　　　　　　　　　1 400 000

以后各期收到账单处理与上述步骤相同。

假设在实际账单基本收到后,累计已收到保费 1 600 万元,手续费 550 万元,则需将业务累计数据与预估数据之间的差额调整到当期损益。会计处理为:

借:预估分保手续费　　　　　　　　　　　　　　　　　　500 000
　　预估应收账款　　　　　　　　　　　　　　　　　　　500 000
　　贷:预估分保费收入　　　　　　　　　　　　　　　　　　 1 000 000

在此之后若还有保费:保费 10 万元,手续费 2 万元,赔款 20 万元,则会计处理为:

借:分保费用　　　　　　　　　　　　　　　　　　　　　20 000
　　赔付支出　　　　　　　　　　　　　　　　　　　　　200 000
　　贷:保费收入　　　　　　　　　　　　　　　　　　　　　100 000
　　　　应付分保账款　　　　　　　　　　　　　　　　　　　120 000

2. 账单期分担保费收入预估法

(1) 采用本方法预估分担保费收入,再担保接受人应在再担保合同开始生效之日起,按照账单期(一般为按季度)分别预估确认分担保费收入,计入账单期损益。

(2) 第一个账单期预估分担保费收入的计量,应由该再担保合同的承保人员以分出人提供的估计保费收入为基础依据,并适当考虑其他影响因素(主要包括:相同或类似合同的历史数据、行业数据、承保人经验等),进行计算分摊到本期。

(3) 第一个账单期之后,承保人员可以根据历史数据、经验和已收到的实际账单,对未来账单期保费进行预估,同时可以根据估计保费收入、承保经验、行业数据等进行适当调整,确认当期分担保费收入。

(4) 再担保接受人应当在收到分出人提供的实际账单时,根据账单标明的金额对原预估分担保费收入进行调整,调整金额计入当期损益。

(5) 账单期分担保费收入预估法应用举例

例 3-6　某再担保合同起期后,第一个账单期预估分保费收入 180 万元,预估分保手续费 50 万元,两者之差为预估应收账款 130 万元。会计处理为:

借:预估分保手续费　　　　　　　　　　　　　　　　　　500 000
　　预估应收账款　　　　　　　　　　　　　　　　　　　1 300 000
　　贷:预估分保费收入　　　　　　　　　　　　　　　　　　 1 800 000

收到第一期账单,账单标明金额为:分保费收入 200 万元,分保赔款 20 万元,分保手续费 60 万元,应收分保账款 120 万元。会计处理为:

借:分保费用　　　　　　　　　　　　　　　　　　　　　600 000
　　赔付支出　　　　　　　　　　　　　　　　　　　　　200 000
　　应收分保账款　　　　　　　　　　　　　　　　　　　1 200 000
　　贷:保费收入　　　　　　　　　　　　　　　　　　　　　2 000 000

借:预估分保费收入　　　　　　　　　　　　　　　　　　1 800 000
　　贷:预估分保手续费　　　　　　　　　　　　　　　　　　500 000
　　　　预估应收账款　　　　　　　　　　　　　　　　　　　1 300 000

收到第一期账单时,结合实际情况,预估第二期分保费收入 100 万元,分保手续费 30 万元,应收分保账款 70 万元。会计处理为:

借:预估分保手续费　　　　　　　　　　　　　　　　　　300 000

　　　　预估应收账款　　　　　　　　　　　　　　　　　　　700 000
　　　　　贷：预估分保费收入　　　　　　　　　　　　　　　　1 000 000
以后各账单期收到账单均重复进行上述操作。

二、分保费用的核算

（一）分保费用的确认和计量

分保费用是指再担保接受人向再担保分出人支付的分保费用。分保费用的确认和计量如下：

1. 再担保接受人应在确认分担保费收入的当期，确认相应的分保费用，计入当期损益。
2. 再担保接受人应根据当期确认的预估分担保费收入和再担保合同约定的分保费用率，计算确定应计入当期的分保费用金额。
（1）对于采用固定手续费率的，根据分保合同列明的手续费率在分担保费收入预估的基础上进行预估。
（2）对于采用浮动手续费率的，根据估计的业务终极赔付率计算实际的手续费率；或者根据历史赔付经验建立模型，采用随机模拟等技术得出平均的手续费支付水平。
（3）对于纯益手续费的预估，采用与浮动手续费相同的方法即可。
（4）再担保接受人应在调整分担保费收入当期，根据分保费用率或实际账单标明分保费用金额计算调整相关分保费用，计入当期损益。

（二）分保费用的会计处理

为了反映分保费用的发生况，应设置"分保费用"科目。该科目属于损益类（费用）科目，其借方登记应承担的分保费用，贷方登记期末结转"本年利润"科目的数额，结转后该科目无余额。该科目要求按业务设置明细账。其账务处理为：

1. 公司在确认分担保费收入的当期，应按再担保合同约定计算确定的分保费用金额，借记"分保费用"科目，贷记"应付分保账款"科目。
收到分保业务账单，按账单标明的金额对分保费用进行调整，借记或贷记"分保费用"科目，贷记或借记"应付分保账款"科目。
2. 计算确定应向再担保分出人支付的纯益手续费，应按再担保合同约定计算确定的纯益手续费，借记"分保费用"科目，贷记"应付分保账款"科目。
3. 期末，应将"分保费用"科目发生额转入"本年利润"科目，结转后该科目无余额。

三、分入业务准备金的核算

（一）分入业务准备金的评估

分入业务准备金包括分保未到期责任准备金和分保担保赔偿准备金。由于分保方式的不同，再担保接受人会承担不同的责任。分入人应当根据不同的分保方式和业务风险的分布特征确定不同业务准备金的评估方法。

（二）分入业务准备金的充足性测试

对于再担保接受人责任准备金的充足性测试，应参照原担保合同中对于责任准备金充足性测试的方法。

（三）分入业务准备金的会计处理

由于再担保账单一般滞后，根据权责发生制原则的要求，需要对分入业务进行预估，并以预估后的分担保费收入和分保赔款作为评估责任准备金的基础。其科目设置及会计处理比照原担保合同的相关规定处理。

四、分保赔付支出的核算

再担保接受人应当在收到分保业务账单的当期，按照账单标明的分保赔付款项金额，作为分保赔付成本，计入当期损益，同时，冲减相应的分保准备金余额。

为了反映分入业务赔付支出的发生情况，再担保接受人应在"赔付支出"科目下设置"分保赔付支出"二级科目，并按再担保合同和担保业务设置明细账，也可以单独设置"分保赔付支出"科目。该科目属于损益类（费用）科目，其借方登记应承担的分保赔付款，贷方登记期末结转"本年利润"科目的数额，结转后该科目无余额。其账务处理为：

1. 再担保接受人收到分保业务账单的当期，应按账单标明的分保赔付款项金额，借记"赔付支出"科目，贷记"应付分保账款"科目。

2. 期末，应将"赔付支出"科目发生额转入"本年利润"科目，结转后该科目无余额。

五、再担保合同形成的债权、债务

再担保合同形成的债权主要包括：应收分保账款、存出分保准备金；再担保合同形成的债务主要包括：应付分保账款。另外，再担保接受人与再担保分出人之间的预付款行为会形成预付款资产或负债。

（一）应收、应付分保款项的会计处理

应收、应付分保款项，指担保公司由于分保业务而形成的各种应收和应付等结算款项。

1. 再担保分出人和再担保接受人通常根据分保业务账单的余额进行结算。

2. 再担保接受人应当在确认预估分担保费收入的当期，确认应收分保账款；同时根据相关再担保合同的约定，预估应当支付给再担保分出人的分保费用，并确认预估应付分保账款。

3. 再担保接受人收到实际分保业务账单后，按照账单标明的分保余额对预估应收、应付分保账款进行调整。

为了反映分入业务应收、应付分保款项的发生情况，应设置"应收分保账款"和"应付分保账款"科目，并按再担保分出人和再担保合同设置明细账。其账务处理在本节都详

细阐述，这里不再赘述。

（二）存出分保准备金的会计处理

存出分保准备金是指分入分保业务按合同约定存出的分保准备金。为了反映存出分保准备金的发生和收回情况，应设置"存出保证金"科目。该科目属于资产类科目，其借方登记存出的分保准备金，贷方登记收回的分保准备金，余额在借方，反映公司存出的分保准备金数额。该科目应按分出人设置明细账。其账务处理为：

1. 按账单标明的再担保分出人扣存本期分保保证金，借记"存出保证金"科目，贷记"应收分保账款"科目。按账单标明的再担保分出人返还上期扣存分保保证金，借记"应收分保账款"，贷记"存出保证金"科目。

2. 计算存出分保保证金利息时，借记"应收分保账款"，贷记"利息收入"科目。

（三）预付赔付款的会计处理

预付赔付款是指分入分保业务预付的赔款。为了反映的预付赔付款发生情况，应在"预付赔付款"科目下设置"预付分保赔付款"二级科目，并按分出人设置明细账。也可以单独设置"预付分保赔付款"科目。该科目属于资产类科目，其借方登记预付的分保赔付款，贷方登记预付赔款的结算减少数，余额在借方，反映尚未结算预付赔款实有数。其账务处理为：

（1）再担保接受人预付分保赔款时，借记"预付赔付款"科目，贷记"银行存款"科目。

（2）转销预付的分保赔款时，借"应付分保账款"科目，贷记"预付赔付款"科目。

（四）预收分出保费的会计处理

预收分出保费是指在超额赔款再担保业务中，再担保接受人提前向再担保分出人收取的分出保费。为了反映预收分出保费的发生情况，应在"预收保费"科目下设置"预收分出保费"二级科目，并按分出人设置明细账，也可以单独设置"预收分出保费"科目。该科目属于负债类科目，其借方登记预先收到的分出保费，贷方登记冲减的已预收的分出保费，余额在贷方，反映尚未转销的预收分出保费款。其账务处理为：

1. 在超额赔款再担保业务中，再担保接受人提前向再担保分出人收取的分出保费，借记"银行存款"科目，贷记"预收保费"科目。

2. 每期按照超额赔款再担保合同计算或估算当期分入保费时，借记"预收保费"科目，贷记"应收分保账款"科目。

例 3-7 承前例 3-1，假设该项再担保合同起期后，预估分担保费收入 50 000 元，预估分保手续费 20 000 元，预估未到期责任准备金 40 000 元，采用账单期分担保费收入预估法。A 担保公司应编制会计分录如下：

1. 预估分保费收入、预估分保手续费及相应的未到期责任准备金时：

借：预估应收账款　　　　　　　　　　　　　　　　　　50 000
　　贷：预估分保费收入　　　　　　　　　　　　　　　　　　50 000
借：预估分保手续费　　　　　　　　　　　　　　　　　20 000
　　贷：预估应付账款　　　　　　　　　　　　　　　　　　　20 000

借：提取预估未到期责任准备金 40 000
　　贷：预估未到期责任准备金 40 000

2. 收到分保账单，作相反的分录冲销，同时根据分保账单确定分担保费收入、分保费用及未到期责任准备金：

借：应收分保账款——甲公司 60 000
　　贷：保费收入——分担保费收入——贷款担保 60 000
借：分保费用——贷款担保 10 000
　　贷：应付分保账款——甲公司 10 000
借：提取未到期责任准备金——贷款担保 30 000
　　贷：未到期责任准备金——贷款担保 30 000

3. 确定应付的担保赔偿准备金：

借：提取担保赔偿准备金——贷款担保 12 000
　　贷：担保赔偿准备金——贷款担保 12 000

4. 支付代偿款，并收回抵押物资及确认代位追偿权：

（1）冲减应付的担保赔偿准备金：

借：担保赔偿准备金——贷款担保 12 000
　　贷：提取担保赔偿准备金——贷款担保 12 000

（2）分担赔付成本：

借：赔付支出——分保赔付支出——贷款担保 860 000
　　贷：应付分保账款——甲公司 860 000

（3）甲公司收到抵押物资：

借：应付分保账款——甲公司 300 000
　　贷：赔付支出——分保赔付支出——贷款担保 300 000

（4）甲公司确认应收代位追偿款：

借：应付分保账款——甲公司 400 000
　　贷：赔付支出——分保赔付支出——贷款担保 400 000

5. 甲公司处置损余物资：

借：应付分保账款——甲公司 100 000
　　贷：赔付支出——分保赔付支出——贷款担保 100 000

6. 甲公司收到代位追偿款：

借：赔付支出——分保赔付支出——贷款担保 20 000
　　贷：应付分保账款——甲公司 20 000

例 3-8 承前例 3-2，乙公司应编制会计分录如下：

1. 平时预估分担保费收入、分保费用，收到分保账单，作相反的分录冲销，同时根据分保账单确定分担保费收入、分保费用：

借：应收分保账款——甲公司 3 000 000
　　贷：保费收入——分担保费收入——项目融资担保 3 000 000
借：分保费用——项目融资担保 1 380 000
　　贷：应付分保账款——甲公司 1 380 000

2. 按照账单标明的分保赔付金额，确定分保赔付成本：
借：赔付支出——分保赔付支出——项目融资担保　　　　5 100 000
　　　贷：应付分保账款——甲公司　　　　　　　　　　　　　5 100 000
3. 按账单标明的再担保分出人扣存本期分保准备金：
借：存出保证金——存出分保保证金——甲公司　　　　1 800 000
　　　贷：应收分保账款——甲公司　　　　　　　　　　　　　1 800 000
4. 按账单标明的再担保分出人返还上期扣存分保保证金：
借：应收分保账款——甲公司　　　　　　　　　　　　1 500 000
　　　贷：存出保证金——存出分保保证金——甲公司　　　　　1 500 000
5. 计算存出分保保证金利息时：
借：应收分保账款——甲公司　　　　　　　　　　　　　 60 000
　　　贷：利息收入　　　　　　　　　　　　　　　　　　　　　 60 000
6. 结算分保账款时
借：应付分保账款——甲公司　　　　　　　　　　　　6 480 000
　　　贷：应收分保账款——甲公司　　　　　　　　　　　　　2 760 000
　　　　　银行存款　　　　　　　　　　　　　　　　　　　　3 720 000
其中：应收分保账款 = 3 000 000 - 1 800 000 + 1 500 000 + 60 000 = 2 760 000（元）
　　　应付分保账款 = 1 380 000 + 5 100 000 = 6 480 000（元）

丙公司应编制会计分录如下：

1. 平时预估分担保费收入、分保费用，收到分保账单，作相反的分录冲销，同时根据分保账单确定分担保费收入、分保费用：
借：应收分保账款——甲公司　　　　　　　　　　　　2 000 000
　　　贷：保费收入——分担保费收入——项目融资担保　　　　2 000 000
借：分保费用——项目融资担保　　　　　　　　　　　 920 000
　　　贷：应付分保账款——甲公司　　　　　　　　　　　　　 920 000
2. 按照账单标明的分保赔付金额，确定分保赔付成本：
借：赔付支出——分保赔付支出——项目融资担保　　　　3 400 000
　　　贷：应付分保账款——甲公司　　　　　　　　　　　　　3 400 000
3. 按账单标明的再担保分出人扣存本期分保准备金：
借：存出保证金——存出分保保证金——甲公司　　　　1 200 000
　　　贷：应收分保账款——甲公司　　　　　　　　　　　　　1 200 000
4. 按账单标明的再担保分出人返还上期扣存分保保证金：
借：应收分保账款——甲公司　　　　　　　　　　　　1 000 000
　　　贷：存出保证金——存出分保保证金——甲公司　　　　　1 000 000
5. 计算存出分保保证金利息时：
借：应收分保账款——甲公司　　　　　　　　　　　　　 40 000
　　　贷：利息收入　　　　　　　　　　　　　　　　　　　　　 40 000
6. 结算分保账款时：
借：应付分保账款——甲公司　　　　　　　　　　　　1 840 000

    贷：应收分保账款——甲公司   4 320 000
      银行存款   2 480 000

其中：应收分保账款 = 2 000 000 - 1 200 000 + 1 000 000 + 40 000 = 1 840 000（元）
    应付分保账款 = 920 000 + 3 400 000 = 4 320 000（元）

例 3-9 承前例 3-3，B 担保公司应作如下会计处理：

1. 按照再担保合同确定分入保费：

  借：应收分保账款——A 公司   3 200 000
    贷：保费收入——分担保费收入——投标担保   3 200 000

2. 预付现金赔款时：

  借：预付赔付款——预付分保赔付款——A 公司   1 000 000
    贷：银行存款   1 000 000

3. 分担分保赔款时：

  借：赔付支出——分保赔付支出——投标担保   2 400 000
    贷：应付分保账款——A 公司   2 400 000

同时

  借：应付分保账款——A 公司   1 000 000
    贷：预付赔付款——预付分保赔付款——A 公司   1 000 000

例 3-10 承前例 3-4，乙担保公司应作如下会计处理：

1. 收取甲担保公司提前支付分出保费时：

  借：银行存款   3 000 000
    贷：预收保费——预收分出保费——甲公司   3 000 000

2. 按照超额赔款再担保合同计算当期分入保费时：

  借：应收分保账款——甲公司   7 000 000
    贷：保费收入——分保费收入——贸易融资担保   7 000 000
  借：预收保费——预收分出保费——甲公司   3 000 000
    贷：应收分保账款——甲公司   3 000 000

3. 分担分保赔款时：

  借：赔付支出——分保赔付支出——贸易融资担保   2 000 000
    贷：应付分保账款——甲公司   2 000 000

六、当期结清的分入业务的核算

  当期结清的分入业务（Acceptation Business of Settle Accounts），是指公司作为再担保接受人，与分出公司签订的当年结算完毕的一年期分入再担保合同。分出公司每季度扣留当季分出保费的 35% 作为保费留存，实际结算时，分出公司只付给分入公司 65% 的分出保费。

  如果合约正常续转，则该季度扣留的留存保费会在下一财务年度的对应季度支付给分入公司；如果合约不续转，则该季度扣留的留存保费将不会支付给分入公司。

  年底，如果决定合约不续转，分入公司只需承担当年的全部已决赔款和 90% 的担保赔偿准备金的摊回义务，无需承担后续的摊回义务。如果合约续转，分入公司将承担该业务年度的保单发生的后续赔付的摊回义务。通常情况下，分入公司会依据合同规定，在财务年度终止（12月31日）之前，提前告知分出公司终止本年度的合约后重新签署新一年的再担保合约。

当期结清的分入业务的会计处理如下：

1. 初始计量时，涉及分出保费的35%的保费留存：

借：存出保证金——存出分保保证金
　　贷：应收分保账款

2. 按合同约定应结算的90%的担保赔偿准备金：

借：存出保证金——存出分保保证金
　　贷：应付分保账款

3. 如果合约未于年末终止，则分入公司会继续承担该合约未来的赔付责任，将在下年收到上年扣留的保费留存：

借：应收分保账款
　　贷：存出保证金——存出分保保证金
借：应付分保账款
　　贷：存出保证金——存出分保保证金

4. 如果合约于年末终止，则分入公司不再承担该合约未来的赔付责任，应当将已提取的分入未到期责任准备金和分入担保赔偿准备金冲回。分入公司将不能收回扣留的保费留存，应将对应的存出分保保证金冲减为零：

借：应收分保账款
　　贷：存出保证金——存出分保保证金
借：保费收入——分保费收入
　　贷：应收分保账款

将担保赔偿准备金的90%调整为已决赔付：

借：赔付支出——分保赔付支出
　　贷：应付分保账款

同时冲回按合同约定应结算90%的担保赔偿准备金的预提分录：

借：应付分保账款
　　贷：存出保证金——存出分保保证金

如分入公司承接的是第二年续转的此类再保合同，视同第一年承接，按上述方法进行账务处理。

例3-11 M再担保公司20×2年1月向N担保公司接受一份项目融资再担保合同，接受分保费800万元，提取未到期责任准备金360万元。M担保公司按分保费的35%作为保费留存以应付未了责任。本年提取担保赔偿准备金150万元，按90%作为赔款留存。假设年末该项合同正常续转。M再担保公司应编制会计分录如下：

1. 初始计量，接受分保费时：

借：应收分保账款——N公司　　　　　　　　　　　　　　800万元
　　贷：保费收入——分保费收入——项目融资担保　　　　800万元

2. 提取未到期责任准备金时：

借：提取未到期责任准备金——项目融资担保　　　　　　360 万元
　　贷：未到期责任准备金——项目融资担保　　　　　　　　　360 万元

3. 按分保费的 35% 的向 N 担保公司存出保费准备金时：
借：存出保证金——存出分保保证金——N 公司　　　　280 万元
　　贷：应收分保账款——N 公司　　　　　　　　　　　　　　280 万元

4. 提取担保赔偿准备金时：
借：提取担保赔偿准备金——项目融资担保　　　　　　150 万元
　　贷：担保赔偿准备金——项目融资担保　　　　　　　　　　150 万元

5. 按担保赔偿准备金的 90% 向 N 担保公司存出赔款准备金时：
借：存出保证金——存出分保保证金——N 公司　　　　135 万元
　　贷：应付分保账款——N 公司　　　　　　　　　　　　　　135 万元

6. 合同正常续转，下年收到上年扣留的保费留存和赔款留存时：
借：应收分保账款——N 公司　　　　　　　　　　　　280 万元
　　贷：存出保证金——存出分保保证金——N 公司　　　　　　280 万元
借：应付分保账款——N 公司　　　　　　　　　　　　135 万元
　　贷：存出保证金——存出分保保证金——N 公司　　　　　　135 万元

例 3-12 假设上例年末该项合同不续转，M 再担保公司应编制会计分录如下：

初始计量时会计分录同上例 1-5 会计分录。

6. 年末该项合同终止，M 再担保公司将不能收回扣留的保费留存，应将对应的存出分保保证金冲减为零：
借：应收分保账款——N 公司　　　　　　　　　　　　280 万元
　　贷：存出保证金——存出分保保证金——N 公司　　　　　　280 万元
同时　借：保费收入——分保费收入——项目融资担保　　280 万元
　　　　　贷：应收分保账款——N 公司　　　　　　　　　　　280 万元
并冲回提取的未到期责任准备金：
借：未到期责任准备金——项目融资担保　　　　　　　360 万元
　　贷：提取未到期责任准备金——项目融资担保　　　　　　　360 万元

7. 将担保赔偿准备金的 90% 调整为已决赔付：
借：赔付支出——分保赔付支出——项目融资担保　　　135 万元
　　贷：应付分保账款——N 公司　　　　　　　　　　　　　　135 万元
同时冲回按合同约定应结算 90% 的担保赔偿准备金的预提分录：
借：应付分保账款　　　　　　　　　　　　　　　　　135 万元
　　贷：存出保证金——存出分保保证金　　　　　　　　　　　135 万元

关键词

再担保合同　分保账单　分出保费　摊回分保费用　摊回赔付支出　应收分保准备金　分保费收入　分保费用　分入业务准备金　分保赔付支出

复习思考题

1. 简述再担保的种类。
2. 简述再担保业务核算的基本要求。
3. 简要说明分保账单的基本内容和编制方法。
4. 简述分出业务核算应设置的会计科目及核算要求。
5. 简述分入业务核算应设置的会计科目及核算要求。
6. 简述分担保费收入的确认条件。
7. 试比较终期分担保费收入预估法和账单期分担保费收入预估法的区别。

练习题

习题一

一、目的：练习成数再担保分出业务、分入业务的核算。

二、资料：某担保公司发生下列经济业务：

20×3年7月8日，A担保公司与B企业签订一份担保合同，对B企业在当地商业银行一年期借款200万元进行担保，以企业库存存货进行抵押，借款合同和担保合同期限为一年，担保费为6万元，保费于合同生效当日一次性支付。经计算后确定，针对本合同未到期责任准备金的提取金额为3万元，针对本合同担保赔偿准备金的提取金额为2万元。同时，A担保公司与M担保公司签订了一份比例再担保合同，约定M担保公司承担源于原担保合同的担保风险的40%，根据原担保合同发生的费用支出计算分保费用为2万元。20×4年7月借款合同到期，B企业陷入财务危机未能归还全部借款，担保公司履行了代偿责任，支付了银行借款本息共计116万元。A担保公司同时收回库存存货并享有了对B企业的代位追偿权。假设该批存货同类资产市场价格为50万元，代位追偿款估计可收回60万元。20×4年10月A担保公司转让库存存货收入47万元，20×4年11月从B企业收回补偿65万元。假设该项再担保合同起期后，预估分担保费收入3万元，预估分保手续费1万元，预估未到期责任准备金2万元，采用账单期分担保费收入预估法。

三、要求：根据上述资料，编制A担保公司和M担保公司有关再担保会计分录。

习题二

一、目的：练习再担保合同债权、债务的核算。

二、资料：甲担保公司20×3年将承保的贸易融资担保业务同时分保给乙和丙两家担保公司，A公司占80%，B公司占20%，根据20×3年第四季度发生的分保业务编制分保账单并寄送A和B再担保公司（假设分保账单数据和平时发生一致，不需调整），分保账单格式如下表所示：

分 保 账 单

公司名称：甲担保公司　　　　　　　　　业务类型：贸易融资担保
分入人：A再担保公司　　　　　　　　　业务年度：20×3年
账单期：20×3年第四季度　　　　　　　货币单位：万元

借　　方		贷　　方	
项　目	金　额	项　目	金　额
分保赔款	900	分保费	2 500
固定分保手续费	750	保费准备金返还	280
浮动分保手续费	80	准备金利息	20
纯益手续费	20		
经纪人手续费			
税款及杂项			
保费准备金扣存	500		
应付你方余额	550	应收你方余额	
合计	2 800	合计	2 800
你方成分（80%）	440	你方成分（80%）	

三、要求：根据上述资料，编制寄送B再担保公司分保账单以及甲担保公司、A和B再担保公司有关会计分录。

习题三

一、目的：练习溢额再担保分出业务、分入业务的核算。

二、资料：A担保公司与B担保公司签订工程履约担保分保合同，采取溢额分保方式，承保金额5 000万元，自留额为2 000万元，A公司本月保费600万元，发生赔款300万元，按合约规定A公司向B公司提供理赔资料，B公司向A公司预付了150万元的现金赔款。

三、要求：根据上述资料，编制A担保公司和B担保公司有关会计分录。

习题四

一、目的：练习超额赔款再担保分出业务、分入业务的核算。

二、资料：甲担保公司与乙担保公司签订项目融资担保分保合同，采取超额赔款再担保方式。分出公司自赔额为300万元，按合约规定甲担保公司提前支付给乙担保公司分出保费400万元，当期按照超额赔款再担保合同计算当期分出保费为700万元，实际发生赔款400万元。

三、要求：根据上述资料，编制甲担保公司和乙担保公司有关会计分录。

习题五

一、目的：练习当期结清的分入业务的核算。

二、资料：A 再担保公司 20×2 年 1 月向 B 担保公司接受一份贸易融资再担保合同，接受分保费 600 万元，提取未到期责任准备金 450 万元。A 再担保公司按分保费的 35% 作为保费留存以应付未了责任。本年提取担保赔偿准备金 200 万元，按 90% 作为赔款留存，年末该项合同不续转。

三、要求：根据上述资料，编制 A 再担保公司有关会计分录。

第四章
政府补助的核算

第一节 政府补助核算概述

一、政府补助内涵的界定

政府补助是国际上比较受关注的议题，国际会计准则委员会、英国、中国香港等均制定了专门准则对其进行了规范。在政府补助准则出台之前，我国对政府补助的规范散见于《企业会计制度》、《金融企业会计制度》、《关于企业技术创新贴息资金财务处理的函》和《科技中小企业技术创新基金财务管理暂行办法》等相关文件规定，针对政府补助的会计处理规定比较分散，不够全面、系统，会计处理方法比较混乱，理论上也不够严密，给企业创造了操纵利润的空间。为了规范政府补助的确认、计量和相关信息的披露，财政部2006年2月15日公布了《企业会计准则第16号——政府补助》（以下简称《政府补助准则》）。《政府补助准则》的出台为政府补助的确认、计量和相关信息的披露提供了统一的规范和理论依据，便于理解和操作，其目的在于改善会计处理方法的不统一、随意性等现象。

政府补助是指企业从政府无偿取得货币性资产或非货币性资产，但不包括政府作为所有者投入的资本（Government Subsidy）。其中，政府包括各级政府及其机构，国际的类似组织也在其范围之内。对于担保公司而言，政府主要为工业和信息化部、财政部、各级政府及地方财政。担保产品属于准公共产品。由于担保业务的高风险性，担保资金投入需要政府资金引导，担保代偿损失需要政府补偿并享受减免税的优惠。没有政府支持的财力支撑体系，规模化的担保体系是很难形成的。

二、政府补助的特征

《政府补助准则》规范的政府补助有如下特征：

1. 政府补助是无偿的

政府向企业提供补助属于非互惠交易，具有无偿性的特点。政府并不因此而享有企业的所有权，企业未来也不需要以提供服务、转让资产等方式偿还。

2. 政府补助通常附有条件

（1）政策条件。政府补助是政府为了鼓励或扶持某个行业、区域或领域的发展而给予企业的一种财政支持，具有很强的政策性。因此，政府补助的政策条件（即申报条件）是不可缺少的。企业只有符合相关政府补助政策的规定，才有资格申报政府补助。财政部、工业和信息化部2012年5月25日颁布的《中小企业信用保资金管理办法》（财企〔2012〕97号）（下称《办法》规定，申请担保资金的担保机构必须同时具备下列条件：①依据国家有关法律、法规设立和经营，具有独立企业法人资格，取得融资性担保机构经营许可证。②经营担保业务2年及以上，无不良信用记录。③担保业务符合国家有关法律、法规、业务管理规定及产业政策，当年新增中小企业担保业务额占新增担保业务总额的70%以上或当年新增中小企业担保业务额10亿元以上。④对单个企业提供的担保责任余额不超过担保机构净资产的10%，对单个企业债券发行提供的担保责任余额不超过担保机构净资产的30%。⑤东部地区担保机构当年新增担保业务额达平均净资产（即：（年初净资产+年末净资产）÷2，下同）的3.5倍以上，且代偿率低于2%；中部地区担保机构当年新增担保业务额达平均净资产的3倍以上，且代偿率低于2%；西部地区担保机构当年新增担保业务额达平均净资产的2.5倍以上，且代偿率低于2%。⑥平均年担保费率不超过银行同期贷款基准利率的50%。⑦内部管理制度健全，运作规范，按规定提取准备金，并及时向财政部门报送企业财务会计报告和有关信息。⑧近3年没有因财政、财务或其他违法、违规行为受到县级以上财政部门及其他监管部门的处理处罚。⑨应当具备的其他条件。

《办法》规定，申请担保资金的再担保机构必须同时具备下列条件：①依据国家有关法律、法规设立和经营，具有独立企业法人资格。②以担保机构为主要服务对象，经营中小企业再担保业务1年及以上。③再担保业务符合国家有关法律、法规、业务管理规定及产业政策，当年新增中小企业再担保业务额占新增再担保业务总额的70%以上。④当年新增再担保业务额达平均净资产的5倍以上。⑤平均年再担保费率不超过银行同期贷款基准利率的15%。⑥内部制度健全，管理规范，及时向财政部门报送企业财务会计报告和有关信息。⑦近3年没有因财政、财务或其他违法、违规行为受到县级以上财政部门及其他监管部门的处理处罚。⑧应当具备的其他条件。符合本办法条件的担保机构、再担保机构可以同时申请以上不限于一项支持方式的资助，但单个担保机构当年获得担保资金的资助额最多不超过2 000万元，单个再担保机构当年获得担保资金的资助额最多不超过3 000万元（资本金投入方式除外）。

（2）使用条件。企业已获批准取得政府补助的，应当按照政府相关文件等规定的用途使用政府补助。否则，政府有权按规定责令其改正、终止资金拨付，甚至收回已拨付的资金。比如科技担保扶持资金必须用于支持科技型企业实施科技项目贷款提供担保所发生的风险进行补偿和担保奖励，必须专款专用。

3. 政府补助不包括政府的资本性投入

政府以企业所有者身份向企业投入资本，享有企业相应的所有权，企业有义务向投资者分配利润，政府与企业之间是投资者与被投资者的关系，属于互惠交易。比如《办法》规定，为了鼓励担保机构扩大资本规模，提高信用水平，增强业务能力，特殊情况下，对符合本《办法》条件的担保机构、再担保机构，按照不超过新增出资额的30%给予注资支持。

4. 直接取得资产

政府补助是企业从政府无偿取得货币性资产或非货币性资产，形成企业的收益，比如企业取得政府拨付的补助，先征后返（退）、即征即退办法返还的税款、行政划拨的土地使用权等等。不涉及资产直接转移的经济支持不属于政府补助准则规范的政府补助，比如政府与企业间的债务豁免，除税收返还外的税收优惠，如直接减征、免征、增加计税抵扣额、抵免部分税额等。这类税收优惠体现了政策导向，政府并未直接向企业无偿提供资产，不作为本准则规范的政府补助。

三、政府补助的主要形式

政府补助表现为政府向企业转移资产，包括货币性资产或非货币性资产，通常为货币性资产，但也存在非货币性资产的情况。在实际工作中，担保公司政府补助主要包括以下形式：

1. 业务补助

鼓励担保机构和再担保机构为中小企业特别是小型微型企业提供担保（再担保）服务。对符合本《办法》条件的担保机构开展的中型、小型、微型企业担保业务，分别按照不超过年平均在保余额的1%、2%、3%给予补助。对符合本《办法》条件的再担保机构开展的中型和小型微型企业再担保业务，分别按照不超过年平均在保余额的0.5%和1%给予补助。

2. 保费补助

鼓励担保机构为中小企业提供低费率担保服务。在不提高其他费用标准的前提下，对担保机构开展的担保费率低于银行同期贷款基准利率50%的中小企业担保业务给予补助，补助比例不超过银行同期贷款基准利率50%与实际担保费率之差，并重点补助小型微型企业低费率担保业务。

对于符合本《办法》条件的担保机构、再担保机构可以同时申请以上不限于一项支持方式的资助，但单个担保机构当年获得担保资金的资助额最多不超过2 000万元，单个再担保机构当年获得担保资金的资助额最多不超过3 000万元。

3. 损失补助

它是在实际发生代偿损失后给予的补偿。这种补偿是政府部门文件规定按代偿损失的一定比例给予补贴。

4. 税收返还

税收返还是政府按照先征后返（退）、即征即退等办法向企业返还的税款，属于以税收优惠形式给予的一种政府补助。

5. 无偿划拨非货币性资产

政府无偿划拨非货币性资产在实务中发生较少，有时会存在行政划拨土地使用权等。

除以上补助，地方政府和财政根据当地的情况也给予相应的补助。

第二节 政府补助的会计处理

政府补助有两种会计处理方法：收益法与资本法。收益法是指企业将政府补助计入收益（递延收益或当期收益），而不是计入所有者权益。资本法是将政府补助计入所有者权益。收益法又包括两种具体方法：总额法和净额法。总额法是指在确认政府补助时，将其全额确认为收益，而不是作为相关资产账面金额或者费用的扣减。净额法是将政府补助确认为相关资产账面金额或者所补偿费用的扣减。政府补助准则要求采用收益法中的总额法，以便真实、完整地反映政府补助的相关信息。

一、与收益相关的政府补助的会计处理

公司按照固定定额标准取得的政府补助，应当按照应收金额计量，确认为营业外收入，否则按照实际收到的金额计量。

涉及按期分摊递延收益，应设置"递延收益"科目，核算公司确认的应在以后期间计入当期损益的政府补助。该科目属于负债类科目，其贷方登记发生的递延收益，借方登记按期分摊的递延收益，余额在贷方，反映公司应在以后期间计入当期损益的政府补助。该科目应按政府补助的项目设置明细账。

例 4-1 甲担保公司经核定，符合财政部、工业和信息化部资金补助的政策条件，20×2 年为微型企业提供一年期贷款担保业务，年平均在保余额为 15 000 000 元，担保费率 3%，假设当年银行一年期的贷款基准利率是 6.56%，该公司当年保费 450 000 元。假设该补助于年初支付。

根据上述资料，20×2 年该公司业务补助为：15 000 000 × 3% = 450 000（元）

20×2 年该公司保费补助为：450 000 × (6.56% × 50% - 3%) = 1 260（元）

20×2 年年末，甲公司确认应收的财政补贴款：

借：其他应收款——应收担保损失补贴款　　　　　451 260
　　贷：递延收益　　　　　　　　　　　　　　　　　　　　451 260

20× 年初甲公司实际收到财政补贴款：

借：银行存款　　　　　　　　　　　　　　　　　451 260
　　贷：其他应收款——应收担保损失补贴款　　　　　　　451 260

20×2 年 1 月，将补偿的 1 月份补贴计入当期损益：

借：递延收益　　　　　　　　　　　　　　　　　37 605
　　贷：营业外收入——政府补助　　　　　　　　　　　　37 605

20×2 年 2 月和 12 月分录同上。

例 4-2　根据地方财政有关规定，20×4 年财政部门给予甲担保公司的定额补贴 2 700 000 元，于每季度初支付。20×4 年 1 月 10 日，甲公司收到财政拨付的补贴款。甲担保公司应编制会计分录如下：

20×4 年 1 月 1 日，甲公司确认应收的财政补贴款：

借：其他应收款——应收担保损失补贴款　　　　　　　　2 700 000
　　贷：递延收益　　　　　　　　　　　　　　　　　　　　　　2 700 000

20×4 年 1 月 10 日，甲公司实际收到财政补贴款：

借：银行存款　　　　　　　　　　　　　　　　　　　　2 700 000
　　贷：其他应收款——应收担保损失补贴款　　　　　　　　　　2 700 000

20×4 年 1 月，将补偿的 1 月份补贴计入当期损益：

借：递延收益　　　　　　　　　　　　　　　　　　　　　900 000
　　贷：营业外收入——政府补助　　　　　　　　　　　　　　　　900 000

20×4 年 2 月和 3 月分录同上。

对于公司针对具体项目风险，在实际发生代偿损失后给予的补偿。这种补偿是政府部门文件规定按代偿损失的一定比例给予补贴，应冲减赔付支出。

例 4-3　某担保公司年末将已代偿的 700 万元确认为损失，该公司年末担保责任余额为 10 000 万元，"担保赔偿准备金"余额为 100 万元，政府对担保代偿损失实行"限率补偿"，补偿限率为 5%。担保公司应作如下会计处理：

应收担保损失补贴 = 10 000 × 5% - 100 = 400（万元）

确认应收补贴款时：

借：其他应收款——应收担保损失补贴款　　　　　　　　4 000 000
　　贷：赔付支出　　　　　　　　　　　　　　　　　　　　　　4 000 000

实际收到补贴时：

借：银行存款　　　　　　　　　　　　　　　　　　　　4 000 000
　　贷：其他应收款——应收担保损失补贴款　　　　　　　　　　4 000 000

二、与资产相关的政府补助的会计处理

与资产相关的政府补助在实际工作中较为少见，如用于购买固定资产或无形资产的财政拨款、固定资产专门借款的财政贴息等，其核算步骤如下：

1. 公司实际收到款项时，按照到账的实际金额计量，确认资产（银行存款）和递延收益。

2. 公司将政府补助用于构建长期资产。该长期资产的构建与公司正常的资产构建或研发处理一致，通过"在建工程"、"研发支出"等科目归集，完成后转为固定资产或无形资产。

3. 该长期资产交付使用。自长期资产可供使用时起，按照长期资产的预计使用期限，将递延收益平均分摊转入当期收益。（1）递延收益分配的起点是"相关资产可供使用时"，对于应计提折旧或摊销的长期资产，即为资产开始折旧或摊销的时点。（2）递延收益分配

的终点是"资产使用寿命结束或资产被处置时(孰早)"。相关资产在使用寿命结束时或结束前被处置(出售、转让、报废等),尚未分摊的递延收益余额应当一次性转入资产处置当期的收益,不再予以递延。

例4-4 20×1年1月5日,政府拨付A公司450万元财政拨款(同日到账),要求用于购买大型科研设备一台。20×1年1月31日,A公司购入大型设备(假设不需要安装),实际成本为480万元,其中30万元以自有资金支付,使用寿命10年,采用直线法计提折旧(假设无残值)。20×9年2月1日,A公司出售了这台设备,取得价款120万元,假定不考虑其他因素。

1. 20×1年1月5日实际收到财政拨款,确认政府补助:

借:银行存款　　　　　　　　　　　　　　　　　　　　　4 500 000
　　贷:递延收益　　　　　　　　　　　　　　　　　　　　　　4 500 000

2. 20×1年1月31日购入设备:

借:固定资产　　　　　　　　　　　　　　　　　　　　　　4 800 000
　　贷:银行存款　　　　　　　　　　　　　　　　　　　　　　4 800 000

3. 自20×1年2月起每个资产负债表日,计提折旧,同时分摊递延收益:

(1) 计提折旧时:

借:研发支出　　　　　　　　　　　　　　　　　　　　　　　40 000
　　贷:累计折旧　　　　　　　　　　　　　　　　　　　　　　　40 000

(2) 分摊递延收益时:

借:递延收益　　　　　　　　　　　　　　　　　　　　　　　37 500
　　贷:营业外收入——政府补助　　　　　　　　　　　　　　　 37 500

4. 20×9年2月1日出售设备,同时转销递延收益余额:

(1) 出售设备时:

借:固定资产清理　　　　　　　　　　　　　　　　　　　　　960 000
　　累计折旧　　　　　　　　　　　　　　　　　　　　　　 3 840 000
　　贷:固定资产　　　　　　　　　　　　　　　　　　　　　 4 800 000
借:银行存款　　　　　　　　　　　　　　　　　　　　　　 1 200 000
　　贷:固定资产清理　　　　　　　　　　　　　　　　　　　　 960 000
　　　　营业外收入——处置非流动资产利得　　　　　　　　　　 240 000

(2) 转销递延收益余额时:

借:递延收益　　　　　　　　　　　　　　　　　　　　　　　900 000
　　贷:营业外收入——政府补助　　　　　　　　　　　　　　　900 000

三、与资产和收益均相关的政府补助的会计处理

政府补助的对象常常是综合性项目,可能既包括长期资产的购置,也包括人工费、购买服务费、管理费等费用化支出的补偿,这种政府补助与资产和收益均相关。公司取得这类政府补助时,需要将其分解为与资产相关的部分和与收益相关的部分,分别进行会计处理。在实务中,政府常常只补贴整个项目开支的一部分,公司可能确实难以区分某项政府补助中哪

些与资产相关、哪些与收益相关，或者对其进行划分不符合重要性原则或成本效益原则。这种情况下，公司可以将整项政府补助归类为与收益相关的政府补助，视情况不同计入当期收益，或者在项目期内分期确认为当期收益。

例 4-5 甲公司 20×6 年 12 月申请某国家级研发补贴。申请报告书中的有关内容如下：本公司于 20×6 年 1 月启动该开发项目，预计总投资 450 万元、为期 3 年，已投入资本金 200 万元。项目还需新增投资 250 万元（其中购置固定资产 100 万元、场地租赁费 30 万元、人员费 90 万元、市场营销 30 万元），计划自筹资金 150 万元，申请财政拨款 100 万元。20×7 年 1 月 1 日，主管部门批准了甲公司的申请，签订的补贴协议规定：批准甲公司补贴申请，共补贴款项 100 万元，分两次拨付，合同签订日拨付 50 万元，结项时支付 50 万元（如果不能验收，则不支付第二笔款项）。

（1）20×7 年 1 月 1 日，实际收到拨款 50 万元：

借：银行存款　　　　　　　　　　　　　　　　　　　　　500 000
　　贷：递延收益　　　　　　　　　　　　　　　　　　　　500 000

（2）自 20×7 年 1 月 1 日至 20×9 年 1 月 1 日，在每个资产负债表日分配递延收益（假设按年分配）：

借：递延收益　　　　　　　　　　　　　　　　　　　　　250 000
　　贷：营业外收入　　　　　　　　　　　　　　　　　　　250 000

（3）20×9 年项目完工，项目验收，于 5 月 1 日收到拨付 50 万元：

借：银行存款　　　　　　　　　　　　　　　　　　　　　500 000
　　贷：营业外收入——政府补助　　　　　　　　　　　　　500 000

例 4-6 按照有关规定，20×5 年 9 月甲公司为其自主创新的某高新技术项目申报政府贴息，申报材料中表明该项目已于 20×5 年 3 月启动，预计共需投入资金 2 000 万元，项目期 2.5 年，已投入资金 600 万元。项目尚需新增投资 1 400 万元，其中计划贷款 800 万元，已与银行签订贷款协议，协议规定贷款年利率 6%，贷款期 2 年。经审核，20×5 年 11 月政府批准拨付甲公司贴息资金 70 万元，分别在 20×6 年 10 月和 20×7 年 10 月支付 30 万元和 40 万元。甲公司的会计处理如下：

（1）20×6 年 10 月实际收到贴息资金 30 万元：

借：银行存款　　　　　　　　　　　　　　　　　　　　　300 000
　　贷：递延收益　　　　　　　　　　　　　　　　　　　　300 000

（2）20×6 年 10 月起，在项目期内分配递延收益（假设按月分配）：

借：递延收益　　　　　　　　　　　　　　　　　　　　　25 000
　　贷：营业外收入——政府补助　　　　　　　　　　　　　25 000

（3）20×7 年 10 月实际收到贴息资金 40 万元：

借：银行存款　　　　　　　　　　　　　　　　　　　　　400 000
　　贷：营业外收入——政府补助　　　　　　　　　　　　　400 000

四、担保扶持基金的会计处理

这种补偿是公司执行国家政策性担保收到的不需偿还的担保扶持基金。政府文件已核定但尚未发放时，担保公司应设置"担保扶持基金"科目，该科目属于所有者权益科目，其贷方登记收到的补贴款，余额在贷方，反映公司累计收到的担保扶持基金。该科目应按性质设置明细账。收到担保扶持基金时，其会计处理如下：

借：银行存款（或其他应收款——应收担保损失补贴款）
　　贷：资本公积——担保扶持基金

五、风险补偿金的会计处理

这种补偿是不针对具体项目风险，比如按照担保额或资本额等一定比例给予的风险准备金等补偿资金，实质上属于一般风险性质，担保公司应设置"一般风险准备"科目，该科目属于所有者权益类科目，其会计处理如下：

借：其他应收款——应收担保损失补贴款
　　贷：一般风险准备——风险补偿金

关键词

政府补助　收益法　资本法　总额法　净额法　递延收益　担保扶持基金　一般风险准备

复习思考题

1. 简要说明政府补助准则规范的范畴。
2. 简述担保公司政府补助的主要形式。
3. 简述担保公司与收益相关的政府补助和与资产相关的政府补助会计处理的区别。
4. 简述担保扶持基金的性质及会计处理。

练习题

一、目的：练习政府补助的核算。
二、资料：担保公司发生经济业务如下：

1. 某公司经核定，符合财政部、工业和信息化部资金补助的政策条件，20×2年为小型企业提供一年期贷款担保业务，年平均在保余额为 30 000 000 元，担保费率 3.2%，假设当年银行一年期的贷款基准利率是 6.86%，该公司当年保费 900 000 元。假设该补助于年初支付。

2. 根据国家有关规定，20×2 年财政部门给予某担保公司的定额补贴 1 200 000 元，每半年支付一次。20×2 年 1 月 5 日，甲公司收到财政拨付的补贴款。

3. 某担保公司年末将已代偿的800万元确认为损失，该公司年末担保责任余额12 000万元，"担保赔偿准备金"余额为120万元，政府对担保代偿损失实行"限率补偿"，补偿限率为6%。

4. 20×1年1月3日，政府拨付A公司180万元财政拨款（同日到账），要求用于购买一项专利用于研发。20×1年1月12日，A公司购入专利，实际成本为240万元，其中40万元以自有资金支付，估计使用寿命10年，采用直线法计提摊销（假设无残值）。20×6年2月3日，A公司出售了这项专利，取得价款150万元，假定不考虑其他因素。

5. 甲公司20×1年12月申请某国家级研发补贴。申请报告书中的有关内容如下：本公司于20×1年1月启动该开发项目，预计总投资500万元、为期5年，已投入资本金300万元。项目还需新增投资200万元（其中购置固定资产80万元、场地租赁费20万元、人员费60万元、市场营销40万元），计划自筹资金120万元，申请财政拨款80万元。20×2年1月1日，主管部门批准了甲公司的申请，签订的补贴协议规定：批准甲公司补贴申请，共补贴款项80万元，分两次拨付，合同签订日拨付60%，结项时支付40%，20×7年3月项目完工验收。

6. 某公司收到政府文件，给予该公司200万元不需偿还的担保扶持基金。

7. 某公司发生亏损，经政府核定，给予该公司风险补偿金300万元，文件已下达，尚未收到。

三、要求：根据上述资料，编制有关会计分录。

第五章
外币交易的核算

第一节
外币交易核算概述

一、外币交易的含义及内容

外币交易（Foreign Currency Trade）是指以外币计价或者结算的交易。外币是企业记账本位币以外的货币。外币交易主要包括：（1）外币与记账本位币、外币与外币之间的兑换业务；（2）收到投资者的外币投资；（3）提供以外币计价的担保和再担保业务；（4）接受外币再担保业务；（5）支付或收取以外币计价的费用；（6）取得或处置以外币计价的资产；（7）承担或清偿以外币计价的债务。

二、记账本位币

记账本位币（Bookkeeping Base Currency）是指企业经营所处的主要经济环境中的货币。我国《企业会计准则》规定："企业通常应选择人民币作为记账本位币。业务收支以人民币以外的货币为主的企业，可以按照选定其中一种货币作为记账本位币。但是，编报的财务报表应当折算为人民币。"

我国境内的担保公司由于日常业务往来、收付结算和报表编制等都是以人民币计量为主，所以应以人民币作为记账本位币。但有些中外合资担保公司、外资担保公司在我国设立的分公司等，也可根据担保公司主要经营业务的特点和管理上的需要，经投资各方的同意，选用某种与担保公司经营业务密切相关的外国货币作为记账本位币。对于境外经营子公司、合营企业、联营企业、分支机构选定境外经营的记账本位币，还应当考虑下列因素：（1）境外经营对其所从事的活动是否拥有很强的自主性；（2）境外经营活动中与公司的交易是否在境外经营活动中占有较大比重；（3）境外经营活动产生的现金流量是否直接影响公司的现金流量、是否可以随时汇回；（4）境外经营活动产生的现金流量是否足以偿还其现有债务和可预期的债务。

公司记账本位币一经确定，不得随意变更，除非公司经营所处的主要经济环境发生重大变化。公司因经营所处的主要经济环境发生重大变化，确需变更记账本位币的，应当采用变更当日的即期汇率将所有项目折算为变更后的记账本位币。

三、即期汇率和即期汇率近似汇率

公司在处理外币交易和对外币财务报表进行折算时，应当采用交易发生日的即期汇率将外币金额折算为记账本位币金额反映；也可以采用按照系统合理的方法确定的、与交易发生日即期汇率近似的汇率折算。

即期汇率（Spot Exchange Rate）通常是指中国人民银行公布的当日人民币外汇牌价的中间价。公司发生的外币兑换业务或涉及外币兑换的交易事项，应当按照交易实际采用的汇率（即银行买入价或卖出价）折算。

即期汇率的近似汇率，是指按照系统合理的方法确定的、与交易发生日即期汇率近似的汇率，通常采用当期平均汇率或加权平均汇率等。

公司通常应当采用即期汇率进行折算。汇率变动不大的，也可以采用即期汇率的近似汇率进行折算。

四、外币交易的记账方法

《企业会计准则第19号——外币折算》规范了外币交易的会计处理。准则中规定，"企业对于发生的外币交易，应当将外币金额折算为记账本位币金额。外币交易应当在初始确认时，采用交易发生日的即期汇率将外币金额折算为记账本位币金额；也可采用按照系统合理的方法确定的、与交易发生日即期汇率近似的汇率折算"。同时，准则应用指南中亦明确指出"对于外币交易频繁、外币币种较多的金融企业，也可以采用分账制记账方法进行日常核算，资产负债表日，应当对相应的外币账户余额分别货币性项目和非货币性项目进行调整。采用分账制记账方法，其产生的汇兑差额的处理结果，应当与统账制一致"。由此可见，新准则将对分账制和统账制的选择权完全交给了企业，但无论是采用分账制记账方法，还是采用统账制记账方法，只是账务处理程序不同，但产生的结果应当相同，计算出的汇兑差额相同，相应的会计处理也相同，均计入当期损益。

第二节 外币分账制的核算

一、外币分账制的概念和特点

外币分账制（Foreign Currency Independent Accounting System）又称原币记账法。在这种方法下，发生的外币业务是以原币直接记账，即发生外币业务时，都按照原币填制凭证、登记账簿、编制报表，而不是按汇率折成本位币记账，以全面反映各种外币资金增减变动情况。一般情况下，对于外币业务量较大、发生频繁而且涉及币种较多的担保公司，应选用外币分账制。其特点是：

（1）以各种原币分别设账，即本币与各种外币分账核算。所谓分账，是指各种外币都自成一套独立的账务系统，平时每一种分账货币都按照原币金额填制凭证、登记账簿、编制报表。

（2）设置"货币兑换"科目，以联系和平衡不同货币之间的账务。当涉及两种货币的交易业务时，用"货币兑换"账户进行核算，分别与原币有关账户对转。

（3）年终并表，以本币统一反映财务状况和经营成果。资产负债表日，应当对相应的外币账户余额分别货币性项目和非货币性项目进行调整。各种分账货币，分别编制各自的资产负债表，各外币资产负债表按照年终外汇牌价折合成人民币，然后与原人民币资产负债表汇总合并成统一的资产负债表。

二、科目设置

1. "汇兑损益"科目

"汇兑损益"科目核算担保公司因外币交换、汇率变动等原因实现的汇兑收益或损失。该科目属于损益类科目，其借方登记汇兑损失，贷方登记汇兑收益。期末，应将科目的余额转入"本年利润"科目，结转后该科目应无余额。

2. "货币兑换"科目

"货币兑换"科目核算担保公司采用外币分账制核算外币交易所产生的不同币种之间的兑换。该科目属于共同类科目，应按币种设置明细账。

货币兑换的主要账务处理如下：

（1）公司发生的外币交易仅涉及货币性项目的，应按相同币种金额，借记或贷记有关货币性项目科目，贷记或借记"货币兑换"科目。

（2）发生的外币交易同时涉及货币性项目和非货币性项目的，按相同外币金额记入货币性项目和本科目（外币）；同时，按交易发生日即期汇率折算为记账本位币的金额记入非货币性项目和本科目（记账本位币）。结算货币性项目产生的汇兑差额计入"汇兑损益"科目。

（3）期末，应将所有以外币表示的本科目余额按期末汇率折算为记账本位币金额，折算后的记账本位币金额与本科目（记账本位币）余额进行比较，为贷方差额的，借记本科目（记账本位币），贷记"汇兑损益"科目；为借方差额的作相反的会计分录。结转后本科目期末应无余额。

三、核算举例

例 5 - 1 甲公司 20×4 年 12 月 3 日接受投资者投入 5 万美元，当日即期汇率为 RMB 646.56/USD 100，已将美元存入银行。应编制会计分录如下：

借：银行存款——美元户　　　　　　　　　　　　　　　USD 50 000
　　贷：货币兑换——美元户　　　　　　　　　　　　　USD 50 000
借：货币兑换——人民币户　　　　　　　　　　　　　　RMB 323 280
　　贷：实收资本——人民币户　　　　　　　　　　　　RMB 323 280

例 5 - 2 甲公司 20×4 年 12 月 8 日接受中国香港某担保公司委托，代理评估贸易融资担保在国内受损情况，并获对方支付的手续费 90 000 港元，当日即期汇率为 RMB 87.25/HKD 100。应编制会计分录如下：

借：银行存款——港币户　　　　　　　　　　　　　　　HKD 90 000
　　贷：货币兑换——港币户　　　　　　　　　　　　　HKD 90 000
借：货币兑换——人民币户　　　　　　　　　　　　　　RMB 78 525
　　贷：其他业务收入——手续费收入（人民币户）　　　RMB 78 525

例 5 - 3 甲公司 20×4 年 12 月 10 日从人民币账户中支出 20 000 元，购买美元，对外付汇，银行卖出价为 RMB 652.56/USD 100。应编制会计分录如下：

借：银行存款——美元户　　　　　　　　　　　　　　　USD 3 064.85
　　贷：货币兑换——美元户　　　　　　　　　　　　　USD 3 064.85
借：货币兑换——人民币户　　　　　　　　　　　　　　RMB 20 000
　　贷：银行存款——人民币户　　　　　　　　　　　　RMB 20 000

例 5 - 4 甲公司 20×4 年 12 月 12 日从港币账户中支出 5 000 港元，向银行兑换成人民币，银行买入价为 RMB 88.68/HKD 100。应编制会计分录如下：

借：银行存款——人民币户　　　　　　　　　　　　　　RMB 4 434
　　贷：货币兑换——人民币户　　　　　　　　　　　　RMB 4 434
借：货币兑换——港币户　　　　　　　　　　　　　　　HKD 5 000
　　贷：银行存款——港币户　　　　　　　　　　　　　HKD 5 000

例 5 - 5 甲公司 20×4 年 12 月 15 日从其港币存款账户中支付港币，购买 10 000 美元对外付汇。假设当日港币买入价为 RMB 87.58/HKD 100，美元卖出价为 RMB 682.26/USD 100。应编制会计分录如下：

借：银行存款——美元户　　　　　　　　　　　　　　　USD 10 000
　　贷：货币兑换——美元户　　　　　　　　　　　　　USD 10 000
借：货币兑换——人民币户　　　　　　　　　　　　　　RMB 68 226
　　贷：货币兑换——人民币户　　　　　　　　　　　　RMB 68 226
借：货币兑换——港币户　　　　　　　　　　　　　　　HKD 77 901.35

　　　　贷：银行存款——港币户　　　　　　　　　　　　　　　　　　HKD 77 901.35

例 5-6 20×4年12月18日某进出口公司向甲公司投保信用证担保业务，保费30 000美元，甲公司取得保费收入后存入银行，当日即期汇率为 RMB 672.56/USD 100。甲公司应编制会计分录如下：

　　借：银行存款——美元户　　　　　　　　　　　　　　　　　　USD 30 000
　　　　贷：货币兑换——美元户　　　　　　　　　　　　　　　　USD 30 000
　　借：货币兑换——人民币户　　　　　　　　　　　　　　　　　RMB 201 768
　　　　贷：保费收入——信用证担保（人民币户）　　　　　　　　RMB 201 768

例 5-7 20×4年12月19日某外运公司向甲公司投保项目融资担保，保费800 000日元，约定先付一半，月底再付一半。当日即期汇率为 RMB 7.1525/JPD 100。甲公司应编制会计分录如下：

确认保费收入时：
　　借：银行存款——日元户　　　　　　　　　　　　　　　　　　JPD 400 000
　　　　应收保费——某外运公司（日元户）　　　　　　　　　　　JPD 400 000
　　　　贷：货币兑换——日元户　　　　　　　　　　　　　　　　JPD 800 000
　　借：货币兑换——人民币户　　　　　　　　　　　　　　　　　RMB 57 220
　　　　贷：保费收入——项目融资担保（人民币户）　　　　　　　RMB 57 220

收回应收保费时：
　　借：银行存款——日元户　　　　　　　　　　　　　　　　　　JPD 400 000
　　　　贷：应收保费——项目融资担保（日元户）　　　　　　　　JPD 400 000

例 5-8 20×4年12月20日某一年期贷款担保保户因特殊情况提出申请退保，经甲公司业务部门审查，同意退保，退保费为3 000美元，当日即期汇率为 RMB 672.45/USD 100。甲公司应编制会计分录如下：

　　借：货币兑换——美元户　　　　　　　　　　　　　　　　　　USD 3 000
　　　　贷：银行存款——美元户　　　　　　　　　　　　　　　　USD 3 000
　　借：保费收入——贷款担保（人民币户）　　　　　　　　　　　RMB 20 173.5
　　　　贷：货币兑换——人民币户　　　　　　　　　　　　　　　RMB 20 173.5

例 5-9 甲公司20×4年12月22日支付某国外公司代理项目融资担保的代理费300 000日元，已由银行存款支付，当日即期汇率为 RMB 7.3245/JPD 100。甲公司应编制会计分录如下：

　　借：货币兑换——日元户　　　　　　　　　　　　　　　　　　JPD 300 000
　　　　贷：银行存款——日元户　　　　　　　　　　　　　　　　JPD 300 000
　　借：手续费及佣金支出——项目融资担保（人民币户）　　　　　RMB 21 973.5
　　　　贷：货币兑换——人民币户　　　　　　　　　　　　　　　RMB 21 973.5

例 5-10 甲公司20×4年12月3日根据业务需要，通过中国银行汇出5 000美元预付给某工程履约担保损案的赔偿金，12月27日结案，实际代偿赔付款12 000美元，当日即期汇率为 RMB 658.85/USD 100，支付余款。甲公司应编制会计分录如下：

1. 汇出预付赔付款时：
　　借：预付赔付款——工程履约担保（美元户）　　　　　　　　　USD 5 000
　　　　贷：银行存款——美元户　　　　　　　　　　　　　　　　USD 5 000

2. 发生赔付款时：

借：赔付支出——工程履约担保（人民币户）　　　　　　　RMB 79 062
　　贷：货币兑换——人民币户　　　　　　　　　　　　　　　RMB 79 062
借：货币兑换——美元户　　　　　　　　　　　　　　　　　USD 12 000
　　贷：预付赔付款——工程履约担保（美元户）　　　　　　　USD 12 000

3. 支付余款时：

借：预付赔付款——工程履约担保（美元户）　　　　　　　　USD 7 000
　　贷：银行存款——美元户　　　　　　　　　　　　　　　　USD 7 000

例 5 - 11　甲公司 2014 年 12 月 30 日以 5 000 港元购入乙公司 H 股 1 000 股作为短期投资，当日即期汇率为 RMB 88.76/HKD 100，款项已付。甲公司应编制会计分录如下：

借：货币兑换——港币户　　　　　　　　　　　　　　　　　HKD 5 000
　　贷：银行存款——港币户　　　　　　　　　　　　　　　　HKD 5 000
借：交易性金融资产——股票（人民币户）　　　　　　　　　RMB 4 438
　　贷：货币兑换——人民币户　　　　　　　　　　　　　　　RMB 4 438

例 5 - 12　以甲公司为例，20×4 年 12 月 31 日结算外币交易汇兑损益。假设 12 月 31 日美元汇率为 RMB 683.53/USD 100，港币汇率为 RMB 88.25/HKD 100，日元汇率为 RMB 7.5204/JPD 100。

根据上述外币交易，现将"货币兑换"账户余额结算如下（表 5 - 1、表 5 - 2、表 5 - 3、表 5 - 4）：

表 5 - 1　　　　　　　　　　　　货币兑换——人民币户

借方		贷方	
1.	323 280	4.	4 434
2.	78 525	5.	68 226
3.	20 000	8.	20 173.5
5.	68 226	9.	21 973.5
6.	201 768	10.	79 062
7.	57 220	11.	4 438
本期发生额	749 019	本期发生额	198 307
期末余额	550 712		

表 5 - 2　　　　　　　　　　　　货币兑换——美元户

借方		贷方	
8.	3 000	1.	50 000
10.	12 000	3.	3 064.85
		5.	10 000
		6.	30 000
本期发生额	15 000	本期发生额	93 064.85
		期末余额	78 064.85

表 5 - 3　　　　　　　　　　　　货币兑换——港币户

借方		贷方	
4.	5 000	2.	90 000
5.	77 901.35		
11.	5 000		
本期发生额	87 901.35	本期发生额	90 000
		期末余额	2 098.65

表 5 - 4　　　　　　　　　　　　货币兑换——日元户

借方		贷方	
9.	300 000	7.	800 000
本期发生额	300 000	本期发生额	800 000
		期末余额	500 000

由表5-1、表5-2、表5-3、表5-4可知，"货币兑换——美元户"账户贷方余额为78 064.85美元，按期末汇率RMB 683.53/USD 100，折算为人民币贷方余额为533 596.67元。"货币兑换——港币户"账户余额为贷方余额2 098.65港元，按期末汇率RMB 88.25/HKD 100，折算为人民币为贷方余额1 852.06元。"货币兑换——日元户"账户贷方余额为500 000日元，按期末汇率RMB 7.5204/JPD 100，折算为人民币贷方余额为37 602元。至此，三个人民币以外的"货币兑换"账户余额合计为贷方余额573 050.73元人民币。而"货币兑换——人民币户"账户余额为借方余额550 712元人民币，两者差额为22 338.73元，该差额即为汇兑收益，因此，甲公司应编制会计分录如下：

　　借：货币兑换——人民币户　　　　　　　　　　　　　22 338.73
　　　　贷：汇总损益　　　　　　　　　　　　　　　　　　　22 338.73

第三节　外币统账制的核算

一、外币统账制的概念和特点

外币统账制（Foreign Currency Uniform Account System）也称记账本位币法。在这种方法下，应选择某一种货币作为记账本位币，而其他各种非记账本位币计价的经济业务均应在业务发生时，按一定的汇率全部折算成记账本位币金额后入账。因为我国企业原则上应以人民币为记账本位币，故在外币统账制下，当担保公司发生外币业务时，则一般按人民币统一入账，统一记录，外币业务的金额均要折算为人民币金额后入账反映，同时要设立不同外币种类的外币账户，登记反映外币资产和外币债权、债务的增减变动情况。

二、外币折算业务的初始确认和计量

公司对于发生的外币交易,应当将外币金额折算为记账本位币金额。外币交易应当在初始确认时,采用交易发生日的即期汇率将外币金额折算为记账本位币金额;也可采用按照系统合理的方法确定的、与交易发生日即期汇率近似的汇率折算。这里的即期汇率可以是外汇牌价的买入价或卖出价,也可以是中间价,在与银行不进行货币兑换的情况下,一般以中间价作为即期汇率。

例 5-13 某担保公司因外币支付需要,从银行购入 30 000 美元,当日银行美元卖出价为 RMB 678.56/USD 100,当日中间价 RMB 675.45/USD 100。

公司与银行存款发生货币兑换业务,兑换所用汇率为买入价或卖出价,而通常记账所用的即期汇率为中间价。本例中,公司买入外汇时,应按外币卖出价折算应向银行支付的记账本位币的金额,按照中间价将买入的外币折算为记账本位币,差额计入汇兑损益,因此,应编制会计分录如下:

借:银行存款——美元户　　　　　　　　（30 000×6.7545）202 635
　　汇兑损益　　　　　　　　　　　　　　　　　　　　　　　 933
　贷:银行存款——人民币户　　　　　　　（30 000×6.7856）203 568

例 5-14 某担保公司将 10 000 港元到银行兑换成人民币存入该银行的人民币账户,当日的银行港币买入价为 RMB 87.88/HKD 100,当日中间价为 RMB 88.46/HKD 100。

公司卖出外汇时,应按外币买入价折算存入银行的记账本位币的金额,按照中间价将卖出的外币折算为记账本位币,差额计入汇兑损益,因此,应编制会计分录如下:

借:银行存款——人民币户　　　　　　　（10 000×0.8788）8 788
　　汇兑损益　　　　　　　　　　　　　　　　　　　　　　　　58
　贷:银行存款——港币户　　　　　　　　（10 000×0.8846）8 846

例 5-15 某担保公司接受投资者投入 50 万美元,合同约定汇率为 RMB 810/USD 100,当日即期汇率为 RMB 680.56/USD 100,已将美元存入银行。

公司收到投资者以外币投入的资本,无论是否有合同约定汇率,均不采用合同约定汇率和即期汇率的近似汇率折算,而是采用交易日即期汇率进行折算,这样,不会产生资本折算差额。因此,应编制会计分录如下:

借:银行存款——美元户　　　　　　　　（500 000×6.8056）3 402 800
　贷:实收资本——美元户　　　　　　　　　　　　　　　　　3 402 800

例 5-16 A 担保公司 20×4 年 4 月 5 日从银行借入短期借款 80 000 港元,期限为 6 个月,款项当即存入银行。借入当日即期汇率为 RMB 87.88/HKD 100。应编制会计分录如下:

借:银行存款——港币户　　　　　　　　（80 000×0.8788）70 304
　贷:短期借款——港币户　　　　　　　　　　　　　　　　　70 304

例 5-17 20×4 年 6 月 12 日,M 进出口公司向 N 担保公司投保贸易融资担保,保费 20 000 美元,当日即期汇率为 RMB 682.79/USD 100,保费尚未收到。N 担保公司应编制会计分录如下:

借:应收保费——M 进出口公司(美元户)　（20 000×6.8279）136 558

贷：保费收入——贸易融资担保（美元户）　　　　　　　　　　　136 558

例 5-18　某进出口公司向甲担保公司投保贷款担保，现发生代偿，需赔付 30 000 美元，当日即期汇率为 RMB 680.75/USD 100。甲担保公司应编制会计分录如下：

　　借：赔付支出——贷款担保（美元户）　　　（30 000×6.8075）204 225
　　　　贷：银行存款——美元户　　　　　　　　　　　　　　　　204 225

例 5-19　乙担保公司 20×4 年 12 月 2 日以每股 3 港元购入丙公司 H 股 10 000 股作为短期投资，当日即期汇率为 RMB 85.87/HKD 100。乙公司应编制会计分录如下：

　　借：交易性金融资产——股票（港币户）　　（10 000×3×0.8587）25 761
　　　　贷：银行存款——港币户　　　　　　　　　　　　　　　　25 761

三、外币折算业务的后续确认和计量

在资产负债表日，公司应当分别外币货币性项目和外币非货币性项目进行处理。

（一）货币性项目

货币性项目是指公司持有的货币资金和将以固定或可确定的金额收取的资产或者偿付的负债。货币性项目分为货币性资产和货币性负债。货币性资产包括库存现金、银行存款、应收款项等；货币性负债包括借款、应付款项等。对于外币货币性项目，应当采用资产负债表日的即期汇率折算，因汇率波动而产生的汇兑差额作为汇兑损益，计入当期损益，同时调增或调减外币货币性项目的记账本位币金额。

例 5-20　沿用例 5-16，20×4 年 4 月 30 日，A 担保公司尚未归还银行借款，当日即期汇率为 RMB 87.91/HKD 100。

A 担保公司尚未归还借款按期末即期汇率折算为 70 328 元人民币（80 000×0.879 1），与该借款原记账本位币 70 304 元之差 24 元人民币计入当期汇兑收益。应编制会计分录如下：

　　借：汇兑损益　　　　　　　　　　　　　　　　　　　　　　　24
　　　　贷：短期借款——港币户　　　　　　　　　　　　　　　　24

例 5-21　沿用例 5-17　假定 20×4 年 6 月 30 日，N 担保公司仍未收到 M 进出口公司所欠担保费，当日即期汇率为 RMB 679.09/USD 100。

M 进出口公司所欠保费按期末即期汇率折算为 135 818 元人民币（20 000×6.790 9），与该保费原记账本位币 136 558 元之差 740 元人民币计入当期汇兑损失。N 担保公司应编制会计分录如下：

　　借：汇兑损益　　　　　　　　　　　　　　　　　　　　　　　740
　　　　贷：应收保费——M 进出口公司（美元户）　　　　　　　　740

假定 20×4 年 7 月 15 日，N 担保公司收到上述保费，兑换成人民币存入银行，当日银行的美元买入价为 RMB 677.41/USD 100。N 担保公司应编制会计分录如下：

　　借：银行存款——人民币户　　　　　　　　（20 000×6.7741）136 482
　　　　贷：应收保费——M 进出口公司（美元户）　　　　　　　　135 818
　　　　　　汇兑损益　　　　　　　　　　　　　　　　　　　　　336

（二）非货币性项目

非货币性项目，是指货币性项目以外的项目，包括存货、长期股权投资、固定资产、无形资产等。

1. 以历史成本计量的外币非货币性项目，由于已在交易发生日按当日即期汇率折算，资产负债表日不应改变其原记账本位币金额，不产生汇兑差额。

2. 以公允价值计量的外币非货币性项目，如交易性金融资产（股票、基金等），采用公允价值确定日的即期汇率折算，折算后的记账本位币金额与原记账本位币金额的差额，作为公允价值变动（含汇率变动）处理，计入当期损益。

例5-22 沿用例5-19，20×4年12月31日，由于市价变动，乙担保公司当月购入的丙公司H股变为每股市价3.5港元，当日即期汇率为RMB 85.09/HKD 100。

由于该项短期股票投资是从境外市场购入、以外币计价，在资产负债表日，不仅应考虑其港币市价的变动，还应一并考虑汇率变动的影响，上述交易性金融资产以资产负债表日的人民币29 781.05元（即10 000×3.5×0.850 9）入账，与原账面价值25 761元（即10 000×3×0.858 7）的差额为人民币4 020.5元，计入公允价值变动损益。乙担保公司应编制会计分录如下：

借：交易性金融资产——股票（港币户）　　　　　　4 020.5
　　贷：公允价值变动损益　　　　　　　　　　　　　　　4 020.5

（三）外币投入资本

企业收到投资者以外币投入的资本，应当采用交易发生日即期汇率折算，不得采用合同约定汇率和即期汇率的近似汇率折算，外币投入资本与相应的货币性项目的记账本位币金额之间不产生外币资本折算差额。

（四）实质上构成对境外经营净投资的外币货币性项目

企业编制合并财务报表涉及境外经营的，如有实质上构成对境外经营净投资的外币货币性项目，因汇率变动而产生的汇兑差额，应列入所有者权益"外币报表折算差额"项目；处置境外经营时，计入处置当期损益。

例5-23 甲担保公司在境外设立的一家境外A子公司，累计并入甲担保公司所有者权益下的外币报表折算差额为250 000元人民币。20×4年6月30日，甲公司决定处置A的50%的业务。甲担保公司应编制会计分录如下：

借：资本公积——其他资本公积　　　　　　　　　125 000
　　贷：投资收益　　　　　　　　　　　　　　　　　　125 000

关键词

外币交易　记账本位币　即期汇率　汇兑损益　外币分账制　外币统账制

复习思考题

1. 担保公司外币交易主要包括哪些内容?
2. 简述外币折算业务的初始确认和计量方法。
3. 简述外币折算业务的后续确认和计量方法。
4. 简述外汇分账制和外汇统账制的区别。

练习题

习题一

一、目的:练习外币分账制的核算。

二、资料:假设和信担保公司 20×4 年 12 月当月发生以下外币交易:

1. 接受投资者投入 60 000 美元,当日即期汇率为 RMB 690.45/USD 100,已将美元存入银行。

2. 从人民币账户中支出 100 000 元,购买港元,对外付汇,银行卖出价为 RMB 88.62/HKD 100。

3. 从美元账户中支出 10 000 美元,向银行兑换成人民币,银行买入价为 RMB 672.36/USD 100。

4. 承保某外资企业贷款担保,收到保费 80 000 美元,当日即期汇率为 RMB 686.45/USD 100。

5. 从其美元存款账户中支付美元,购买 50 000 港元对外付汇。假设当日美元买入价为 RMB 680.26/USD 100,港元卖出价为 RMB 86.73/HKD 100。

6. 12 月 5 日某外运公司向和信担保公司投保贸易融资担保,收到保费 60 000 港元,当日即期汇率为 RMB 89.24/HKD 100,责任生效日为次年 1 月 5 日。

7. 接受香港某担保公司委托,代理评估其贷款担保在国内受损情况,并获对方支付的手续费 20 000 港元。当日即期汇率为 RMB 85.12/HKD 100。

8. 某信用证担保保户因特殊情况提出申请退保,经担保公司业务部门审查,同意退保,退保费为 8 000 美元,当日即期汇率为 RMB 682.36/USD 100。

9. 支付某国外公司代理项目融资担保的代理费 5 000 港元,已由银行存款支付。当日即期汇率为 RMB 87.25/HKD 100。

10. 12 月 18 日支付给国外公司代理贸易融资担保赔案的周转金,共计 40 000 美元,当日即期汇率为 RMB 685.25/USD 100。12 月 28 日,结案后,实际赔款 30 000 美元,当日即期汇率为 RMB 682.68/USD 100,余款收回。

11. 以 50 000 港元购入乙公司发行三年期工商债券,当日即期汇率为 RMB 88.38/HKD 100,款项已付。

12. 假设 20×4 年 12 月 31 日美元汇率为 RMB 665.35/USD 100,港币汇率为 RMB

86.12/HKD 100，结算汇兑损益。

三、要求：根据上述资料，按外币分账制编制和信担保公司有关会计分录。

习题二

一、目的：练习外币统账制的核算。

二、资料：公司发生下列经济业务：

1. 某担保公司因外币支付需要，从银行购入 50 000 港元，当日银行港元卖出价为 RMB 89.27/HKD 100，当日中间价 RMB 87.38/HKD 100。

2. 某担保公司将 50 000 日元到银行兑换成人民币存入该银行的人民币账户，当日银行日元买入价为 RMB 7.1242/JPD100，当日中间价为 RMB 7.2348/JPD 100。

3. 某担保公司接受投资者投入 20 万美元，合同约定汇率为 RMB 658.64/USD 100，当日即期汇率为 RMB 680.37 /USD 100，已将美元存入银行。

4. 甲担保公司 20×4 年 12 月 5 日从银行借入短期借款 50 000 美元，期限为 6 个月，款项当即存入银行。借入当日即期汇率为 RMB 656.23/USD 100。20×4 年 12 月 31 日，甲担保公司尚未归还银行借款，当日即期汇率为 RMB 662.95/USD 100。

5. 20×4 年 12 月 8 日，甲进出口公司向乙担保公司投保贷款担保，保费 40 000 日元，当日即期汇率为 RMB 7.3528/JPD 100，保费尚未收到。假定 20×4 年 12 月 31 日，乙公司仍未收到进出口公司所欠保费，当日即期汇率为 RMB 7.4275/JPD 100。

6. 某进出口公司向乙担保公司投保票据承兑担保，现发生代偿，需赔付 50 000 美元，当日即期汇率为 RMB 685.86 /USD 100。

7. 20×4 年 12 月 2 日以每股 5 港元购入乙公司 H 股 20 000 股作为短期投资，当日即期汇率为 RMB 85.76/HKD 100。20×4 年 12 月 31 日，由于市价变动，当月购入的乙公司 H 股变为每股市价 4.5 港元，当日即期汇率为 RMB 86.35/HKD 100。

8. 甲担保公司在境外设立的一家境外 A 子公司，累计并入甲担保公司所有者权益下的外币报表折算差额为人民币 2 000 000 元。20×4 年 12 月 31 日，甲公司决定处置 A 公司的 30% 的业务。

三、要求：根据上述资料，按外币统账制编制有关会计分录。

第六章
担保合同收入、费用和利润的核算

第一节
担保合同收入的核算

担保公司的收入主要包括保费收入、利息收入、投资收益、公允价值变动收益、汇兑损益、其他业务收入、营业外收入等，其中保费收入、利息收入、投资收益、公允价值变动收益、汇兑损益在其他章节阐述，这里不再重复。本章主要说明其他业务收入和营业外收入的核算。

一、其他业务收入的核算

其他业务收入（Other Operating Revenue）是指公司确认的与经常性活动相关的其他活动收入，如评审费收入、租金收入、手续费收入、咨询服务收入、代保管收入、账户管理收入等。为了核算和监督其他业务情况，应设置"其他业务收入"科目。该科目属于损益类（收入）科目，其贷方登记发生的其他业务收入，借方登记期末结转"本年利润"科目的数额，结转后该科目无余额。该科目应按其业务他收入的种类设置明细账。有些公司将利息收入纳入本科目核算，但定期存款利息计入"投资收益"科目。

（一）评审费收入

评审费收入是公司对被担保人的资信和担保资金使用项目进行调查、评审而按合同规定向被担保人收取的评审费。评审费收入应当按担保费收入的一定比例或一定固定费用收取。通常的操作模式下，对于项目的评审决策，担保公司都是由专门设置的评审委员会来完成，判断所依据的信息全部是针对担保对象的方面考虑，如企业基本情况指标、担保项目情况、反担保条件情况等多个方面，评审委员会一般应当提交评审报告，担保公司向被担保人收取一定的评审费，其意义是配比成本，堵住投机。

例6-1 某担保公司20×4年3月9日为客户担保银行贷款1 000 000元，评审费10 000元，按照合同规定和担保费一次性交纳。应编制会计分录如下：

借：银行存款   10 000
　　贷：其他业务收入——评审费收入   10 000

例6-2 某担保公司20×4年8月为甲客户提供项目融资担保6 000 000元，评审费50 000元，按照合同规定评审费分五期交纳，首期评审费已收到存入银行。应编制会计分录如下：

借：银行存款   10 000
　　应收保费——甲客户   40 000
　　贷：其他业务收入——评审费收入   50 000

以后每期收到应收评审费时：

借：银行存款   10 000
　　贷：应收保费——甲客户   10 000

（二）租金收入

租金收入主要是指公司将多余营业用房以经营租赁方式租赁出去或将其他资产出租而取得的收入。

例6-3 甲担保公司拥有一栋办公楼，20×4年3月1日，甲公司与乙公司签订了经营租赁协议，将这栋办公楼的1—7层出租给乙公司使用，每月收租金8万元。应编制会计分录如下：

借：银行存款   80 000
　　贷：其他业务收入——租金收入   80 000

（三）手续费收入

手续费收入主要是指公司代其他担保公司或代上级公司办理业务而按规定收取的手续费。

例6-4 某担保公司接受外地担保公司委托，调查评估其代偿损失情况，并获对方支付的手续费4 200元。应编制会计分录如下：

借：银行存款   4 200
　　贷：其他业务收入——手续费收入   4 200

这里应注意的是分出分保业务向分入方收取的手续费不在此列支，而应列入"摊回分保费用"科目。

（四）咨询费收入

咨询费收入是指公司对外提供咨询服务而取得的收入。

例6-5 某担保公司为某客户提供融资咨询、财务顾问等中介服务，并获对方支付的费用5 000元。应编制会计分录如下：

```
借：银行存款                                           5 000
    贷：其他业务收入——咨询费收入                          5 000
```

二、营业外收入的核算

营业外收入（Non operating Revenue）是指与公司业务经营无直接关系的各项收入，包括非流动资产处置利得、非货币性资产交换利得、债务重组利得、政府补助、捐赠利得、罚款收入。

为了核算和监督公司营业外的各项收入，应设置"营业外收入"科目。该科目属于损益类（收入）科目，其贷方登记发生的营业外收入，借方登记期末结转"本年利润"科目的数额，结转后该科目无余额。该科目应按营业外收入种类设置明细账。

例 6-6 某担保公司接受外商捐赠一辆轿车，价款 300 000 元。应编制会计分录如下：

```
借：固定资产                                         300 000
    贷：营业外收入——捐赠利得                          300 000
```

例 6-7 某公司按规定程序将出售复印机的净收益 20 000 元转作营业外收入。应编制会计分录如下：

```
借：固定资产清理                                      20 000
    贷：营业外收入——非流动资产处置利得                  20 000
```

例 6-8 20×4 年 3 月 23 日，甲担保公司将拥有的某项专利技术出售给乙公司，取得出售收入 480 万元，应交营业税 50 万元。该项专利技术的成本为 1 200 万元，已摊销金额为 800 万元。甲担保公司应编制会计分录如下：

```
借：银行存款                                       4 800 000
    累计摊销                                       8 000 000
    贷：无形资产                                   12 000 000
        应交税费——应交营业税                          500 000
        营业外收入——非流动资产处置利得                 300 000
```

第二节 担保合同费用的核算

担保公司的费用主要包括赔付支出、退保金、分出保费、分保费用、营业税金及附加、利息支出、手续费及佣金支出、提取未到期责任准备金、提取担保赔偿准备金、业务及管理费、其他业务成本、资产减值损失、营业外支出、所得税费用、以前年度损益调整，本节主要阐述退保金、手续费及佣金支出、营业税金及附加、业务及管理费、其他业务成本、资产减值损失、营业外支出的核算，其他内容在有关章节阐述。

一、退保金的核算

（一）退保金的概念

退保金（Surrender Value）是指长期担保合同（担保期限在1年以上）投保人或被担保人办理退保时，按担保条款规定支付给投保人或受益人的保单现金价值。保单现金价值又称"解约退还金"或"退保价值"，是指带有储蓄性质的担保单所具有的价值。在长期担保合同中，担保人为履行契约责任，通常需要提存一定数额的责任准备金。当被担保人于担保有效期内因故要求解约或退保时，担保人按规定以该保单的责任准备金作为给付解约的退还金，即将提存的责任准备金以及所生利息减去相关费用后的余额退还给被担保人。

（二）科目设置

为了反映长期担保合同退保情况，应设置"退保金"科目，核算长期担保合同投保人或被担保人办理退保时，按担保条款规定支付给投保人或受益人的保单现金价值。该科目属于损益类（费用）科目，其借方登记退保时实际支付的金额，贷方登记期末结转"本年利润"科目的数额，结转后该科目无余额。该本科目应按业务和保单设置明细账。

（三）账务处理

1. 支付退保金时，借记"退保金"科目，贷记"库存现金"或"银行存款"等科目。
2. 若在担保合同规定的缴费内有未缴保费，应按应给付金额，借记"退保金"科目，按投保人未缴保费部分，贷记"保费收入（或应收保费）"科目，按利息数，贷记"利息收入"科目，按实际支付的金额，贷记"库存现金"或"银行存款"等科目。
3. 退保时若有预交保费的，应退还预交部分。按退保金数额借记"退保金"科目，按应退预交保费数额借记"预收保费"，按实付金额贷记"库存现金"、"银行存款"科目。
4. 短期担保合同的退保核算不通过"退保金"科目，而是冲减已收的保费收入，借记"保费收入"科目，贷记"库存现金"或"银行存款"科目。
5. 期末时将"退保金"科目的发生额转入"本年利润"科目时，借记"本年利润"科目，贷记"退保金"科目。

（四）核算举例

例6-9 某公司20×4年5月1日为乙企业设备融资进行担保，担保金额500万元，期限为5年，三年后乙企业提出退保，相应解除担保合同，会计部门开出转账支票支付乙企业退保费320 000元。应编制会计分录如下：

借：退保金——项目融资担保　　　　　　　　　　320 000
　　贷：银行存款　　　　　　　　　　　　　　　　　320 000

例6-10 某公司为A客户提供五年期汽车消费贷款担保，期限为5年，两年后A客户提取归还银行贷款，相应解除担保合同。业务部门审查核定应退保费8 000元。该保户有当月应缴而未缴的保费200元，从应支付的退保金中扣除，会计部门审核无误后以现金支付。应编制会计分录如下：

借：退保金——贷款担保 8 000
　　贷：保费收入——贷款担保 200
　　　　库存现金 7 800

例 6-11 某公司为 B 客户提供三年期贷款担保，该客户因移居国外要求退保，业务部门核定应退 3 500 元，但该客户尚有预交 3 个月的保费 900 元，财会部门审核无误后，将退保金与预交保费一并退还给 B 客户。应编制会计分录如下：

借：退保金——贷款担保 3 500
　　预收保费——B 客户 900
　　贷：库存现金 4 400

二、手续费及佣金支出的核算

（一）手续费及佣金支出的内容

手续费支出及佣金支出（Handing Charge and Commission Expense）是指公司发生的与其经营活动相关的各项手续费、佣金等支出。其中，手续费支出是指公司支付给受其委托并在授权范围内代为办理担保业务的担保中介机构的手续费。担保中介机构，是指经监管机构批准取得营业许可证、从事担保中介服务的担保代理机构和担保经纪机构。担保代理机构包括担保兼业代理机构和担保专业代理机构。担保中介机构必须与公司签订担保代理协议，取得担保代理经营许可证。佣金支出是指公司应向专门推销担保业务的个人代理人和经纪人公司支付的佣金。个人代理人，是指持有有效的"代理从业人员资格证书"，与公司签订个人担保代理合同，从事担保业务销售、培训、管理等工作并纳入公司销售渠道管理的个人。佣金分为直接佣金和附加佣金。直接佣金是指公司按代理合同及相关规定，按代理销售收入和直接佣金率（或类似比率）计算得出的，直接支付给个人代理人的支出。附加佣金是指为满足个人代理人开展代理业务需要，而发生的直接用于个人代理人队伍建设及与其直接相关的保障支出、教育培训支出和委托报酬。委托报酬包括津贴、补贴、奖励、业务推动支出等。

（二）科目设置

1."手续费及佣金支出"科目

"手续费及佣金支出"科目用来核算担保公司按规定支付给代理担保业务的代理人的手续费及佣金。分入分保业务分入方支付给分出方的手续费不在该科目核算，而应列入"分保费用"。但因代理其他公司业务而支付给个人代理人的费用支出在本科目核算。"手续费及佣金支出"科目属于损益类（费用）科目，其借方登记发生的手续费及佣金支出或计提应付未付的手续费及佣金，贷方登记期末结转"本年利润"科目的数额，结转后该科目无余额。该科目应按支出类别设置明细账。

2."应付手续费及佣金"科目

"应付手续费及佣金"科目用来核算担保公司因担保代理业务而发生的应付未付的手续费及佣金支出。该科目属于负债类科目，其贷方登记发生的应付手续费及佣金，借方登记实际支付的应付手续费及佣金，余额在贷方，反映公司尚未支付的手续费及佣金。该科目应按代理人设置明细账。

值得注意的是，对于手续费及佣金支出的核算，在核算方式上有两种模式可以选择：一是每月计提，实际发放时冲减已计提的应付金额；二是月末计提当月累计应付未付手续费及佣金，次月初全额冲回，实际支付时记入当月手续费及佣金支出。另外，公司支付给个人代理人的佣金应每月合并一次计入应税收入，公司支付个人代理人的所有实物奖励、旅游奖励、奖励性质培训等非货币形式的奖励，也必须并入当月佣金收入，按照税法规定代扣代缴个人所得税、营业税及附加。

（三）核算举例

例 6-12 某代办单位将本季度代收的贷款担保保费 140 000 元转来，并随同交来银行转账支票 120 000 元，其余 20 000 元下月交清，手续费率 5%。担保公司应编制会计分录如下：

确认保费时：
借：银行存款　　　　　　　　　　　　　　　　　　　　　　120 000
　　应收保费——贷款担保——某代办单位　　　　　　　　　 20 000
　　贷：保费收入——贷款担保　　　　　　　　　　　　　　140 000

支付和计提应付手续费时：
借：手续费及佣金支出——手续费　　　　　　　　　　　　　　7 000
　　贷：银行存款　　　　　　　　　　　　　　　　　　　　　6 000
　　　　应付手续费及佣金——某代办单位　　　　　　　　　　1 000

下月代理人交来保费时：
借：银行存款　　　　　　　　　　　　　　　　　　　　　　 20 000
　　贷：应收保费——贷款担保——某代办单位　　　　　　　 20 000
借：应付手续费及佣金——某代办单位　　　　　　　　　　　　1 000
　　贷：银行存款　　　　　　　　　　　　　　　　　　　　　1 000

例 6-13 某担保公司月末根据直接佣金计提表计算应付个人代理人刘云佣金 8 800 元，十天后支付。应编制会计分录如下：

计提佣金时：
借：手续费及佣金支出——直接佣金　　　　　　　　　　　　 8 800
　　贷：应付手续费及佣金——刘云　　　　　　　　　　　　　8 800

支付佣金时：
借：应付手续费及佣金——刘云　　　　　　　　　　　　　　　8 800
　　贷：银行存款　　　　　　　　　　　　　　　　　　　　　8 800

假设上例支付佣金时，代扣个人所得税 1 408 元，代扣个人营业税 300 元，应编制会计分录如下：
借：应付手续费及佣金——刘云　　　　　　　　　　　　　　　8 800
　　贷：应交税费——应交个人所得税　　　　　　　　　　　　1 408
　　　　　　　　——应交个人营业税及附加　　　　　　　　　　300
　　　　库存现金　　　　　　　　　　　　　　　　　　　　　7 092

例 6–14 某担保公司月末根据附加佣金计提表,计算应为个人代理人王红购买养老保障及医疗、意外等保障的保险费 1 200 元,支付各类培训费用 1 500 元,发放实物奖励 800 元,下月 5 日支付并发放。应编制会计分录如下:

计提佣金时:

借:手续费及佣金支出——附加佣金——保障支出　　　　　　1 200
　　　　　　　　　　　　　　　　　——教育培训支出　　　　1 500
　　　　　　　　　　　　　　　　　——委托报酬　　　　　　800
　　贷:应付手续费及佣金——王红　　　　　　　　　　　　　3 500

实际支付和发放时:

借:应付手续费及佣金——王红　　　　　　　　　　　　　　3 500
　　贷:银行存款　　　　　　　　　　　　　　　　　　　　2 700
　　　　低值易耗品　　　　　　　　　　　　　　　　　　　800

三、营业税金及附加的核算

营业税金及附加(Business Taxes and Surcharges)是指公司应由应税收入负担的营业税金及附加,包括营业税、城市维护建设税和教育费附加。

(一) 营业税金及附加的计算

1. 营业税

营业税(Business Tax)是指对提供应税担保劳务、转让无形资产、销售不动产等所取得的收入而征收的一种税,它是以营业额为计税依据,是担保公司最主要的税种,其计算公式为:

应纳营业税税额 = 营业额 × 营业税税率

其中:营业税税率为 5%。

(1) 公司营业税应税业务范围的准确界定

担保公司目前营业税涉税业务(行为)主要包括:

①承保业务。主要指担保费收入。
②贷款业务。主要指贷款利息收入。
③金融商品转让业务。主要指金融商品买卖价差收入。
④代理业务。主要指代理其他公司办理业务取得的代理费收入。
⑤转让土地使用权。主要指土地转让(非土地出让)收入。
⑥销售不动产。主要指销售建筑物及其他土地附着物所有权收入。
⑦其他应税劳务收入。如评审费收入、房屋租赁收入等。

(2) 准确核算免税与非免税承保业务

①严格按照财政部、国家税务总局下发的文件计算应缴营业税。

为了支持中小企业发展,国家对担保公司实行营业税减免政策,但必须符合相关条件。《工业和信息化部、国家税务总局关于中小企业信用担保机构免征营业税有关问题的通知》(工信部联企业〔2009〕114 号)中规定的信用担保机构免税条件包括:第一,经政府授权部门（中小企业管理部门）同意，依法登记注册为企（事）业法人，且主要从事为中小企业提供担保服务的机构。实收资本超过 2 000 万元。第二，不以营利为主要目的，担保业务收费不高于同期贷款利率的 50%。第三，有两年以上的可持续发展经历，资金主要用于担保业务，具备健全的内部管理制度和为中小企业提供担保的能力，经营业绩突出，对受保项目具有完善的事前评估、事中监控、事后追偿与处置机制。第四，为工业、农业、商贸中小企业提供的累计担保贷款额占其两年累计担保业务总额的 80% 以上，单笔 800 万元以下的累计担保贷款额占其累计担保业务总额的 50% 以上。第五，对单个受保企业提供的担保余额不超过担保机构实收资本总额的 10%，且平均单笔担保责任金额最多不超过 3 000 万元人民币。第六，担保资金与担保贷款放大比例不低于 3 倍，且代偿额占担保资金比例不超过 2%。第七，接受所在地政府中小企业管理部门的监管，按要求向中小企业管理部门报送担保业务情况和财务会计报表。享受三年营业税减免政策期限已满的担保机构，仍符合上述条件的，可继续申请。

②对于待批险种，在主管税务机关严格要求实行"先交后抵（退）"的情况下，应采取有效措施（如建立"先交后抵"明细台账等），加强营业税管理，保证"交、抵、退"数额计算准确。

（3）视同销售不动产应交营业税行为

①以转让有限产权或永久使用权方式销售建筑物或构筑物，应视同销售建筑物或构筑物，计税。

②在销售不动产时连同不动产所占土地使用权一并转让的行为，比照销售不动产计税。

③将不动产无偿赠与他人的行为，视同销售不动产计税。

（4）准确计算计税依据需注意的问题

①营业税的计税依据是提供应税劳务的营业额、转让无形资产的转让额或者销售不动产的销售额，是纳税人向对方收取的全部价款，包括在价款之外取得的一切费用（如手续费、服务费、基金等）。与会计核算中的销售收入是不同的。

②在提供营业税应税劳务、转让无形资产和销售不动产时，如果将价款与折扣额在同一张发票上注明的，以折扣后的价款为营业额；如果将折扣额另开发票的，不论其在财务上如何处理，均不得从营业额中减除。

③在提供应税劳务、转让无形资产和销售不动产时，因受让方违约而从受让方取得的赔偿金收入，应并入营业额中计算营业税。

④单位和个人因财务会计核算办法改变将已缴纳过营业税的预收性质的价款逐期转为营业收入时，允许从营业额中减除。

⑤开展无赔偿奖励业务的，以向投保人实际收取的担保费为营业额。

⑥购买国库券、特种国债、财政债券、保值公债、金融债券等政府债券其利息收入是否成为应税营业额视公司对上述债券是否持有到期，如果公司中途出售上述债券，则其出售所得收益全部视为应税营业额，因此担保公司不应随意出售上述债券，炒卖债券要征收营业税。

⑦租赁业务（如出租房屋收入）的营业额是经营租赁业务所取得租金的全额收入，不得扣除任何费用。

⑧销售或转让购置的不动产或受让的土地使用权，其营业额 = 全部收入（全部价款和

价外费用）－不动产或土地使用权的购置或受让原价。

值得注意的是，根据财政部、国家税务总局颁布的《营业税改征增值税试点方案》（财税〔2011〕110号），金融企业原则上适用增值税简易计税方法，增值税税率为3%。金融企业税制改革在全国推广后，其会计处理有待调整。

2. 城市维护建设税

城市维护建设税（City Maintenance and Construction Tax）是为了加强城市维护建设，面向有经济收入的单位和个人收取的税金。它的计税依据是担保公司的应纳营业税税额。城市维护建设税的计算公式为：

应纳城市维护建设税税额＝应纳营业税税额×适用税率

城市维护建设税适用税率有三档，根据公司所处的不同地理位置（城市市区、县或镇、县镇以下）而定。

3. 教育费附加

教育费附加（Education Surcharge）是按公司应纳营业税税额的一定比例计算的，用于发展地方教育事业、扩大地方教育经费的资金来源的基金，它不是一种税，而是一种费。与营业税一起缴纳，其征收率为3%。教育费附加计算公式为：

应交教育费附加＝应纳营业税税额×教育费附加征收率

（二）科目设置

1. "营业税金及附加"科目

"营业税金及附加"科目用来核算公司经营活动发生的营业税、城市维护建设税、教育费附加等相关税费。该科目属于损益类（费用）科目，其借方登记公司按规定计算的营业税、城市维护建设税、教育费附加等相关税费，贷方登记期末结转"本年利润"科目的数额和公司收到的减免税金数，结转后该科目无余额。

2. "应交税费"科目

"应交税费"科目用来核算公司按照税法规定计算应交纳的各种税费，包括营业税、所得税、城市维护建设税、房产税、土地使用税、车船使用税、教育费附加等。公司代扣代交的个人所得税、个人营业税、个人城市维护建设税、个人教育费附加等，也通过本科目核算。但本科目不包括印花税。该科目属于负债类科目，其贷方登记按规定比例计算的应交税费和退回的多交税费，借方登记实际交纳税费或按规定补交税费，余额一般在贷方，表示公司尚未交纳的税费。如果余额在借方，表示公司多交或尚未抵扣的税费。该科目应按应交的税费项目设置明细账。

（三）核算举例

例6-15 某担保公司本月应税业务担保费收入为410万元，销售不动产收入100万元，租金和评审费收入8万元。营业税金及附加的计算及会计分录如下：

本月应税业务担保费收入应交营业税＝4 100 000×5%＝205 000（元）

本月销售不动产收入应交营业税＝1 000 000×5%＝50 000（元）

本月租金和评审费收入应交营业税＝80 000×5%＝4 000（元）

借：营业税金及附加　　　　　　　　　　　　　　　209 000

　　　　固定资产清理　　　　　　　　　　　　　　　　　　　50 000
　　　贷：应交税费——应交营业税　　　　　　　　　　　　　　　　259 000

例 6 – 16　上例中假设城市维护建设税适用税率为 7%，则有：
本月应税业务担保费收入应交城市维护建设税 = 205 000 × 7% = 14 350（元）
本月销售不动产收入应交城市维护建设税 = 50 000 × 7% = 3 500（元）
本月租金和评审费收入应交城市维护建设税 = 4 000 × 7% = 280（元）
借：营业税金及附加　　　　　　　　　　　　　　　　　　　14 630
　　固定资产清理　　　　　　　　　　　　　　　　　　　　3 500
　　　贷：应交税费——应交城市维护建设税　　　　　　　　　　　　18 130

例 6 – 17　上例中假设教育费附加费率为 3%，则有：
本月应税业务担保费收入应交教育费附加 = 205 000 × 3% = 6 150（元）
本月销售不动产收入应交教育费附加 = 50 000 × 3% = 1 500（元）
本月租金和评审费收入应交教育费附加 = 4 000 × 3% = 120（元）
借：营业税金及附加　　　　　　　　　　　　　　　　　　　6 270
　　固定资产清理　　　　　　　　　　　　　　　　　　　　1 500
　　　贷：应交税费——应交教育费附加　　　　　　　　　　　　　7 770

四、业务及管理费的核算

（一）业务及管理费的内容

业务及管理费（Operating and Administrative Expense）是指公司在担保业务经营及管理工作中发生的各项费用，包括业务相关费用、职工薪酬、财产相关费用、外部监管费、中介费用、办公费用六大类：

1. 业务相关费用

业务相关费用是指公司为特定的展业、理赔或客户服务等业务活动发生的费用，具体包括以下内容：

（1）广告费，反映公司通过中介媒体宣传公司品牌、产品、其他信息的广告费用支出，包括影视广告、户外广告、报刊广告、招聘广告等。广告费支出必须符合以下条件：一是广告是通过经工商部门批准的专门机构制作的；二是已经实际支付费用，并已取得相应发票；三是通过一定的媒体传播。

（2）业务宣传费，反映公司为开展业务宣传活动但未通过媒体所发生的带有广告性质的费用，包括用于开展常规业务宣传活动所支付的费用（比如宣传用品、设计制作费用、宣传活动的礼品、赠品、宣传品、场租费、产品包装、业务支持宣传工具、业务宣传片等设计制作费用）、用于大型宣传活动（如产品说明会，包括宣传资料印刷费、业务宣传片摄制费、公关服务费、媒体服务费、发布仪式费、广告性赞助费等）以及其他非专项宣传活动所发生的费用。

（3）业务招待费，反映公司为拓展业务而发生的交际招待费用，包括餐费、礼品、景点门票、被接待人员交通费和住宿费等。

（4）客户服务费，反映公司为客户提供各种服务发生的各项费用。

2. 职工薪酬

职工薪酬是指公司为获得职工提供的服务或解除劳动关系而给予的各种形式的报酬或补偿。职工薪酬包括短期薪酬、离职后福利、辞退福利和其他长期职工福利。公司提供给职工配偶、子女、受赡养人、已故员工遗属及其他受益人等的福利，也属于职工薪酬。

（1）短期薪酬，是指公司在职工提供相关服务的年度报告期间结束后12个月内需要全部予以支付的职工薪酬，因解除与职工的劳动关系给予的补偿除外。短期薪酬具体包括：

①职工工资，反映在职职工的工资、奖金、津贴和补贴等。

②职工福利费，反映公司为职工卫生保健、生活、住房、交通等所发放的各种补贴和非货币性福利，包括公司向职工发放的因公外地就医费用、实行医疗统筹的职工医疗费用、职工供养直系亲属医疗补贴、供暖费补贴、职工防暑降温费、职工困难补贴、救济费、职工食堂经费补贴、职工交通补贴、丧葬补助费、抚恤费、安家费、探亲假路费等。

③"五险一金"，包括医疗保险费、养老保险费、失业保险费、工伤保险费、生育保险费和住房公积金。

④工会经费，反映公司为了改善职工文化生活而开展的工会的相关支出。

⑤职工教育经费，反映公司为提高职工业务素质而用于职工教育及职业技能培训的相关支出。

⑥短期带薪缺勤，反映公司支付工资或提供补偿的职工缺勤，包括年休假、病假、短期伤残、年休假、病假、短期伤残、婚假、产假、丧假、探亲假等。

⑦短期利润分享计划，反映公司因职工提供服务而与职工达成的基于利润或其他经营成果提供薪酬的协议。

⑧非货币性福利，反映公司以自产产品或外购商品发放给职工作为福利，将本公司拥有的资产无偿提供给职工使用，租赁资产供职工无偿使用，为职工提供无偿医疗保健服务；向职工提供本公司支付了一定补贴的商品或服务，以低于成本的价格向职工出售住房等。

（2）离职后福利，是指公司为获得职工提供的服务而在职工退休或与企业解除劳动关系后，提供的各种形式的报酬和福利，短期薪酬和辞退福利除外。

（3）辞退福利，是指公司在职工劳动合同到期之前解除与职工的劳动关系，或者为鼓励职工自愿接受裁减而给予职工的补偿。

（4）其他长期职工福利，是指除短期薪酬、离职后福利、辞退福利之外所有的职工薪酬，包括长期带薪缺勤、长期残疾福利、长期利润分享计划等。

对于企业年金基金，适用《企业会计准则第10号——企业年金基金》；以股份为基础的薪酬，适用《企业会计准则第11号——股份支付》。

3. 财产相关费用

财产相关费用是指公司为取得、使用或维持各类有形及无形资产而发生的费用，具体包括以下内容：

（1）固定资产折旧费，反映公司按有关规定提取的固定资产折旧费。

（2）无形资产摊销，反映公司无形资产摊销的金额。

（3）关联交易费用，反映公司租用本公司集团公司及其子公司资产所发生的关联交易费用支出。

（4）车船使用费，反映公司机动车船所需要的燃料、辅助油料、养路、牌照、车检等费用。

（5）电子设备运转费，反映公司为保证电子机具及配套设备的正常运转所支付的水电费、安装调试费、设备维护费以及耗用纸张、色带、微机软盘等费用。

（6）租赁费，反映公司租用营业、办公性用房及其他设备和交通工具所支付的租金（不包括融资租赁费）。

（7）水电费，反映公司营业办公用房所支付的水电费及增容费开支，包括污水处理费，但不包括纯净水、饮品。

（8）修理费，反映公司固定资产及低值易耗品的修理费（不包括资本化后计入固定资产的部分）。

（9）财产保险费，反映公司进行财产保险所支付的费用（不包括人身保险费以及为员工支付带有福利性质的保险费）。

（10）绿化费，反映公司内部绿化以及义务植树所发生的零星费用。

（11）取暖降温费，反映公司按规定支付给第三者的专门用于办公场所或规定支付的取暖降温费用。

（12）物业费用，反映公司发生的物业管理费用，包括物业服务费与保洁服务费。

（13）安全防范费，反映公司用于购置、安装安全防卫设施等发生的相关费用，包括防盗门、消防器材及保安人员费用。

（14）房产税，反映公司按规定交纳的房产税。

（15）车船使用税，反映公司按规定交纳的车船使用税。

（16）土地使用税，反映公司按规定交纳的土地使用税。

4. 外部监管费

外部监管费是指公司按外部监管机构规定交纳和提取的费用，具体包括以下内容：

（1）上交管理费，反映公司按监管部门的有关规定交纳的管理费。

（2）同业公会会费，反映公司交纳的同业公会会费。

（3）学会会费，反映公司交纳的学会会费。

5. 中介费用

中介费用是指公司为聘请外部中介机构发生的费用，具体包括以下内容：

（1）审计费，反映公司聘请外部中介机构进行查账验资以及进行资产评估等发生的各项费用。

（2）咨询费，反映公司聘请经济技术顾问、法律顾问等支付的费用。

（3）诉讼费，反映公司由于诉讼发生的费用。

（4）公证费，反映公司进行公证事务时所发生的费用。

（5）席位费，反映公司按规定向证券交易所和同业拆借市场等交纳的席位费。

（6）检验费，反映公司经营过程中，需要经资质认定的检验机构对公司资产或承保的财产进行产品质量检验而出具检验结果所花费的成本。

6. 办公费用

办公费用是指公司发生的除上述费用以外的日常办公费用，具体包括以下内容：

（1）邮电费，反映公司办理各项业务所支付的邮费、电报费、电传费、电话费、市内电话月租金及电话安装（含电话初装费）、迁移、维护费、线路租用费。

（2）印刷费，反映公司印刷各种保单、条款、单证、账簿、报表、信纸、信封、文稿、便笺等所支付的费用以及附带的包装费、邮运费。

（3）差旅费，反映按规定报销的差旅费用。

（4）会议费，反映公司按规定标准支付的会议经费，包括公司系统内举办或承办的会议和公司员工参加系统外主办的会议所发生的直接相关费用，但不包括董（监）事会会议费。奖励性质的会议应代扣代缴个人所得税，会议餐费应根据标准支出，超标的不允许列支。

（5）培训费，反映公司为职工开展培训活动所发生的各项支出。

（6）外事费，反映公司有关出国考察、访问、学习、进修的交通费、生活费、服装费以及外宾来访等外事活动中按规定标准支付的接待费用和涉外业务人员按规定发给的服装费。包括不能在"职工教育经费"中列支的高管人员大额出国培训费用，但不包括公司员工出境培训费用，以及公司董（监）事会成员外事费用。

（7）公杂费，反映公司购置经营业务所需资料、饮水所用燃料、刻制业务专用章、购置营业办公用品、清洁卫生用品用具以及规定金额以下的零星购置等开支的费用。

（8）宣教费，反映公司购置书籍、报刊、杂志、资料等所发生的费用。

（9）低值易耗品摊销，反映公司低值易耗品摊销的金额。

（10）其他资产摊销，反映不属于低值易耗品的其他资产摊销的金额。

（11）董（监）事会费，反映公司董（监）事会及其成员因执行职能而发生的各项费用，包括其差旅费、会议费、外事费、培训费等。

（12）银行结算费，反映公司按规定支付给银行的汇兑、结算邮费、电汇费、手续费以及向开户银行购买专用凭证和支付网银手续费等费用。

（13）技术转让费，反映公司接受技术转让等发生的费用，该技术的预计受益期限应当在一年以内或受让的金额很小，否则应作为无形资产。

（14）研究开发费用，反映公司研究开发新条款、新产品、新软件系统（包括系统新增功能和上线推广费用）、新教育培训课程和非专利技术等发生的费用。

（15）印花税，反映公司按规定交纳的印花税。

（16）劳务费，反映公司支付给除订立劳动合同人员（含全职、兼职和临时职工）、未与公司订立劳动合同但为公司提供与职工类似服务的人员（如劳务派遣用工）之外临时性的劳务人员的费用支出。

（17）其他费用，不属于上述费用的业务及管理性质费用。

（二）科目设置

为了核算和监督各项费用的发生情况，担保公司应设置"业务及管理费"科目。该科目属于"损益类（费用）"科目，其借方登记发生的业务及管理费，贷方登记期末结转"本年利润"的数额，结转后该科目无余额。该科目应按费用项目设置明细账。

（三）业务及管理费的账务处理

1. 直接支付费用的核算

直接支付费用是指在本期发生、本期支付的应由本期负担的各项费用，如办公费、会议费、水电费等。

例 6-18 某公司以现金购电脑用纸 1 筒，空白软盘 1 盒，共 400 元。应编制会计分录如下：

　　借：业务及管理费——电子设备运转费　　　　　　　　　　　　400
　　　　贷：库存现金　　　　　　　　　　　　　　　　　　　　　　　　400

例 6-19 某宾馆持费用单据前来担保公司财会部门结算会议费 20 000 元，经审核无误，当即签发银行转账支票付讫。应编制会计分录如下：

　　借：业务及管理费——会议费　　　　　　　　　　　　　　　20 000
　　　　贷：银行存款　　　　　　　　　　　　　　　　　　　　　　　20 000

例 6-20 某公司对财产投保，保费 30 000 元，根据保单副本，应编制会计分录如下：

　　借：业务及管理费——财产保险费　　　　　　　　　　　　　30 000
　　　　贷：银行存款　　　　　　　　　　　　　　　　　　　　　　　30 000

例 6-21 某公司财务部门通知每人限报 200 元服装费作劳保用品，支付现金 4 000 元。应编制会计分录如下：

　　借：业务及管理费——劳动保护费　　　　　　　　　　　　　　4 000
　　　　贷：库存现金　　　　　　　　　　　　　　　　　　　　　　　　4 000

例 6-22 某公司购入一批空气清新剂并发放到各办公室，价值 1 000 元，转账付讫。应编制会计分录如下：

　　借：业务及管理费——公杂费　　　　　　　　　　　　　　　　1 000
　　　　贷：银行存款　　　　　　　　　　　　　　　　　　　　　　　　1 000

例 6-23 某公司以现金支付退休职工工资共 50 000 元。应编制会计分录如下：

　　借：业务及管理费——劳动保险费　　　　　　　　　　　　　50 000
　　　　贷：库存现金　　　　　　　　　　　　　　　　　　　　　　　50 000

例 6-24 某公司划付本季汽油费、养路费等 100 000 元。应编制会计分录如下：

　　借：业务及管理费——车船使用费　　　　　　　　　　　　　100 000
　　　　贷：银行存款　　　　　　　　　　　　　　　　　　　　　　　100 000

例 6-25 某公司在处理反担保抵押物资时，以现金支付 3 000 元临时工工资。应编制会计分录如下：

　　借：业务及管理费——劳务费　　　　　　　　　　　　　　　　3 000
　　　　贷：库存现金　　　　　　　　　　　　　　　　　　　　　　　　3 000

例 6-26 某公司按规定标准购入 T 恤衫一批作为宣传品，价值 7 000 元，转账付讫。其中公司宣传领用 5 000 元，个人代理人支付 2 200 元购买赠与客户。应编制会计分录如下：

（1）购入时：

　　借：低值易耗品——宣传用品　　　　　　　　　　　　　　　　7 000
　　　　贷：银行存款　　　　　　　　　　　　　　　　　　　　　　　　7 000

（2）公司宣传领用时：

　　借：业务及管理费——业务宣传费　　　　　　　　　　　　　　5 000
　　　　贷：低值易耗品——宣传用品　　　　　　　　　　　　　　　　5 000

(3) 个人代理人购买赠与客户：
借：库存现金 2 200
　　贷：其他业务收入 2 200
借：其他业务成本 2 000
　　贷：低值易耗品——宣传用品 2 000

例 6－27　某公司办公室报销业务招待用烟共 80 元，以现金付讫。应编制会计分录如下：
借：业务及管理费——业务招待费 80
　　贷：库存现金 80

例 6－28　某公司自行研究、开发一项担保新产品，截至 20×3 年 12 月 31 日，发生研发支出合计 2 000 000 元，经测试该项研发活动完成了研究阶段，从 20×4 年 1 月 1 日开始进入开发阶段。20×4 年发生研发支出 300 000 元，假定符合开发支出资本化的条件。20×4 年 6 月 30 日，该项研发活动结束，最终开发出一项 A 产品。应编制会计分录如下：

(1) 20×3 年发生的研发支出：
借：研发支出——费用化支出 2 000 000
　　贷：银行存款 2 000 000

(2) 20×3 年 12 月 31 日，发生的研发支出全部属于研究阶段的支出：
借：业务及管理费——研究开发费用 2 000 000
　　贷：研发支出——费用化支出 2 000 000

(3) 20×4 年，发生开发支出并满足资本化确认条件：
借：研发支出——资本化支出 300 000
　　贷：银行存款 300 000

(4) 20×4 年 6 月 30 日，该技术研究完成并形成无形资产：
借：无形资产——A 产品 300 000
　　贷：研发支出——资本化支出 300 000

2. 转账摊销费用的核算

转账摊销费用是指通过转账形式列支的应由本期负担的各项费用，如应付职工薪酬、固定资产折旧、低值易耗品摊销、无形资产及长期待摊费用摊销等。

(1) 应付职工薪酬的核算。应付职工薪酬（Employee Payable）是指公司根据有关规定应付给职工的各种薪酬，对于"五险一金"（医疗保险费、养老保险费、失业保险费、工伤保险费、生育保险费和住房公积金），公司应当按照国务院、所在政府或企业年金计划规定的标准计量应付职工薪酬义务金额和应计入成本费用的薪酬金额；对于工会经费和职工教育经费，公司应当按照国家相关规定，分别按职工工资总额的 2% 和 1.5% 计量应付职工薪酬（工会经费、职工教育经费）义务金额和应计入成本费用的薪酬金额；从业人员技术要求高、培训任务重、经济效益好的公司，可按照国家相关规定，按照职工工资总额的 2.5% 计量应计入成本费用的职工教育经费。对于国家（包括省、市、自治区政府）相关福利法规没有明确规定计提基础和计提比例的职工薪酬如职工福利费，公司应当根据历史经验数据和实际情况，合理预计当期应付职工薪酬。

公司应当设置"应付职工薪酬"科目核算公司根据有关规定应付给职工的各种薪酬。该科目属于负债类账户，其贷方登记发生的应付职工的薪酬数，借方登记实际支付的职工薪酬。实际工作中，一般无余额，如有余额在贷方，表示公司应付未付的职工薪酬。该科目应按"工资"、"职工福利"、"社会保险费"、"住房公积金"、"工会经费"、"职工教育经费"、"短期带薪缺勤"、"短期利润分享计划"、"非货币性福利"、"离职后福利"、"辞退福利"等设置明细账，进行明细分类核算。

例 6 – 29 20×3 年 8 月，某担保公司计算出本月应付工资 630 000 元，其中，经营及管理人员工资 500 000 元，建造营业用房人员工资 100 000 元，内部开发担保业务流程系统人员工资 30 000 元。

根据所在政府规定，公司分别按职工工资总额的 10%、12%、2% 和 10.5% 计提医疗保险费、养老保险费、失业保险费和住房公积金，缴纳给当地社会保险经办机构和住房公积金管理机构。公司内设医务室，根据 20×2 年实际发生的职工福利费情况，公司预计 20×3 年应承担的职工福利费义务金额为职工工资总额的 2%，职工福利的受益对象为上述所有人员。公司分别按职工工资总额的 2% 和 1.5% 计提工会经费和职工教育经费。假定公司开发担保业务流程系统已处于开发阶段，并符合《企业会计准则第六号——无形资产》无形资产资本化的条件，其会计处理如下：

应计入业务及管理费的职工薪酬金额
= 500 000 + 500 000 × (10% + 12% + 2% + 10.5% + 2% + 2% + 1.5%)
= 700 000（元）

应计入在建工程成本的职工薪酬金额
= 100 000 + 100 000 × (10% + 12% + 2% + 10.5% + 2% + 2% + 1.5%)
= 140 000（元）

应计入无形资产的职工薪酬金额
= 30 000 + 30 000 × (10% + 12% + 2% + 10.5% + 2% + 2% + 1.5%)
= 42 000（元）

应编制会计分录如下：

借：业务及管理费——职工工资　　　　　　　　　　　500 000
　　　　　　　　——职工福利费　　　　　　　　　　 10 000
　　　　　　　　——社会统筹保险费　　　　　　　　120 000
　　　　　　　　——住房公积金　　　　　　　　　　 52 500
　　　　　　　　——工会经费　　　　　　　　　　　 10 000
　　　　　　　　——职工教育经费　　　　　　　　　　7 500
　　在建工程　　　　　　　　　　　　　　　　　　　140 000
　　研发支出——资本化支出　　　　　　　　　　　　 42 000
　　　贷：应付职工薪酬——工资　　　　　　　　　　630 000
　　　　　　　　　　——职工福利　　　　　　　　　 12 600
　　　　　　　　　　——社会保险费　　　　　　　　151 200
　　　　　　　　　　——住房公积金　　　　　　　　 66 150
　　　　　　　　　　——工会经费　　　　　　　　　 12 600
　　　　　　　　　　——职工教育经费　　　　　　　　9 450

例 6 – 30 甲公司为各部门经理级别以上职工提供汽车免费使用，同时为副总裁以上高级管理人员每人租赁一套住房。该公司共有部门经理级别以上职工 20 名，每人提供一辆奥迪汽车免费使用，假定每辆奥迪汽车每月计提折旧 800 元；该公司共有副总裁以上高级管理人员 4 名，公司为其每人租赁一套 120 平方米带有家具和电器的公寓，月租金为每套 5 000 元。该公司应编制会计分录如下：

借：业务及管理费——折旧费　　　　　　　　　　　　　　　　　16 000
　　　　　　　　——租赁费　　　　　　　　　　　　　　　　　20 000
　　贷：应付职工薪酬——非货币性福利　　　　　　　　　　　　36 000
借：应付职工薪酬——非货币性福利　　　　　　　　　　　　　　36 000
　　贷：累计折旧　　　　　　　　　　　　　　　　　　　　　　16 000
　　　　其他应付款　　　　　　　　　　　　　　　　　　　　　20 000

（2）固定资产折旧的核算。固定资产（Fixed Asset）是指为生产商品、提供劳务、出租或经营管理而持有的，使用寿命超过一个会计年度的房屋、建筑物、机器、机械、运输工具以及其他与经营有关的设备、器具、工具等有形资产。

折旧（Depreciation）是指在固定资产使用寿命内，按照确定的方法对应计折旧额进行系统分摊。应计折旧额，是指应当计提折旧的固定资产的原价扣除其预计净残值后的金额。已计提减值准备的固定资产，还应当扣除已计提的固定资产减值准备累计金额。

公司应当对所有的固定资产计提折旧，但是已提足折旧仍继续使用的固定资产和单独入账的土地除外。固定资产应当按月计提折旧，当月增加的固定资产，当月不计提折旧，从下月起计提折旧；当月减少的固定资产，当月仍计提折旧，从下月起不计提折旧。固定资产提足折旧后，不论能否继续使用，均不再计提折旧；提前报废的固定资产，也不再补提折旧。

公司至少应当于每年年度终了，对固定资产的使用寿命、预计净残值和折旧方法进行复核。使用寿命预计数与原先估计数有差异的，应当调整固定资产使用寿命。预计净残值预计数与原先估计数有差异的，应当调整预计净残值。与固定资产有关的经济利益预期实现方式有重大改变的，应当改变固定资产折旧方法。固定资产使用寿命、预计净残值和折旧方法的改变应当作为会计估计变更。担保公司各类固定资产折旧年限及预计净残值率可参见表 6 – 1。

表 6 – 1　　　　　　　　　　固定资产折旧年限及预计净残值率分类表

类　　别		折旧年限（年）	预计净残值率（%）
房屋及建筑物	1. 房屋		
	营业用房	35	3
	非营业用房	35	3
	简易房	5	3
	2. 建筑物	5	3
	3. 土地	—	—

续表

类　　别		折旧年限（年）	预计净残值率（%）
机器设备	1. 机械设备	10	3
	2. 动力设备	11	3
	3. 通讯设备	5	3
	4. 电子计算机	5	3
	5. 电器设备	5	3
	6. 安全保卫设备	5	3
	7. 办公家具	5	3
		6	3
交通运输设备	1. 专用运钞车、理赔车	4	3
	2. 其他交通运输设备	8	3
固定资产装修	固定资产装修	个别判断	个别判断

公司应当根据与固定资产有关的经济利益的预期实现方式，合理选择固定资产折旧方法。可选用的折旧方法包括年限平均法、工作量法、双倍余额递减法和年数总和法等。固定资产的折旧方法一经确定，不得随意变更。

固定资产折旧通过"累计折旧"科目核算。其贷方登记公司计提的折旧数，借方登记因减少固定资产而转销的折旧数，期末余额在贷方，反映公司现有固定资产累计已提取的折旧数。该科目应按固定资产的类别或项目设置明细账。

固定资产应按月计提折旧，期末根据固定资产折旧表，借记"业务及管理费——固定资产折旧费"，贷记"累计折旧"，并计入固定资产卡片。

例 6 – 31　某担保公司 20×4 年 11 月应计折旧费的有关资料如表 6 – 2 所示。

表 6 – 2　　　　　　　　　固定资产折旧计算汇总表　　　　　　　　　单位：元

固定资产类别	上月计提折旧额	上月增加固定资产应计提折旧额	上月减少固定资产应计提折旧额	本月应计提折旧额
房屋及建筑物	35 520			35 520
机器设备	18 000	480		18 480
交通运输设备	19 200	1 920	800	20 320
其他设备	8 000			8 000
合计	80 720	2 400	800	82 320

公司应编制会计分录如下：

借：业务及管理费——固定资产折旧费　　　　　　　　　　　82 320
　　　贷：累计折旧　　　　　　　　　　　　　　　　　　　　　82 320

（3）低值易耗品摊销的核算。低值易耗品（Low Value Consumption Good）是指不能作为固定资产的各种用具物品，如办公用品、物料用品、宣传用品、电子设备耗材、营销员奖励的礼品等。公司取得低值易耗品应当按照实际成本进行计量。低值易耗品的摊销方法有两种：

①一次摊销法。一次摊销法（One off Amortization Method）是指在领用低值易耗品时，其全部价值一次计入相关资产成本或当期损益，适用于价值较低或极易损坏的低值易耗品。

②五五摊销法。五五摊销法（Fifty Percent Amortization Method）是指在领用低值易耗品时，先摊销其成本的一半，在报废时再摊销其成本的一半。即低值易耗品分两次各按50%进行摊销。五五摊销法既适用于价值较低、使用期限较短的低值易耗品，也适用于每期领用数量和报废数量大致相等的低值易耗品。采用五五摊销法的情况下需要单独设置"在库"、"在用"和"摊销"明细科目。

担保公司应通过"低值易耗品"科目核算公司在库低值易耗品的实际成本，该科目属于资产类科目，其借方登记购入的低值易耗品，贷方登记领用的低值易耗品，余额在借方，反映公司库存未用低值易耗品的实际成本。该科目应按低值易耗品的种类设置明细账。同时对于在用低值易耗品，以及使用部门退回仓库的低值易耗品，应加强实物管理，并在备查簿上进行登记。

例 6-32 某公司因业务、办公等需要购入一批办公物资，实际成本为800元，采用一次摊销法。应编制会计分录如下：

购入时：
借：低值易耗品——办公用品　　　　　　　　　　　　　　800
　　贷：银行存款　　　　　　　　　　　　　　　　　　　　　800

办公室领用时：
借：业务及管理费——公杂费　　　　　　　　　　　　　　800
　　贷：低值易耗品——办公用品　　　　　　　　　　　　　　800

例 6-33 某担保公司因业务需要领用一台点钞机，价值1 500元，采用五五摊销法。应编制会计分录如下：

①领用时：
借：低值易耗品——在用　　　　　　　　　　　　　　1 500
　　贷：低值易耗品——在库　　　　　　　　　　　　　　　1 500

②领用时摊销其价值的一半：
借：业务及管理费——低值易耗品摊销　　　　　　　　　750
　　贷：低值易耗品——摊销　　　　　　　　　　　　　　　750

③报废时摊销其价值的一半：
借：业务及管理费——低值易耗品摊销　　　　　　　　　750
　　贷：低值易耗品——摊销　　　　　　　　　　　　　　　750

同时
借：低值易耗品——摊销　　　　　　　　　　　　　　1 500
　　贷：低值易耗品——在用　　　　　　　　　　　　　　　1 500

（4）无形资产摊销的核算。无形资产（Intangible Asset）是指公司拥有或者控制的没有实物形态的可辨认非货币性资产。包括专利权、非专利技术、商标权、著作权、特许权、土地使用权等。公司应当于取得无形资产时分析判断其使用寿命。使用寿命为有限的,应当估计该使用寿命的年限或者构成使用寿命的产量等类似计量单位数量;无法预见无形资产为公司带来经济利益期限的,应当视为使用寿命不确定的无形资产。使用寿命有限的无形资产应进行摊销。使用寿命不确定的无形资产不应摊销。

使用寿命包括法定寿命和经济寿命,有些无形资产的使用寿命受法律、规章或合同的限制,比如我国法律规定专利权有效期为20年,商标有效期为10年。有些无形资产,如永久特许权、非专利技术等的寿命不受法律或合同的限制,但可以确定为公司带来经济利益的年限。使用寿命有限的无形资产,其应摊销金额应当在使用寿命内系统合理摊销。无形资产的摊销期自可供使用(即其达到预定用途)时起至终止确认时止。当月增加的无形资产,当月开始摊销;当月减少的无形资产,当月不再摊销。

无形资产的应摊销金额为其成本扣除预计残值后的金额。已计提减值准备的无形资产,还应扣除已计提的无形资产减值准备累计金额。使用寿命有限的无形资产,其残值应当视为零,但下列情况除外:

①有第三方承诺在无形资产使用寿命结束时购买该无形资产。

②可以根据活跃市场得到预计残值信息,并且该市场在无形资产使用寿命结束时很可能存在。

无形资产的摊销方法包括直线法、生产总量法等。公司选择的无形资产摊销方法,应当反映与该项无形资产有关的经济利益的预期实现方式。无法可靠确定预期实现方式的,应当采用直线法摊销。

公司应当按月对无形资产进行摊销。无形资产的摊销金额一般应当计入当期损益,其他会计准则另有规定的除外。公司自用的无形资产,其摊销金额进入业务及管理费;出租的无形资产,其摊销金额进入其他业务成本;某项无形资产包含的经济利益通过其他资产实现的,无形资产的摊销金额应当计入相关资产成本。

例 6-34 甲公司购买一项特许权,成本为 4 800 000 元,合同规定受益年限为 10 年,甲公司每月应摊销 40 000 元 (4 800 000÷10÷12)。每月摊销时,甲公司应编制会计分录如下:

借:业务及管理费——无形资产摊销　　　　　　　　　　　　　　40 000
　　贷:累计摊销　　　　　　　　　　　　　　　　　　　　　　　　40 000

(5) 长期待摊费用摊销的核算。长期待摊费用 (Long Term Deferred Expense) 是指公司已经发生但由本期和以后各期负担的分摊期限在一年以上的各项费用,如以经营租赁方式租入的固定资产改良支出、一年期以上的租金、广告牌租赁费等。

租入固定资产改良支出是指能增加以租赁方式租入固定资产的效用或延长其使用寿命的改装、翻修、改建支出。固定资产改良支出一般数额较大,受益期较长(超过1年),可使固定资产的性能、质量等都有较大的改进。

公司应设置"长期待摊费用"科目,用来核算公司已经发生,但摊销期限在一年以上的各项费用。该科目属于资产类科目,其借方登记发生的各项长期待摊费用,贷方登记摊销的长期待摊费用,余额在借方,反映公司尚未摊销完毕的长期待摊费用。该科目应按费用项目设置明细账。

发生各项长期待摊费用时,借记"长期待摊费用"科目,贷记"银行存款"等科目;

摊销各项长期待摊费用时,借记"业务及管理费"科目,贷记"长期待摊费用"科目。

(6) 应交税费的核算。计入业务及管理费的税金主要包括房产税、土地使用税和车船使用税。房产税是国家对在城市、县城、建制镇和工矿区征收的产权所有人缴纳的税。房产税依照原值一次减除10%—30%后的余额计算交纳。没有房产原值作为依据的,由房产所在地税务机关参考同类房产核定。房产出租的,以房产租金收入作为房产税的计税依据。土地使用税是国家为了合理利用城镇土地,调节土地级差收入,提高土地使用效益,加强土地管理而开征的一种税。土地使用税以纳税人实际占有的土地面积为计税依据,依照规定税额计算征收。车船使用税由拥有并且使用车船的单位和个人交纳。车船使用税按照适用税率计算交纳。值得注意的是印花税不通过"应交税费"科目核算。

担保公司按规定计算应交的房产税、土地使用税、车船使用税,借记"业务及管理费"科目,贷记"应交税费——应交房产税、土地使用税、车船使用税"科目;实际上交时,借记"应交税费——应交房产税、土地使用税、车船使用税"科目,贷记"银行存款"科目。

五、其他业务成本的核算

其他业务成本(Other Business Expense)是指公司确认的除主营业务活动以外的其他经营活动所发生的支出,比如出租固定资产、出租投资性房地产、出租无形资产、咨询服务、代理业务等发生或结转的相关成本、费用。

为了核算和监督担保公司其他业务成本情况,应设置"其他业务成本"科目,该科目属于损益类(费用)科目,其借方登记发生的其他业务成本,贷方登记期末结转"本年利润"科目的数额,结转后该科目无余额。该科目应按其他业务成本的种类设置明细账。

例 6-35 某公司为其他公司代办担保业务,取得手续费收入 20 000 元,发生相关支出 12 000 元,按 5% 营业税税率计算应交营业税款 1 000 元。应编制会计分录如下:

借:银行存款	20 000	
贷:其他业务收入——代理收入		20 000
借:其他业务成本——代理支出	13 000	
贷:银行存款		12 000
应交税费——应交营业税		1 000

例 6-36 20×3 年 1 月 1 日,A 公司将一项专利技术出租给 B 公司使用,该专利技术账面余额为 500 万元,摊销期限为 10 年,出租合同规定,每年收取租金 1 000 000 元,应交营业税 50 000 元。A 公司应编制会计分录如下:

(1) 取得该项专利技术使用费时:

借:银行存款	1 000 000	
贷:其他业务收入——租金收入		1 000 000

(2) 按年对该项专利技术进行摊销并计算应交的营业税:

借:其他业务成本——出租无形资产支出	550 000	
贷:累计摊销		500 000
应交税费——应交营业税		50 000

例 6 - 37 甲公司将一栋营业用房出租给乙公司使用,已确认为投资性房地产,采用成本模式进行后续计量。该栋营业用房的成本为 1 500 万元,按照直线法计提折旧,使用寿命为 20 年,预计净残值为零。按照经营租赁合同,乙公司每月支付甲公司租金 5 万元。租赁期满 18 年后,甲公司将该栋营业用房出售给乙公司,合同价款为 1 200 万元,乙公司用银行存款付清。甲公司应编制会计分录如下:

(1) 每月计提折旧时:

每月计提的折旧:1 500 ÷ 20 ÷ 12 = 6.25(万元)

借:其他业务成本——出租投资性房地产支出　　　　62 500
　　贷:投资性房地产累计折旧　　　　　　　　　　　　　62 500

(2) 每月确认租金时:

借:银行存款　　　　　　　　　　　　　　　　　　　50 000
　　贷:其他业务收入——租金收入　　　　　　　　　　　50 000

(3) 出售时:

借:银行存款　　　　　　　　　　　　　　　　　12 000 000
　　贷:其他业务收入——出售投资性房地产收入　　12 000 000

(4) 结转成本时:

已计提的折旧:6.25 × 12 × 18 = 1 350(万元)

借:其他业务成本——出售投资性房地产支出　　　1 500 000
　　投资性房地产累计折旧　　　　　　　　　　　13 500 000
　　贷:投资性房地产　　　　　　　　　　　　　　15 000 000

六、资产减值损失的核算

(一) 资产减值的范围

资产减值损失 (Asset Impairment Loss) 反映公司计提各项资产减值准备所形成的损失,包括应收款项、低值易耗品、损余物资、抵债资产、长期股权投资、持有至到期投资、固定资产、无形资产、投资性房地产、贷款等资产发生减值时应计提的各项准备。

公司所有的资产在发生减值时,原则上都应当对发生的减值损失及时加以确认和计量,因此,资产减值包括所有资产的减值。但是,由于有关资产的性质不同,其减值的会计处理也有所区别,因而所适用的具体准则也不同。比如,损余物资、低值易耗品、抵债资产等存货的减值适用于《企业会计准则第 1 号——存货》,持有至到期投资、贷款及应收款项、可供出售金融资产等金融资产的减值适用于《企业会计准则第 22 号——金融工具确认和计量》,投资性房地产的减值适用于《企业会计准则第 3 号——投资性房地产》。对于固定资产(含在建工程)、无形资产、按成本计量的投资性房地产、对子公司、合营企业和联营企业的长期股权投资、商誉的减值适用于《企业会计准则第 8 号——资产减值》。其中金融资产的减值将在第七章阐述。

(二) 科目设置

为了核算和监督担保公司资产减值损失情况,应设置"资产减值损失"科目,该科目属于损益类（费用）科目。其借方登记公司的应收款项、低值易耗品、损余物资、抵债资产、长期股权投资、持有至到期投资、固定资产、无形资产、投资性房地产、贷款等资产发生减值时应计提的各项准备，贷方登记期末转入"本年利润"的数额，结转后该科目无余额。该科目应按资产减值损失项目设置明细账。

（三）资产减值损失的账务处理

1. 损余物资、低值易耗品、抵债资产等存货的减值损失

资产负债表日，存货应当按成本与可变现净值孰低计量。如由于存货毁损、全部或部分陈旧过时等原因，使存货成本高于可变现净值的，应按可变现净值低于存货成本部分，计提存货跌价准备，计入当期损益。可变现净值，是指公司在正常经营过程中，以估计售价减去所必需的估计费用后的价值。

存货跌价准备应按单个存货项目的成本与可变现净值计量，如果某些存货具有类似用途，且实际上难以将其与该产品系列的其他项目区别开来进行估价，可以合并计量成本与可变现净值；对于数量繁多、单价较低的存货，可以按存货类别计量成本与可变现净值。

当存在以下一项或若干项情况时，应当将存货账面价值全部转入当期损益：①已霉烂变质的存货；②已过期且无转让价值的存货；③经营中已不再需要，并且已无使用价值和转让价值的存货；④其他足以证明已无使用价值和转让价值的存货。

当存在下列情况之一时，应当计提存货跌价准备：①市价持续下跌，并且在可预见的未来无回升的希望；②已不适应公司的需要；③其他足以证明该项存货实质上已经发生减值的情形。

如果以前减记存货价值的影响因素已经消失的，减记的金额应当予以恢复，并在原已计提的存货跌价准备金额内转回，转回的金额计入当期损益。

例6-38 20×3年12月31日，甲公司损余物资的账面余额为100 000元，由于市场价格下跌，预计可变现净值为80 000元，由此应计提的损余物资跌价准备为20 000元。应编制会计分录如下：

借：资产减值损失——计提的损余物资跌价准备　　　　20 000
　　贷：损余物资跌价准备　　　　　　　　　　　　　　　　　20 000

假设20×4年6月30日，损余物资的账面余额为100 000元，由于市场价格有所上升，使得甲公司损余物资预计可变现净值为95 000元，应转回的损余物资跌价准备为15 000元。应编制会计分录如下：

借：损余物资跌价准备　　　　　　　　　　　　　　　　15 000
　　贷：资产减值损失——计提的损余物资跌价准备　　　　　15 000

假设20×4年12月30日，损余物资的账面余额仍为100 000元，由于市场价格进一步上升，使得甲公司损余物资预计可变现净值为98 000元，应转回的损余物资跌价准备为3 000元。应编制会计分录如下：

借：损余物资跌价准备　　　　　　　　　　　　　　　　3 000
　　贷：资产减值损失——计提的损余物资跌价准备　　　　　3 000

2. 固定资产（含在建工程）、无形资产、按成本计量的投资性房地产、对子公司、合营企业和联营企业的长期股权投资、商誉的减值损失

（1）资产减值迹象的判断。从外部信息来源来看，如果资产市场价值明显下降，公司经济、技术、法律或市场环境发生了重大不利变化；利率或其他市场回报率的提高影响了计算资产可收回金额的贴现率，公司需要据此估计资产的可收回金额，决定是否需要确认减值损失。

从内部信息来源来看，如果资产已经陈旧过时或发生实体损坏；资产已经或将被闲置、终止使用或提前处置；内部报告显示资产的经济绩效已低于或将低于预期等，均属于资产可能发生减值的迹象。

（2）资产减值的测试。如果有确凿证据表明资产存在减值迹象的，应进行减值测试，估计资产的可收回金额。但有两项资产除外，即因公司合并形成的商誉和适用寿命不确定的无形资产，对于这两类资产，无论是否存在减值迹象，都应当至少于每年年度终了时进行减值测试。

（3）资产可收回金额的计量。公司资产存在减值迹象的，应当估计资产的可收回金额，然后将所估计资产的可收回金额与其账面价值相比较，以确定资产是否发生了减值，以及是否需要计提资产减值准备并确认相应的减值损失。

资产可收回金额应当根据其公允价值减去处置费用后的净额与资产预计未来现金流量的现值两者之间较高者来确定。

（4）资产减值损失的确认与计量。公司在对资产进行减值测试后，如果可收回金额的计量结果表明，资产的可收回金额低于其账面价值的，应当将资产的账面价值减记可收回金额，减记的金额确认为资产减值损失，计入当期损益，同时，计提相应的资产减值准备。

考虑到固定资产、无形资产、商誉等资产发生减值后，一方面价值回升的可能性比较小，通常属于永久性减值；另一方面从会计信息稳健性要求考虑，为了避免确认资产重估增值和操纵利润，资产减值损失一经确认，在以后会计期间不得转回。以前期间计提的资产减值准备，需要等到资产处置时才可转回。

例 6-39 20×3 年 12 月 31 日，某公司的公务用车可能存在减值迹象。经计算，该批公务用车的可收回金额合计为 1 230 000 元，账面价值为 1 400 000 元，以前年度未对该批公务用车计提过减值准备。应编制会计分录如下：

借：资产减值损失——计提的固定资产减值准备　　　　　　　　170 000
　　贷：固定资产减值准备　　　　　　　　　　　　　　　　　　170 000

例 6-40 20×3 年 12 月 31 日，某公司的某项专利可能存在减值迹象。该公司外购的类似专利技术的账面价值为 800 000 元，剩余摊销年限为 4 年，经减值测试，该专利技术的可收回金额为 750 000 元。应编制会计分录如下：

借：资产减值损失——计提的无形资产减值准备　　　　　　　　50 000
　　贷：无形资产减值准备　　　　　　　　　　　　　　　　　　50 000

七、营业外支出的核算

营业外支出（Non operating Expense）是指公司发生的与经营业务无直接关系的各项支出，包括非流动资产处置损失、非货币性资产交换损失、债务重组损失、捐赠支出、非常损失、盘亏损失等。

为了核算和监督担保公司营业外支出的情况,应设置"营业外支出"科目,该科目属于损益类(费用)科目,其借方登记发生的营业外支出,贷方登记期末结转"本年利润"科目的数额,结转后该科目无余额。该科目应按营业外支出项目设置明细账。

(一)非流动资产处置损失

例 6-41 某担保公司出售不需用固定资产,原价 80 000 元,估计折旧 30 000 元。双方协商作价 40 000 元。出售收入按照 5% 缴纳营业税,清理过程中共支付清理费用 1 000 元,售出的款项已收到。应编制会计分录如下:

(1)固定资产进入清理时:

借:固定资产清理 50 000
  累计折旧 30 000
  贷:固定资产 80 000

(2)计算应交纳的营业税:

借:固定资产清理 2 000
  贷:应交税费——应交营业税 2 000

(3)支付清理费用:

借:固定资产清理 1 000
  贷:银行存款 1 000

(4)收到出售固定资产价款:

借:银行存款 40 000
  贷:固定资产清理 40 000

(5)结转固定资产清理净损失:

借:营业外支出——处置非流动资产损失 13 000
  贷:固定资产清理 13 000

例 6-42 某公司拥有某项专利技术,根据市场调查,该项专利已没有市场,决定应予转销。转销时,该项专利技术的账面余额为 600 万元,摊销期限为 10 年,采用直线法进行摊销,已摊销了 5 年,假定该项专利权的残值为零,已累计计提的减值准备为 160 万元,假定不考虑其他相关因素。应编制会计分录如下:

借:累计摊销 3 000 000
  无形资产减值准备 1 600 000
  营业外支出——处置非流动资产损失 1 400 000
  贷:无形资产——专利权 6 000 000

(二)盘亏损失

例 6-43 某公司在财产清查中盘亏公务车一辆,账面原值 15 000 元,累计折旧 10 000 元。经批准,其净值作营业外支出处理。应编制会计分录如下:

(1)盘亏固定资产时:

借:待处理财产损溢——待处理固定资产损溢 5 000
  累计折旧 10 000

　　　　贷：固定资产——交通运输设备——××公务车　　　　　　15 000
　（2）作营业外支出处理时：
　　借：营业外支出——固定资产盘亏损失　　　　　　　　　　　5 000
　　　　贷：待处理财产损溢——待处理固定资产损溢　　　　　　　5 000

（三）债务重组损失

1. 债务重组的定义和方式

债务重组，是指在债务人发生财务困难的情况下，债权人按照其与债务人达成的协议或者法院的裁定作出让步的事项。

担保公司在日常经营中，由于某些因素的影响，常出现应收款项、贷款等不能及时收回的可能。由于债务人的暂时困难，致使资金周转不灵，或经营陷入困境，没有能力按照原定条件偿还债务。在债务人发生财务困难的情况下，担保公司可以通过债务重组的方式，按照与债务人达成的协议或法院裁定作出让步。让步的结果是：债权人发生债务重组损失。债务重组损失是非正常情况下的事项，是担保公司偶发的经济业务，属于与其日常活动无直接关系的损失，应在"营业外支出"科目下单独设置"债务重组损失"明细科目核算。

债务重组方式主要有以资产清偿债务、将债务转为资本；修改其他债务条件，如减少债务本金、减少债务利息等。

2. 以资产清偿债务的会计处理

（1）以现金清偿债务。债务人以现金清偿债务的，债权人应当将重组债权的账面余额与收到现金之间的差额确认为债务重组损失，作为营业外支出，计入当期损益。

（2）以非现金资产（抵债资产）清偿债务。债务人以非现金资产清偿债务的，债权人应当对受让的非现金资产按照公允价值入账，重组债权的账面余额与受让的非现金资产公允价值之间的差额确认为债务重组损失，作为营业外支出，计入当期损益。

①抵债资产的概念。抵债资产是指担保公司因债务重组依法取得并准备按有关规定进行处置的实物抵债资产，包括低值易耗品、固定资产、无形资产、股权投资等。下列财产一般不得用于抵偿债务：法律规定的禁止流通物；抵债资产欠缴和应缴的各种税收和费用已经接近等于或者高于该资产价值的；权属不明或有争议的资产；伪劣、变质、残损或储存、保管期限短的资产；资产已抵押或质押给第三人，且抵押或质押价值没有剩余的；依法被查封、扣押、监管或者依法被以其他形式限制转让的资产（担保公司有优先受偿权的资产除外）；公益性质的生活设施、教育设施、医疗卫生设施等；法律禁止转让和转让成本高的集体所有土地使用权；已确定要被征用的土地使用权；其他无法变现的资产。值得注意的是划拨的土地使用权原则上不能单独用于抵偿债务，如以该类土地上的房屋抵债的，房屋占用范围内的划拨土地使用权应当一并用于抵偿债务，但应首先取得获有审批权限的人民政府或土地行政管理部门的批准，并在确定抵债金额时扣除按照规定应补交的土地出让金及相关税费。

②抵债资产的确认。抵债资产抵债方式包括协议抵债和法院、仲裁机构裁决抵债。一般情况下，抵债资产应以债务人履行协议或法院裁定将相关资产转让给债权人的日期作为确认日期。

③抵债资产的计量。以抵债资产抵偿债务的，抵债资产应以公允价值作为计量标准。协议抵债的，原则上应在具有合法资质的评估机构进行评估的基础上，与被担保人或第三人协

商确定抵债金额。采用诉讼、仲裁等法律手段追偿债权的，原则上应及时申请法院或仲裁机构对被担保人的财产进行拍卖或变现，确需收取抵债资产的，应以法院、仲裁机构最后一次的拍卖保留价为基础，公平合理地确定抵债金额。

④抵债资产的处置。抵债资产收取后应尽快处置变现。不动产和股权应当自取得日起2年内予以处置；除股权外的其他权利应在其有效期内尽快处置，最长不超过自取得日起的2年；动产应自取得日起1年内予以处置。

抵债资产原则上应采用公开拍卖方式进行处置。选择拍卖机构时，要在综合考虑拍卖机构的业绩、管理水平、拍卖经验、客户资源、拍卖机构资信评定结果及合作关系等情况的基础上，择优选用。拍卖抵债金额在1 000万元（含1 000万元）以上的单项抵债资产应通过公开招标方式确定拍卖机构。拍卖时应采用保留底价的拍卖方式。

不适于拍卖的，可根据资产的实际情况，采用协议处置、招标处置、打包出售、委托销售等方式变现，并应在选择中介机构和抵债资产买受人的过程中充分引入竞争机制，避免暗箱操作。

抵债资产收取后原则上不能对外出租。因受客观条件限制，在规定时间内确实无法处置的抵债资产，为避免资产闲置带来更大损失，在租赁关系的确立不影响资产处置的情况下，可在处置时限内暂时出租。另外，担保公司不得擅自使用抵债资产。确因经营管理需要将抵债资产转为自用的，视同新购固定资产办理相应的固定资产购建审批手续。

⑤科目设置。为了反映公司依法取得并准备按有关规定进行处置的实物抵债资产的成本，担保公司应设置"抵债资产"科目。该科目属于资产类科目，其借方登记公司因债务重组而收到的资产，贷方登记处置抵债资产的账面余额，余额在借方，反映公司取得的尚未处置的实物抵债资产的成本。该科目应按抵债资产类别及借款人设置明细账。

如果抵债资产发生减值的，可以单独设置"抵债资产跌价准备"科目，核算公司计提的抵债资产跌价准备。该科目属于资产类科目，是抵债资产的调整科目，其贷方登记计提的抵债资产跌价准备金额，借方登记实际发生的抵债资产损失金额和冲减的抵债资产跌价准备金额，余额在贷方，反映公司已计提但尚未转销的抵债资产抵债资产跌价准备。

⑥账务处理

第一，公司取得的抵债资产，按抵债资产的公允价值，借记"抵债资产"科目，按相关资产已计提的减值准备，借记"贷款损失准备"、"坏账准备"等科目，按相关资产的账面余额，贷记"应收保费"、"应收代位追偿款"、"贷款"、"应收利息"、"应收分保账款"等科目，按应支付的相关税费，贷记"应交税费"科目，按其差额，借记"营业外支出"科目。

第二，抵债资产保管期间取得的收入，借记"库存现金"、"银行存款"等科目，贷记"其他业务收入"等科目。保管期间发生的直接费用，借记"其他业务成本"等科目，贷记"库存现金"、"银行存款"等科目。

第三，处置抵债资产时，应按实际收到的金额，借记"库存现金"、"银行存款"等科目，按应支付的相关税费，贷记"应交税费"科目，按其账面余额，贷记"抵债资产"科目，按其差额，贷记"营业外收入"科目或借记"营业外支出"科目。已计提抵债资产跌价准备的，还应同时结转抵债资产跌价准备。

第四，取得抵债资产后转为自用的，应在相关手续办妥后，按转换日抵债资产的账面余额,借记"固定资产"、"低值易耗品"等科目,贷记"抵债资产"科目。已计提抵债资产跌价准备的,还应同时结转抵债资产跌价准备。

⑦核算举例。

例 6-44 乙企业因资金周转困难,通过债务重组方式与担保公司达成协议:企业欠公司代偿款 50 万元、保费 3 万元、分保账款 1 万元,用支票 30 万元归还保费、分保账款和部分代偿款,其他债务用一台丰田小轿车抵偿。该车原价为 25 万元,市场评估价 18 万元,评估价与公允价值相符合。经批准,此车留作担保公司公务用车。应编制会计分录如下:

1. 收到支票时:

借:银行存款　　　　　　　　　　　　　　　　　　300 000
　　贷:应收代位追偿款——乙企业　　　　　　　　　260 000
　　　　应收分保账款——乙企业　　　　　　　　　　 10 000
　　　　应收保费——乙企业　　　　　　　　　　　　 30 000

2. 收到抵债资产丰田小轿车时:

借:抵债资产——丰田小轿车　　　　　　　　　　　180 000
　　营业外支出——债务重组损失　　　　　　　　　　 60 000
　　贷:应收代位追偿款——乙企业　　　　　　　　　240 000

3. 经批准,收回的小轿车留作公司公务用车:

借:固定资产——交通运输设备——丰田小轿车　　　250 000
　　贷:抵债资产——丰田小轿车　　　　　　　　　　180 000
　　　　累计折旧　　　　　　　　　　　　　　　　　 70 000

例 6-45 乙企业财务发生困难,前欠担保公司保费 42 万元不能支付,担保公司已为该项应收债权计提了 3 万元的坏账准备,经双方协议,20×4 年 1 月 5 日进行债务重组。担保公司同意乙企业以一台设备偿还债务。该项设备的账面原值为 34 万元,已提折旧 3 万元,设备的公允价值为 35 万元。担保公司拟将其处置,不转作自用固定资产;在实际处置前暂时对外出租。20×4 年 6 月 30 日,从租户处收到租金 2 万元。当日,该房地产的可变现净值为 34 万元。20×4 年 12 月 31 日,从租户处收到上述房地产租金 4 万元。担保公司当年为该设备发生维修费用 1 万元,并打算再出租。20×4 年 12 月 31 日,该房地产的可变现净值为 32 万元。20×5 年 1 月 8 日,担保公司将该设备处置,取得价款 32 万元,发生相关税费 2 万元。担保公司应编制会计分录如下:

1. 20×4 年 1 月 5 日收到抵债资产:

借:抵债资产——某设备　　　　　　　　　　　　　350 000
　　坏账准备　　　　　　　　　　　　　　　　　　 30 000
　　营业外支出——债务重组损失　　　　　　　　　 40 000
　　贷:应收保费——乙企业　　　　　　　　　　　　420 000

2. 20×4 年 6 月 30 日收到租金时:

借:银行存款　　　　　　　　　　　　　　　　　　 20 000
　　贷:其他业务收入——租金收入　　　　　　　　　 20 000

确认抵债资产跌价准备 = 35 - 34 = 1(万元)

借:资产减值损失——抵债资产减值损失　　　　　　 10 000

　　　　贷：抵债资产跌价准备　　　　　　　　　　　　　　　　　　10 000
3. 20×4年12月31日收到租金时：
　　借：银行存款　　　　　　　　　　　　　　　　　　　　　　40 000
　　　　贷：其他业务收入——租金收入　　　　　　　　　　　　　40 000
确认维修费用：
　　借：其他业务成本　　　　　　　　　　　　　　　　　　　　20 000
　　　　贷：银行存款　　　　　　　　　　　　　　　　　　　　20 000
确认抵债资产跌价准备 = 34 – 32 = 2（万元）
　　借：资产减值损失——抵债资产减值损失　　　　　　　　　　20 000
　　　　贷：抵债资产跌价准备　　　　　　　　　　　　　　　　20 000
4. 20×5年1月8日将该设备处置时：
　　借：银行存款　　　　　　　　　　　　　　　　　　　　　320 000
　　　　抵债资产跌价准备　　　　　　　　　　　　　　　　　　30 000
　　　　营业外支出——处置非流动资产损失　　　　　　　　　　20 000
　　　　贷：抵债资产——某设备　　　　　　　　　　　　　　350 000
　　　　　　应交税费　　　　　　　　　　　　　　　　　　　　20 000

3. 债务转为资本的会计处理

债务重组采用债务转为资本方式的，债权人应当将享有股份的公允价值确认为对债务人的投资，重组债权的账面余额与股份的公允价值之间的差额，计入当期损益。债权人已对债权计提减值准备的，应当先将该差额冲减减值准备，减值准备不足以冲减的部分，计入当期损益。

将债权转为投资，公司应按应享有股份的公允价值，借记"长期股权投资"科目，按重组债权的账面余额，贷记应收款项科目，按应支付的相关税费，贷记"银行存款"、"应交税费"等科目，按其差额，借记"营业外支出"科目。

例6-46 乙公司向中国工商银行某支行借款500万元，由甲担保公司提供担保，合同规定乙公司应于20×4年8月20日偿还借款，但到期日乙公司由于资金紧张，要求甲担保公司代为偿还借款并承诺2个月内归还借款。2个月后，由于乙公司发生财务困难，无法按约定还款，经与甲公司协商进行债务重组。经双方协议，甲担保公司同意乙公司将该债务转为乙公司的股份。转股后乙公司注册资本为2 500万元，抵偿债权占乙公司注册资本的20%。债务重组日，抵偿债权的公允价值为480万元。20×3年12月5日，相关手续办理完毕。甲担保公司应编制会计分录如下：

　　借：长期股权投资——乙公司　　　　　　　　　　　　　4 800 000
　　　　营业外支出——债务重组损失　　　　　　　　　　　　200 000
　　　　贷：应收代位追偿款——乙公司　　　　　　　　　　5 000 000

4. 修改其他债务条件的会计处理

（1）不附或有条件的债务重组。对于债权人而言，以修改其他债务条件进行债务重组的，如修改后的债务条款不涉及或有应收金额，则债权人应当将修改其他债务条件后的债权的公允价值作为重组后债权的账面价值，重组债权的账面余额与重组后债权账面价值之间的差额确认为债务重组损失，计入营业外支出。如果债权人已对该项债权计提了减值准备，应当首先冲减已计提的减值准备,减值准备不足以冲减的部分,作为债务重组损失,计入营业外支出。

例 6-47 乙公司 20×3 年 6 月 1 日应偿还中国建设银行某支行借款 200 万元,由于乙公司资金紧张,要求甲担保公司代为偿还并约定 3 个月归还,按 10% 计算利息。期满后该公司资金状况未见好转,经双方协商,于 20×3 年 10 月 1 日进行债务重组。甲担保公司同意将本金减至 180 万元,免去所欠利息 8 万元;将利率从 10% 降低至 5%,并将债务到期日延长至 20×4 年 3 月 31 日,利息按季支付。该项债务重组从协议签订日起开始实施。甲担保公司应编制会计分录如下:

(1) 20×3 年 10 月 1 日进行债务重组,确认债务重组损失:

借:应收代位追偿款——乙公司——本金　　　　　　　　　1 800 000
　　营业外支出——债务重组损失　　　　　　　　　　　　　280 000
　　贷:应收代位追偿款——乙公司——本金　　　　　　　　　　2 000 000
　　　　　　　　　　　　——乙公司——利息　　　　　　　　　　80 000

(2) 20×3 年 12 月 31 日收到利息时:

借:银行存款　　　　　　　　　　　　　　　　　　　　　22 500
　　贷:利息收入　　　　　　　　　　　　　　　　　　　　　　22 500

(3) 20×4 年 3 月 31 日收到本金和利息时:

借:银行存款　　　　　　　　　　　　　　　　　　　　　1 822 500
　　贷:应收代位追偿款——乙公司——本金　　　　　　　　　　1 800 000
　　　　利息收入　　　　　　　　　　　　　　　　　　　　　22 500

(2) 附或有条件的债务重组。附或有条件的债务重组是指在债务重组协议中附或有应付条件的重组。或有应付金额是指依未来某种事项出现而发生的支出。未来事项的出现具有不确定性。如债务重组协议规定,"将××公司债务 1 000 000 元免除 200 000 元,剩余债务展期两年,并按 2% 的年利率计收利息。如该公司一年后盈利,则自第二年起将按 5% 的利率计收利息。"根据此项债务重组协议,债务人依未来是否盈利而发生的 24 000 (800 000×3%) 元支出,即为或有应付金额。但债务人是否盈利,在债务重组时不能确定,即具有不确定性。

对债权人而言,以修改其他债务条件进行债务重组,修改后的债务条款中涉及或有应收金额的,不应当确认或有应收金额,不得将其计入重组后债权的账面价值。或有应收金额属于或有资产,或有资产不予确认。只有在或有应收金额实际发生时,才计入当期损益。

5. 以组合方式清偿债务的会计处理

(1) 债务人以现金、非现金资产两种方式的组合清偿某项债务的,债权人应将重组债权的账面价值与收到的现金、受让的非现金资产的公允价值,以及已提坏账准备之间的差额作为债务重组损失。

(2) 债务人以现金、将债务转为资本两种方式的组合清偿某项债务的,债权人应将重组债权的账面价值与收到的现金、因放弃债权而享有股权的公允价值以及已提坏账准备之间的差额作为债务重组损失。

（3）债务人以非现金资产、将债务转为资本两种方式的组合清偿某项债务的，债权人应将债权的账面价值与受让的非现金资产的公允价值、因放弃债权而享有的股权的公允价值以及已提坏账准备的差额作为债务重组损失。

（4）债务人以现金、非现金资产、将债务转为资本三种方式的组合清偿某项债务的，债权人应将重组债权的账面价值与收到的现金、受让的非现金资产的公允价值、因放弃债权而享有的股权的公允价值以及已提坏账准备的差额作为债务重组损失。

（5）以资产、将债务转为资本等方式清偿某项债务的一部分，并对该项债务的另一部分以修改其他债务条件进行债务重组时，债权人应先以收到的现金、受让非现金资产的公允价值、因放弃债权而享有的股权的公允价值冲减重组债权的账面价值，余额与将来应收金额进行比较，据此计算债务重组损失。

第三节 担保合同利润的核算

利润（Profit）是指公司在一定会计期间的经营成果，它是各项收入抵补各项支出后所获得的最后成果。如果收入大于支出，即为利润；反之，即为亏损。利润或亏损是衡量担保公司经营管理水平和市场竞争能力的一个重要标志。

一、利润的构成内容

利润分为营业利润、利润总额、净利润、综合收益总额四个层次。

1. 营业利润（Operating Profit）

营业利润是指公司从经营活动中取得的全部利润。营业利润应是构成公司利润总额的主体部分，其计算公式为：

营业利润 = 营业收入 − 营业支出

2. 利润总额（Total Profit）

利润总额是由营业利润、营业外收入、营业外支出三个项目构成的，可以用公式表示为：

利润总额 = 营业利润 + 营业外收入 − 营业外支出

3. 净利润（Net Profit）

净利润是指利润总额减去所得税费用后的净额，可以用公式表示为：

净利润 = 利润总额 − 所得税费用

4. 综合收益总额（Total Composite Income）

综合收益总额是指公司某一期间除与所有者以其所有者身份进行的交易之外的其他交易或事项引起的所有者权益变动。其计算公式为：综合收益总额 = 净利润 + 其他综合收益扣除所得税影响后的净额

二、本年利润的核算

为了核算本年利润，担保公司应设置"本年利润"科目，核算公司在本年度实现的净利润（或发生的净亏损）总额。该科目属于所有者权益类科目，其贷方登记从各损益类（收入）科目转入的金额以及转入"利润分配"科目的净亏损，借方登记从损益类（费用）科目转入的金额以及转入"利润分配"科目的净利润。在年终结转利润分配之前，该科目一般是有余额的。如为贷方余额，反映本年度自年初开始累计实现的净利润；如为借方余额，反映本年度自年初开始累计发生的净亏损。年终结转后，"本年利润"科目无余额。

例6-48 华为担保公司损益类科目全年发生额情况如表6-3所示。

表6-3 华为担保公司损益类科目全年发生额　　　　　　　　单位：元

科目名称	本期贷方发生额	科目名称	本期借方发生额
保费收入	9 230 649	赔付支出	2 956 100
利息收入	543 146	退保金	257 800
其他业务收入	84 000	分出保费	253 733
汇兑损益	85 000	分保费用	197 426
公允价值变动损益	26 582	提取担保赔偿准备金	346 739
摊回担保赔偿准备金	655 000	提取未到期责任准备金	271 287
摊回赔付支出	374 263	利息支出	95 000
摊回分保费用	56 293	手续费及佣金支出	105 590
营业外收入	12 000	营业税金及附加	461 740
		业务及管理费	237 679
		其他业务成本	24 408
		资产减值损失	23 418
		营业外支出	19 394

根据上述资料，编制会计分录如下：

1. 结转各项收入时：

借：保费收入　　　　　　　　　　　　　　　　9 230 649
　　利息收入　　　　　　　　　　　　　　　　543 146
　　其他业务收入　　　　　　　　　　　　　　84 000
　　汇兑损益　　　　　　　　　　　　　　　　85 000
　　公允价值变动损益　　　　　　　　　　　　26 582
　　摊回担保赔偿准备金　　　　　　　　　　　655 000
　　摊回赔付支出　　　　　　　　　　　　　　374 263
　　摊回分保费用　　　　　　　　　　　　　　56 293
　　营业外收入　　　　　　　　　　　　　　　12 000
　　贷：本年利润　　　　　　　　　　　　　　　　11 066 933

2. 结转各项成本、费用和支出时：
借：本年利润　　　　　　　　　　　　　　　　　　5 250 314
　　贷：赔付支出　　　　　　　　　　　　　　　　　　2 956 100
　　　　退保金　　　　　　　　　　　　　　　　　　　　257 800
　　　　分出保费　　　　　　　　　　　　　　　　　　　253 733
　　　　分保费用　　　　　　　　　　　　　　　　　　　197 426
　　　　提取担保赔偿准备金　　　　　　　　　　　　　　346 739
　　　　提取未到期责任准备金　　　　　　　　　　　　　271 287
　　　　利息支出　　　　　　　　　　　　　　　　　　　 95 000
　　　　手续费及佣金支出　　　　　　　　　　　　　　　105 590
　　　　营业税金及附加　　　　　　　　　　　　　　　　461 740
　　　　业务及管理费　　　　　　　　　　　　　　　　　237 679
　　　　其他业务成本　　　　　　　　　　　　　　　　　 24 408
　　　　资产减值损失　　　　　　　　　　　　　　　　　 23 418
　　　　营业外支出　　　　　　　　　　　　　　　　　　 19 394

该公司实现利润总额为：11 066 933 − 5 250 314 = 5 816 619（元）

三、所得税费用的核算

所得税费用（Income Tax Expense）反映公司应从当期利润总额中扣除的所得税费用。所得税是以企业取得的经营所得和其他所得（转让财产收入、股息、红利等权益性投资收益、利息收入、租金收入、特许权使用费收入、接受捐赠收入等）为征税对象的一种税。企业分为居民企业和非居民企业。居民企业，是指依法在中国境内成立，或者依照外国（地区）法律成立但实际管理机构在中国境内的企业。非居民企业，是指依照外国（地区）法律成立且实际管理机构不在中国境内，但在中国境内设立机构、场所的，或者在中国境内未设立机构、场所，但有来源于中国境内所得的企业。企业所得税的税率为25%。非居民企业来源于中国的所得适用税率为20%。

公司在计算确定当期所得税及递延所得税费用的基础上，应将两者之和确认为利润表中的所得税费用。公式如下：

所得税费用 = 当期所得税 + 递延所得税

（一）当期所得税（Current Income Tax）

担保公司在一定时期内实现的利润总额，是计算交纳所得税的基础。但由于会计对收入和费用的确认，与税法的规定在某些方面不尽相同，这使得会计所反映的利润与税法规定的计税利润之间不一致，因此，一般情况下，公司的利润总额并不直接等于应纳税所得额。根据税法规定，应将担保公司利润总额调整为应纳税所得额，然后计算担保公司当期应负担的所得税。即：

当期所得税 = 应纳税所得额 × 适用税率
应纳税所得额 = 利润总额 + 纳税调整增加额 − 纳税调整减少额

1. 纳税调整增加额主要包括内容

(1) 税法规定的允许扣除项目中担保公司已计入当期费用但超过税法规定扣除标准的金额,主要包括:

①超过税法规定标准的业务招待费(按实际发生额的60%扣除,但最高不得超过当年营业收入的5‰)。

②公益救济性捐赠中超过年度利润总额12%的部分。

③广告费和业务宣传费中超过当年营业收入15%的部分。

④超过税法标准提取的责任准备金。《关于中小企业信用担保机构有关准备金税前扣除问题的通知》(财税〔2012〕25号)规定,符合条件的中小企业信用担保机构按照不超过当年年末担保责任余额1%的比例计提的担保赔偿准备金,允许在企业所得税税前扣除,同时将上年度计提的担保赔偿准备金余额转为当期收入。符合条件的中小企业信用担保机构按照不超过当年担保费收入50%的比例计提的未到期责任准备金,允许在企业所得税税前扣除,同时将上年度计提的未到期责任准备金余额转为当期收入。符合条件的中小企业信用担保机构,必须同时满足以下条件:符合《融资性担保公司管理暂行办法》相关规定,并具有融资性担保机构监管部门颁发的经营许可证;中小企业为主要服务对象,当年新增中小企业信用担保和再担保业务收入占新增担保业务收入总额的70%以上;中小企业信用担保业务的平均年担保费率不超过银行同期贷款基准利率的50%等。例如,某担保公司20×3年度"未到期责任准备金"科目期初余额为60万元,20×3年度担保费收入200万元,则未到期责任准备金税前扣除限额为100万元(200万元×50%=100万元),"未到期责任准备金"科目期末余额为100万元,同时要将上年度计提留存的60万元转为本年应税收入,缴纳企业所得税。此外,中小企业信用担保机构实际发生的代偿损失,符合税收法律法规关于资产损失税前扣除政策规定的,应冲减已在税前扣除的担保赔偿准备,不足冲减部分据实在企业所得税税前扣除。

⑤超过税法标准的折旧费。固定资产按直线法计算折旧的允许扣除。各类固定资产的最低折旧年限为:房屋、建筑物为20年;飞机、火车、轮船、机器、机械和其他生产设备为10年;与生产经营活动有关的器具、工具、家具为5年;运输设备为4年;电子设备为3年。

⑥超过税法标准的无形资产和长期待摊费用摊销(无形资产按直线法计算摊销费用允许扣除,但摊销年限不得低于10年,长期待摊费用摊销年限不得低于3年)。

⑦职工福利费、工会经费、职工教育经费分别超过工资薪金总额14%、2%、2.5%的部分。

(2) 会计准则规定列入费用或损失但税法规定不允许扣除的项目,如税收滞纳金;罚金、罚款和被没收财物的损失;非公益救济性捐赠支出;赞助支出;未经核定的准备金支出;与取得收入无关的其他支出等。

(3) 会计准则规定不确认收入但税法规定要作为应税收入的项目,如关联企业之间采用不合理定价减少应纳税所得额,税法规定税务机关有权进行特别调整,调增应纳税所得额;视同销售收入,会计上可以不作为销售收入,税法上要求作为应税收入;接受捐赠收入等。

2. 纳税调整减少额主要包括内容

(1) 按税法规定允许弥补的亏损(前5年内的未弥补亏损)。亏损结转制度是一种税收优惠制度。公司纳税年度发生的亏损准予向以后年度结转,用以后年度的所得弥补,但结转年限最长不得超过5年。公司在汇总计算缴纳所得税时，境外营业机构的亏损不得抵减境内营业机构的盈利。

(2) 中小企业信用担保机构实际发生的代偿损失，应依次冲减已在税前扣除的担保赔偿准备金和在税后利润中提取的一般风险准备金，不足冲减部分据实在企业所得税税前扣除。代偿损失，反映代偿总额经担保机构追偿后，仍不能收回的并作为坏账核销的损失金额，其金额为代偿总额和追偿总额的差额。例如，某担保公司担保赔偿准备金20×3年年末余额为500万元，税后利润提取的一般风险准备金为100万元，20×4年1月份由于被担保企业无法按期偿还贷款或其他被担保的款项，担保机构代为偿付的本息总金额为800万元，2月份担保公司从被担保企业追回50万元，那么担保公司代偿损失为750万元，在计算第一季度应纳税所得额时，应先冲减担保赔偿准备金500万元，再冲减一般风险准备金100万元，代偿损失余额150万元调减当期应纳税所得额，据实在企业所得税税前扣除。

当然，如果发生担保代偿损失今后收回的事项，根据《财政部、国家税务总局关于企业资产损失税前扣除政策的通知》（财税〔2009〕57号）第十一条规定，企业在计算应纳税所得额时已经扣除的资产损失，在以后纳税年度全部或者部分收回时，其收回部分应当作为收入计入收回当期的应纳税所得额。

(3) 会计准则规定应确认收入、收益，但税法规定不作为应纳税所得额的准予免税的项目，如公司购买财政部发行的国家公债所取得的利息收入、符合条件的居民企业之间的股息、红利等权益性投资收益。

(4) 会计准则规定不确认为费用或损失，但税法规定应作为费用或损失扣除的项目，如税法规定公司安置残疾人员的，在按照支付给残疾职工工资据实扣除的基础上，按照支付给残疾职工工资的100%加计扣除；公司为开发新技术、新产品、新工艺发生的研究开发费用，未形成无形资产计入当期损益的，在按照规定据实扣除的基础上，按照研究开发费用的50%加计扣除；形成无形资产的，按照无形资产成本的150%摊销。

(二) 递延所得税 (Deferred Income Tax)

递延所得税是指按照所得税准则规定当期应予确认的递延所得税资产和递延所得税负债金额，即递延所得税资产及递延所得税负债当期发生额的综合结果，但不包括计入所有者权益的交易或事项的所得税影响。用公式表示为：

递延所得税 = 递延所得税负债增加额 + 递延所得税资产减少额
= （递延所得税负债的期末余额 - 递延所得税负债的期初余额）+ （递延所得税资产的期末余额 - 递延所得税资产的期初余额）

(三) 暂时性差异 (Temporary Difference)

暂时性差异是指资产、负债的账面价值与其计税基础不同所产生的差额。因为资产、负债的账面价值与其计税基础不同，产生了在未来收回资产或清偿负债的期间内，应纳税所得额增加或减少并导致未来期间应交所得税增加或减少的情况，形成公司的资产和负债，在有关暂时性差异发生当期，符合确认条件的情况下，应当确认相关的递延所得税负债或递延所得税资产。

根据暂时性差异对未来期间应纳税所得额的影响，分为应纳税暂时性差异和可抵扣暂时性差异。

1. 应纳税暂时性差异（Taxable Temporary Difference）

应纳税暂时性差异，是指在确定未来收回资产或清偿负债的期间的应纳税所得额时，将导致产生应税金额的暂时性差异，即在未来期间不考虑该事项影响的应纳税所得额的基础上，由于该暂时性差异的转回，会进一步增加转回期间的应纳税所得额和应交所得税金额，在其产生当期应当确认相关的递延所得税负债。

应纳税暂时性差异通常产生于以下情况：

（1）资产的账面价值大于其计税基础。资产的账面价值代表的是公司在持续使用或最终出售该项资产时将取得的经济利益的总额，而计税基础代表的是资产在未来期间可予税前扣除的总金额。资产的账面价值大于其计税基础，该项资产未来期间产生的经济利益不能全部税前扣除，两者之间的差额会造成未来期间应纳税所得额和应交所得税的增加，在其产生当期，应当确认相关的递延所得税负债。

（2）负债的账面价值小于其计税基础。负债的账面价值为公司预计在未来期间清偿该项负债时的经济利益的流出，而其计税基础代表的是账面价值在扣除税法规定未来期间允许税前扣除的金额之后的差额。负债的账面价值与其计税基础不同产生的暂时性差异，实质上是税法规定就该项负债在未来期间可以税前扣除的金额（即与该项负债相关的费用支出在未来期间可予税前扣除的金额）。负债的账面价值小于其计税基础，则意味着就该项负债在未来期间可予税前扣除的金额为负数，即应在未来期间应纳税所得额的基础上调增，增加应纳税所得额和应交所得税金额，产生的应纳税暂时性差异，应当确认相关的递延所得税负债。

2. 可抵扣暂时性差异（Deductible Temporary Difference）

可抵扣暂时性差异是指在确定未来收回资产或清偿负债的期间的应纳税所得额时，将导致产生可抵扣金额的暂时性差异。该差异在未来期间转回时会减少转回期间的应纳税所得额，减少未来期间的应交所得税。在可抵扣暂时性差异产生当期，符合确认条件时，应当确认相关的递延所得税资产。

可抵扣暂时性差异通常产生于以下情况：

（1）资产的账面价值小于其计税基础。资产的账面价值小于其计税基础，意味着公司在未来期间就该项资产可以在其自身取得经济利益的基础上多扣除了一部分金额，公司在未来期间可以减少应纳税所得额并减少应交所得税，符合有关条件时，应当确认相关的递延所得税资产。例如20×3年3月20日，某公司自股票市场取得一项权益性投资，支付价款2 000万元，作为交易性金融资产核算。20×3年6月30日，该项权益性投资的市价为1 600万元。按税法规定，公司对外投资期间，投资资产的成本在计算应纳税所得额时不得扣除，所以，交易性金融资产在持有期间的公允价值变动减值的金额，不能冲减应纳税所得额，待出售时一并计入应纳税所得额。因此，编制半年报表时，该公司20×3年6月30日资产负债表上的计税基础为取得成本2 000万元，而按照会计准则规定确认的账面价值为1 600万元。账面价值与计税基础的差异400万元，属于暂时性差异，该差异在未来期间转回时会减少未来期间的应交所得税，导致应交所得税减少。

（2）负债的账面价值大于其计税基础。负债的账面价值大于其计税基础，意味着在未来期间按照税法规定与负债相关的全部或部分支出可以自未来应税经济利益中扣除，减少未来期间应纳税所得额和应交所得税。符合有关条件时，应当确认相关的递延所得税资产。例如20×3年2月，某公司收到某客户担保费1 000万元，因担保责任尚未生效，不符合担保费收入确认条件,将其作为预收保费核算,则该项预收保费在当年资产负债表的账面价值为1 000万元。而按照税法规定,该预收保费应计入取得当期的应纳税所得额,与该项负债相关的经济利益已在取得当期交纳所得税,未来期间按照会计准则规定确认收入时,不再计入应纳税所得额,即其在未来期间计算应纳税所得额时可予税前扣除的金额为1 000万元,计税基础 = 账面价值 - 未来期间按照税法规定可予扣除的金额,计算应纳税所得额时,按照税法规定可予扣除的金额 = 1 000万元 - 1 000万元 = 0。该项负债的账面价值1 000万元与计税基础0之间产生了1 000万元的暂时性差异,减少未来期间应纳税所得额,使公司未来期间以应交所得税的方式流出的经济利益减少。

(四)所得税费用的会计处理

例6-49 安和担保公司20×3年度利润表中利润总额为3 000万元,该公司所得税税率为25%。递延所得税资产和递延所得税负债不存在期初余额。20×3年发生的有关交易和事项中,会计处理与税收处理存在差别的有:

(1) 20×3年1月开始计提折旧的一项固定资产成本为1 500万元,使用年限为10年,净残值为0,会计处理按双倍余额递减法计提折旧,税收处理按直线法计提折旧。假定税法规定的使用年限和净残值与会计规定相同。

(2) 公司账面列支业务招待费500万元,该公司当年的营业收入为50 000万元。

(3) 公司全年发生业务宣传费和广告费246万元。

(4) 公司年末提取担保赔偿准备金1 820万元,该公司年末担保责任余额为180 000万元。

(5) 公司全年提取未到期责任准备金6 100万元,该公司当年的担保费收入为12 000万元。

(6) 公司全年发生公益性捐赠600万元。

(7) 当年度发生研究开发支出1 250万元,其中750万元资本化计入无形资产成本。假定所开发的无形资产于期末达到预定使用状态。

(8) 违反担保监管部门规定应支付罚款250万元。

(9) 期末计提了75万元的损余物资减值准备。

(10) 公司国库券利息收入110万元。

该公司20×3年资产负债表相关项目金额及其计税基础如表6-4所示。

表6-4 安和担保公司20×3年资产负债表相关项目金额及其计税基础 单位:万元

项目	账面价值	计税基础	差异	
			应纳税暂时性差异	可抵扣暂时性差异
损余物资	2 000	2 075		75
固定资产				
固定资产原价	1 500	1 500		
减:累计折旧	300	150		
减:固定资产减值准备	0	0		
固定资产账面价值	1 200	1 350		150
无形资产	750	0	750	
其他应付款	250	250		
总计			750	225

该公司20×3年所得税费用计算过程及会计处理如下：

1. 计算20×3年度当期应交所得税

应纳税所得额应该在利润总额的基础上，按照税法规定进行调整。

（1）会计上按双倍余额递减法计提当年折旧额＝1 500×2/10＝300（万元）

税法上按直线法计提当年折旧额＝1 500÷10＝150（万元）

应纳税所得额调增＝300－150＝150（万元）

（2）业务招待费按实际发生额的60%扣除＝500×60%＝300（万元）

最高扣除额＝50 000×5‰＝250（万元）

因此允许扣除额＝250（万元）

应纳税所得额调增＝500－250＝250（万元）

（3）业务宣传费和广告费允许扣除＝50 000×15%＝7 500（万元）

实际发生246万元全部允许扣除。

（4）提取担保赔偿准备金允许扣除＝180 000×1%＝1 800（万元）

应纳税所得额调增＝1 820－1 800＝20（万元）

（5）提取未到期责任准备金允许扣除＝12 000×50%＝6 000（万元）

应纳税所得额调增＝6 100－6 000＝100（万元）

（6）允许扣除的公益性捐赠＝3 000×12%＝360（万元）

应纳税所得额调增＝600－360＝240（万元）

（7）研究开发支出加扣＝500×50%＋750×150%＝1 375（万元）

（8）罚款不允许税前扣除

应纳税所得额调增＝250（万元）

（9）计提的损余物资减值准备不允许税前扣除

应纳税所得额调增＝75（万元）

（10）国库券利息收入准予免税

应纳税所得额调减＝110（万元）

20×3年度当期应交所得税为：

应纳税所得额＝3 000＋150＋250＋20＋100＋240－1 375＋250＋75－110＝2 600（万元）

应交所得税＝2 600×25%＝650（万元）

2. 计算20×3年度递延所得税

递延所得税资产＝225×25%＝56.25（万元）

递延所得税负债＝750×25%＝187.5（万元）

递延所得税＝187.5－56.25＝131.25（万元）

3. 计算20×3年度确认的所得税费用

所得税费用＝650＋131.25＝781.25（万元）

其会计处理如下：

借：所得税费用	7 812 500	
递延所得税资产	562 500	
贷：应交税费——应交所得税		6 500 000
递延所得税负债		1 875 000

例 6-50 沿用上例资料，假定该公司 20×4 年当期应交所得税为 1 155 万元，资产负债表中有关资产、负债的账面价值与其计税基础相关资料如表 6-5 所示，除所列项目外，其他资产、负债项目不存在会计和税收的差异。

表 6-5 安和担保公司 20×4 年资产负债表相关项目金额及其计税基础   单位：万元

项目	账面价值	计税基础	差异	
			应纳税暂时性差异	可抵扣暂时性差异
损余物资	4 000	4 200		200
固定资产				
固定资产原价	1 500	1 500		
减：累计折旧	540	300		
减：固定资产减值准备	50	0		
固定资产账面价值	910	1 200		290
无形资产	675	0	675	
预计负债	250	0		250
总计			675	740

该公司 20×4 年所得税费用计算过程及会计处理如下：

1. 计算 20×4 年度当期应交所得税

当期所得税 = 当期应交所得税 = 1 155（万元）

2. 计算 20×4 年度递延所得税

①期末递延所得税负债　　　　　　　　　　　　　　　（675×25%）168.75

期初递延所得税负债　　　　　　　　　　　　　　　　　　　　　187.50

递延所得税负债减少　　　　　　　　　　　　　　　　　　　　　 18.75

②期末递延所得税资产　　　　　　　　　　　　　　　 （740×25%）185

期初递延所得税资产　　　　　　　　　　　　　　　　　　　　　 56.25

递延所得税资产增加　　　　　　　　　　　　　　　　　　　　　128.75

递延所得税 = -18.75 - 128.75 = -147.50（万元）

3. 计算 20×4 年度确认的所得税费用

所得税费用 = 1 155 - 147.50 = 1 007.50（万元）

其会计处理如下：

借：所得税费用　　　　　　　　　　　　　　　　　　　　　 10 075 000

　　递延所得税资产　　　　　　　　　　　　　　　　　　　　 1 287 500

　　递延所得税负债　　　　　　　　　　　　　　　　　　　　　 187 500

　　贷：应交税费——应交所得税　　　　　　　　　　　　　　11 550 000

四、利润分配的核算

（一）利润分配的内容和程序

为了正确合理地处理好担保公司、投资者及担保公司职工等各方面的利益关系，担保公司在一定时期经营活动过程中所获得的净利润应按规定的项目和程序在有关方面进行分配。在利润分配方面，政府一般都给予了很多的规定和限制。对于担保公司交纳所得税后的利润，除国家另有规定者外，必须按下列顺序分配。

1. 抵补担保公司已交纳的在成本和营业外支出中无法列支的有关惩罚性或赞助性支出，如被没收的财物损失、延期交纳各项税款的滞纳金和罚款、担保监督管理部门对担保公司因少交或迟交保证金的加息。

2. 弥补担保公司以前年度亏损。以前年度亏损，是指担保公司以前年度发生的亏损连续5年在所得税前弥补而没有弥补完的部分。公司亏损要及时弥补，一是用税前利润弥补，二是用税后利润弥补。用税前利润弥补亏损，如果1年没有弥补完，可连续弥补，但连续弥补的最长期限为5年。税后利润弥补亏损，是指5年内用税前利润未能弥补完而用税后利润弥补亏损。

3. 提取法定盈余公积金。法定盈余公积金按扣除第1、2两项后的税后利润的10%提取，累计额达到注册资本的50%时可以不再提取。

4. 提取一般风险准备金。按照规定，担保公司应按本年净利润的10%提取一般风险准备金，用于巨灾风险的补偿，不得用于转增资本和分红。

5. 提取储备基金、企业发展基金和职工奖励及福利基金。它们是指外商投资担保公司按照法律、行政法规提取的基金。

6. 向投资者分配利润。担保公司征得投资者同意可不分配本年度利润，而作为本年度未分配利润留存；也可把以前年度未分配的利润并入本年度向投资者分配。

国有担保公司和国家控制的担保公司，向国家分配利润的比例由国家核定。国有担保公司向投资者分配的利润应交国家财政，但国家可视财政状况和担保公司的实际情况，将其中的一部分留给担保公司用于补充资本金或建立一般风险准备金。其他担保公司则按公司章程或董事会、股东大会或有控制权的单位的决定进行分配。股份有限公司按下列顺序分配：（1）支付优先股股利或永续债利息。（2）提取任意盈余公积金。任意盈余公积金根据担保公司的章程或股东会议的决议提取。（3）支付普通股股利。（4）转作资本（或股本）的普通股股利。这是指公司按照利润分配方案以分派股票股利的形式转作的资本（或股本）。

担保公司当年无利润时，不得向投资者分配利润。但股份有限公司用盈余公积金弥补亏损后，经股东会议特别决议，可按不超过股票面值65%的比率用盈余公积金分配股利，分配股利后，担保公司的法定盈余公积金不得低于注册资本的25%。

（二）利润分配的核算

为了使"本年利润"科目能够完整反映担保公司全年累计实现的净利润（或亏损），便于检查担保公司利润计划的执行情况，利润的分配不直接冲减"本年利润"科目数额，而是设置"利润分配"科目来反映利润分配的情况。

"利润分配"科目核算担保公司利润的分配（或亏损的弥补）和历年分配（或弥补）后的积存余额。该科目属于所有者权益类科目，其借方登记从"本年利润"科目转入的净亏损、分配的净利润，以及将已分配的净利润转入"未分配利润"的数额，贷方登记从"本年利润"转入的净利润，用盈余公积和一般风险准备弥补亏损而转入的数额以及将盈余公积和一般风险准备弥补亏损转入"未分配利润"的数额。该科目年末如为贷方余额，反映担保公司历年积存的未分配利润；如为借方余额，反映担保公司累积的尚未弥补的亏损。"利润分配"科目应设置以下明细科目：提取法定盈余公积、提取一般风险准备、提取任意盈余公积、应付普通股股利、应付优先股股利、应付永续债利息、转作股本的股利、盈余公积补亏、一般风险准备补亏和未分配利润等进行核算。

年度终了，账务处理如下：

1. 按规定从净利润中提取盈余公积，借记"利润分配——提取法定盈余公积、提取任意盈余公积"科目，贷记"盈余公积——法定盈余公积、任意盈余公积"科目。

外商投资担保公司按照规定提取储备基金、企业发展基金和职工奖励及福利基金时，借记"利润分配——提取储备基金、提取企业发展基金、提取职工奖励及福利基金"科目，贷记"盈余公积——储备基金、企业发展基金、职工奖励及福利基金"科目。

2. 按规定从净利润中提取一般风险准备，借记"利润分配——提取一般风险准备"科目，贷记"一般风险准备"科目。

3. 分类为权益工具的金融工具，在存续期间分派股利（含分类为权益工具所产生的利息）的，发行方应根据经批准的股利分配方案，按应分配给金融工具持有者的股利金额，借记"利润分配——应付优先股股利、应付永续债利息等"科目，贷记"应付股利"科目。

4. 经股东大会或类似机构决议，分配给普通股股东或投资者的现金股利或利润，借记"利润分配——应付现金股利或利润"科目，贷记"应付股利"科目。

5. 经股东大会或类似机构决议，分配给股东的股票股利，应在办理增资手续后，借记"利润分配——转作股本的股利"科目，贷记"股本"科目。

6. 用盈余公积弥补亏损，借记"盈余公积——法定盈余公积、任意盈余公积"科目，贷记"利润分配——盈余公积补亏"科目。

7. 用一般风险准备弥补亏损，借记"一般风险准备"科目，贷记"利润分配——一般风险准备补亏"科目。

8. 年度终了，公司应将本年实现的净利润，自"本年利润"科目转入本科目，借记"本年利润"科目，贷记"利润分配——未分配利润"科目；如为净亏损，作相反会计分录；同时，将"利润分配"科目所属其他明细科目的余额转入本科目的"未分配利润"明细科目。结转后，本科目除"未分配利润"明细科目外，该科目的其他明细科目应无余额。

例 6-51 某担保公司 20×3 年税前利润为 4 000 万元，"利润分配——未分配利润"借方余额为 500 万元（系 20×2 年亏损），国库券利息收入为 80 万元，非公益救济性捐赠为 100 万元，税收罚款为 5 万元，非广告性赞助支出为 75 万元，所得税税率为 25%，分别按税后利润 10% 提取法定盈余公积，按税后利润 10% 提取一般风险准备，剩余部分按 80% 向普通股股东分红。假设该公司资产、负债项目部分不存在会计和税收上的差异。则该公司会计处理如下：

应纳税所得额 = 4 000 - 500 - 80 + 100 + 5 + 75 = 3 600（万元）

应交所得税 = 3 600 × 25% = 900（万元）

提取法定盈余公积 =（4 000 - 500 - 900）×10% = 260（万元）
提取一般风险准备 =（4 000 - 500 - 900）×10% = 260（万元）
应付股东股利 =（4 000 - 500 - 900 - 260 - 260）×80% = 1 664（万元）
应编制会计分录如下：

计算应交所得税时：

借：所得税费用　　　　　　　　　　　　　　　　　　　　　9 000 000
　　贷：应交税费——应交所得税　　　　　　　　　　　　　　　　　9 000 000

将"所得税费用"科目的借方发生额转入"本年利润"科目时：

借：本年利润　　　　　　　　　　　　　　　　　　　　　　9 000 000
　　贷：所得税费用　　　　　　　　　　　　　　　　　　　　　　　9 000 000

从净利润中提取法定盈余公积时：

借：利润分配——提取法定盈余公积　　　　　　　　　　　　2 600 000
　　贷：盈余公积——法定盈余公积　　　　　　　　　　　　　　　　2 600 000

从净利润中提取一般风险准备时：

借：利润分配——提取一般风险准备　　　　　　　　　　　　2 600 000
　　贷：一般风险准备　　　　　　　　　　　　　　　　　　　　　　2 600 000

计算应当分配给股东的现金股利或利润时：

借：利润分配——应付普通股股利　　　　　　　　　　　　　16 640 000
　　贷：应付股利——应付普通股股利　　　　　　　　　　　　　　　16 640 000

结转本年净利润时：

借：本年利润　　　　　　　　　　　　　　　　　　　　　　31 000 000
　　贷：利润分配——未分配利润　　　　　　　　　　　　　　　　　31 000 000

将"利润分配"科目下的其他明细科目的余额转入"利润分配——未分配利润"明细科目时：

借：利润分配——未分配利润　　　　　　　　　　　　　　　21 840 000
　　贷：利润分配——提取法定盈余公积　　　　　　　　　　　　　　2 600 000
　　　　　　　　——提取一般风险准备　　　　　　　　　　　　　　2 600 000
　　　　　　　　——应付普通股股利　　　　　　　　　　　　　　　16 640 000

该担保公司"利润分配——分配利润"明细科目余额为贷方余额4 160 000元（31 000 000 - 5 000 000 - 21 840 000 = 4 160 000），则该公司20×3年年末未分配利润为4 160 000元。

五、以前年度利润调整的核算

担保公司会计报表报出后，若因为以前年度记账差错等原因导致多记或少记利润，根据有关制度规定，不再调整以前年度已结清的账目，而是通过"以前年度损益调整"科目进行核算。

"以前年度损益调整"（Prior Year Income Adjustment）科目核算公司本年度发生的调整以前年度损益的事项。公司在年度资产负债表日至财务会计报告批准报出日之间发生的需要调整报告年度损益的事项，以及本年度发生的以前年度重大会计差错的调整，也在该科目核算。该科目属于损益类（费用）科目，其借方登记调整减少的以前年度利润或调整增加的以前年度亏损以及由于调整增加或减少的以前年度利润或亏损而相应增加的所得税，贷方登记调整增加的以前年度利润或调整减少的以前年度亏损以及由于调整减少或增加以前年度利润或亏损而相应减少的所得税，期末将该科目的余额转入"利润分配——未分配利润"科目，结转后，该科目应无余额。其具体账务处理为：

调整增加的以前年度利润或调整减少的以前年度亏损，借记有关科目，贷记"以前年度损益调整"科目；调整减少的以前年度利润或调整增加的以前年度亏损，借记"以前年度损益调整"科目，贷记有关科目。

由于调整增加或减少的以前年度利润或亏损而相应增加的所得税，借记"以前年度损益调整"科目，贷记"应交税费——应交所得税"科目，由于调整减少或增加以前年度利润或亏损而相应减少的所得税，作相反会计分录。

经上述调整后，应同时将该科目的余额转入"利润分配——未分配利润"科目。本科目如为贷方余额，借记"以前年度损益调整"科目，贷记"利润分配——未分配利润"科目；如为借方余额，作相反会计分录。

本年度发生的调整以前年度损益的事项，应当调整本年度会计报表相关项目的年初数或上年实际数；在年度资产负债表日至财务会计报告批准报出日之间发生的调整报告年度损益的事项，应调整报告年度会计报表相关项目的数字。

例6–52 某公司年终决算时，发现上年度某公司保费10 000元尚未入账，假设该保费尚未收到。则应作以下调整分录：

调整增加的以前年度利润时：

借：应收保费　　　　　　　　　　　　　　　　　　　　　10 000
　　贷：以前年度损益调整　　　　　　　　　　　　　　　　　　10 000

由于调整增加以前年度利润而相应增加的所得税时：

借：以前年度损益调整　　　　　　　　　　　　　　　　　　2 500
　　贷：应交税费——应交所得税　　　　　　　　　　　　　　　2 500

将"以前年度损益调整"科目的余额转入"利润分配——未分配利润"科目时：

借：以前年度损益调整　　　　　　　　　　　　　　　　　　7 500
　　贷：利润分配——未分配利润　　　　　　　　　　　　　　　7 500

例6–53 某公司年终决算时，发现上年度少计提折旧50 000元。则应作以下调整分录：

调整减少的以前年度利润时：

借：以前年度损益调整　　　　　　　　　　　　　　　　　　50 000
　　贷：累计折旧　　　　　　　　　　　　　　　　　　　　　50 000

由于调整减少以前年度利润而相应减少的所得税时：

借：应交税费——应交所得税　　　　　　　　　　　　　　　12 500
　　贷：以前年度损益调整　　　　　　　　　　　　　　　　　12 500

将"以前年度损益调整"科目的余额转入"利润分配——未分配利润"科目时：

借：利润分配——未分配利润　　　　　　　　　　　　　　　37 500
　　贷：以前年度损益调整　　　　　　　　　　　　　　　　　37 500

公司在财产清查中盘盈的固定资产，根据《企业会计准则第28号——会计政策、会计估计变更和差错更正》规定，作为前期差错处理。盘盈的固定资产，在按管理权限报经批准处理前应先通过"以前年度损益调整"科目核算。盘盈的固定资产，应按以下规定确认其入账价值：如果同类或类似固定资产存在活跃市场的，按同类或类似固定资产的市场价格，减去按该项固定资产的新旧程度估计的价值损耗后的余额，作为入账价值；如果同类或类似固定资产不存在活跃市场的，按该项固定资产的预计未来现金流量的现值，作为入账价值。公司按上述规定确定的入账价值，借记"固定资产"科目，贷记"以前年度损益调整"科目。

例6-54 某公司在财产清查中，发现账外电脑一台，按其同类商品的市场价格，减去按该项资产的新旧程度估计的价值损耗后的余额为3 000元。（假定与其计税基础不存在差异）该公司适用的所得税税率为25%，分别按净利润的10%计提法定盈余公积和一般风险准备。应编制会计分录如下：

盘盈固定资产时：
借：固定资产　　　　　　　　　　　　　　　　　　　　　　　3 000
　　贷：以前年度损益调整　　　　　　　　　　　　　　　　　　　3 000
确定应缴纳的所得税时：
借：以前年度损益调整　　　　　　　　　　　　　　　　　　　　750
　　贷：应交税费——应交所得税　　　　　　　　　　　　　　　　750
结转为留存收益时：
借：以前年度损益调整　　　　　　　　　　　　　　　　　　　2 250
　　贷：盈余公积——法定盈余公积　　　　　　　　　　　　　　　225
　　　　一般风险准备　　　　　　　　　　　　　　　　　　　　　225
　　　　利润分配——未分配利润　　　　　　　　　　　　　　　1 800

关键词

其他业务收入　营业外收入　退保金　手续费及佣金支出　营业税金及附加　业务及管理费　其他业务成本　资产减值损失　营业外支出　本年利润　所得税　利润分配

复习思考题

1. 简述担保公司收入和费用的主要内容。
2. 简述营业税金及附加的计算方法和列支渠道。
3. 简述业务及管理费的核算内容。
4. 什么是低值易耗品？它有哪些摊销方法？
5. 简述资产减值的判断、确认和计量。
6. 简述利润的构成。

7. 简述所得税的计算方法。
8. 简述利润分配的内容和程序。
9. "利润分配"科目应设置哪些明细科目？

练习题

习题一

一、目的：练习担保合同各项收入的核算。

二、资料：某担保公司发生下列经济业务：

1. 公司20×4年6月为甲客户提供项目融资担保，评审费为80 000元，按照合同规定分四期交纳，首期评审费已收到存入银行。
2. 公司将办公楼的10—15层出租给甲公司使用，每月收租金10万元。
3. 公司接受其他担保公司委托，代理进行损失检验，并获得手续费8 000元。
4. 公司获得咨询收入1 200元，存入银行。
5. 公司出售不需用电脑设备，原价为50 000元，已提折旧30 000元，售价为25 000元，收到转账支票一张，存入银行。经领导批准，予以核销转账。
6. 公司将非专利技术出租给新光工厂，租金为56 000元，当即收到转账支票。

三、要求：根据上述资料，编制有关会计分录。

习题二

一、目的：练习担保合同各项费用的核算。

二、资料：担保公司发生下列经济业务：

1. 某三年期贷款担保保户要求退保，经审核同意退保，应付退保金5 000元，以现金付讫。
2. 某五年期贷款担保保户因经济困难而要求退保，经业务部门审查，同意支付退保金6 000元，但该保户尚有1个月的预交保费150元，财会部门审核无误后，将退保金与预交保费一并退还给保户，以现金付讫。
3. 月末根据直接佣金计提表，应支付给李红佣金5 000元，下月5日以现金支付，代扣个人所得税800元，代扣个人营业税及附加290元。
4. 月末根据附加佣金计提表，应支付个人代理人业务推动奖励4 500元，发放实物奖励500元。下月10日转账支付并发放。
5. 某代办单位将本季度代收的项目融资担保费250 000元转来，并随同交来银行转账支票200 000元，其余50 000元下月交清，手续费率为8%。
6. 公司本月应税担保费收入为1 800 000元，贷款利息收入为60 000元，销售不动产收入为1 200 000元，评审费收入为20 000元。营业税税率为5%，城市维护建设税税率为7%，教育费附加费率为3%。
7. 计算本月应交车船使用税2 000元。
8. 公司通过影视媒体宣传公司品牌，支付费用20 000元，用转账支票付讫。

9. 购印花税票3 400元，以现金支付。
10. 支付常年法律顾问费50 000元，用转账支票付讫。
11. 印刷各种保单、保费收据等1 600元，用转账支票付讫。
12. 支付办公用租金3 800元，水电费1 430元，开出转账支票付讫。
13. 接待外宾，租用轿车一辆，付租金500元，以现金支付。
14. 购入宣传用报纸5种，刊物6种，开出转账支票付订金3 200元。
15. 公司为其他公司提供咨询服务，收入65 000元，发生有关支出18 000元，按5%营业税税率计算应交营业税。
16. 公司购入一台铁皮柜，价值1 200元，采用五五摊销法。
17. 公司在财产清查中发现某固定资产短少，该固定资产账面原值为4 000元，已提折旧2 800元。经批准管理人员负责赔偿20%，其余80%作营业外支出处理。
18. 公司公务用车上月初账面原值余额为900 000元，上月增加20 000元，减少10 000元，计算本月折旧额，年折旧率为24%。
19. 公司出售旧办公大楼，账面原价为16 000 000元，已提折旧8 200 000元，双方协商作价8 000 000元。出售收入按5%计算交纳营业税，清理过程中共支付清理费80 000元。经领导批准，予以核销转账。
20. 公司盘亏不需用办公设备一台，原始价值6 600元，已提折旧1 500元，已提减值准备600元，予以转账。
21. 公司有电子计算机5台，每台原始价值11 000元，已提折旧4 000元。现由于市价持续下跌，每台仅为5 500元，计提其减值准备。
22. 公司在建的营业用房一幢，账面价值150 000元，因发生财务困难已停建，并预计在未来3年内不会开工，该工程已减值10%，计提其减值准备。
23. 公司聘请会计师事务所进行查账验资，支付费用20 000元。
24. 公司签发转账支票一张，购入一项专利权，价款240 000元。该项专利权分5年摊销完毕。
25. 公司将本公司拥有的土地使用权出售给上联机械厂，取得出售收入400 000元，当即收到转账支票，存入银行，按出售收入的5%计提营业税。该项土地使用权的成本为600 000万元，已摊销金额为200 000万元，已提减值准备15 000元。
26. 公司自行研究、开发一项担保业务流程系统，截至20×4年12月31日，发生研发支出合计1 000 000元，经测试该项研发活动完成了研究阶段，从20×5年1月1日开始进入开发阶段。20×5年发生研发支出200 000元，假定符合开发支出资本化的条件。20×5年8月15日，该项研发活动结束，最终开发一项担保业务流程系统。
27. 公司有一项专利权，账面价值75 000元，因有其他新专利出现，使该项专利的盈利能力大幅度下降，预计其在剩余的使用年限内，未来盈利的现值为60 000元，计提其减值准备。
28. 公司租入的营业用房进行翻修，领用材料24 600元，分配工资10 000元，并按工资总额的5%预计职工福利费。营业用房租赁期为6年，按月摊销。
29. 公司计算出本月应付工资500 000元，其中，经营及管理人员工资350 000元，建造营业用房人员工资100 000元，内部开发担保业务流程系统人员工资50 000元。根据所在政府规定，公司分别按职工工资总额的8%、20%、2%和12%计提医疗保险费、养老保险费、失业保险费和住房公积金，缴纳给当地社会保险经办机构和住房公积金管理机构。公司内设医务室，根据20×4年实际发生的职工福利费情况，公司预计20×5年应承担的职工福利费金额为职工工资总额的5%，职工福利的受益对象为上述所有人员。公司分别按职工工资总额的2%和2.5%计提工会经费和职工教育经费。假定公司开发担保业务流程系统已处于开发阶段，并符合无形资产资本化的条件。

30. 某公司根据"工资结算汇总表"结算本月应付职工工资总额500 000元，代扣职工房租20 000元，代垫职工家属医药费30 000元，代扣个人所得税10 000元，实发工资440 000元。

31. 公司以现金支付职工李某生活困难补助600元，以银行存款支付8 000元食堂补贴。

32. 某公司董事会成员出国考察，支付费用30 000元。

33. 公司为各部门经理级别以上职工免费提供汽车，同时为副总裁以上高级管理人员每人租赁一套住房。该公司共有部门经理级别以上职工30名，每人提供一辆奥迪汽车免费使用，假定每辆奥迪汽车每月计提折旧900元；该公司共有副总裁以上高级管理人员5名，公司为其每人租赁一套150平方米带有家具和电器的公寓，每套月租金为6 000元。

34. 公司以银行存款购入一栋写字楼，价款为51 000万元；其中土地使用权为1 000万元，公司将其作为投资性房地产，写字楼预计尚可使用年限为40年，土地使用权预计尚可使用年限为50年。写字楼和土地使用权的预计净残值为零，均采用直线法计提折旧和摊销。假定按年计提折旧和进行摊销。20×4年1月公司与B公司签订租赁协议，将该写字楼整体出租给B公司，租期为3年，年租金为2 000万元，每年年初支付。租赁期满后，将写字楼转为自用办公楼。

35. 20×4年12月31日，公司抵债资产的账面余额为100 000元，由于市场价格下跌，预计可变现净值为80 000元，20×5年6月30日，由于市场价格回升，使得抵债资产预计可变现净值为85 000元，20×5年12月31日市场价格进一步回升，使得抵债资产预计可变现净值为95 000元。

36. A企业因资金周转困难，与担保公司达成协议：企业欠担保公司担保费30万元，用一台福田小轿车抵偿。该车原价为28万元，市场评估价为20万元。经批准，将此车变卖，实际收到价款12万元，按5%交纳营业税。担保公司为该项应收债权计提了5 000元的减值准备。

37. B企业20×4年12月31日应偿还中国工商银行某支行借款65 400元，其中5 400元为累计应付的利息，年利率为4%。由于B企业资金紧张，要求甲担保公司代为偿还借款。经双方协商，于20×5年1月5日进行债务重组。担保公司同意将本金减至50 000元，免去所欠全部利息，将利率从4%降低至2%，并将债务到期日延长至20×5年12月31日，利息按年支付。该项债务重组从协议签订日起开始实施。

三、要求：根据上述资料，编制有关会计分录。

习题三

一、目的：练习担保合同利润的核算。

二、资料：担保公司发生下列经济业务：

1. 某担保公司损益类科目全年发生额情况如下：

单位：元

科目名称	本期贷方发生额	科目名称	本期借方发生额
保费收入	1 200 000	赔付支出	560 000
利息收入	364 000	分出保费	240 000
汇兑损益	40 000	分保费用	120 000
投资收益	25 000	手续费及佣金支出	204 000
其他业务收入	54 000	营业税金及附加	740 000
摊回赔付支出	78 000	业务及管理费	350 000
摊回分保费用	36 000	利息支出	150 000
摊回担保赔偿准备金	25 000	提取未到期责任准备金	560 000
营业外收入	355 000	提取担保赔偿准备金	210 000
		资产减值损失	340 000
		其他业务成本	12 000
		营业外支出	8 500

2. 某担保公司20×4年税前利润为5 000万元，营业收入为20 000万元，担保费收入为4 500万元，年末担保责任余额为56 000万元，"利润分配——未分配利润"贷方余额为500万元，国库券利息收入80万元，公益救济性捐赠200万元，业务招待费180万元，广告费与业务宣传费150万元，提取担保赔偿准备金为600万元，提取未到期责任准备金2 400万元，税收罚款5万元，非广告性赞助支出20万元，所得税税率为25%，分别按税后利润10%提取法定盈余公积，按10%提取一般风险准备，剩余部分按70%向普通股股东分红。假设该公司资产、负债项目部分不存在会计和税收上的差异。

3. 某担保公司20×4年当期应交所得税为85万元，20×4年递延所得税资产年初余额为58.45万元，递延所得税负债年初余额为35.69万元，公司20×4年资产负债表相关项目金额及其计税基础如下表所示：

20×4年资产负债表相关项目金额及其计税基础　　　　单位：万元

项目	账面价值	计税基础	差异	
			应纳税暂时性差异	可抵扣暂时性差异
交易性金融资产	4 000	4 320		320
抵债资产	1 000	1 240		240
无形资产	550	0	550	
预收保费	120	0		120
总计			550	680

4. 某担保公司20×4年年终决算发现上年短期借款利息应提未提6 000元，预收保费80 000元已到责任生效日但尚未入账。

5. 某担保公司盘盈全新电器设备一台，同类设备的市场价格减去按该项资产的新旧程度估计的价值损耗后的余额为6 000元。（假定与其计税基础不存在差异）该公司适用的所得税税率为25%，分别按净利润的10%计提法定盈余公积和一般风险准备。

三、要求：根据上述资料，编制有关会计分录。

第七章
金融资产的核算

金融资产（Financial Asset）是一切可以在有组织的金融市场上进行交易、具有现实价格和未来估价的金融工具的总称，包括基本金融工具（如货币资金、应收款项、权益证券等）、衍生金融工具（如金融期权、期货或远期合约、利率互换以及货币互换等）和其他金融工具。金融资产的最大特征是能够在市场交易中为其所有者提供即期或远期的货币收入流量，强调形成收取现金或另一金融资产的合同权利，该合同权利使得金融资产区别于诸如投资性房地产和固定资产等有形资产以及专利、商标权等无形资产，因为对后者的控制只能创造形成现金或其他资产流入的机会，但并不形成收取现金或其他金融资产的现时权利。

金融资产属于公司资产的重要组成部分，主要包括库存现金、银行存款、应收款项、股权投资、债权投资、衍生工具形成的资产等。其中衍生工具的核算详见第九章。

第一节 货币资金的核算

货币资金（Currency Fund）是指在担保公司的经营活动中以货币形态存在的资产，包括库存现金和银行存款。货币资金是公司资产的重要组成部分，是公司资产中流动性最强的一种资产。任何一个公司要进行经营活动都必须拥有货币资金，持有货币资金是公司进行经营活动的基本条件。特别是担保业务具有不确定性，担保公司持有一定比例的货币资金，是其业务正常经营、稳步发展的必要保证。就会计核算而言，货币资金的核算并不复杂，但是，由于货币资金具有高度的流动性，在组织会计核算过程中，加强货币资金的管理和控制是至关重要的。

一、库存现金的核算

库存现金（Cash on Hand）是指存放在担保公司用以应付日常零星开支的由出纳员保管的货币资金，包括库存的人民币和外币。它与现金流量表中的现金不同。现金流量表准则所指的现金不仅仅指库存现金，还包括银行存款和现金等价物。

（一）库存现金的管理

1. 严格控制现金的使用范围

按照国务院《现金管理暂行条例》和中国人民银行《现金管理暂行条例实施细则》的规定，各级公司应在下列范围内使用现金：

（1）支付职工工资、津贴、离退休金、退职金；
（2）按规定支付给各单位、个人的各种奖金；
（3）支付个人劳动报酬，包括支付代理人个人手续费、营销人员的佣金以及其他专门工作报酬；
（4）各种劳保福利费及国家规定对个人的现金支出；
（5）出差人员必须随身携带的差旅费；
（6）支付给个人的各种代偿款、退保金等；
（7）支付给单位的低于银行结算起点的各种支出；
（8）中国人民银行规定需要支付现金的其他支出。

公司与其他单位的经济往来，除了在上述规定范围内可使用现金外，应当通过开户银行进行转账结算。

2. 严格遵守库存现金的限额管理

担保公司应经常保存一定数额的库存现金，以满足日常零星开支的需要。其数额的大小由银行根据担保公司经营规模的大小、现金收支实际情况、距离银行的远近等条件核定。库存现金的限额一般不超过3—5天的正常零星开支。边远地区和交通不发达的地区库存现金限额可以适当放宽，但最多不得超过15天。超过限额的现金必须当天或最迟不得超过次日上午送存银行。库存现金限额一经确定，应严格遵守，不得任意超出。

3. 严格按照有关规定办理现金收支业务

公司在办理现金收支业务时，应遵守四方面的规定。

（1）公司的现金收入应于当日送存银行。当日送存银行有困难的，由开户银行确定送存时间。

（2）公司支付现金，可以从本公司库存现金限额中支付或者从开户银行提取，不得从现金收入中直接支付（即坐支），因特殊情况需要坐支现金时，应当事先报经开户银行审查批准，由开户银行核实坐支范围和限额。公司应定期向银行报告坐支金额和使用情况。

（3）公司从开户银行提取现金，应当写明用途，由本公司财会部门负责人签字盖章，经开户银行审核后，予以支付现金。因采购地点不固定、交通不便、市场急需及其他特殊情况必须使用现金的，担保公司应向开户银行提出申请，由本单位财会部门负责人签章，经开户银行审核后，予以支付现金。

（4）不准用不符合财务制度的凭证"白条"顶替库存现金；不得谎报用途套取现金；不准用银行账户代其他单位和个人存入或支取现金；不准用单位收入的现金以个人名义储存；不得保留账外公款，即不得"公款私存"；不得设置保留账外公款（即小金库）等。银行对于违反上述规定的单位，将按照违规金额的一定比例处以罚款。

4. 建立健全现金的内部控制制度

（1）现金出纳工作应当指定专人负责经办，现金出纳和会计人员必须分工负责，做到钱账分管，出纳人员不得兼管收入、费用、债权、债务等账簿的登记工作，收取现金和签发收据应分别由主管人负责。支票、收据和发票等应建立领用制度，作废的支票、收据和发票不得销毁，要及时收回，并与存根联装订在一起，以备检查。

（2）收付现金必须详细审核收付凭证。

（3）收付现金后，必须由出纳人员在收付凭证上加章"现金收讫"或"现金付讫"的戳记和个人印章，并据以登记现金日记账。

（4）每日营业终了，应当检查现金的账存数和实际库存数额是否相符。如果发现长短款，应查明原因及时报经公司处理。

（二）库存现金的核算

担保公司为了加强现金的核算与管理，必须健全账目，严格审核现金收付的原始凭证，依据原始凭证逐笔登记现金收付业务；对不合法规的收支，有权拒绝收付。

库存现金的核算包括库存现金总分类核算、库存现金明细分类核算和库存现金清查核算。

1. 库存现金的总分类核算

为了总括反映库存现金的收入、支出和结算情况，应设置"库存现金"科目，核算公司的库存现金。该科目属于资产类科目，其借方登记库存现金的增加数，贷方登记库存现金的减少数，余额在借方，反映公司实际持有的库存现金。公司内部各部门周转使用的备用金，通过"其他应收款"科目核算，不在该科目核算。

2. 库存现金的明细分类核算

对库存现金的管理需要随时掌握库存现金收付的动态情况和库存余额，以保证库存现金的安全完整。因此，担保公司除进行库存现金的总分类核算外，还应当单独设置"现金日记账"，由出纳人员根据收付款凭证，按照业务的发生顺序逐笔登记。每日终了应计算全日的现金收入合计数、现金支出合计数和结余数，并将结余数与实际库存数核对，做到账款相符。有外币现金的公司，应按币种设置"现金日记账"进行分账核算。

现金日记账必须装订成册，一般采用三栏式账页。借方栏根据现金收款凭证登记，贷方栏根据现金付款凭证登记。但对于从银行提取现金的业务，因为担保公司只编制银行存款付款凭证，故应根据银行存款付款凭证登记现金日记账的借方栏。

3. 库存现金清查的核算

库存现金清查是指对库存现金的盘点与核对，包括出纳人员每日终了前进行的现金账款核对和清查小组进行的定期或不定期的现金盘点、核对。库存现金清查一般采用实地盘点法，清查小组清查时，出纳人员必须在场。清查的内容主要是检查是否有挪用现金、白条顶库、超限额留存现金以及账款是否相符等。对于库存现金清查的结果，应编制现金盘点报告单，注明库存现金溢缺的金额，并由出纳人员和盘点人员签字盖章。如果有挪用现金、白条顶库情况，应及时纠正；对于超限额留存的现金，要及时送存银行；如果账款不符，应及时查明原因，并通过"待处理财产损溢"科目核算：属于库存现金短缺，应按实际短缺的金额，借记"待处理财产损溢（待处理流动资产损溢）"科目，贷记"库存现金"科目；属于库存现金溢余，按实际溢余的金额，借记"库存现金"科目，贷记"待处理财产损溢（待处理流动资产损溢）"科目。待查明原因后作如下处理。

（1）如为库存现金短缺，属于应由责任人赔偿的部分，借记"其他应收款"或"库存现金"等科目，贷记"待处理财产损溢（待处理流动资产损溢）"科目；属于应由保险公司赔偿的部分，借记"其他应收款"科目，贷记"待处理财产损溢（待处理流动资产损溢）"科目；属于无法查明的其他原因，根据管理权限，经批准后，借记"营业外支出"科目，贷记"待处理财产损溢（待处理流动资产损溢）"科目。

（2）如为库存现金溢余，属于应支付给有关人员或单位的，应借记"待处理财产损溢（待处理流动资产损溢）"科目，贷记"其他应付款"科目；属于无法查明原因的现金溢余，经批准后，借记"待处理财产损溢（待处理流动资产损溢）"科目，贷记"营业外收入"科目。

二、银行存款的核算

（一）银行存款的管理

银行存款（Bank Deposit）是指担保公司存放在银行、邮政储蓄机构、农村信用社、证券公司、财务公司等金融机构以及登记结算公司的货币资金。银行存款包括活期存款和定期存款，银行存款中三个月以内作为活期存款，三个月以上作为定期存款。担保公司除了留有少量的现金外，其余货币资金必须全部存入银行，通过银行办理转账结算。担保公司的绝大部分资金都是以银行存款的方式存放并且通过银行账户汇缴调拨划转的，而且银行存款是保持担保公司资产流动性的一种重要投资方式及资金存放和调拨划转的重要工具，银行存款是公司必要的一种资产形式。银行存款的安全性、完整性及使用的依法合规性具有十分重大的意义，它既是担保公司随机的代偿赔付的重要保证，也是公司生存与发展的命脉。由于其流动性极强，银行存款的控制风险很高，大多数贪污、诈骗、挪用公款等违法乱纪的行为都与银行存款有关，担保公司必须加强对银行存款的管理和控制，建立健全银行存款内部控制，确保经营管理活动合法而有效。

1. 积极调度资金，既要保证业务正常需要，又要防止大量存款闲置。担保公司应根据现行银行存款利率，优化选择存款种类及期限，确保资金能得到更大增值。各级公司应根据本公司实际情况和目前实施的营运资金限额管理来确定活期存款各占比重和定期存款长短结构，从而既保证资金增值又能保证足额赔付。

2. 设专人管理银行存款，实行钱账分管原则。应编制定期存款核对表，不定期与银行核对存款实际数。存款的收付由出纳人员办理，并登记银行存款日记账，出纳人员不得兼管稽核、会计档案保管及收入、费用、债权、债务等账簿的登记工作。

3. 严格执行银行支票的使用制度。批准签发支票和具体签发支票，加盖印鉴，应由两人或两人以上经手办理。

4. 严格执行银行支票的领用制度。因特殊情况要携带空白支票时，应办理借用支票的登记手续，填明接受支票的单位，最高限额和款项用途，持支票人应根据支付凭证及时报账。

5. 严格遵守银行结算纪律。一个公司只能选择一家银行的一个营业机构开立一个基本存款账户，不得在多家银行机构开立基本存款账户；不得在同一家银行的几个分支机构开立一般存款账户。不出租、出借、抵押银行存款账户，不签发空头支票和过期支票，更不得套取银行信用。

6. 定期存单到期应先出后入，严禁空单转存，存单应设置备查账簿反映且交中国人民银行托管处托管。

（二）银行存款的核算

1. 银行存款的总分类核算

银行存款的核算需要设置"银行存款"科目，核算担保公司存入银行和其他金融机构的存款。该科目属于资产类科目，其借方登记收入的存款数，贷方登记付出的存款数，余额在借方，反映公司实际存在银行的款项。该科目应按存款种类设置明细账。

2. 银行存款的明细分类核算

担保公司在对银行存款进行总分类核算的同时，还应按开户银行、存款种类等，分别设置"银行存款日记账"，并由出纳人员根据收付款凭证，按照业务的发生顺序逐笔登记，每日终了应结出余额。有外币存款的公司，应按币种设置"银行存款日记账"进行分账核算。银行存款日记账的账页格式与现金日记账格式基本相同，一般采用收、付、存三栏式账页格式。

3. 银行存款的对账

银行存款的对账是指担保公司银行存款日记账的账面余额与其开户银行转来的对账单的余额进行的核对。担保公司必须定期将银行存款日记账与银行对账单进行核对，至少每月一次，以保证账实相符。

核对的方法是在每月终了时，逐笔勾对银行存款日记账和银行对账单的账面记录，找出双方账目中不一致的账项，确定未达账项，据以编制"银行存款余额调节表"，验证双方账目是否相符。

有两种情况会造成核对不符：一是双方的银行存款记载有误；二是存在未达账项。所谓未达账项，是指一方已登记入账，而另一方尚未登记入账的事项。未达账项的发生通常是由于双方账务处理的时间差异造成的，主要有以下四种情况：

（1）担保公司已经收款入账而银行尚未入账的款项。例如，担保公司送达存入银行保费转账支票并借记"银行存款"科目，但银行尚未入账。

（2）担保公司已经付款入账而银行尚未入账的款项。例如，担保公司已经开给代办单位转账支票，但银行尚未收到。

（3）银行已经收款入账而担保公司尚未入账的款项。如银行付给担保公司存款利息尚未收到，银行已将担保公司的利息及本金继续存入。

（4）银行已经付款入账而担保公司尚未入账的款项。例如，银行已支付给担保公司其他单位委托银行付款的款项。

担保公司已经收款入账而银行尚未入账和银行已经付款入账而担保公司尚未入账的情况，会使担保公司的账面余额大于对账单的存款余额；担保公司已经付款入账而银行尚未入账和银行已经收款入账而担保公司尚未入账的情况，会使担保公司的账面余额小于对账单的存款余额。

担保公司在收到银行存款对账单后，应先核对双方余额，若不符，再以银行存款日记账的账面收支数与对账单的收支数逐笔核对，通过编制"银行存款余额调节表"进行调节。其方法是将双方账面余额加上对方已收己方未收减去对方已付己方未付，经调节后双方余额如果相等，说明银行存款记账没有错误，会计人员应尽快从银行取回回单，记入账内；同时督促支票持有单位及时将支票送交银行结算。如果双方余额不相等，说明银行存款记账有差错，应进一步检查账簿记录。但必须强调的一点是，银行存款余额调节表只是为了核对账目，并不能作为调整银行存款账面余额的原始凭证。

银行存款对账公式如下：

银行存款日记账存款余额 + 银行已收账公司未收账款项 − 银行已付账公司未付账款项 = 银行对账单中存款余额 + 公司已收账银行未收账款项 − 公司已付账银行未付账款项

例 7 − 1 某担保公司 20×4 年 8 月 31 日银行存款日记账余额为 435 000 元，而银行存款对账单余额为 461 000 元，经逐笔核对发现以下未到账项：

（1）8 月 31 日公司收到投保单位以转账支票缴纳的担保费 5 000 元，于当日送存银行并入账，银行尚未入账；

（2）8 月 29 日公司开出支付代办费转账支票 7 000 元，公司已作付款入账，代办单位尚未送存银行；

（3）8 月 30 日银行结算公司存款利息 56 000 元，银行已记账，但公司尚未收到账通知；

（4）8 月 30 日银行代公司支付电费 32 000 元，银行已收妥入账，公司尚未取回回单。

根据上述未达账项，担保公司编制银行存款余额调节表如表 7 − 1 所示。

表 7 − 1　　　　　　　　　　银行存款余额调节表　　　　　　　　　　单位：元

项目	金额	项目	金额
银行存款日记账余额	435 000	银行对账单余额	461 000
加：银行已收，公司未收	56 000	加：公司已收，银行未收	5 000
减：银行已付，公司未付	32 000	减：公司已付，银行未付	7 000
调整后存款余额	459 000	调整后存款余额	459 000

未达账项必须逐笔登记以便核对。对于未达时间超过一个月的未达账项应当予以高度关注，在银行存款余额调节表中对形成原因、金额、责任人等进行详细说明。在中期、年度决算时点，原则上不允许出现"银行已收账公司未收账"和"银行已付账公司未付账"的情况等。

三、其他货币资金的核算

其他货币资金（Other Monetary Fund）是指存放在金融机构的外埠存款、银行汇票存款、银行本票存款、信用卡存款、信用证保证金存款等。

（一）外埠存款

外埠存款（Deposit in other Cioy）是指公司到外地进行临时采购或零星采购时，汇往在采购地银行开立的采购专户的款项。汇出款项时，须填写汇款委托书，加盖"采购资金"字样。汇入银行对汇入的采购款项，以汇款单位名义开立采购账户。采购资金存款不计利息，除采购员差旅费可以支取少量现金外，一律转账。采购专户只付不收，款项付完后，将剩余款项汇回公司银行存款账户。

1. 出纳人员按规定将款项委托当地银行汇往采购地开立的专户后，根据汇出款项凭据填写银行存款日记账。会计人员根据外埠存款资金申请及银行结算凭据等，进行账务处理。

借：其他货币资金——外埠存款
　　贷：银行存款

2. 外出采购人员报销用外埠存款支付的采购货款等款项时，出纳人员根据资金支付凭据登记银行存款日记账，会计人员根据供应商发票、银行结算凭据等，进行账务处理。

借：低值易耗品（固定资产、业务及管理费等）
　　贷：其他货币资金——外埠存款

3. 采购员完成采购任务，将多余的外埠存款转回当地银行。出纳应根据银行结算凭据登记银行存款日记账，会计人员根据银行结算凭据、外埠资金清收情况单等，进行账务处理。

借：银行存款
　　贷：其他货币资金——外埠存款

（二）银行汇票存款

银行汇票存款（Bank Draft Deposit）是指公司为取得银行汇票按规定存入银行的款项。

1. 出纳人员向银行提交"银行汇票委托书"并将款项交存开户银行，取得汇票后，登记银行存款日记账。会计人员根据银行盖章的委托书存根联，进行账务处理。

借：其他货币资金——银行汇票
　　贷：银行存款

2. 公司使用银行汇票支付款项后，会计人员根据发票及开户行转来的银行汇票副联等凭据，经核对无误后，进行账务处理。

借：低值易耗品（固定资产等）
　　贷：其他货币资金——银行汇票

3. 汇票使用完毕转销或因超过付款期限以及其他原因未曾使用而退还款项时，会计人员根据银行结算凭据，进行账务处理。

借：银行存款
　　贷：其他货币资金——银行汇票

（三）银行本票存款

银行本票存款（Bank Note Deposit）是指公司为取得银行本票按规定存入银行的款项。

1. 出纳人员向银行提交"银行本票申请书"并将款项交存银行，取得银行本票，登记银行存款日记账。会计人员根据银行盖章退回的申请书存根联，经核对无误后，进行账务处理。

借：其他货币资金——银行本票
　　贷：银行存款

2. 公司用银行本票支付货款等款项后，会计人员根据发票账单等有关凭据，经审核无误后，进行账务处理。

借：低值易耗品（固定资产等）
　　贷：其他货币资金——银行本票

3. 如公司因本票超过付款期等原因未曾使用而要求银行退款时候，出纳人员填制进账单一式二联，连同本票一并交给银行，然后根据银行收回本票时盖章退回的一联进账单，登记银行存款日记账。会计人员根据进账单等，进行账务处理。

借：银行存款
　　贷：其他货币资金——银行本票

（四）信用卡存款

信用卡存款（Credit Card Deposit）是指公司为取得信用卡按规定存入银行信用卡专户的款项。公司申请信用卡，需按照有关规定填制申请表，开立信用卡存款户，取得信用卡。

1. 出纳人员根据银行盖章退回的交存备用金的进账单，登记银行存款日记账，会计人员根据银行结算凭证，进行账务处理。

借：其他货币资金——信用卡存款
　　贷：银行存款

2. 出纳人员根据开户银行转来的信用卡存款的付款凭证及相关发票，登记日记账。会计人员根据付款凭证及相关发票，进行账务处理。

借：业务及管理费（低值易耗品等）
　　贷：其他货币资金——信用卡存款

3. 出纳人员根据取得的信用卡户核销或其他原因转回资金的银行结算凭证，登记银行存款日记账。会计人员根据银行结算凭证，进行账务处理。

借：银行存款
　　贷：其他货币资金——信用卡存款

（五）信用证保证金存款

信用证保证金存款（Credit Guarantee Deposit）是指公司为开具信用证而存入银行信用保证金专户的款项。

1. 公司向银行申请开出信用证用于支付款项时，出纳人员根据开户银行盖章退回的"信用证委托书"回单，登记银行存款日记账。会计人员根据"信用证委托书"回单，进行账务处理。

借：其他货币资金——信用证保证金存款
　　贷：银行存款

2. 公司收到供货单位信用证结算凭证及所附发票时，会计人员经核对无误后，进行账务处理。

借：固定资产（或其他相应科目）
　　贷：其他货币资金——信用证保证金存款

3. 公司收回未用完的信用证存款余额或其他原因收回款项时，出纳人员根据取得的银行结算凭据，登记银行存款日记账。会计人员根据银行结算凭据，进行账务处理。

借：银行存款
　　贷：其他货币资金——信用证保证金存款

第二节 以公允价值计量且其变动计入当期损益的金融资产的核算

以公允价值计量且其变动计入当期损益的金融资产，可以进一步分为交易性金融资产和直接指定为以公允价值计量且变动计入当期损益的金融资产。

一、交易性金融资产的核算

（一）交易性金融资产的概念

交易性金融资产（Trading Financidl Asset）主要是指公司为了近期内出售或回购，比如公司以赚取差价为目的从二级市场购入的股票、债券、基金等。

（二）科目设置

1. "应收股利"科目

该科目用来核算公司应收取的现金股利和应收其他单位分配的利润。该科目属于资产类科目，其借方登记公司应收取的现金股利或利润，贷方登记收到的现金股利或利润，余额在借方，反映公司尚未收回的现金股利或利润。该科目应按被投资单位设置明细账。

2. "应收利息"科目

该科目用来核算因债券投资等已到付息日但尚未领取的利息。该科目属于资产类科目，其借方登记购入债券时实际支付的价款中包含的已到付息日但尚未领取的利息，以及公司已计提长期债券应收利息中的已到付息日但尚未领取的利息，贷方登记收到的应收利息和已经确认为坏账的应收利息，余额在借方，反映公司尚未收回的利息。该科目应按应收利息种类设置明细科目。

3. "投资收益"科目

该科目用来核算公司确认的投资收益或投资损失。该科目属于损益类（收入）类科目，其贷方登记公司投资取得的收益，贷方登记公司投资发生的损失，期末将"投资收益"科目的净收益或净损失转入"本年利润"科目，结转后该科目无余额。该科目应按投资项目设置明细账。

4. "交易性金融资产"科目

该科目用来核算公司为交易目的所持有的债券投资、股票投资、基金投资等交易性金融资产的公允价值。包括企业持有的直接指定为以公允价值计量且变动计入当期损益的金融资产。该科目属于资产类科目，其借方登记取得交易性金融资产的公允价值以及资产负债日交易性金融资产的公允价值高于其账面余额的差额，贷方登记出售交易性金融资产实际收到的金额及资产负债日交易性金融资产的公允价值低于其账面余额的差额，余额在借方，反映公司持有的交易性金融资产的公允价值。该科目应按交易性金融资产的类别和品种，分别"成本"、"公允价值变动"等设置明细账。

5．"公允价值变动损益"科目

该科目用来核算公司交易性金融资产、交易性金融负债，以及采用公允价值模式计量的投资性房地产、衍生工具、套期保值业务等公允价值变动形成的应计入当期损益的利得或损失。该科目属于损益类（收入）类科目，对于交易性金融资产，其贷方登记资产负债日交易性金融资产的公允价值高于其账面余额的差额以及出售交易性金融资产转出的交易性金融资产的公允价值低于其账面余额的差额，借方登记企业资产负债日交易性金融资产的公允价值低于其账面余额的差额以及出售交易性金融资产转出的交易性金融资产的公允价值高于其账面余额的差额，期末将其余额转入"本年利润"科目，结转后该科目无余额。该科目应按交易性金融资产、交易性金融负债、投资性房地产等设置明细账。

（三）账务处理

例7-2 某公司20×4年9月12日以每股8元（含已宣告但尚未发放的现金股利0.5元）的价格购买中意公司股票10 000股，准备随时出售，手续费1 500元，以上款项通过银行存款支付。9月25日收到中意公司发放的现金股利。9月30日上述股票的收盘价为8.8元。10月20日该公司将上述股票以每股10.6元的价格出售，扣除手续费后获得银行存款104 000元。应编制会计分录如下：

（1）购买股票时：

借：交易性金融资产——成本　　　　　　　　　　　　75 000
　　应收股利——中意公司　　　　　　　　　　　　　 5 000
　　投资收益　　　　　　　　　　　　　　　　　　　 1 500
　　贷：银行存款　　　　　　　　　　　　　　　　　　　　81 500

（2）9月25日收到现金股利：

借：银行存款　　　　　　　　　　　　　　　　　　　 5 000
　　贷：应收股利——中意公司　　　　　　　　　　　　　　 5 000

（3）9月30日确定股票的公允价值与账面价值的差额：

9月30日股票的收盘价即为交易性金融资产的公允价值=10 000×8.8=88 000（元）

股票的公允价值与账面价值的差额=88 000-75 000=13 000（元）

借：交易性金融资产——公允价值变动　　　　　　　 13 000
　　贷：公允价值变动损益　　　　　　　　　　　　　　　　13 000

（4）10月20日该公司将上述股票出售：

借：银行存款　　　　　　　　　　　　　　　　　　 104 000
　　贷：交易性金融资产——成本　　　　　　　　　　　　　75 000

	——公允价值变动	13 000
	投资收益	16 000

将原计入该金融资产的公允价值变动转出：

借：公允价值变动损益　　　　　　　　　　　　　　　13 000
　　贷：投资收益　　　　　　　　　　　　　　　　　　　　13 000

例 7-3　20×4 年 1 月 1 日，甲公司从二级市场支付价款 1 020 000 元（含已到付息期但尚未领取的利息 20 000 元）购入某公司发行的债券，另发生交易费用 20 000 元。该债券面值 1 000 000 元，剩余期限为 2 年，票面年利率为 4%，每半年付息一次，该公司将其划分为交易性金融资产。甲公司其他资料如下：

（1）20×4 年 1 月 5 日，收到该债券 20×3 年下半年利息 20 000 元；

（2）20×4 年 6 月 30 日，该债券的公允价值为 1 150 000 元（不含利息）；

（3）20×4 年 7 月 5 日，收到该债券半年利息；

（4）20×4 年 12 月 31 日，该债券的公允价值为 1 100 000 元（不含利息）；

（5）20×5 年 1 月 5 日，收到该债券 20×4 年下半年利息；

（6）20×5 年 3 月 31 日，甲公司将该债券出售，取得价款 1 180 000 元（含 1 季度利息 10 000 元）。

假定不考虑其他因素，则甲公司应编制会计分录如下：

（1）20×4 年 1 月 1 日，购入债券：

借：交易性金融资产——成本　　　　　　　　　　　1 000 000
　　应收利息　　　　　　　　　　　　　　　　　　　　20 000
　　投资收益　　　　　　　　　　　　　　　　　　　　20 000
　　贷：银行存款　　　　　　　　　　　　　　　　　　　1 040 000

（2）20×4 年 1 月 5 日，收到该债券 20×3 年下半年利息：

借：银行存款　　　　　　　　　　　　　　　　　　　20 000
　　贷：应收利息　　　　　　　　　　　　　　　　　　　20 000

（3）20×4 年 6 月 30 日，确认债券公允价值变动和投资收益：

借：交易性金融资产——公允价值变动　　　　　　　150 000
　　贷：公允价值变动损益　　　　　　　　　　　　　　　150 000
借：应收利息　　　　　　　　　　　　　　　　　　　20 000
　　贷：投资收益　　　　　　　　　　　　　　　　　　　20 000

（4）20×4 年 7 月 5 日，收到债券半年利息：

借：银行存款　　　　　　　　　　　　　　　　　　　20 000
　　贷：应收利息　　　　　　　　　　　　　　　　　　　20 000

（5）20×4 年 12 月 31 日，确认债券公允价值变动和投资收益：

借：公允价值变动损益　　　　　　　　　　　　　　　50 000
　　贷：交易性金融资产——公允价值变动　　　　　　　　50 000
借：应收利息　　　　　　　　　　　　　　　　　　　20 000
　　贷：投资收益　　　　　　　　　　　　　　　　　　　20 000

（6）20×5 年 1 月 5 日，收到该债券 20×4 年下半年利息：

借：银行存款	20 000	
贷：应收利息		20 000

(7) 20×5年3月31日，将该债券出售：

借：应收利息	10 000	
贷：投资收益		10 000
借：银行存款	1 170 000	
公允价值变动损益	100 000	
贷：交易性金融资产——成本		1 000 000
——公允价值变动		100 000
投资收益		170 000
借：银行存款	10 000	
贷：应收利息		10 000

二、直接指定为以公允价值计量且变动计入当期损益的金融资产的核算

公司将某项金融资产指定为以公允价值计量且其变动计入当期损益的金融资产，通常是指该金融资产不满足确认为交易性金融资产条件，公司仍可在符合某些特定条件时将其按公允价值计量，并将其公允价值变动计入当期损益。

通常情况下，只有符合下列条件之一的金融资产或金融负债，才可以在初始确认时指定为以公允价值计量且其变动计入当期损益的金融资产：

（1）该指定可以消除或明显减少由于该金融资产或金融负债的计量基础不同所导致的相关利得或损失在确认或计量方面不一致的情况。

（2）公司风险管理或投资策略的正式书面文件已载明，该金融资产组合、该金融负债组合、或该金融资产和金融负债组合，以公允价值为基础进行管理、评价并向关键管理人员报告。

对于直接指定为以公允价值计量且变动计入当期损益的金融资产的核算可比照交易性金融资产的核算。

第三节
买入返售金融资产的核算

一、买入返售金融资产概述

为了发展货币市场，进一步拓宽投资渠道，1999年8月，经中国人民银行批准，金融机构可以在银行间同业市场办理债券回购业务，交易券种为中国人民银行批准交易的国债、中央银行融资券、政策性银行金融债券等债券，交易的债券必须在中央国债登记结算有限责任担保公司托管和结算，不得转托管。证券回购业务包括买入返售证券业务和卖出回购证券

业务。买入返售证券业务（Buying Security and Keturn sale）是指公司与全国银行间同业市场其他成员以合同或协议的方式，按一定的价格买入证券，到期日再按合同或协议规定的价格卖出该批证券，以获取买入价与卖出价差价收入的业务。卖出回购证券业务（Matched sale of Repo）是指公司与全国银行间同业市场其他成员以合同或协议的方式，按一定的价格卖出证券，到期日再按合同或协议规定的价格买回该批证券，以获得一定时期内资金使用权的业务。卖出回购证券业务的核算将在第九章阐述。

二、科目设置

担保公司应设置"买入返售金融资产"科目，核算担保公司按照返售协议约定先买入再按固定价格返售的票据、证券、贷款等金融资产所融出的资金。该科目属资产类科目，其借方登记公司根据返售协议买入金融资产支付的价款，贷方登记到期返售金融资产收到的价款，余额一般在借方，反映公司买入的尚未到期返售金融资产的摊余成本。该科目应按买入返售金融资产的类别和融资方设置明细账。

三、账务处理

1. 公司根据返售协议买入金融资产，应按实际支付的金额，借记"买入返售金融资产"科目，贷记"银行存款"科目。

2. 资产负债表日，按照计算确定的买入返售金融资产的利息收入，借记"应收利息"科目，贷记"利息收入"科目。

3. 返售日，应按实际收到的金额，借记"银行存款"科目，按其账面余额，贷记"买入返售金融资产"科目、"应收利息"科目，按其差额，贷记"利息收入"科目。

例7-4 某担保公司20×4年9月1日与某证券公司以协议方式按5 000 000元的价格买入A证券，并约定6个月后再按固定的价格卖出该批A证券，约定利率为2.4%。应编制会计分录如下：

(1) 20×4年9月1日成交时：

借：买入返售金融资产——A证券	5 000 000
贷：银行存款	5 000 000

(2) 12月31日计算应收利息：

借：应收利息——某证券公司	40 000
贷：利息收入	40 000

利息收入 = 5 000 000 × 2.4% × 4 ÷ 12 = 40 000（元）

(3) 20×5年3月1日返售到期的买入返售证券时：

借：银行存款	5 120 000
贷：买入返售金融资产——A证券	5 060 000
应收利息——某证券公司	40 000
利息收入	20 000

利息收入 = 5 000 000 × 2.4% × 2 ÷ 12 = 20 000（元）

第四节 持有至到期投资的核算

一、持有至到期投资概述

持有至到期投资（Hold-to-maturity Investment）是指到期日固定、回收金额固定或可确定，且公司有明确意图和能力持有至到期的非衍生金融资产。通常情况下，能够划分为持有至到期投资的金融资产，主要是债权性投资，比如从二级市场上购入的固定利率国债、浮动利率金融债券等。股权投资因其没有固定的到期日，因而不能划分为持有至到期投资。持有至到期投资通常具有长期性质，但期限较短（1年以内）的债券投资，符合持有至到期投资条件的，也可将其划分为持有至到期投资。

二、科目设置

担保公司应设置"持有至到期投资"科目核算公司持有至到期投资。该科目属于资产类科目，其借方登记取得的持有至到期投资成本及利息调整，贷方登记出售持有至到期投资的账面余额及利息调整，余额在借方，反映持有至到期投资的摊余成本。该科目应按持有至到期投资的类别和品种，分别"成本"、"利息调整"、"应计利息"设置明细账。

三、账务处理

（一）持有至到期投资的初始计量

持有至到期投资的初始确认时，应当按照公允价值计量相关交易费用之和作为初始入账金额。实际支付的价款中包括的已到付息期但尚未领取的债券利息，应单独确认为应收项目。

持有至到期投资初始确认时，应当计算确定其实际利率，并在该持有至到期投资预期存续期间或适用的更短期间内保持不变。实际利率，是指将金融资产或金融负债在预期存续期间或适用的更短期间内的未来现金流量，折现为该金融资产或金融负债当前账面价值所使用的利率。

（二）持有至到期投资的后续计量

公司应当采用实际利率法，按摊余成本对持有至到期投资进行后续计量。其中，实际利率法，是指按照金融资产或金融负债（含一组金融资产或金融负债）的实际利率计算其摊余成本及各期利息收入或利息费用的方法。摊余成本，是指该金融资产的初始确认金额经下列调整后的结果：（1）扣除已偿还的本金；（2）加上或减去采用实际利率法将该初始确认金额与到期日金额之间的差额进行摊销形成的累计摊销额;(3)扣除已发生的减值损失。

公司应在持有至到期投资持有期间,采用实际利率法,按照摊余成本和实际利率计算确认利息收入,计入投资收益。实际利率应当在取得持有至到期投资时确定,实际利率与票面利率差别较小的,也可按票面利率计算利息收入,计入投资收益。

处置持有至到期投资时,应将所取得价款与持有至到期投资账面价值之间的差额,计入当期损益。

例 7-5 20×0 年 1 月 1 日,乙公司支付价款 1 000 元(含交易费用)从活跃市场上购入某公司五年期债券,面值 1 250 元,票面利率 4.72%,按年支付利息(即每年 59 元),本金最后一次支付。合同约定,该债券的发行方在遇到特定情况时可以将债券赎回,且不需要为提前赎回支付额外款项。乙公司在购买该债券时,预计发行方不会提前赎回。

乙公司将购入的该公司债券分为持有至到期投资,且不考虑所得税减值损失等因素。为此,乙公司在初始确认时先计算确定该债券的实际利率:

设该债券的实际利率为 r,则可列出如下等式:

$$59 \times (1+r)^{-1} + 59 \times (1+r)^{-2} + 59 \times (1+r)^{-3} + 59 \times (1+r)^{-4} + (59+125) \times (1+r)^{-5} = 1\,000 \text{(元)}$$

采用插值法,可以计算得出 r=10%,由此可编制表 7-2。

表 7-2　　　实际利率法计算利息收入和摊余成本表　　　单位:元

年份	期初摊余成本（a）	实际利息（b）（按10%计算）	现金流入（c）	期末摊余成本（d=a+b-c）
20×0 年	1 000	100	59	1 041
20×1 年	1 041	104	59	1 086
20×2 年	1 086	109	59	1 136
20×3 年	1 136	114*	59	1 191
20×4 年	1 191	118**	1 309	0

注:* 数字四舍五入取整。

** 数字考虑了计算过程中出现的尾差。

根据上述数据,乙公司应编制会计分录如下:

(1) 20×0 年 1 月 1 日,购入债券:

借:持有至到期投资——成本　　　　　　　　　　　　　　　1 250
　　贷:银行存款　　　　　　　　　　　　　　　　　　　　1 000
　　　　持有至到期投资——利息调整　　　　　　　　　　　　250

(2) 20×0 年 12 月 31 日,确认实际利息收入、收到票面利息等:

借:应收利息　　　　　　　　　　　　　　　　　　　　　　59
　　持有至到期投资——利息调整　　　　　　　　　　　　　　41
　　贷:投资收益　　　　　　　　　　　　　　　　　　　　100

(3) 20×1 年 12 月 31 日,确认实际利息收入、收到票面利息等:

借：应收利息 59
　　持有至到期投资——利息调整 45
　　　贷：投资收益 104
借：银行存款 59
　　　贷：应收利息 59

（4）20×2年12月31日，确认实际利息收入、收到票面利息等：
借：应收利息 59
　　持有至到期投资——利息调整 50
　　　贷：投资收益 109
借：银行存款 59
　　　贷：应收利息 59

（5）20×3年12月31日，确认实际利息收入、收到票面利息等：
借：应收利息 59
　　持有至到期投资——利息调整 55
　　　贷：投资收益 114
借：银行存款 59
　　　贷：应收利息 59

（6）20×4年12月31日，确认实际利息收入、收到票面利息和本金等：
借：应收利息 59
　　持有至到期投资——利息调整 59
　　　贷：投资收益 118
借：银行存款 59
　　　贷：应收利息 59
借：银行存款等 1 250
　　　贷：持有至到期投资——成本 1 250

假定在20×2年1月1日，乙公司预计本金的一半（即625元）将会在该年年末收回，而其余的一半酬金将于20×4年年末会清。遇到这种情况时，乙公司应当调20×2年年初的摊余成本，计入当期损益。调整时采用最初确定的实际利率。

据此，调整上述表中相关数据后如表7-3所示。

表7-3　　　　　　　实际利率法计算利息收入和摊余成本表　　　　　　　单位：元

年份	期初摊余成本（a）	实际利息（b）（按10%计算）	现金流入（c）	期末摊余成本（d = a + b - c）
20×2年	1 138*	114**	684	568
20×3年	568	57	30***	595
20×4年	595	60	655	0

注：* 1 138 = 684 × (1 + 10%)$^{-1}$ + 30 × (1 + 10%)$^{-2}$ + 655 × (1 + 10%)$^{-3}$（四舍五入）。
　　** 114 = 1 138 × 10%（四舍五入）。
　　*** 30 = 625 × 10%（四舍五入）。

根据上述调整，乙公司的账务处理如下：

(1) 20×2年1月1日，调整期初摊余成本：

借：持有至到期投资——利息调整　　　　　　　　　　52
　　贷：投资收益　　　　　　　　　　　　　　　　　　　　52

(2) 20×2年12月31日，确认实际利息、收回本金等：

借：应收利息　　　　　　　　　　　　　　　　　　59
　　持有至到期投资——利息调整　　　　　　　　55
　　贷：投资收益　　　　　　　　　　　　　　　　　　　114
借：银行存款　　　　　　　　　　　　　　　　　　59
　　贷：应收利息　　　　　　　　　　　　　　　　　　　59
借：银行存款等　　　　　　　　　　　　　　　　625
　　贷：持有至到期投资——成本　　　　　　　　　　625

(3) 20×3年12月31日，确认实际利息等：

借：应收利息　　　　　　　　　　　　　　　　　　30
　　持有至到期投资——利息调整　　　　　　　　27
　　贷：投资收益　　　　　　　　　　　　　　　　　　　57
借：银行存款　　　　　　　　　　　　　　　　　　30
　　贷：应收利息　　　　　　　　　　　　　　　　　　　30

(4) 20×4年12月31日，确认实际利息、收回本金等：

借：应收利息　　　　　　　　　　　　　　　　　　30
　　持有至到期投资——利息调整　　　　　　　　30
　　贷：投资收益　　　　　　　　　　　　　　　　　　　60
借：银行存款　　　　　　　　　　　　　　　　　　30
　　贷：应收利息　　　　　　　　　　　　　　　　　　　30
借：银行存款等　　　　　　　　　　　　　　　　625
　　贷：持有至到期投资——成本　　　　　　　　　　625

假定乙公司购买的债券不是分次付息，而是到期一次还本付息，且利息不是以复得计算。此时，乙公司所购买债券的实际利率 r，可以计算如下：

$(59+59+59+59+59+1\,250) \times (1+r)^{-5} = 1\,000$（元），由此得出 $r \approx 9.05\%$

据此，调整上述表中相关数据后如表7-4所示。

表7-4　　　　　实际利率法计算利息收入和摊余成本表　　　　　金额单位：元

年份	期初摊余成本（a）	实际利息（b） （按10%计算）	现金流入（c）	期末摊余成本 （d=a+b-c）
20×0年	1 000	90.5	0	1 090.5
20×1年	1 090.5	98.69	0	1 189.19
20×2年	1 189.19	107.62	0	1 296.81
20×3年	1 296.81	117.36	0	1 414.17
20×4年	1 414.17	130.83*	0	0

注：* 考虑了计算过程中出现的尾差2.85元。

根据上述调整，乙公司应编制会计分录如下：

(1) 20×0年1月1日，购入债券：

借：持有至到期投资——成本　　　　　　　　　　　　　1 250
　　　贷：银行存款　　　　　　　　　　　　　　　　　　　　　1 000
　　　　　持有至到期投资——利息调整　　　　　　　　　　　　250

(2) 20×0年12月31日，确认实际利息收入：

借：持有至到期投资——应计利息　　　　　　　　　　　59
　　　　　　　　　　　——利息调整　　　　　　　　　　　31.5
　　　贷：投资收益　　　　　　　　　　　　　　　　　　　　　90.5

(3) 20×1年12月31日，确认实际利息收入：

借：持有至到期投资——应计利息　　　　　　　　　　　59
　　　　　　　　　　　——利息调整　　　　　　　　　　　39.69
　　　贷：投资收益　　　　　　　　　　　　　　　　　　　　　98.69

(4) 20×2年12月31日，确认实际利息收入：

借：持有至到期投资——应计利息　　　　　　　　　　　59
　　　　　　　　　　　——利息调整　　　　　　　　　　　48.62
　　　贷：投资收益　　　　　　　　　　　　　　　　　　　　　107.62

(5) 20×3年12月31日，确认实际利息收入：

借：持有至到期投资——应计利息　　　　　　　　　　　59
　　　　　　　　　　　——利息调整　　　　　　　　　　　58.36
　　　贷：投资收益　　　　　　　　　　　　　　　　　　　　　117.36

(6) 20×4年12月31日，确认实际利息收入、收到酬金和名义利息等：

借：持有至到期投资——应计利息　　　　　　　　　　　59
　　　　　　　　　　　——利息调整　　　　　　　　　　　71.83
　　　贷：投资收益　　　　　　　　　　　　　　　　　　　　　130.83
借：银行存款　　　　　　　　　　　　　　　　　　　　1 545
　　　贷：持有至到期投资——成本　　　　　　　　　　　　　　1 250
　　　　　　　　　　　　——应计利息　　　　　　　　　　　　295

第五节
贷款和应收款项的核算

一、贷款和应收款项概述

贷款和应收款项，是指在活跃市场没有报价、回收金额固定或可确定的非衍生金融资产。

划分为贷款和应收款项的金融资产，与划分为持有至到期投资的金融资产，其主要差别在于前者不是在活跃市场有报价的金融资产，并且不像持有至到期投资那样在出售或重分类方面受到较多限制。如果某债务工具活跃市场没有报价，则公司不能将其划分为持有至到期投资。

二、贷款业务的核算

（一）拆出资金的核算

1. 拆出资金的概念

目前金融行业已开放了同业资金拆借市场。资金拆借是指具有法人资格的金融担保机构及经法人授权的非法人金融担保机构之间进行的短期资金融通，以调剂头寸和调剂临时性资金余缺的经济活动。资金拆借业务的产生源于金融担保机构头寸管理的需要。资金拆借业务主要以短期资金融通为主，7 天以下的拆借特别是隔夜拆借占较大的比重。资金多余者向资金不足者借出款项，称之为拆出；资金短缺者向资金多余者借入，称之为拆入。从资金运用看，拆入的资金主要用于满足金融担保机构短期临时性资金的需要；从资金来源看，拆出的资金主要是金融机构存放在中央银行的账户上的多余资金和担保公司的担保资金。

担保公司的资金拆借业务包括拆出资金业务（Lending Fund）和拆入资金业务（Borrowing Fund）。拆出资金是担保公司的一项流动资产，拆入资金是担保公司的一项流动负债。拆入资金的核算将在第九章阐述。

2. 利息收入的确认

拆出资金核算的主要问题是拆出资金利息收入的确认。《企业会计准则第 14 号——收入》关于利息收入的确认原则是：

（1）与交易相关的经济利益能够流入公司；

（2）收入的金额能够可靠地计量。

3. 科目设置

担保公司应设置"拆出资金"科目，核算担保公司按规定从事拆借业务而拆出资金的本金。该科目属于资产类科目，其借方登记拆出资金的数额，贷方登记拆出资金的收回数额，余额在借方，表示担保公司尚未收回的拆出资金的本金。该科目应按拆放的金融机构设置明细账。

4. 账务处理

例 7-6 甲担保公司 20×4 年 9 月 11 日向乙担保公司拆出资金 2 000 万元，交易品种为 30 天，年利率为 6.9%。甲担保公司应编制如下会计分录：

（1）20×4 年 9 月 11 日拆出资金时：

借：拆出资金——乙公司　　　　　　　　　　　　　20 000 000
　　贷：银行存款　　　　　　　　　　　　　　　　　　　　　20 000 000

（2）20×4 年 9 月 30 日，计算应收利息时：

借：应收利息——乙公司　　　　　　　　　　　　　76 666.67
　　贷：利息收入　　　　　　　　　　　　　　　　　　　　　76 666.67

利息收入 = 20 000 000 × 6.9% ÷ 360 × 20 = 76 666.67（元）

(3) 20×4年10月10日收回拆出资金本息
借：银行存款　　　　　　　　　　　　　　　　20 115 000
　　贷：拆出资金——乙公司　　　　　　　　　　　20 000 000
　　　　利息收入　　　　　　　　　　　　　　　　38 333.33
　　　　应收利息——乙公司　　　　　　　　　　　76 666.67
利息收入 = 20 000 000×6.9%÷360×10 = 38 333.33（元）

（二）委托贷款的核算

1. 委托贷款的概念

目前担保公司贷款业务主要是指委托贷款。委托贷款是指按规定委托银行或其他金融机构向其他单位贷出的款项。担保公司尚未使用的担保资金，可以按照相关规定，办理程序，委托银行或其他金融机构向其他单位放贷。

2. 科目设置

担保公司应设置"贷款"科目，核算担保公司按规定发放的各种委托贷款。该科目属于资产类科目，其借方登记发放贷款的数额，贷方登记贷款的收回数额，余额在借方，表示担保公司尚未收回的贷款。该科目应按贷款类别、客户分别"本金"、"利息调整"、"已减值"设置明细账。

3. 账务处理

贷款采用实际利率法，其摊销的处理和持有至到期投资类似，但在计提减值准备时，要注意同时将贷款的本金、利息调整的科目余额以及应收未收的利息转到"贷款——已减值"科目中，这是比较特殊的处理，其目的是便于担保公司对于减值的贷款进行专项的管理和追踪。

减值以后，按照实际利率法以摊余成本为基础确认的利息收入要冲减"贷款损失准备"，对于按合同本金和合同利率计算确定的应收利息金额应进行表外登记。

在贷款的未来现金流量现值发生变化时，不调整实际利率，而是调整摊余成本。

贷款的账务处理如下：

（1）发放贷款时：
借：贷款——本金（贷款合同规定的本金金额）
　　　　——利息调整（差额，或贷记）
　　贷：银行存款

（2）确认贷款利息收入：
借：应收利息（合同本金×合同利率）
　　贷：利息收入（期初摊余成本×实际利率）
　　　　贷款——利息调整（差额，或借记）

【注】合同利率与实际利率差异较小的，也可以采用合同利率计算确定利息收入。

（3）收到贷款利息：
借：银行存款
　　贷：应收利息

（4）资产负债表日，确认贷款减值损失：

借：资产减值损失
　　贷：贷款损失准备
同时：
借：贷款——已减值
　　贷：贷款——本金
　　　　——利息调整（或借记）
　　　应收利息（若存在应收未收利息时）
（5）按实际利率法以摊余成本为基础确认利息收入：
借：贷款损失准备
　　贷：利息收入（期初摊余成本×实际利率）

【注】此时应将"合同本金×合同利率"计算确定的应收利息进行表外登记，不需要确认。

（6）减值后收到本金或利息时：
借：银行存款（减值后收到的本金或利息）
　　贷：贷款——已减值
（7）后续计提减值准备时：
借：资产减值损失（摊余成本——未来现金流量现值）
　　贷：贷款损失准备

【注】后续计提减值时不需要再将本金与利息调整转入"贷款——已减值"，因为在第一期减值时已经做过处理了。

（8）减值贷款价值恢复时：
借：贷款损失准备
　　贷：资产减值损失
（9）确实无法收回的贷款，按管理权限报经批准后作为呆账予以转销：
借：贷款损失准备
　　贷：贷款——已减值

同时，按管理权限报经批准后转销表外登记的应收未收利息，减少表外"应收未收利息"科目金额。

（10）已确认并转销的贷款以后又收回的：
借：贷款——已减值（原转销的已减值贷款余额）
　　贷：贷款损失准备
借：银行存款（实际收到的金额）
　　贷款损失准备（账面余额）
　　贷：贷款——已减值（原转销已减值贷款余额）
　　　　资产减值损失（差额或借记）

4. 核算举例

例7-7　20×2年1月1日，某担保公司委托商业银行向A企业发放一笔贷款8 000万元，A企业实际收到款项7 514万元，贷款合同年利率为10%，期限4年，利息按年收取，A企业到期一次偿还本金，该贷款实际利率为12%。

20×3年12月31日，有客观证据表明A企业发生严重财务困难，据此认定对A企业的贷款发生了减值，并预期20×4年12月31日将收到利息300万元，20×5年12月31日将收到本金5 000万元。

20×4年12月31日，预期原来的现金流量估计不会改变，但当年实际收到的利息为200万元。

20×5年12月31日，经与A企业协商，最终收回贷款6 000万元，假定不考虑其他因素（计算结果保留两位有效数字，以下金额以万元为单位）。

担保公司应编制如下会计分录：

（1）20×2年1月1日发放贷款：

借：贷款——委托贷款——本金　　　　　　　　　　　　　　　8 000
　　贷：银行存款　　　　　　　　　　　　　　　　　　　　　　7 514
　　　　贷款——委托贷款——利息调整　　　　　　　　　　　　 486

摊余成本 = 7 514（万元）

（2）20×2年12月31日确认并收到贷款利息：

借：应收利息　　　　　　　　　　　　　　　800（8 000×10%）
　　贷款——委托贷款——利息调整　　　　　　101.68
　　贷：利息收入　　　　　　　　　　　　　 901.68（7 514×12%）

借：银行存款　　　　　　　　　　　　　　　800
　　贷：应收利息　　　　　　　　　　　　　 800

摊余成本 = 7 514 + 901.68 - 800 = 7 615.68（万元）

（3）20×3年12月31日，确认贷款利息：

借：应收利息　　　　　　　　　　　　　　　800（8 000×10%）
　　贷款——委托贷款——利息调整　　　　　　113.88
　　贷：利息收入　　　　　　　　　　　　　 913.88（7 615.68×12%）

计提贷款损失准备前，贷款的摊余成本 = 7 615.68 + 913.88 = 8 529.56（万元），20×3年12月31日，预计从A企业贷款将收到的现金流量现值计算如下：

$300 \div (1 + 12\%) + 5\ 000 \div (1 + 12\%)^2 = 4\ 253.83$（万元）

应确认贷款减值损失 = 8 529.56 - 4 253.83 = 4 275.73（万元）

借：资产减值损失　　　　　　　　　　　　　4 275.73
　　贷：贷款损失准备　　　　　　　　　　　 4 275.73

借：贷款——委托贷款——已减值　　　　　　 8 529.56
　　　　　　　　　　——利息调整　　　　　　270.44（486 - 101.68 - 113.88）
　　贷：贷款——委托贷款——本金　　　　　　8 000
　　　　应收利息　　　　　　　　　　　　　　800

确认减值损失后，贷款的摊余成本 = 8 529.56 - 4 275.73 = 4 253.83（万元）

（4）20×4年12月31日，确认利息收入并收到利息：

借：贷款损失准备　　　　　　　　　　　　　510.46
　　贷：利息收入　　　　　　　　　　　　　 510.46（4 253.83×12%）

借：银行存款　　　　　　　　　　　　　　　200

　　　　贷：贷款——委托贷款——已减值　　　　　　　　　　　　　　　200

　　计提贷款损失准备前，贷款的摊余成本 = 4 253.83 + 510.46 - 200 = 4 564.29（万元），20×4 年 12 月 31 日，预期原来的现金流量估计不会改变，因此从 A 企业将收到的现金流量现值计算如下：5 000/（1 + 12%） = 4 464.29（万元）

　　应计提的贷款损失准备 = 4 564.29 - 4 464.29 = 100（万元）
　　　　借：资产减值损失　　　　　　　　　　　　　　　　　　　　　　100
　　　　　　贷：贷款损失准备　　　　　　　　　　　　　　　　　　　　100

　　确认减值损失后，贷款的摊余成本 = 4 564.29 - 100 = 4 464.29（万元）

（5）20×5 年 12 月 31 日，结算贷款：
　　　　借：贷款损失准备　　　　　　　535.71（4 464.29×12%）
　　　　　　贷：利息收入　　　　　　　　　　　　　　　　　　535.71
　　　　借：银行存款　　　　　　　　　　　　　　　　　　　　6 000
　　　　　　贷款损失准备　　　　　　　3 329.56（4 275.73 - 510.46 + 100 - 535.71）
　　　　　　贷：贷款——委托贷款——已减值　　　8 329.56（8 529.56 - 200）
　　　　　　　　资产减值损失　　　　　　　　　　　　　　　　1 000

例 7 - 8　某担保公司 20×4 年 9 月 10 日委托建设银行向 B 企业发放贷款 2 000 000 元，期限 3 个月，金额 200 万元，约定月利率 9‰，按月付息，到期一次还本，如违约按罚息利率按日计收利息（罚息利率按在约定利率基础上加收 50%）。12 月 10 日到期日，借款人无法偿还本金及最后一期利息，经多次催收，于 12 月 20 日提出诉讼、预计损失额 500 000 元。20×5 年 3 月 15 日，收到反担保人代为偿还本金 2 000 000 元，利息及罚息 105 300 元（假设合同利率和实际利率一致）。担保公司应编制如下会计分录：

1. 发放委托贷款时：
　　借：贷款——委托贷款　　　　　　　　　　　　　　　　　2 000 000
　　　　贷：银行存款　　　　　　　　　　　　　　　　　　　2 000 000

2. 每月确认并收到贷款利息：
　　借：应收利息　　　　　　　　　　　　　　　　　　　　　　18 000
　　　　贷：利息收入　　　　　　　　　　　　　　　　　　　　18 000
　　借：银行存款　　　　　　　　　　　　　　　　　　　　　　18 000
　　　　贷：应收利息　　　　　　　　　　　　　　　　　　　　18 000

3. 12 月 31 日计提贷款损失准备时：
　　借：资产减值损失　　　　　　　　　　　　　　　　　　　500 000
　　　　贷：贷款损失准备　　　　　　　　　　　　　　　　　500 000

4. 20×5 年 3 月 15 日，收到反担保人代为偿还本金时：
　　借：银行存款　　　　　　　　　　　　　　　　　　　　2 105 300
　　　　贷：贷款——委托贷款　　　　　　　　　　　　　　20 000 000
　　　　　　应收利息　　　　　　　　　　　　　　　　　　　36 000
　　　　　　利息收入　　　　　　　　　　　　　　　　　　　69 300

三、应收款项的核算

应收款项是担保公司日常经营业务中发生的与公司外部、与公司内部各部门及职工之间往来而尚未结算的公司拥有的短期债权，它包括存出保证金、应收保费、预付赔付款、应收股利、应收利息、应收代位追偿款、应收分保账款、应收分保合同准备金、其他应收款、坏账准备、存出资本保证金等。本章主要涉及存出保证金、其他应收款、坏账准备、存出资本保证金的核算，其他内容已在有关章节介绍，不再赘述。

（一）存出保证金的核算

存出保证金（Refundable Deposit）是指公司开展直接承保业务按合同约定存出的保证金以及分保业务按分保合同约定存出的保证金，包括存出交易保证金，即根据资金运用的需要存出的保证金；存出理赔保证金，即担保公司与银行或其他机构签订的担保贷款合作协议中明确规定作为担保公司存出的保证金；存出分保保证金，即分入分保业务按分保合同约定准备承担未来责任而存入分出公司的资金。

存出保证金的核算应设置"存出保证金"科目，该科目属于资产类科目，其借方登记按合同约定存出的保证金，贷方登记收回或转入赔付支出的存出保证金，余额在借方，反映公司存出的保证金数额。该科目应按保证金的类别以及存放单位设置明细账。

存出保证金的账务处理包括存出和收回或结案转入赔款支出两项内容。存出保证金时，借记"存出保证金"科目，贷记"银行存款"、"应收分保账款"等科目；收回或结案转入赔款时，借记"银行存款"或"赔付支出"科目，贷记"存出保证金"科目。

例7-9 甲担保公司与中国工商银行某支行签订担保贷款合作协议，按规定提交理赔保证金100万元，现担保公司发生一笔代偿，金额为95万元，理赔完毕银行退回甲公司5万元。甲担保公司的会计分录如下：

（1）存出保证金时：
借：存出保证金——存出理赔保证金——某支行　　　　　　　1 000 000
　　贷：银行存款　　　　　　　　　　　　　　　　　　　　1 000 000

（2）结案转入赔付款并收回余款时：
借：银行存款　　　　　　　　　　　　　　　　　　　　　　　50 000
　　赔付支出——贷款担保　　　　　　　　　　　　　　　　　950 000
　　贷：存出保证金——存出理赔保证金——某支行　　　　　1 000 000

（二）存出资本保证金的核算

存出资本保证金（Deposit for Capital Recognizance）是指担保公司按规定比例缴存的、用于清算时清偿债务的保证金。按照规定，担保公司成立后应当按照其注册资本总额的10%提取保证金，存入主管财政部门指定的银行，除担保公司清算时用于清偿债务外，任何公司一律不得动用。

为了核算存出资本保证金，担保公司应设置"存出资本保证金"科目。该科目属于资产类科目，其借方登记按规定比例缴存的资本保证金，贷方登记清算时清偿债务的数额，余额在借方,反映公司缴存的资本保证金。其账务处理为:存出资本保证金时,借记"存出资本保证金"科目,贷记"银行存款"科目。

(三) 其他应收款的核算

其他应收款(Other Receivable Acconnt)是指公司除存出保证金、买入返售金融资产、应收保费、预付赔付款、应收股利、应收利息、应收代位追偿款、应收分保账款、应收分保合同准备金、长期应收款以外的其他各种应收、暂付款项,包括应收的担保损失补贴、公司拨出的备用金、应收的各种赔款、罚金、职工预借差旅费、应向职工收取的各种垫付款项、应向代理人收取的各种垫付款项以及其他应收、暂付的款项等。

公司应设置"其他应收款"科目进行核算。该科目属于资产类科目,其借方登记其他应收款增加数,贷方登记其他应收款收回数,余额在借方,反映公司尚未收回的其他应收款。该科目应按对方单位(或个人)设置明细账。

1. 备用金的核算

在一些规模比较大的担保公司里,为了加强费用的管理,简化费用报账手续,实行费用归口分级管理,将各部门发生费用的审核支付手续交由部门负责掌管。这样有利于发挥职能部门加强费用管理的主动性,促使担保公司不断降低费用水平。

定额备用金应当按照申请批准的用途使用,不得转借他人或挪作他用,必须在规定期限内办理报销手续。定额备用金须在每年的 6 月 30 日和 12 月 31 决算时点归还入库。

(1) 备用金申请

备用金使用部门提出备用金使用申请,经相关审批人审批后,出纳人员支付备用金款并开具现金支付凭据(出纳及领款人签章并加盖现金付讫章)。会计人员根据备用金申请书及现金支付凭据,进行账务处理。

借:其他应收款——暂借及垫付款
　　贷:库存现金

(2) 备用金报销

备用金报销是指备用金使用部门报销备用金开支。会计人员根据相关支付凭据,进行合规性审核后,进行账务处理。

借:业务及管理费
　　贷:库存现金

(3) 收回备用金

收回备用金是指备用金使用部门交回领用的备用金款。出纳人员根据备用金使用部门交回的款项,开具现金收款凭据(出纳及交款人签章并加盖现金收讫章)。会计人员根据备用金收取凭据,进行账务处理。

借:库存现金
　　贷:其他应收款——暂借及垫付款

例 7-10 某担保公司开出现金支票,向理赔部门支付定额备用金 5 000 元,理赔部门报销日常管理支出 3 000 元。应编制会计分录如下:

(1) 开出现金支票时:

借:其他应收款——备用金——理赔部　　　　　　　　　　5 000

贷：银行存款　　　　　　　　　　　　　　　　　　　　　　　　　　　5 000
（2）理赔部门报销日常管理支出时：
借：业务及管理费　　　　　　　　　　　　　　　　　　　　　　　　　　3 000
　　贷：库存现金　　　　　　　　　　　　　　　　　　　　　　　　　　　3 000
（3）理赔部门将备用金退回时：
借：库存现金　　　　　　　　　　　　　　　　　　　　　　　　　　　　　5 000
　　贷：其他应收款——备用金——理赔部　　　　　　　　　　　　　　　　5 000

2. 备用金以外的其他应收款的核算

担保公司发生备用金以外的其他应收款时，借记"其他应收款"科目，贷记"库存现金"、"银行存款"等科目；收回其他应收款时，借记"库存现金"、"银行存款"、"应付职工薪酬"等科目，贷记"其他应收款"科目。

例 7-11　公司业务人员张明预借差旅费 5 000 元，以现金付讫。应编制会计分录如下：
借：其他应收款——张明　　　　　　　　　　　　　　　　　　　　　　　5 000
　　贷：库存现金　　　　　　　　　　　　　　　　　　　　　　　　　　　5 000

例 7-12　张明出差归来，报销 4 000 元，退回现金 1 000 元。应编制会计分录如下：
借：业务及管理费——差旅费　　　　　　　　　　　　　　　　　　　　　4 000
　　库存现金　　　　　　　　　　　　　　　　　　　　　　　　　　　　　1 000
　　贷：其他应收款——张明　　　　　　　　　　　　　　　　　　　　　　5 000

例 7-13　某担保公司以现金代某职工李红垫付应由其负担的水电费 120 元，后从其工资中扣回。应编制会计分录如下：
垫付时：
借：其他应收款——李红　　　　　　　　　　　　　　　　　　　　　　　　120
　　贷：库存现金　　　　　　　　　　　　　　　　　　　　　　　　　　　　120
扣款时：
借：应付职工薪酬　　　　　　　　　　　　　　　　　　　　　　　　　　　120
　　贷：其他应收款——李红　　　　　　　　　　　　　　　　　　　　　　　120

例 7-14　某公司和某个人代理人共同出资购买宣传礼品、赠品，公司垫资 8 000 元，其中个人代理人应负担 50%。应编制会计分录如下：
（1）公司垫资购买宣传用品入库时：
借：低值易耗品——宣传用品　　　　　　　　　　　　　　　　　　　　　8 000
　　贷：银行存款　　　　　　　　　　　　　　　　　　　　　　　　　　　8 000
（2）实际领用时：
借：其他应收款——某代理人　　　　　　　　　　　　　　　　　　　　　4 000
　　业务及管理费——宣传费　　　　　　　　　　　　　　　　　　　　　　4 000
　　贷：低值易耗品——宣传用品　　　　　　　　　　　　　　　　　　　　8 000
（3）收到代理人交来的款项：
借：银行存款　　　　　　　　　　　　　　　　　　　　　　　　　　　　　4 000
　　贷：其他应收款——某代理人　　　　　　　　　　　　　　　　　　　　4 000

第六节
可供出售金融资产的核算

一、可供出售金融资产概述

可供出售金融资产（Available-for-sale Financial Asset）是指初始确认时即被指定为可供出售的非衍生金融资产，以及除下列各类资产以外的金融资产：（1）贷款和应收款项；（2）持有至到期投资；（3）以公允价值计量且其变动计入当期损益的金融资产。例如公司购入的在活跃市场上有报价的股票、债券、基金等，没有划分为以公允价值计量且其变动计入当期损益的金融资产或持有至到期投资等金融资产的可归为此类。

二、科目设置

公司应设置"可供出售金融资产"科目，核算公司持有可供出售金融资产的公允价值，包括划分为可供出售的股票投资、债券投资等金融资产。该科目属于资产类科目，其借方登记取得的可供出售金融资产的成本及利息调整，贷方登记出售可供出售金融资产的账面余额及利息调整，余额在借方，反映可供出售金融资产的公允价值。该科目应按可供出售金融资产的类别和品种，分别"成本"、"利息调整"、"应计利息"、"公允价值变动"设置明细账。

三、账务处理

可供出售金融资产的账务处理，基本上与以公允价值计量且其变动计入当期损益的金融资产的账务处理相同，但也有不同之处，具体而言：

首先，初始确认时，都应按公允价值计量，但对于可供出售金融资产，相关交易费用应计入初始入账金额；

其次，资产负债表日，都应按公允价值计量，但对于可供出售金融资产，公允价值变动不是计入当期损益，而通常应计入所有者权益。

公司在对可供出售金融资产进行会计处理时，应注意以下几个问题：

1. 公司取得可供出售金融资产支付的价款中包含的已到付息期但尚未领取的债券利息或已宣告但尚未发放的现金股利，应单独确认应收项目。

可供出售金融资产持有期间取得的利息或现金股利，应当计入投资收益。资产负债表日，可供出售金融资产应当以公允价值计量，且公允价值变动计入资本公积（其他资本公积）。

2. 可供出售金融资产发生的减值损失，应计入当期损益；如果可供出售金融资产是外币货币性金融资产，则其形成的汇兑差额也应计入当期损益。采用实际利率法计算的可供出售金融资产的利息,应当计入当期损益;可供出售权益工具投资的现金股利,应当在被投资单位宣告发放股利时计入当期损益。

3. 处置可供出售金融资产时,应将取得的价款与该金融资产账面价值的差额,计入投资损益;同时,将原计入所有者权益的公允价值变动累计额对应处置部分的金额转出,计入投资损益。

例 7 – 15 乙公司于 20×6 年 7 月 31 日从二级市场购入股票 1 000 000 股,每股市价 15 元,手续费 30 000 元;初始确认时,该股票被划分为可供出售金融资产。

乙公司 20×6 年 12 月 31 日仍持有该股票,该股票当时的市价为 16 元。

20×7 年 2 月 1 日,乙公司将该股票售出,售价为每股 13 元,另支付交易费用 30 000 元。假定不考虑其他因素,乙公司的账务处理如下:

(1) 20×6 年 7 月 31 日,购入股票:

借:可供出售金融资产——成本　　　　　　　　　　　　　　　15 030 000
　　贷:银行存款　　　　　　　　　　　　　　　　　　　　　　15 030 000

(2) 20×6 年 12 月 31 日,确认股票价格变动:

借:可供出售金融资产——公允价值变动　　　　　　　　　　　970 000
　　贷:资本公积——其他资本公积　　　　　　　　　　　　　　970 000

(3) 20×7 年 2 月 1 日,出售股票:

借:银行存款　　　　　　　　　　　　　　　　　　　　　　　12 970 000
　　资本公积——其他资本公积　　　　　　　　　　　　　　　　970 000
　　投资收益　　　　　　　　　　　　　　　　　　　　　　　　2 060 000
　　贷:可供出售金融资产——成本　　　　　　　　　　　　　　15 030 000
　　　　　　　　　　　　——公允价值变动　　　　　　　　　　970 000

例 7 – 16 20×7 年 1 月 1 日甲公司支付价款 1 028.24 元购入某公司发行的 3 年期债券,债券票面金额为 1 000 元,票面利率 4%,实际利率为 3%,利息每年年末支付,本金到期支付。甲公司将该债券划分为可供出售金融资产。20×7 年 12 月 31 日,该债券的市场价格为 1 000.94 元。假定无交易费用和其他因素的影响,甲公司的账务处理如下:

(1) 20×7 年 1 月 1 日,购入债券:

借:可供出售金融资产——成本　　　　　　　　　　　　　　　1 000
　　　　　　　　　　　——利息调整　　　　　　　　　　　　　28.24
　　贷:银行存款　　　　　　　　　　　　　　　　　　　　　　1 028.24

(2) 20×7 年 12 月 31 日,收到债券利息、确认公允价值变动:

实际利息 = 1 028.24 × 3% = 30.85(元)

年末摊余成本 = 1 028.24 + 30.85 – 40 = 1 019.09(元)

借:应收利息　　　　　　　　　　　　　　　　　　　　　　　40
　　贷:投资收益　　　　　　　　　　　　　　　　　　　　　　30.85
　　　　可供出售金融资产——利息调整　　　　　　　　　　　　9.15
借:银行存款　　　　　　　　　　　　　　　　　　　　　　　40
　　贷:应收利息　　　　　　　　　　　　　　　　　　　　　　40
借:资本公积——其他资本公积　　　　　　　　　　　　　　　18.15

  贷：可供出售金融资产——公允价值变动   18.15

例 7－17 20×1 年 5 月 6 日，甲公司支付价款 10 160 000 元（含交易费用 10 000 元和已宣告但尚未发放的现金股利 150 000 元），购入乙公司发行的股票 2 000 000 股，占乙公司有表决权股份的 0.5%。甲公司将其划分为可供出售金融资产。其他资料如下：

（1）20×1 年 5 月 10 日，甲公司收到乙公司发放的现金股利 150 000 元。

（2）20×1 年 6 月 30 日，该股票市价为每股 5.2 元。

（3）20×1 年 12 月 31 日，甲公司仍持有该股票；当日，该股票市价为每股 5 元。

（4）20×2 年 5 月 9 日，乙公司宣告发放股利 40 000 000 元。

（5）20×2 年 5 月 13 日，甲公司收到乙公司发放的现金股利。

（6）20×2 年 5 月 20 日，甲公司以每股 4.9 元的价格将该股票全部转让。

假定不考虑其他因素的影响，甲公司的账务处理如下：

（1）20×1 年 5 月 6 日，购入股票：

借：应收股利   150 000

  可供出售金融资产——成本   10 010 000

  贷：银行存款   10 160 000

（2）20×1 年 5 月 10 日，收到现金股利：

借：银行存款   150 000

  贷：应收股利   150 000

（3）20×1 年 6 月 30 日，确认股票的价格变动：

借：可供出售金融资产——公允价值变动   390 000

  贷：资本公积——其他资本公积   390 000

（4）20×1 年 12 月 31 日，确认股票价格变动：

借：资本公积——其他资本公积   400 000

  贷：可供出售金融资产——公允价值变动   400 000

（5）20×2 年 5 月 9 日，确认应收现金股利：

借：应收股利   200 000

  贷：投资收益   200 000

（6）20×2 年 5 月 13 日，收到现金股利：

借：银行存款   200 000

  贷：应收股利   200 000

（7）20×2 年 5 月 20 日，出售股票：

借：银行存款   9 800 000

  投资收益   210 000

  可供出售金融资产——公允价值变动   10 000

  贷：可供出售金融资产——成本   10 010 000

    资本公积——其他资本公积   10 000

第七节
长期股权投资的核算

长期股权投资（Long Term Equity Investment）是指投资方对被投资单位实施控制、重大影响的权益性投资，以及对其合营企业的权益性投资。

在确定能否对被投资单位实施控制时，投资方应当按照《企业会计准则第33号——合并财务报表》的有关规定进行判断。投资方能够对被投资单位实施控制的，被投资单位为其子公司。投资方属于《企业会计准则第33号——合并财务报表》规定的投资性主体且子公司不纳入合并财务报表的情况除外。

重大影响，是指投资方对被投资单位的财务和经营政策有参与决策的权力，但并不能够控制或者与其他方一起共同控制这些政策的制定。在确定能否对被投资单位施加重大影响时，应当考虑投资方和其他方持有的被投资单位当期可转换公司债券、当期可执行认股权证等潜在表决权因素。投资方能够对被投资单位施加重大影响的，被投资单位为其联营企业。

在确定被投资单位是否为合营企业时，应当按照《企业会计准则第40号——合营安排》的有关规定进行判断。

一、长期股权投资的初始计量

（一）企业合并形成的长期股权投资的初始计量

1. 同一控制下的企业合并

同一控制下的企业合并是指参与合并的企业在合并前后均受同一方或相同的多方最终控制且该控制并非暂时性的企业合并。

（1）合并方以支付现金、转让非现金资产或承担债务方式作为合并对价的，应当在合并日按照被合并方所有者权益在最终控制方合并财务报表中的账面价值的份额作为长期股权投资的初始投资成本。长期股权投资初始投资成本与支付的现金、转让的非现金资产以及所承担债务账面价值之间的差额，应当调整资本公积；资本公积不足冲减的，调整留存收益。

例7-18 甲担保公司、乙担保公司两家公司同属丙担保公司的子公司。20×4年3月1日甲担保公司以货币资金2 000万元取得乙公司70%的股权。乙担保公司在20×4年3月1日的所有者权益账面价值为3 000万元。甲担保公司应编制会计分录如下：

借：长期股权投资——乙公司　　　　　　　　　　　　21 000 000
　　贷：银行存款　　　　　　　　　　　　　　　　　　20 000 000
　　　　资本公积　　　　　　　　　　　　　　　　　　　1 000 000

（2）合并方以发行权益性证券作为合并对价的，应当在合并日按照被合并方所有者权益在最终控制方合并财务报表中的账面价值的份额作为长期股权投资的初始投资成本。以发行股份的面值总额作为股本，长期股权投资初始投资成本与所发行股份面值总额之间的差额，应当调整资本公积；资本公积不足冲减的，调整留存收益。

例 7-19 20×4 年 5 月 15 日,甲担保公司向同一集团内乙担保公司发行 2 500 万股普通股,取得乙担保公司 60%的股权,该股票每股面值为 1 元。乙担保公司在 20×4 年 5 月 15 日的所有者权益账面价值为 3 000 万元。甲担保公司在 20×4 年 5 月 15 日的资本公积为 230 万元,盈余公积为 160 万元,一般风险准备为 160 万元,未分配利润为 150 万元。甲担保公司应编制会计分录如下:

借:长期股权投资——乙公司　　　　　　　　　　　　　　18 000 000
　　资本公积　　　　　　　　　　　　　　　　　　　　　 2 300 000
　　盈余公积　　　　　　　　　　　　　　　　　　　　　 1 600 000
　　一般风险准备　　　　　　　　　　　　　　　　　　　 1 600 000
　　利润分配——未分配利润　　　　　　　　　　　　　　 1 500 000
　　贷:股本　　　　　　　　　　　　　　　　　　　　　 25 000 000

2. 非同一控制下的企业合并

非同一控制下的企业合并是指参与合并的各方在合并前后不受同一方或相同的多方最终控制的企业合并。非同一控制下的企业合并,购买方在购买日应当按照确定合并成本作为长期股权投资的初始投资成本。合并成本为购买方在购买日付出的资产、发生或承担的负债、发行的权益性证券的公允价值以及为进行企业合并发生的各项直接相关费用之和。该公允价值与其付出的资产、发生或承担的负债、发行的权益性证券的账面价值的差额,计入当期损益(营业外收入或营业外支出)。合并方或购买方为企业合并发生的审计、法律服务、评估咨询等中介费用以及其他相关管理费用,应当于发生时计入当期损益。

例 7-20 甲担保公司、乙担保公司两家公司属非同一控制下的独立公司。20×4 年 9 月 1 日甲担保公司以土地使用权对乙公司投资,取得乙公司 60%的股权。该项土地使用权原价为 3 000 万元,已累计摊销 280 万元,已提取减值 70 万元,在投资当日该项土地使用权的公允价值为 3 100 万元,合并中,甲公司聘请有关机构对该项资产进行评估,支付评估费用 150 万元。乙担保公司在 20×4 年 9 月 1 日的所有者权益账面价值为 6 000 万元。甲担保公司应编制会计分录如下:

借:长期股权投资——乙公司　　　　　　　　　　　　　　32 500 000
　　累计摊销　　　　　　　　　　　　　　　　　　　　　 2 800 000
　　无形资产减值准备　　　　　　　　　　　　　　　　　 　 700 000
　　贷:无形资产　　　　　　　　　　　　　　　　　　　 30 000 000
　　　　银行存款　　　　　　　　　　　　　　　　　　　 1 500 000
　　　　营业外收入　　　　　　　　　　　　　　　　　　 4 500 000

(二) 以企业合并以外的方式取得长期股权投资的初始计量

1. 以支付现金取得的长期股权投资,应当按照实际支付的购买价款作为初始投资成本

初始投资成本包括与取得长期股权投资直接相关的费用、税金及其他必要支出。但所支付的价款中包含的已宣告发放但尚未发放的现金股利或利润应作为应收项目处理,不构成长期股权投资的取得成本。

例 7-21 20×4 年 2 月 15 日甲担保公司自股票市场以每股 12 元的价格购入乙公司股票 100 000 股,其中包含支付已宣告发放但尚未发放的现金股利每股 0.1 元,支付手续费等

相关费用20 000元。甲担保公司应编制会计分录如下：

借：长期股权投资——乙公司　　　　　　　　　　　　　　1 210 000
　　应收股利　　　　　　　　　　　　　　　　　　　　　　　10 000
　　贷：银行存款　　　　　　　　　　　　　　　　　　　　　　　1 220 000

2. 以发行权益性证券取得的长期股权投资，应当按照发行权益性证券的公允价值作为初始投资成本

与发行权益性证券直接相关的费用，应当按照《企业会计准则第37号——金融工具列报》的有关规定确定。为发行权益性证券支付给有关证券承销机构等的手续费、佣金等与权益性证券发行直接相关的费用，应自权益性证券的溢价收入中扣除，权益性证券的溢价收入不足冲减的，应冲减留存收益。

例7-22　20×4年4月5日，甲担保公司通过发行普通股2 000万股（每股面值1元）取得对乙公司20%的股权，从而导致对乙公司财务和经营决策具有重大影响。该股票每股面值1元，每股市场价格为1.5元。甲担保公司向证券承销机构支付了150万元的佣金和手续费。甲担保公司应编制会计分录如下：

借：长期股权投资——乙公司　　　　　　　　　　　　　　30 000 000
　　贷：股本　　　　　　　　　　　　　　　　　　　　　　　20 000 000
　　　　资本公积　　　　　　　　　　　　　　　　　　　　　10 000 000
借：资本公积　　　　　　　　　　　　　　　　　　　　　　1 500 000
　　贷：银行存款　　　　　　　　　　　　　　　　　　　　　　1 500 000

3. 投资者投入的长期股权投资，应当按照投资合同或协议约定的价值作为初始投资成本，但合同或协议约定价值不公允的除外

例7-23　甲担保公司设立时，其主要出资方之一乙公司以其持有的对丙公司的长期股权投资作为出资投入甲公司。投资各方在投资合同中约定，作为出资的该项长期股权投资作价5 000万元。该作价是按照乙公司股票的市价经考虑相关调整因素后确定的。甲公司注册资本为20 000万元。乙公司出资占甲公司注册资本的20%。取得该项投资后，乙公司根据其持股比例，能够派人参与甲公司的财务和经营决策。甲担保公司应编制会计分录如下：

借：长期股权投资——乙公司　　　　　　　　　　　　　　50 000 000
　　贷：实收资本　　　　　　　　　　　　　　　　　　　　　40 000 000
　　　　资本公积——资本溢价　　　　　　　　　　　　　　　10 000 000

4. 以债务重组、非货币性资产交换取得的长期股权投资

其初始投资成本应按照《企业会计准则第12号——债务重组》和《企业会计准则第7号——非货币性资产交换》的规定确定。

二、长期股权投资的后续计量

（一）长期股权投资的成本法

1. 成本法的概念及其适用范围

成本法（Cost Method）是指投资按投资成本计价的方法。投资方能够对被投资单位实施控制的长期股权投资应当采用成本法核算。

2. 成本法的核算

（1）长期股权投资应当按照初始投资成本计价。
（2）追加或收回投资应当调整长期股权投资的成本。
（3）被投资单位宣告分派的现金股利或利润，应当确认为当期投资收益。

例 7-24 甲担保公司20×1年1月购入C公司有表决权资本的60%，并准备长期持有，实际投资成本为110 000元。20×1年5月，C公司宣告分派现金股利10 000元。甲公司的会计处理如下：

（1）20×1年1月投资时：

借：长期股权投资——C公司　　　　　　　　　　　　　　110 000
　　贷：银行存款　　　　　　　　　　　　　　　　　　　　　110 000

（2）20×1年5月C公司宣告发放现金股利时：

借：应收股利——C公司　　　　　　　　　　　　　　　　6 000
　　贷：投资收益　　　　　　　　　　　　　　　　　　　　　6 000

（二）长期股权投资的权益法

1. 权益法的概念及其适用范围

权益法（Equity Method）是指投资以初始投资成本计量后，在投资持有期间根据投资企业享有被投资单位所有者权益份额的变动对投资的账面价值进行调整的方法。投资方对联营企业和合营企业的长期股权投资采用权益法核算。

投资方对联营企业的权益性投资，其中一部分通过风险投资机构、共同基金、信托公司或包括投连险基金在内的类似主体间接持有的，无论以上主体是否对这部分投资具有重大影响，投资方都可以按照《企业会计准则第22号——金融工具确认和计量》的有关规定，对间接持有的该部分投资选择以公允价值计量且其变动计入损益，并对其余部分采用权益法核算。

2. 权益法的核算

长期股权投资采用权益法核算应在"长期股权投资"科目下设置"投资成本"、"损益调整"、"其他权益变动"明细账进行明细核算。

（1）初始投资成本的确定

①长期股权投资的初始投资成本大于投资时应享有被投资单位可辨认净资产公允价值份额的，该部分差额系投资企业在购入该项投资过程中通过购买作价体现出的与所取得股权份额相对应的商誉，不调整长期股权投资的初始投资成本。

②长期股权投资的初始投资成本小于投资时应享有被投资单位可辨认净资产公允价值份额的，该部分差额可以看做是被投资单位的股东给予投资企业的让步，或是出于其他方面的考虑，被投资单位的原有股东无偿赠与投资企业的价值，因而应确认为当期收益，同时调整长期股权投资的成本。

例 7-25 A担保公司以300万元对B企业进行投资，占其可辨认净资产公允价值的30%，对B企业具有共同控制权。投资时B企业的可辨认资产公允价值为2 600万元，负债总额为1 400万元。其会计处理如下：

A公司占B企业可辨认净资产公允价值的份额为：(2 600-1 400)×30%=360（万元）

其初始投资成本为300万元，小于应享有B企业的可辨认净资产公允价值份额360万元，则应将其差额60万元计入当期损益，同时调整长期股权投资的成本。会计分录为：

借：长期股权投资——B企业（投资成本）　　　　　　　　600 000
　　贷：营业外收入　　　　　　　　　　　　　　　　　　　　600 000

在上例中，如果B企业的可辨认净资产公允价值为900万元，则A公司应该享有B企业可辨认净资产公允价值的份额为：900×30% = 270（万元）

由于A公司的初始投资成本为300万元，大于应享有B企业的可辨认净资产公允价值份额270万元，则不再调整长期股权投资的初始投资成本。

（2）损益调整

投资方取得长期股权投资后，应当按照应享有或应分担的被投资单位实现的净损益和其他综合收益的份额，分别确认投资收益和其他综合收益，同时调整长期股权投资的账面价值。投资方在确认应享有被投资单位净损益的份额时，应当以取得投资时被投资单位可辨认净资产的公允价值为基础，对被投资单位的净利润进行调整后确认。被投资单位采用的会计政策及会计期间与投资方不一致的，应当按照投资方的会计政策及会计期间对被投资单位的财务报表进行调整，并据以确认投资收益和其他综合收益等。比如，以取得投资时被投资单位固定资产、无形资产的公允价值为基础计提的折旧额或摊销额，相对于被投资单位已计提的折旧额、摊销额之间存在差额的，应按其差额对被投资单位净损益进行调整，并按调整后的净损益和持股比例计算确认投资损益。在进行有关调整时，应当考虑具有重要性的项目，不具有重要性的项目可不予调整。

例7-26　甲担保公司于20×4年2月15日购入乙公司40%的股份，购买价款为2 600万元，并自取得投资之日起派人参与乙公司的经营决策。取得投资当日，乙公司可辨认净资产公允价值为8 000万元，除下表所列项目外，乙公司其他资产、负债的公允价值与账面价值相同（表7-5）。

表7-5　　　　　　　　　　　　　　　　　　　　　　　　　　　　　　单位：万元

项目	账面原价	已提折旧或摊销	公允价值	乙公司预计使用年限	甲公司取得投资后剩余使用年限
损余物资	710		760		
固定资产	2 400	480	1 800	15	12
无形资产	1 200	240	1 600	10	8
合计	4 310	720	4 160		

假定乙公司于20×4年实现净利润700万元，其中在甲公司取得投资时的账面损余物资有70%对外出售。甲公司与乙公司的会计年度及采用的会计政策相同。固定资产、无形资产均按直线法提取折旧或摊销，预计净残值均为0。

甲公司在确定其应享有的投资收益时，应在乙公司实现净利润的基础上，根据取得投资时乙公司有关资产的账面价值与其公允价值差额的影响进行调整（假定不考虑所得税影响）：

损余物资账面价值与公允价值的差额应调减的利润 =（760 - 710）× 70% = 35（万元）
固定资产公允价值与账面价值差额应调整减少的折旧额 = 1 800÷12 - 2 400÷15 = -10（万元）

无形资产公允价值与账面价值差额应调整增加的摊销额 = 1 600÷7 - 1 200÷10 = 80（万元）

调整后的净利润 = 700 - 35 + 10 - 80 = 595（万元）

甲公司应享有份额 = 595×40% = 238（万元）

确认投资收益的会计分录为：

借：长期股权投资——乙公司（损益调整）　　　　　　　　　　2 380 000
　　贷：投资收益　　　　　　　　　　　　　　　　　　　　　　2 380 000

（3）取得现金股利或利润的处理

按照权益法核算的长期股权投资，投资方按照被投资单位宣告分派的利润或现金股利计算应享有的部分，相应减少长期股权投资的账面价值。在被投资单位宣告分派现金股利或利润时，借记"应收股利"科目，贷记"长期股权投资——损益调整"科目。

例7-27　甲担保公司20×3年年初投资A公司1 000万元，取得30%股权，对A公司产生重大影响，20×3年3月A公司发放现金股利500万元，当年实现净利润500万元。甲担保公司会计处理如下：

（1）初始投资时：

借：长期股权投资——投资成本　　　　　　　　　　　　　　10 000 000
　　贷：银行存款　　　　　　　　　　　　　　　　　　　　　10 000 000

（2）取得20×3年现金股利：

借：应收股利　　　　　　　　　　　　　　　　　　　　　　　1 500 000
　　贷：长期股权投资——投资成本　　　　　　　　　　　　　　1 500 000

（3）20×3年年末确认投资收益：

应享有的净利润份额 = 500×30% = 150（万元）

借：长期股权投资——损益调整　　　　　　　　　　　　　　　1 500 000
　　贷：投资收益　　　　　　　　　　　　　　　　　　　　　　1 500 000

（4）净亏损的确认

投资方确认被投资单位发生的净亏损，应当以长期股权投资的账面价值以及其他实质上构成对被投资单位净投资的长期权益减记至零为限，投资方负有承担额外损失义务的除外。

被投资单位以后实现净利润的，投资方在其收益分享额弥补未确认的亏损分担额后，恢复确认收益分享额。

例7-28　甲担保公司20×4年年初投资A公司1 000万元，取得30%股权，对A公司产生重大影响，A公司当年发生净亏损3 000万元，长期股权投资已经计提减值200万元。假定甲公司在取得该投资时，A公司各项可辨认资产、负债的公允价值与其账面价值相等，双方所采用的会计政策及会计期间也相同。甲担保公司会计处理如下：

A公司当年度的亏损额为3 000万元，则甲公司按其持股比例确认应分担的损失为：3 000×30% = 900万元，长期股权投资账面价值 = 1 000 - 200 = 800（万元），因此冲减投资800万元，会计分录如下：

借：投资收益　　　　　　　　　　　　　　　　　　　　　　　8 000 000
　　贷：长期股权投资——损益调整　　　　　　　　　　　　　　8 000 000

（5）其他权益变动。投资方对于被投资单位除净损益、其他综合收益和利润分配以外所有者权益的其他变动，应当调整长期股权投资的账面价值并计入所有者权益，借记或贷记

"长期股权投资"科目,贷记或借记"资本公积——其他资本公积"科目。

例 7-29 甲担保公司持有丙企业 40% 的股份,能够对丙企业施加重大影响。当期丙企业因持有的可供出售金融资产公允价值的变动计入资本公积的金额为 2 000 万元,除该事项外,丙企业当期实现的净利润为 7 500 万元。假定甲公司与丙企业适用的会计政策、会计期间相同,投资时丙企业有关资产、负债的公允价值与其账面价值亦相同。

甲公司在确认应享有被投资单位所有者权益的变动时,应进行的账务处理为:

借:长期股权投资——丙企业(损益调整)　　　　　　　30 000 000
　　　　　　　——丙企业(其他权益变动)　　　　　　　 8 000 000
　　贷:投资收益　　　　　　　　　　　　　　　　　　30 000 000
　　　　资本公积——其他资本公积　　　　　　　　　　 8 000 000

(三) 长期股权投资的处置

处置长期股权投资,其账面价值与实际取得价款之间的差额,应当计入当期损益。采用权益法核算的长期股权投资,在处置该项投资时,采用与被投资单位直接处置相关资产或负债相同的基础,按相应比例对原计入其他综合收益的部分进行会计处理。

例 7-30 甲担保公司拥有乙公司表决权股份的 25%,对乙公司有重大影响。20×4 年 12 月 15 日,甲公司出售乙公司 15% 的股权,出售取得价款 1 200 万元全部存入银行。出售时甲公司长期股权投资账面价值为 1 000 万元,其中投资成本 700 万元,损益调整 180 万元,其他权益变动 120 万元。

(1) 甲公司确认处置损益时:

借:银行存款　　　　　　　　　　　　　　　　　　　12 000 000
　　贷:长期股权投资——乙公司(投资成本)　　　　　　 7 000 000
　　　　　　　　　　——乙公司(损益调整)　　　　　　 1 800 000
　　　　　　　　　　——乙公司(其他权益变动)　　　　 1 200 000
　　　　投资收益　　　　　　　　　　　　　　　　　　 2 000 000

(2) 除应将实际取得价款与出售长期股权投资的账面价值进行结转,确认出售损益外,还应将原计入资本公积的部分按比例转入当期损益。

借:资本公积——其他资本公积　　　　　　　　　　　　 1 200 000
　　贷:投资收益　　　　　　　　　　　　　　　　　　 1 200 000

第八节
金融资产减值的核算

一、金融资产减值损失的确认

公司应当在资产负债表日对除以公允价值计量且其变动计入当期损益的金额资产以外的

金融资产（含单项金融资产或一组金融资产，下同）的账面价值进行检查，有客观证据表明该金融资产发生减值的，应当确认减值损失，计提减值准备。

表明金融资产发生减值的客观依据，是指金融资产初始确认后实际发生的、对该金融资产的预计未来现金流量有影响，且公司能够对该影响进行可靠计量的事项。金融资产发生减值的客观证据，包括下列各项：

(1) 发行方或债务人发生严重财务困难。
(2) 债务人违反了合同条款，如偿付利息或本金发生违约或逾期等。
(3) 债权人出于经济或法律等方面因素的考虑，对发生财务困难的债务人作出让步。
(4) 债务人很可能倒闭或进行其他财务重组。
(5) 因发行方发生重大财务困难，该金融资产无法在活跃市场继续交易。
(6) 无法辨认一组金融资产中的某项资产的现金流量是否已经减少，但根据公开的数据对其进行总体评价后发现，该组金融资产自初始确认以来的预计未来现金流量确已减少且可计量，如该组金融资产的债务人支付能力逐步恶化，或债务人所在国家或地区失业率提高、担保物在其所在地区的价格明显下降、所处行业不景气等。
(7) 债务人经营所处的技术、市场、经济或法律环境等发生重大不利变化，使权益工具投资人可能无法收回投资成本。
(8) 权益工具投资的公允价值发生严重或非暂时性下跌。
(9) 其他表明金融资产发生减值的客观依据。

二、金融资产减值损失的计量

（一）持有至到期投资、贷款和应收款项减值损失的计量

1. 持有至到期投资、贷款和应收款项以摊余成本后续计量，其发生减值时，应当将该金融资产的账面价值与预计未来现金流量现值之间的差额，确认为减值损失，计入当期损益。

以摊余成本计量的金融资产的预计未来现金流量现值，应当按照该金融资产的原实际利率折现确定，并考虑相关担保物的价值（取得和出售该担保物发生的费用应当予以扣除）。短期应收款项的预计未来现金流量与其现值相差很小的，在确定相关减值损失时，可不对其预计未来现金流量进行折现。

2. 对于存在大量性质类似且以摊余成本后续计量金融资产的公司，在考虑金融资产减值测试时，应当先将单项金额重大的金融资产区分开来，单独进行减值测试。如有客观证据表明其已发生减值，应当确认减值损失，计入当期损益。对单项金额不重大的金融资产，可以单独进行减值测试，也可以包括在具有类似信用风险特征的金融资产组合中进行减值测试。在实务中，公司可以根据具体情况确定单项金额重大的标准。该项标准一经确定，应当一致运用，不得随意变更。

3. 对以摊余成本计量的金融资产确认减值损失后，如有客观证据表明该金融资产价值已恢复，且客观上与确认该损失后发生的事项有关（如债务人的信用评级已提高等），原确认的减值损失应当予以转回，计入当期损益。但是，该转回后的账面价值不应当超过假定不计提减值准备情况下该金融资产在转回日的摊余成本。

4. 外币金融资产发生减值的，预计未来现金流量现值应先按外币确定，在计量减值时再按资产负债表日即期汇率折合成为记账本位币反映的金额。该项金额小于相关外币金融资产以记账本位币反映的账面价值部分，确认为减值损失，计入当期损益。

（二）可供出售金融资产发生减值损失的计量

1. 可供出售金融资产发生减值时，即使该金融资产没有终止确认，原直接计入所有者权益中的因公允价值下降形成的累计损失，应当予以转出，计入当期损益。该转出的累计损失，等于可供出售金融资产的初始取得成本扣除已收回本金和已摊余金额、当前公允价值和原已计入损益的减值损失后的金额。

2. 对于已确认减值损失的可供出售债务工具，在随后的会计期间公允价值已上升且客观上与确认原减值损失确认后发生的事项有关的，原确认的减值损失应当予以转回，计入当期损益。

3. 可供出售权益工具投资发生的减值损失，不得通过损益转回。另外，在活跃市场没有报价且其公允价值不能可靠计量的权益工具投资，或与该权益工具挂钩并须通过交付该权益工具结算的衍生金融资产发生的减值损失，不得转回。

（三）长期股权投资发生减值损失的计量

1. 对子公司、联营企业及合营企业的投资，应当按照《企业会计准则第8号——资产减值》处理，即长期股权投资存在减值迹象的，应当估计其可收回金额。可收回金额应当根据长期股权投资的公允价值减去处置费用后的净额与长期股权投资预计未来现金流量的现值两者之间较高者确定。计量结果表明，长期股权投资的可收回金额低于其账面价值的，应当将长期股权投资的账面价值减记至可收回金额，减记的金额确认为资产减值损失，计入当期损益，同时计提相应的资产减值准备，资产减值损失一经确认，在以后会计期间不得转回。

2. 公司持有的对被投资单位不具有共同控制或重大影响、在活跃市场中没有报价、公允价值不能可靠计量的长期股权投资，应当按照《企业会计准则第22号——金融工具确认和计量》处理，即应当将长期股权投资的账面价值与按照类似金融资产当时市场收益率对未来现金流量折现确定的现值之间的差额，确认减值损失，计入当期损益，且不得转回。

三、金融资产减值损失的核算

（一）应收款项减值的核算

公司应当在资产负债表日对应收款项的账面价值进行全面检查，有客观证据表明该应收款项发生减值的，应当将该应收款项的账面价值减记至预计未来现金流量现值，减记的金额确认减值损失，计提坏账准备。

公司应当设置"坏账准备"科目，核算公司应收款项的坏账准备。该科目属于资产类科目，其贷方登记按规定提取的坏账准备和转回的已确认并转销的坏账数额，借方登记确实无法收回的、批准作为坏账损失的应收款项，余额在贷方，反映公司已经提取的坏账准备，如果余额在借方，则反映公司坏账损失超过坏账准备的数额。

其具体账务处理为：

1. 资产负债表日，应收款项发生减值的，按应减记的金额，借记"资产减值损失"科目，贷记"坏账准备"科目。当期应计提的坏账准备大于其账面余额的，应按其差额提取；应提数小于账面余额的差额，冲减坏账准备，借记"坏账准备"科目，贷记"资产减值损失"科目。

2. 对于确实无法收回的应收款项，按管理权限报经批准后作为坏账，转销应收款项，借记"坏账准备"科目，贷记"应收利息"、"应收代位追偿款""应收保费"、"预付赔付款"、"应收分保账款"、"其他应收款"、"长期应收款"等科目。

3. 已确认坏账并转销的应收款项，以后又收回的，应按实际收回的金额，借记"应收利息"、"应收代位追偿款"、"应收保费"、"预付赔付款""应收分保账款"、"其他应收款"、"长期应收款"等科目，贷记"坏账准备"科目；同时，借记"银行存款"科目，贷记"应收利息"、"应收代位追偿款"、"应收保费"、"预付赔付款"、"应收分保账款"、"其他应收款"、"长期应收款"等科目。

对于已确认坏账并转销的应收款项，以后又收回的，也可以按实际收回的金额，借记"银行存款"科目，贷记"坏账准备"科目。

例7-31 甲担保公司2007年应收账款余额为3 000 000元，2007年12月31日。甲担保公司对应收账款进行减值测试，确定按1%计提坏账准备，第二年发生坏账损失60 000元，其中应收保费为10 000，应收分保账款为50 000元，年末"应收账款"余额为3 600 000元，经减值测试，甲担保公司决定仍按1%计提坏账准备；第三年其他应收款20 000元，确认为坏账，年末"应收账款"余额为4 000 000元，经减值测试，甲担保公司决定按1.5%计提坏账准备，第四年收回第二年已冲销的应收保费坏账10 000元，年末"应收账款"余额为3 200 000元，经减值测试，甲担保公司决定按2%计提坏账准备。应编制会计分录如下：

第一年提取坏账准备：

借：资产减值损失	30 000
贷：坏账准备	30 000

第二年发生坏账损失60 000元：

借：坏账准备	60 000
贷：应收保费	10 000
应收分保账款	50 000

第二年按年末"应收账款"余额计算提取坏账准备：

坏账准备余额为36 000元（3 600 000×1%）；

应提的坏账准备为66 000元（36 000-30 000+60 000）。

借：资产减值损失	66 000
贷：坏账准备	66 000

第三年发生坏账损失20 000元：

借：坏账准备	20 000
贷：其他应收款	20 000

第三年年末按"应收账款"余额计算提取坏账准备：

坏账准备余额为 60 000 元（4 000 000×1.5%）；
应提的坏账准备为 44 000 元（60 000-36 000+20 000）。
  借：资产减值损失   44 000
    贷：坏账准备   44 000
第四年收回第二年已冲销的坏账：
  借：应收保费   10 000
    贷：坏账准备   10 000
  借：银行存款   10 000
    贷：应收保费   10 000
第四年年末按"应收账款"余额计算提取坏账准备：
坏账准备余额为 64 000 元（3 200 000×2%）；
应提的坏账准备为 -6 000 元（64 000-60 000-10 000）。
  借：坏账准备   6 000
    贷：资产减值损失   6 000

（二）持有至到期投资减值损失的核算

公司应当设置"持有至到期投资减值准备"科目，核算公司持有至到期投资的减值准备。该科目属于资产类科目，其贷方登记按规定提取的减值准备和转回的已确认并转销的减值准备数额，借方登记发生的持有至到期投资减值损失转销的减值准备，余额在贷方，反映公司已计提但尚未转销的持有至到期投资减值准备。该科目应按持有至到期投资类别和品种设置明细账。其具体账务处理为：

1. 资产负债表日，持有至到期投资发生减值的，按应减记的金额，借记"资产减值损失"科目，贷记"持有至到期投资减值准备"科目。

2. 已计提减值准备的持有至到期投资价值以后又得以恢复，应在原已计提的减值准备金额内，按恢复增加的金额，借记"持有至到期投资减值准备"科目，贷记"资产减值损失"科目。

（三）贷款减值损失的核算

公司应当设置"贷款损失准备"科目，核算公司贷款的减值准备，主要包括委托贷款和拆出资金计提的减值准备。该科目属于资产类科目，其贷方登记按规定提取的减值准备和转回的已确认并转销的减值准备数额，借方登记发生的贷款减值损失转销的减值准备，余额在贷方，反映公司已计提但尚未转销的贷款损失准备。该科目应按计提贷款损失准备的资产类别设置明细账。其具体账务处理为：

1. 资产负债表日，贷款发生减值的，按应减记的金额，借记"资产减值损失"科目，贷记"贷款损失准备"科目。

2. 对于确实无法收回的各项贷款，按管理权限报经批准后转销各项贷款，借记"贷款损失准备"科目，贷记"贷款"、"拆出资金"等科目。

3. 已计提的贷款损失准备的贷款价值又得以恢复，应在原已计提的贷款损失准备金额内，按恢复增加的金额，借记"贷款损失准备"科目，贷记"资产减值损失"科目。

(四) 可供出售金融资产减值损失的核算

1. 资产负债表日，可供出售金融资产的公允价值高于其账面余额的差额，借记"可供出售金融资产——公允价值变动"科目，贷记"资本公积——其他资本公积"科目；公允价值低于其账面余额的差额做相反的会计分录。

2. 确定可供出售金融资产发生减值的，按应减记的金额，借记"资产减值损失"科目，按应从所有者权益中转出原计入资本公积的累计损失金额，贷记"资本公积——其他资本公积"科目，按其差额，贷记"可供出售金融资产——公允价值变动"科目。

3. 对于已确认减值损失的可供出售金融资产，在随后会计期间内公允价值已上升且客观上与确认原减值损失事项相关的，应按原确认的减值损失，借记"可供出售金融资产——公允价值变动"科目，贷记"资产减值损失"科目；但可供出售金融资产为股票等权益工具投资的（不含在活跃市场没有报价、公允价值不能可靠计量的权益工具投资），借记"可供出售金融资产——公允价值变动"科目，贷记"资本公积——其他资本公积"科目。

(五) 长期股权投资减值的核算

担保公司应当设置"长期股权投资减值准备"科目，核算公司长期股权投资的减值准备。该科目属于资产类科目，其贷方登记按规定提取的减值准备，借方登记转销的减值准备，余额在贷方，反映公司已计提但尚未转销的长期股权投资减值准备。该科目应按长期股权投资类别和品种设置明细账。其具体账务处理为：

1. 资产负债表日，长期股权投资发生减值的，按应减记的金额，借记"资产减值损失"科目，贷记"长期股权投资减值准备"科目。

2. 处置长期股权投资时，应同时结转已计提的长期股权投资减值准备。

3. 对采用权益法核算的公司如果涉及商誉的，在计提减值准备时首先应调整商誉的价值，商誉价值减为零后再计提减值准备。

例 7 – 32　20×4 年 12 月 31 日，甲担保公司占乙公司有表决权股份的 60%，对乙公司构成控制。至此，该长期股权投资的账面价值为 2 500 万元。由于没有公开市场价格且不能可靠计量其公允价值，按市场收益率计算，该项长期股权投资在 20×4 年 12 月 31 日预计未来现金流量现值为 2 360 万元。甲担保公司应编制会计分录如下：

　　借：资产减值损失——计提的长期股权投资减值准备　　　　1 400 000
　　　　贷：长期股权投资减值准备　　　　　　　　　　　　　　　　1 400 000

例 7 – 33　20×4 年 12 月 31 日，甲公司对乙公司采取吸收合并方式进行投资。在取得该项投资时，甲公司确认了 300 万元的商誉。根据相关资料分析得知，该项长期股权投资目前已减值 470 万元。甲担保公司应编制会计分录如下：

　　借：资产减值损失　　　　　　　　　　　　　　　　　　　　4 700 000
　　　　贷：商誉　　　　　　　　　　　　　　　　　　　　　　　　3 000 000
　　　　　　长期股权投资减值准备　　　　　　　　　　　　　　　1 700 000

关键词

金融资产　交易性金融资产　买入返售金融资产　持有至到期投资　可供出售金融资产　长期股权投资　成本法　权益法　拆出资金　贷款　存出保证金　存出资本保证金　公允价值变动损益　金融资产减值

复习思考题

1. 简要说明担保公司的现金管理制度。
2. 什么是未达账项？它有哪几种情况？
3. 可供出售金融资产和交易性金融资产账务处理有何区别？
4. 简述持有至到期投资的初始计量和后续计量。
5. 简述贷款的会计处理。
6. 担保公司应收款项有哪些？
7. 对比同一控制下企业合并与非同一控制下企业合并长期股权投资初始计量的异同。
8. 简述长期股权投资成本法和权益法的含义及核算范围。
9. 金融资产减值损失如何确认和计量？

练习题

习题一

一、目的：练习银行存款余额调节表的编制。
二、资料：开元担保公司20×4年6月20日至月末所记的经济业务如下：
（1）20日，开出转账支票#045476，支付代偿款2 000元。
（2）21日，存入担保费转账支票5 000元。
（3）25日，开出转账支票#045477，支付手续费500元。
（4）27日，开出转账支票#045478，购买办公用品1 200元。
（5）28日，收到评审费转账支票6 800元。
（6）29日，开出转账支票#045479，预付下半年报刊费600元。
（7）30日，银行存款日记账余额为30 636元。
开元公司开户银行转来的对账单所列20日至月末经济业务如下：
（1）20日，代收被担保企业汇来的保证金2 800元。
（2）22日，收到公司开出的转账支票#045476，金额为2 000元。
（3）23日，收到担保费转账支票5 000元。
（4）25日，银行为公司代付水电费540元。

（5）28 日，收到公司开出的转账支票#045477，金额为 500 元。

（6）30 日，结算银行存款利息 282 元。

（7）30 日，银行对账单余额为 28 178 元。

三、要求：根据上述资料，进行银行存款的核对，找出未达账项，编制"银行存款余额调节表"。

习题二

一、目的：练习金融资产的核算。

二、资料：某担保公司发生经济业务如下：

1. 某公司在盘点时发现现金长款 100 元，经过认真核实，未能查明原因，经批准处理。

2. 某公司在盘点时发现现金短款 2 000 元，经过认真核实查明原因，由出纳赔偿 50%，另外 50% 经批准处理。

3. 20×4 年 10 月 3 日，某担保公司向开户银行申请办理银行汇票，公司开出汇票委托书并将款项 9 500 元交存银行取得银行汇票。10 月 18 日，担保公司用银行汇票办理采购宣传用品的结算，宣传用品已入库，货款共计 9 360 元，结算完毕，公司收到开户银行的收账通知，汇票余款 140 元已经汇还入账。

4. 某担保公司向银行申请领取信用卡，填写申请表并交存备用金 20 000 元，公司取得信用卡。担保公司收到银行转来信用卡存款凭证及所附发票账单，招待费 680 元。之后，公司不再使用信用卡结算，办理销户手续，信用卡存款余额 19 320 元转回基本存款账户。

5. 张民出差，借支差旅费 4 000 元，以现金付讫。张民出差回来报销差旅费 4 960 元。

6. 某公司和个人代理人共同出资购买宣传用品，公司垫资 10 000 元，其中个人代理人应负担 40%。

7. 某公司本期注册资本 25 亿元，按规定比例缴存资本保证金。

8. 某担保公司与某建设银行签订担保贷款合作协议，按规定提交理赔保证金 200 万元，现担保公司发生一笔代偿，金额为 175 万元，理赔完毕银行退回公司 25 万元。

9. 某担保公司 20×4 年 10 月 20 日发放委托贷款，期限为 1 年，金额 300 万元，约定年利率 6%，按季付息，到期一次还本。20×5 年 10 月 19 日到期，收回本金和利息。

10. 某担保公司 20×4 年 10 月 1 日与某证券公司以协议方式按 1 000 000 元的价格买入 B 证券，并约定 6 个月后再按固定的价格卖出该批 B 证券，约定利率为 3.5%。

11. 某担保公司 20×4 年 10 月 22 日向乙担保公司拆出资金 1 000 万元，交易品种为 15 天，年利率为 4.8%。

三、要求：根据上述资料，编制有关会计分录。

习题三

一、目的：练习委托贷款的核算。

二、资料：20×3 年 1 月 1 日，某担保公司委托建设银行向某客户发放一笔贷款 100 000 000 元，期限 2 年，合同利率 10%，按季计、结息。假定该贷款发放无交易费用，实际利率和合同利率相同，每半年对贷款进行减值测试一次。其他资料如下：

1. 20×3 年 3 月 31 日、6 月 30 日、9 月 30 日和 12 月 31 日，分别确认贷款利息 2 500 000

元。

2. 20×3年12月31日,综合分析与该贷款有关的因素,发现该贷款存在减值迹象,采用单项计提减值准备的方式确认减值损失10 000 000元。

3. 20×4年3月31日,从客户收到利息1 000 000元,且预期20×4年度第二季度末和第三季度末很可能收不到利息。

4. 20×4年4月1日,经协商,担保公司从客户取得一项房地产(固定资产)充作抵债资产,该房地产的公允价值为85 000 000元,自此担保公司与客户的债权债务关系了结;相关手续办理过程中发生税费200 000元。

担保公司拟将其处置,不转作自用固定资产;在实际处置前暂时对外出租。

5. 20×4年6月30日,从租户处收到上述房地产的租金800 000元。当日,该房地产的可变现净值为84 000 000元。

6. 20×4年12月31日,从租户处收到上述房地产租金1 600 000元。担保公司当年为该房地产发生维修费用200 000元,并打算再出租。

7. 20×4年12月31日,该房地产的可变现净值为83 000 000元。

8. 20×5年1月1日,担保公司将该房地产处置,取得价款83 000 000元,发生相关税费1 500 000元。

三、要求:根据上述经济业务资料,编制有关会计分录。

习题四

一、目的:练习贷款损失准备的核算。

二、资料:20×3年1月1日,某担保公司委托中国工商银行向A企业发放一笔5年期贷款5 000万元,A企业实际收到款项4 900万元,贷款合同年利率为10%,利息按年收取,A企业到期一次偿还本金,该贷款实际利率为10.53%。

20×5年12月31日,有客观证据表明A企业发生严重财务困难,据此认定对A企业的贷款发生了减值,并预期20×6年12月31日将收到利息500万元,20×7年12月31日将收到本金2 500万元。

20×6年12月31日,预期原来的现金流量估计不会改变,但当年实际收到的利息为400万元。

20×7年12月31日,经与A企业协商,最终收回贷款4 000万元,假定不考虑其他因素(计算结果保留两位有效数字,金额以万元为单位)。

三、要求:根据上述资料编制会计分录。

习题五

一、目的:练习应收款项减值的核算。

二、资料:某担保公司于20×7年开始经营,20×7年年末应收账款余额为3 000 000元,20×7年12月31日,该公司对应收账款进行减值测试,确定按1%计提坏账准备,20×8年,实际发生应收保费坏账损失20 000元;20×8年末,应收账款余额为3 800 000元,经减值测试,甲公司决定按1.5%计提坏账准备;20×9年,收回20×8年已转销的应收保费坏账20 000元,同时又发生应收利息坏账6 000元;20×9年年末,应收账款余额为

1 800 000 元，经减值测试，甲公司决定按 1.2% 计提坏账准备。

三、要求：根据上述经济业务资料，编制有关会计分录。

习题六

一、目的：练习交易性金融资产的核算。

二、资料：

1. 20×4 年 5 月 13 日，甲公司从二级市场购入乙公司发行的股票 100 000 股，每股价格 10.60 元（含已宣告发放但尚未支付的现金股利 0.60 元），另支付交易费用 10 000 元。甲公司将持有的乙公司股权划分为交易性金融资产，且持有乙公司股权后对其无重大影响。甲公司其他相关资料如下：

（1）5 月 23 日，收到乙公司发放的现金股利；

（2）6 月 30 日，乙公司股票价格涨到每股 13 元；

（3）8 月 15 日，将持有的乙公司股票全部售出，每股售价 15 元。

2. 20×4 年 1 月 1 日，甲公司从二级市场支付价款 1 025 000 元（含已到付息期但尚未领取的利息 25 000 元）购入某公司发行的债券，另发生交易费用 30 000 元。该债券面值 1 000 000 元，剩余期限为 2 年，票面年利率为 5%，每半年付息一次，该公司将其划分为交易性金融资产。甲公司其他资料如下：

（1）20×4 年 1 月 5 日，收到该债券 20×3 年下半年利息 25 000 元；

（2）20×4 年 6 月 30 日，该债券的公允价值为 1 150 000 元（不含利息）；

（3）20×4 年 7 月 5 日，收到该债券半年利息；

（4）20×4 年 12 月 31 日，该债券的公允价值为 1 200 000 元（不含利息）；

（5）20×5 年 1 月 5 日，收到该债券 20×4 年下半年利息；

（6）20×5 年 3 月 31 日，甲公司将该债券出售，取得价款 1 160 000 元（含 1 季度利息 12 500 元）。

三、要求：根据上述经济业务资料，编制有关会计分录。

习题七

一、目的：练习持有至到期投资的核算。

二、资料：X 公司 20×7 年 1 月 3 日购入 Y 公司 20×7 年 1 月 1 日发行的 3 年期债券，票面利率 10%，债券票面金额为 100 万元，公司按 106 万元的价格购入。该债券每年付息一次，最后一次归还本金并支付最后一次利息。假设 X 公司按年计算利息，采用实际利率法摊销。

三、要求：根据上述经济业务资料，编制有关会计分录。

习题八

一、目的：练习可供出售金融资产的核算。

二、资料：乙公司于 20×4 年 8 月 20 日从二级市场购入股票 500 000 股，每股市价 12 元，手续费 10 000 元；初始确认时，该股票划分为可供出售金融资产。

乙公司 20×4 年 12 月 31 日仍持有该股票，该股票当时的市价为 15 元。

20×5 年 3 月 1 日，乙公司将该股票售出，售价为每股 18 元，另支付交易费用 20 000

元。假定不考虑其他因素。

三、要求：根据上述经济业务资料，编制有关会计分录。

习题九

一、目的：练习长期股权投资的初始计量。

二、资料：甲担保公司发生经济业务如下：

1. 20×8年2月8日，甲担保公司向同一集团内乙担保公司发行1 500万股普通股，取得乙担保公司80%的股权，该股票每股面值为1元。乙担保公司在20×8年2月8日的所有者权益账面价值为1 500万元。甲担保公司在20×8年5月15日的资本公积为90万元，盈余公积为80万元，一般风险准备金为70万元，未分配利润为60万元。

2. 甲担保公司、乙担保公司两家公司属非同一控制下的独立公司。20×8年5月12日甲担保公司以固定资产对乙公司投资，取得乙公司60%的股权。该项固定资产原值为1 500万元，已计提折旧400万元，已提取减值50万元，在投资当日该项固定资产的公允价值为1 250万元，合并中，甲公司聘请有关机构对该项资产进行评估，支付评估费用120万元。乙担保公司在20×8年5月12日的所有者权益账面价值为2 000万元。

3. 20×8年2月15日，甲担保公司自股票市场以每股15元的价格购入乙公司股票100 000股，其中包含支付已宣告发放但尚未发放的现金股利每股0.2元，支付手续费等相关费用30 000元。

4. 20×8年4月5日，甲担保公司通过发行普通股3 000万股（每股面值1元）取得对乙公司20%的股权，从而导致对乙公司财务和经营决策具有重大影响。该股票每股面值1元，每股市场价格为2元。甲担保公司向证券承销机构支付了450万元的佣金和手续费。

5. 甲担保公司设立时，其主要出资方之一乙公司以其持有的对丙公司的长期股权投资作为出资投入甲公司。投资各方在投资合同中约定，作为出资的该项长期股权投资作价6 000万元。该作价是按照乙公司股票的市价经考虑相关调整因素后确定的。甲公司注册资本为25 000万元。乙公司出资占甲公司注册资本的20%。取得该项投资后，乙公司根据其持股比例，能够派人参与甲公司的财务和经营决策。

三、要求：根据上述资料编制甲担保公司会计分录。

习题十

一、目的：练习长期股权投资的后续计量。

二、资料：甲担保公司发生经济业务如下：

1. 甲担保公司20×1年3月1日以银行存款购入丙公司70%的股份，并准备长期持有，采用成本法核算。甲公司的实际投资成本为1 100 000元。丙公司于20×1年5月2日宣布分派现金股利100 000元，20×1年实现净利润450 000元。

2. 甲担保公司以9 000万元对B企业进行投资，占其可辨认净资产公允价值的30%，对B企业具有共同控制权。投资时B企业的可辨认资产公允价值为48 000万元，负债总额为12 000万元。

3. 甲担保公司于20×4年1月12日购入乙公司30%的股份，购买价款为3 300万元，并自取得投资之日起派人参与乙公司的经营决策。取得投资当日，乙公司可辨认净资产公允价值为 9 000 万元，除下表所列项目外，乙公司其他资产、负债的公允价值与账面价值相同：

单位：万元

项目	账面原价	已提折旧或摊销	公允价值	乙公司预计使用年限	甲公司取得投资后剩余使用年限
抵债资产	750		1 050		
固定资产	1 800	360	2 400	20	16
无形资产	1 050	210	800	10	8
合计	3 600	570	4 250		

假定乙公司于 20×4 年实现净利润 900 万元，其中在甲公司取得投资时的账面抵债资产有 80% 对外出售。甲公司与乙公司的会计年度及采用的会计政策相同。固定资产、无形资产均按直线法提取折旧或摊销，预计净残值均为 0。

4. 甲担保公司于 20×4 年 4 月 1 日以 300 万元购入乙公司的股权，占乙公司所有者权益份额的 20%，采用权益法核算。投资时乙公司可辨认净资产的公允价值为 1 000 万元。20×4 年 4 月 8 日，乙公司宣告分配利润 60 万元，4 月 20 日收到；20×4 年乙公司实现了净利润 200 万元；20×5 年 4 月 6 日乙公司宣告分配利润 250 万元，当年净利润 400 万元；20×6 年乙公司发生净亏损 1 500 万元；20×7 年乙公司实现净利润 200 万元；20×8 年 8 月 2 日，乙公司因持有的可供出售金融资产公允价值的变动计入资本公积的金额为 50 万元。

5. 甲担保公司 20×8 年初投资 A 公司，取得 30% 股权，对 A 公司产生重大影响。20×8 年 12 月 31 日该项长期股权投资的账面价值为 6 000 万元，长期股权投资已经计提减值 1 000 万元。A 公司当年发生净亏损 18 000 万元。假定甲公司在取得该投资时，A 公司各项可辨认资产、负债的公允价值与其账面价值相等，双方所采用的会计政策及会计期间也相同。

6. 20×8 年 12 月 31 日，甲担保公司占乙公司有表决权股份的 70%，对乙公司构成控制。至此，该项长期股权投资的账面价值为 4 600 万元。由于没有公开市场价格且不能可靠计量其公允价值，按市场收益率计算，该项长期股权投资在 20×8 年 12 月 31 日预计未来现金流量现值为 4 260 万元。

三、要求：根据上述资料，编制甲担保公司会计分录。

第八章

金融负债的核算

第一节

金融负债核算概述

一、金融负债的内容

对于担保业，负债基本上都是金融负债。金融负债（Financial Liability）应当在初始确认时划分为下列两类：（1）以公允价值计量且其变动计入当期损益的金融负债，包括交易性金融负债和指定为以公允价值计量且其变动计入当期损益的金融负债；（2）其他金融负债，包括借款、拆入资金、应付款项、存入保证金、代理业务负债、卖出回购金融资产款、责任准备金等。

二、金融负债的确认

（一）金融负债确认的条件

金融负债是指公司符合下列条件之一的负债：

1. 向其他方交付现金或其他金融资产的合同义务。
2. 在潜在不利条件下，与其他方交换金融资产或金融负债的合同义务。
3. 将来须用或可用公司自身权益工具进行结算的非衍生工具合同，且公司根据该合同将交付可变数量的自身权益工具。
4. 将来须用或可用公司自身权益工具进行结算的衍生工具合同，但以固定数量的自身权益工具交换固定金额的现金或其他金融资产的衍生工具合同除外。

(二) 金融负债和权益工具的区分

1. 通过交付现金、其他金融资产或交换金融资产或金融负债结算

如果公司不能无条件地避免以交付现金或其他金融资产来履行一项合同义务，则该合同义务符合金融负债的定义。有些金融工具虽然没有明确地包含交付现金或其他金融资产义务的条款和条件，但有可能通过其他条款和条件间接地形成合同义务。

如果发行的金融工具将以现金或其他金融资产结算，那么该工具导致公司承担了交付现金或其他金融资产的义务。如果该工具要求公司在潜在不利条件下通过交换金融资产或金融负债结算（例如该工具包含发行方签出的以现金或其他金融资产结算的期权），该工具同样导致公司承担了合同义务。在这种情况下，发行方对于发行的金融工具应当归类为金融负债。

2. 通过自身权益工具结算

如果发行的金融工具须用或可用公司自身权益工具结算，需要考虑用于结算该工具的公司自身权益工具，是作为现金或其他金融资产的替代品，还是为了使该工具持有人享有在发行方扣除所有负债后的资产中的剩余权益。如果是前者，该工具是发行方的金融负债；如果是后者，该工具是发行方的权益工具。

3. 对于将来须用或可用公司自身权益工具结算的金融工具的分类，应当区分衍生工具还是非衍生工具

对于非衍生工具，如果发行方未来没有义务交付可变数量的自身权益工具进行结算，则该非衍生工具是权益工具；否则，该非衍生工具是金融负债。

对于衍生工具，如果发行方只能通过以固定数量的自身权益工具交换固定金额的现金或其他金融资产进行结算，则该衍生工具是权益工具；如果发行方以固定数量自身权益工具交换可变金额现金或其他金融资产，或以可变数量自身权益工具交换固定金额现金或其他金融资产，或在转换价格不固定的情况下以可变数量自身权益工具交换可变金额现金或其他金融资产，则该衍生工具应当确认为金融负债或金融资产。

(三) 金融负债终止确认

1. 金融负债的现时义务全部或部分已经解除的，才能终止确认该金融负债或其一部分。

2. 金融负债现时义务的解除可能会涉及其他复杂情形，公司应当注重分析交易的法律形式和经济实质。

值得注意的是金融资产的终止确认主要看经济实质，该处经济实质主要强调风险与报酬是否已经转移，更多的关注现金流量，也许金融资产已经转移，但其获得现金流量的权利尚未转移。而金融负债是否可以终止确认则主要看义务是否转移。

（1）公司将用于偿付金融负债的资产转入某个机构或设立信托，偿付债务的现时义务仍存在的，不应当终止确认该金融负债，也不能终止确认转出的资产。

（2）公司（债务人）与债权人之间签订协议，以承担新金融负债方式替换现存金融负债，且新金融负债与现存金融负债的合同条款实质上不同的，应当终止确认现存金融负债，并同时确认新金融负债。

（3）公司回购金融负债一部分的，应当在回购日按照继续确认部分和终止确认部分的

相对公允价值，将该金融负债整体的账面价值进行分配。分配给终止确认部分的账面价值与支付的对价（包括转出的非现金资产或承担的新金融负债）之间的差额，计入当期损益。

三、金融负债的计量

（一）金融负债的初始计量

公司初始确认金融负债，应当按照公允价值计量。对于以公允价值计量且其变动计入当期损益的金融负债，相关交易费用应当直接计入当期损益（投资收益）。其中，金融负债的公允价值，应当以市场交易价格为基础确定。交易费用，是指可直接归属于购买、发行或处置金融工具新增的外部费用。新增的外部费用，是指公司不购买、发行或处置金融工具就不会发生的费用。交易费用包括支付给代理机构、咨询公司、券商等的手续费和佣金及其他必要支出，不包括债券溢价、折价、融资费用、内部管理成本及其他与交易不直接相关的费用。

（二）金融负债的后续计量

1. 以公允价值计量且其变动计入当期损益的金融负债，应当按照公允价值计量，且不扣除将来结清金融负债时可能发生的交易费用。

2. 不属于指定为以公允价值计量且其变动计入当期损益的金融负债的财务担保合同，或没有指定为以公允价值计量且其变动计入当期损益并将以低于市场利率贷款的贷款承诺，应当在初始确认后按照下列两项金额之中的较高者进行后续计量：①按照《企业会计准则第 13 号——或有事项》确定的金额；②初始确认金额扣除按照《企业会计准则第 14 号——收入》的原则确定的累计摊销额后的余额。

3. 上述金融负债以外的金融负债，应当按摊余成本进行后续计量。

第二节 以公允价值计量且其变动计入当期损益的金融负债的核算

一、以公允价值计量且其变动计入当期损益的金融负债的内容

（一）交易性金融负债（Transaction Financial Liability）

满足以下条件之一的金融负债，应当划分为交易性金融负债：

1. 承担该金融负债的目的，主要是为了近期内出售或回购。

2. 属于进行集中管理的可辨认金融工具组合的一部分，且有客观证据表明公司近期采用短期获利方式对该组合进行管理。在这种情况下，即使组合中有某个组成项目持有的期限稍长也不受影响。

3. 属于衍生工具。但是，被指定为有效套期工具的衍生工具、属于财务担保合同的衍

生工具、与在活跃市场中没有报价且其公允价值不能可靠计量的权益工具投资挂钩并须通过交付该项权益工具结算的衍生工具除外。

（二）直接指定为以公允价值计量且其变动计入当期损益的金融负债（Financial Liability at Fair Value Through Profit or Loss）

公司不能随意将某项金融负债直接指定为以公允价值计量且其变动计入当期损益的金融负债。只有符合下列条件之一的金融负债，才可以在初始确认时指定为以公允价值计量且其变动计入当期损益的金融负债：

1. 该指定可以消除或明显减少由于该金融负债的计量基础不同所导致的相关利得或损失在确认或计量方面不一致的情况。

2. 公司风险管理或投资策略的正式书面文件已载明，该金融负债组合、或该金融资产和金融负债组合，以公允价值为基础进行管理、评价并向关键管理人员报告。

二、科目设置

公司应设置"交易性金融负债"科目，核算公司承担的交易性金融负债的公允价值。公司持有的直接指定为以公允价值计量且其变动计入当期损益的金融负债，也在本科目核算。该科目属于负债类科目，其借方登记处置交易性金融负债的账面余额以及资产负债表日交易性金融负债的公允价值低于其账面余额的差额，贷方登记承担的交易性金融负债的公允价值以及资产负债表日交易性金融负债的公允价值高于其账面余额的差额，余额在贷方，反映公司承担的交易性金融负债的公允价值。该科目可按交易性金融负债类别，分别"本金"、"公允价值变动"等设置明细账。

三、账务处理

1. 公司承担的交易性金融负债，应按实际收到的金额，借记"银行存款"科目，按发生的交易费用，借记"投资收益"科目，按交易性金融负债的公允价值，贷记"交易性金融负债——本金"科目。

2. 资产负债表日，按交易性金融负债票面利率计算的利息，借记"投资收益"科目，贷记"应付利息"科目。资产负债表日，交易性金融负债的公允价值高于其账面余额的差额，借记"公允价值变动损益"科目，贷记"交易性金融负债——公允价值变动"科目；公允价值低于其账面余额的差额做相反的会计分录。

3. 处置交易性金融负债，应按该金融负债的账面余额，借记"交易性金融负债"科目，按实际支付的金额，贷记"银行存款"科目，按其差额，贷记或借记"投资收益"科目。同时，按该金融负债的公允价值变动，借记或贷记"公允价值变动损益"科目，贷记或借记"投资收益"科目。

第三节 其他金融负债的核算

其他金融负债，包括借款、拆入资金、应付款项、存入保证金、代理业务负债、卖出回购金融资产款、责任准备金等。对于责任准备金和部分应付款项已在其他章节阐述，本章不再重复。

一、短期借款的核算

短期借款（Short Term Borrowing）是指担保公司向银行或其他金融机构借入的 1 年（含 1 年）内期限的借款。其一般是担保公司因为正常经营或抵偿债务而借入的款项。

为了核算经批准向银行或其他金融机构借入的期限在 1 年以内（含 1 年）和各种借款，担保公司应设置"短期借款"科目。该科目属于负债类科目，贷方登记借入的各种短期借款金额，借方登记归还的各种短期借款金额，期末余额反映担保公司尚未归还的短期借款的本金。短期借款科目应该按债权人设置明细账。

例 8-1 某公司某月初向某家银行借入 60 000 元，期限为 3 个月，年利率为 6%，到期一次还本付息。应编制会计分录如下：

（1）借入款项时：

借：银行存款　　　　　　　　　　　　　　　　　　　　　　　60 000
　　贷：短期借款——某银行　　　　　　　　　　　　　　　　　　 60 000

（2）第 1—2 每月月底计提利息：$60\,000 \times 6\% \div 12 = 300$（元）。

借：利息支出　　　　　　　　　　　　　　　　　　　　　　　　 300
　　贷：应付利息——某银行　　　　　　　　　　　　　　　　　　　 300

（3）借款期满时：

借：短期借款——某银行　　　　　　　　　　　　　　　　　　 60 000
　　应付利息——某银行　　　　　　　　　　　　　　　　　　　　 600
　　利息支出　　　　　　　　　　　　　　　　　　　　　　　　 300
　　贷：银行存款　　　　　　　　　　　　　　　　　　　　　　 60 900

二、拆入资金的核算

拆入资金（Borrowing Fund）是指公司从境内、境外金融机构拆入的款项。担保公司应设置"拆入资金"科目，核算担保公司按规定从事拆入资金的数额。该科目属于负债类科目，其贷方登记拆入资金的数额；借方登记拆入资金的归还数额；期末余额在贷方，反映尚未归还的拆入资金的本金。该科目应按拆入资金的金融机构设置明细账。

例 8-2 甲担保公司 20×1 年 9 月 11 日从乙公司拆入资金 2 000 万元，交易品种为 30

天，年利率为 6.9%。甲担保公司应编制如下会计分录：

(1) 20×1 年 9 月 11 日拆入资金：

借：银行存款 20 000 000
　　贷：拆入资金——乙公司 20 000 000

(2) 20×1 年 9 月 30 日，计提利息：

借：利息支出 76 667.67
　　贷：应付利息——乙公司 76 667.67

利息支出 = 20 000 000 × 6.9% ÷ 360 × 20 = 76 667.67（元）

(3) 20×1 年 10 月 11 日归还拆入资金本息：

借：拆入资金——乙公司 20 000 000
　　利息支出 38 333.33
　　应付利息——乙公司 76 667.67
　　贷：银行存款 20 115 000

利息支出 = 20 000 000 × 6.9% ÷ 360 × 10 = 38 333.33（元）

三、卖出回购金融资产款的核算

卖出回购金融资产款（Financial Asset Sold for Repurchase）是指公司按照回购协议先卖出再按固定价格买入的票据、证券、贷款等金融资产所融入的资金。公司应设置"卖出回购金融资产款"科目进行核算，该科目属于负债类科目，其贷方登记公司按照回购协议先卖出金融资产收到的价款，借方登记到期回购金融资产支付的价款，余额在贷方，反映公司尚未到期的卖出回购金融资产款。该科目应按卖出回购金融资产的类别和融资方设置明细账。其账务处理如下：

1. 公司根据回购协议卖出票据、证券、贷款等金融资产，应按实际收到的金额，借记"银行存款"科目，贷记"卖出回购金融资产款"科目。

2. 资产负债表日，按照计算确定的卖出回购金融资产的利息费用，借记"利息支出"科目，贷记"应付利息"科目。

3. 回购日，按其账面余额，借记"卖出回购金融资产款"科目、"应付利息"科目，按实际支付的金额，贷记"银行存款"科目，按其差额，借记"利息支出"科目。

例 8-3 某担保公司与某证券公司以合同的方式，约定 20×1 年 8 月 1 日按 2 000 000 元卖出 B 证券，20×2 年 2 月 1 日再按固定价格买回该批 B 证券，约定利率 4.5%。

(1) 20×1 年 8 月 1 日，卖出 B 证券成交时：

借：银行存款 2 000 000
　　贷：卖出回购金融资产款——B 证券 2 000 000

(2) 20×1 年 12 月 31 日，计算利息费用：

借：利息支出 37 500
　　贷：应付利息 37 500

利息支出 = 2 000 000 × 4.5% × 5 ÷ 12 = 37 500（元）

(3) 20×2 年 2 月 1 日，回购该批证券：

借：卖出回购金融资产款——B 证券　　　　　　　　　2 000 000
　　应付利息　　　　　　　　　　　　　　　　　　　　37 500
　　利息支出　　　　　　　　　　　　　　　　　　　　7 500
　贷：银行存款　　　　　　　　　　　　　　　　　　　　2 045 000

利息支出 = 2 000 000 × 4.5% × 1 ÷ 12 = 7 500（元）

四、应付款项的核算

应付款项包括应付利息、应付股利、应付手续费及佣金、预收保费、应付分保账款、预收赔付款、应付职工薪酬、应交税费、其他应付款等，这里仅仅阐述其他应付款的核算，其他内容已在其他章节阐述，这里不再重复。

其他应付款（Other Account Payable）是指公司除应付利息、应付股利、应付手续费及佣金、预收保费、应付分保账款、预收赔付款、应付保单红利、应付职工薪酬、应交税费以外的其他各种应付、暂收的款项，如职工未按期领取的工资、应付固定资产租金等。

为了核算其他应付款，担保公司应设置"其他应付款"科目。该科目属于负债类科目，其贷方登记其他应付的各种款项，借方登记实际交纳的款项，余额在贷方，反映公司应付未付的其他应付款项。该科目应按其他应付款的项目和对方单位（或个人）设置明细账。其账务处理为：公司发生其他各种应付、暂收款项，借记"业务及管理费"等科目，贷记"其他应付款"等科目；实际支付时，借记"其他应付款"科目，贷记"银行存款"等科目。

例 8 - 4　某公司从 20 × 1 年 1 月 1 日起，以经营租赁方式租入管理用办公设备一批，每月租金 4 000 元，按季支付。3 月 31 日，公司以银行存款支付应付租金。该公司应编制会计分录如下：

（1）1 月 31 日计提应付经营租入固定资产租金：
借：业务及管理费——租赁费　　　　　　　　　　　　4 000
　贷：其他应付款　　　　　　　　　　　　　　　　　　　4 000
2 月底计提应付经营租入固定资产租金的会计处理同上。

（2）3 月 31 日支付租金：
借：其他应付款　　　　　　　　　　　　　　　　　　　8 000
　　业务及管理费——租赁费　　　　　　　　　　　　　4 000
　贷：银行存款　　　　　　　　　　　　　　　　　　　　12 000

五、存入保证金的核算

存入保证金（Deposit Received）是指公司按合同约定接受存入的保证金，包括存入担保保证金，即按照合同规定收到的担保履约保证金；存入理赔保证金，即根据理赔代理人的需要存入的保证金；存入分保保证金，即分出分保业务按分保合同约定存入的资金；存入营销员保证金，即营销员为保证履约在签订代理合同时向公司存入的保证金。

为核算存入保证金，担保公司应设置"存入保证金"科目。该科目属于负债类科目，其贷方登记存入的保证金，借方登记返还的保证金，余额在贷方，反映公司接受存入但尚未返还的保证金。该科目应按客户设置明细账。

存入保证金的账务处理为：收到客户存入的保证金时，借记"银行存款"、"应付分保账款"等科目，贷记"存入保证金"科目；向客户退还存入保证金时，作相反的会计分录。

例 8 - 5 某担保公司为甲公司提供贷款担保，担保金额为 200 万元，收取甲公司保证金 8 万元。担保期间代偿 20 万元，估计可收回。最终代偿款收回 10 万元。该担保公司应编制会计分录如下：

(1) 收取保证金时：

借：银行存款   80 000

    贷：存入保证金——甲公司   80 000

(2) 发生代偿时：

借：赔付支出——贷款担保   200 000

    贷：银行存款   200 000

(3) 行使代位追偿权时：

借：应收代位追偿款——甲公司   200 000

    贷：赔付支出——贷款担保   200 000

(4) 收回代偿款时：

借：银行存款   100 000

       存入保证金——甲公司   80 000

       赔付支出——贷款担保   20 000

    贷：应收代位追偿款——甲公司   200 000

六、代管担保基金的核算

代管担保基金（Escrow Guarantee Fund）是指担保公司委托管理业务受托代为管理的担保基金。委托管理业务是根据公司和客户的合同约定，受客户委托，代理客户管理基金收付，不承担任何担保风险及投资风险，收取管理费收入的业务。公司收到的代管担保基金，应当专户存储，单独设账进行会计处理。

为核算代管担保基金，担保公司应设置"代理业务负债"科目。该科目属于负债类科目，其贷方登记收到的委托管理业务款项，借方登记支付或退还的委托管理基金，余额在贷方，反映公司尚未退还的保证金。该科目应按客户设置明细账。

代管担保基金的账务处理为：收到委托管理业务款项时，借记"银行存款"科目，贷记"代理业务负债"科目；根据合同规定从委托管理基金支付相关赔偿等款项时，借记"代理业务负债"科目，贷记"银行存款"科目；公司按合同规定从委托管理基金账户直接扣除管理费收入时，借记"代理业务负债"科目，贷记"其他业务收入"科目；按合同规定退还委托管理基金时，借记"代理业务负债"科目，贷记"银行存款"科目。

例 8 - 6 某公司接受客户委托，代理客户管理下岗就业担保基金收付。20×1 年 5 月 2 日收到委托款项 10 000 元，20×1 年 5 月 25 日按客户要求从委托管理业务款项中支付 5 000 元，5 月 31 日从基金账户中扣除管理费 200 元。

(1) 收到委托管理业务款项时：
借：银行存款　　　　　　　　　　　　　　　　　　　　10 000
　　贷：代理业务负债——某客户　　　　　　　　　　　　　　　10 000
(2) 根据合同规定从委托管理基金支付相关给付时：
借：代理业务负债——某客户　　　　　　　　　　　　　5 000
　　贷：银行存款　　　　　　　　　　　　　　　　　　　　　　5 000
(3) 从基金账户扣除管理费时：
借：代理业务负债——某客户　　　　　　　　　　　　　　200
　　贷：其他业务收入——账户管理费收入　　　　　　　　　　　200

七、长期借款的核算

长期借款（Long Term Borrowing）是指担保公司经批准从银行或其他金融机构借入的期限在 1 年以上（不含 1 年）的各种借款，一般用于固定资产的购建、改扩建工程、大修理工程、对外投资以及为了保持长期经营能力等。

为了核算长期借款，担保公司应设置"长期借款"科目。该科目属于负债类科目，其贷方登记借入的长期借款，借方登记归还的借款，余额在贷方，反映尚未偿还的长期借款。该科目应按贷款单位和贷款种类设置明细账，分别"本金"、"利息调整"等进行明细核算。

长期借款的账务处理主要涉及取得借款、借款利息和归还借款三个方面。

1. 取得长期借款

担保公司取得借款，应按实际收到的金额，借记"银行存款"科目，贷记"长期借款——本金"科目；如存在差额，还应借记"长期借款——利息调整"科目。

2. 长期借款的利息

长期借款利息费用应当在资产负债表日按照实际利率法计算确定，实际利率与合同利率差额较小的，也可以采用合同利率计算确定利息费用。长期借款计算确定的利息费用，应当按照以下原则计入有关成本、费用：属于筹建期间的，计入业务及管理费；属于经营期间的，计入利息支出。如果长期借款用于购建固定资产的，在固定资产尚未达到预定可使用状态前，所发生的应当资本化的利息支出，计入在建工程成本；固定资产达到预定可使用状态后发生的利息支出，以及按规定不予资本化的利息支出，计入利息支出。资产负债表日，应按摊余成本和实际利率计算确定的长期借款利息费用，借记"在建工程"、"业务及管理费"、"利息支出"、"研发支出"等科目，按合同利率计算确定的应付未付利息，贷记"应付利息"科目，按其差额，贷记"长期借款——利息调整"科目。

3. 归还长期借款

担保公司归还长期借款，按归还的长期借款本金，借记"长期借款——本金"科目，按转销的利息调整金额，贷记"长期借款——利息调整"科目，按实际归还的款项，贷记"银行存款"科目，按借贷双方之间的差额，借记"在建工程"、"业务及管理费"、"利息支出"、"研发支出"等科目。

例 8 - 7　20×1 年 7 月 1 日某公司向银行借入期限为 3 年、年利率为 8% 的基建借款 2 000 万元，用于自有产权办公大楼的装饰工程，按年息计，单利计算，到期一次还本付息。借入当月，将2 000万元支付工程款。该工程于20×2年7月1日交付使用，3年后如期还本付息（假设实际利率与合同利率一致）。

（1）取得借款时：

借：银行存款　　　　　　　　　　　　　　　　　　　　　　　20 000 000
　　贷：长期借款——本金　　　　　　　　　　　　　　　　　　20 000 000

（2）支付工程价款时：

借：在建工程　　　　　　　　　　　　　　　　　　　　　　　　20 000 000
　　贷：银行存款　　　　　　　　　　　　　　　　　　　　　　20 000 000

（3）20×1年年末计提利息：

借：在建工程　　　　　　　　　　　　　　　　　　　　　　　　　800 000
　　贷：应付利息　　　　　　　　　　　　　　　　　　　　　　　800 000

（4）20×2年年末计提利息：

借：利息支出　　　　　　　　　　　　　　　　　　　　　　　　　800 000
　　在建工程　　　　　　　　　　　　　　　　　　　　　　　　　800 000
　　贷：应付利息　　　　　　　　　　　　　　　　　　　　　　1 600 000

（5）20×3年年末计提利息：

借：利息支出　　　　　　　　　　　　　　　　　　　　　　　　1 600 000
　　贷：应付利息　　　　　　　　　　　　　　　　　　　　　　1 600 000

（6）20×4年7月1日还本付息时：

借：长期借款——本金　　　　　　　　　　　　　　　　　　　20 000 000
　　应付利息　　　　　　　　　　　　　　　　　　　　　　　　4 000 000
　　利息支出　　　　　　　　　　　　　　　　　　　　　　　　　800 000
　　贷：银行存款　　　　　　　　　　　　　　　　　　　　　　24 800 000

八、应付债券的核算

（一）债券发行价格的确定

应付债券（Bond Payable）是公司以发行债券的形式，向社会筹资所形成的一种长期负债，包括发行的具有金融负债性质的优先股和持续股。公司债券的发行方式有三种：面值发行、溢价发行、折价发行。当票面利率等于市场利率，债券面值与发行价格完全相等，债券按面值发行即所谓平价发行；当票面利率高于市场利率时，债券会以溢价发行，公司按溢价购入债券，是为了以后多得利息而预先付出的高于面值的代价；反之，当票面利率低于市场利率时，债券会以折价发行，公司按折价购入债券，是为了以后少得利息而预先得到的补偿。

债券发行价格＝债券面值的现值＋各期利息的现值

（二）科目设置

为了总括地反映和监督公司为筹集长期资金而发行的债券及应付的利息，应设置"应付债券"科目。该科目属于负债类科目，其贷方登记公司发行债券收到款项及提取的应付债券利息、折价发行时应摊销的折价金额和债券溢价发行的溢价金额；借方登记债券到期支付的债券本息、折价发行的折价金额及溢价发行的应摊销溢价金额；期末余额在贷方反映公司尚未偿还的债券本息。在"应付债券"科目下，应设置"面值"、"利息调整"和"应计利息"三个明细科目。

(三) 应付债券的核算

1. 债券的发行

公司发行债券时，按实际收到的款项，借记"银行存款"、"库存现金"科目，按债券面值，贷记"应付债券——面值"科目，按实际收到的款项与面值的差额，贷记或借记"应付债券——利息调整"明细科目。

2. 利息调整的摊销

利息调整应在债券存续期间内采用实际利率法进行摊销。实际利率法是指按照应付债券的实际利率计算其摊余成本及各期利息费用的方法；实际利率是指将应付债券在债券存续期间的未来现金流量，折现为该债券当前账面价值所使用的利率。

资产负债表日，对于分期付息、一次还本的债券，公司应按应付债券的摊余成本和实际利率计算确定的债券利息费用，借记"在建工程"、"利息支出"等科目，按票面利率计算确定的应付未付利息，贷记"应付利息"科目，按其差额，借记或贷记"应付债券——利息调整"科目。

例 8 - 8 20×1 年 12 月 31 日，甲公司经批准发行 5 年期一次还本、分期付息的公司债券 10 000 000 元，债券利息在每年 12 月 31 日支付，票面利率为年利率 6%。假定债券发行时的市场利率为 5%。

甲公司该批债券实际发行价格为：

发行价格 = 10 000 000 × (P/F, 5%, 5) + 10 000 000 × 6% × (P/A, 5%, 5)
= 10 000 000 × 0.7835 + 10 000 000 × 6% × 4.3295 = 10 432 700 (元)

甲公司根据上述资料，采用实际利率法和摊余成本计算确定的利息费用如表 8-1 所示。

表 8-1 实际利率法计算利息费用和摊余成本表 单位：元

付息日期	支付利息	利息费用	摊销的利息调整	应付债券摊余成本
20×1 年 12 月 31 日				10 432 700
20×2 年 12 月 31 日	600 000	521 635	78 365	10 354 335
20×3 年 12 月 31 日	600 000	517 716.75	82 283.25	10 272 051.75
20×4 年 12 月 31 日	600 000	513 602.59	86 397.41	10 185 654.24
20×5 年 12 月 31 日	600 000	509 282.72	90 717.28	10 094 937.06
20×6 年 12 月 31 日	600 000	505 062.94*	94 937.06	10 000 000

注：*尾数调整。

根据上表资料，甲公司应编制会计分录如下：

(1) 20×1 年 12 月 31 日发行债券时：

借：银行存款 10 432 700
　　贷：应付债券——面值 10 000 000
　　　　　　　——利息调整 432 700

(2) 20×2年12月31日计算利息费用时：
借：利息支出 521 635
　　应付债券——利息调整 78 365
　　贷：应付利息 600 000

20×3、20×4、20×5年确认利息费用的会计处理同20×2年。

(3) 20×6年12月31日归还债券本金及最后一期利息时：
借：利息支出 505 062.94
　　应付债券——面值 10 000 000
　　　　　　——利息调整 94 937.06
　　贷：银行存款 10 600 000

对于一次还本付息的债券，应于资产负债表日按应付债券的摊余成本和实际利率计算确定的债券利息费用，借记"在建工程"、"利息支出"等科目，按票面利率计算确定的应付未付利息，贷记"应付债券——应计利息"科目，按其差额，借记或贷记"应付债券——利息调整"科目。

3. 债券的偿还

公司发行的债券通常分为一次还本付息或一次还本、分期付息。采用一次还本付息方式的，公司应于债券到期支付债券本息时，借记"应付债券——面值、应计利息"科目，贷记"银行存款"科目。采用一次还本、分期付息方式的，在每期支付利息时，借记"应付利息"科目，贷记"银行存款"科目；债券到期偿还本金并支付最后一期利息时，借记"应付债券——面值"科目，"在建工程"、"利息支出"等科目，贷记"银行存款"科目，按借贷双方之间的差额，借记或贷记"应付债券——利息调整"科目。

九、长期应付款的核算

(一) 长期应付款的特点和核算内容

长期应付款（Long Term Account Payable）是指公司除长期借款、应付债券以外的其他各种长期应付款项，包括应付融资租入固定资产的租赁费、以分期付款方式购入固定资产发生的应付款项等。

为了总括地反映长期应付款的发生和归还情况，担保公司应设置"长期应付款"科目，其贷方登记发生的应付款项，借方登记归还的应付款，余额在贷方，反映公司尚未偿付的各种长期应付款。该科目应按长期应付款的种类和债权人设置明细账。

(二) 应付融资租入固定资产的租赁费的核算

公司采用融资租赁方式租入的固定资产，应在租赁期开始日，将租赁资产公允价值与最低租赁付款额现值两者中较低者，加上初始直接费用，作为租入资产的入账价值，借记"固定资产"等科目，按最低租赁付款额，贷记"长期应付款"科目，按发生的初始直接费用，贷记"银行存款"等科目，按其差额，借记"未确认融资费用"科目。

公司在计算最低租赁付款额的现值时，能够取得出租人租赁内含利率的，应当采用租赁内含利率作为折现率；否则，应当采用租赁合同规定的利率作为折现率。公司无法取得出租人的租赁内含利率且租赁合同没有规定利率的，应当采用同期银行贷款利率作为折现率。租赁内含利率，是指在租赁开始日，使最低租赁收款额的现值与未担保余值的现值之和等于租赁资产公允价值与出租人的初始直接费用之和的折现率。

未确认融资费用应当在租赁期内各个期间进行分摊。公司应当采用实际利率法计算确认当期的融资费用。

（三）具有融资性质的延期付款购买资产的核算

公司购买资产有可能延期支付有关价款。如果延期支付的购买价款超过正常信用条件，实质上具有融资性质的，所购资产的成本应当以延期支付购买价款的现值为基础确定。实际支付的价款与购买价款的现值之间的差额，应当在信用期间内采用实际利率法进行摊销，计入相关资产成本或当期损益。具体来说，公司购入资产超过正常信用条件延期付款实质上具有融资性质时，应按购买价款的现值，借记"固定资产"、"在建工程"等科目，按应支付的价款总额，贷记"长期应付款"科目，按其差额，借记"未确认融资费用"科目。

十、预计负债的核算

预计负债（Predicted Liability）是担保公司在未来将要发生的各项预计的负债，包括对未决诉讼、重组义务、亏损性合同等很可能产生的负债。担保公司应按规定的项目，以及确认标准，合理计提各项可能发生的预计的负债。

为了核算将要发生的各项预计的负债应设置"预计负债"科目。按规定的预计项目和预计金额确认的预计负债，借记"业务及管理费"、"营业外支出"等科目，贷记本科目；实际偿付的负债，借记本科目，贷记"银行存款"等科目，该科目期末贷方余额反映本公司已预计尚未支付的债务。该科目应按形成预计负债的交易或事项设置明细账。

▶ 关键词

金融负债　交易性金融负债　拆入资金　卖出回购金融资产款　存入保证金　代管担保基金　长期借款　应付债券　长期应付款　预计负债

▶ 复习思考题

1. 简要说明金融负债的内容、确认和计量方法。
2. 简要说明以公允价值计量且其变动计入当期损益的金融负债的核算方法。
3. 担保公司的其他金融负债包括哪些内容？

4. 如何进行短期借款利息和长期借款利息的会计处理？
5. 简述债券发行价格的确定。
6. 简述代管担保基金的会计处理。

练习题

习题一
一、目的：练习银行借款的核算。
二、资料：A担保公司发生如下业务：
1. A公司20×1年1月1日向某家银行借入200 000元，期限为9个月，年利率为3%，每季度支付一次利息，到期还本。
2. A公司于20×4年7月1日向银行借入期限为3年、年利率为6%的基建借款1 200万元，用于公司营业大楼的装修工程，按年计息，单利计算，到期一次还本付息。借入当月，用1 200万元支付工程款。该项装饰工程于20×6年7月1日达到预定使用状态。3年后，如期还本付息。

三、要求：根据上述资料编制A公司有关会计分录。

习题二
一、目的：练习其他金融负债的核算。
二、资料：担保公司发生如下业务：
1. 甲公司从20×4年1月1日起，以经营租赁方式租入电脑一批，每月租金3 000元，按季支付。6月30日，公司以银行存款支付应付租金。
2. 20×4年12月31日，甲公司经批准发行3年期一次还本、分期付息的公司债券2 000 000元，债券利息每半年支付一次，票面利率为年利率10%。假定债券发行时的市场利率为12%。
3. 甲公司为A公司提供贷款担保300万元，收取保证金15万元。担保期间代偿40万元，估计可收回38万元。最终代偿款收回20万元。
4. 甲公司20×7年6月21日从乙公司拆入资金4 000万元，交易品种为30天，年利率为2.4%。
5. 甲公司与某证券公司以合同的方式，约定20×7年10月1日按3 000 000元卖出B证券，20×8年3月1日再按固定价格买回该批B证券，约定利率3.8%。
6. 甲公司20×7年8月5日根据担保营销员入公司相关材料收取营销员保证金5 000元，2011年担保营销员离开公司后扣除赔偿金1 000元，余额退还。
7. 甲公司承办担保基金委托管理型业务，20×7年3月1日收到管理资金8 000元，并开设专户，3月15日公司按合同规定从委托款项中支付6 000元，3月31日计算账户利息200元，按合同约定支付给委托人150元，另从基金账户中扣除管理费100元。

三、要求：根据上述资料编制甲公司有关会计分录。

第九章
衍生金融工具的核算

第一节
衍生金融工具核算概述

一、衍生金融工具的概念和特点

衍生金融工具（Derivative Financial Instrument）是指具有下列特征的金融工具或其他合同：一是其价值随特定利率、金融工具价格、商品价格、汇率、价格指数、费率指数、信用等级、信用指数或其他类似变量的变动而变动，变量为非金融变量的，该变量与合同的任一方不存在特定关系。二是不要求初始净投资，或与对市场情况变化有类似反映的其他类型合同相比，要求很少的初始净投资。三是在未来某一日期结算。衍生金融工具包括远期合同、期货合同、互换和期权，以及具有远期合同、期货合同、互换和期权中一种或一种以上特征的工具。

衍生金融工具不同于传统的金融工具，其独特性主要表现在：

1. 契约性和未来性

衍生金融工具是以金融工具为对象的经济合同，其实质是一种契约。这种契约的标的物、交易时间、交易条件等一旦确定，双方的权利和义务便基本确定，并且该合约一般在未来履约。

2. 杠杆性与风险性

衍生金融工具的初始净投资很少，甚至为零，经常采用保证金交易方式，结算时一般采用净额交割。投资者只需动用少量资金即可进行数额巨大的交易，以小博大，具有杠杆性。但同时也使衍生金融工具收益和风险成倍数扩大，如果实际的变动趋势与投资者预测的相一致,就可获得高额的收益。但是,一旦预测失误,就可能蒙受巨大损失,甚至会造成国际金融市场的剧烈动荡。

3. 灵活性和复杂性

随着衍生金融工具的迅速发展,衍生金融工具在设计和创新上具有很强的灵活性,既可以根据客户需要,在时间、金额、杠杆比率、价格、风险级别等方面为其"度身订制",还可以将各种衍生工具进行组合,而且包含较多的技术含量。纷繁复杂的衍生金融工具,加大了一般投资者对金融衍生新产品的理解难度。如果将其完全正确地运用于投资,更加不容易。

4. 衍生性和创新性

衍生金融工具一般以一个或几个基本金融工具作为标的,并处于不断的发展创新之中,使衍生金融工具不断构造出"再衍生工具",几乎每个月都有一种新型的衍生工具产生。衍生工具以惊人的速度迅猛发展,衍生工具的发行量也呈高速增长。

二、衍生金融工具的确认

(一) 初始确认

根据《企业会计准则——金融工具确认与计量》准则规定,当企业成为金融工具合同的一方时,应当确认一项金融资产或金融负债。根据此确认条件,企业在形成衍生金融工具合同的权利和义务时,确认为金融资产或金融负债。这里明确了初始确认的时间是在合同签订之时,而不是交易发生之时。

(二) 终止确认

当衍生金融工具合同约定的交易实际发生时,即当一个企业实现了合约中载明的各种权利或收取金融资产现金流量的合同权利终止时,应当终止确认该金融资产;当一个企业金融负债的现时义务全部或部分已经解除的,应当终止确认该金融负债或其一部分。

三、衍生金融工具的计量

衍生金融工具的计量是衍生金融工具会计的核心问题。其计量包括初始计量和后续计量两个方面。按照新企业会计准则规定,对衍生金融工具的初始计量均采用取得时的公允价值计量,其交易费用计入当期损益;企业持有的衍生金融工具在后续计量时,根据企业持有衍生金融工具的目的和意图不同,采用了不同的计量基础:

一是对投机套利而持有的衍生金融工具,在资产负债表日按公允价值计量,其公允价值变动计入当期损益。二是为套期保值而持有的衍生金融工具,在资产负债表日按照公允价值计量。对于公允价值套期,套期工具的公允价值变动形成的利得和损失计入当期损益,同时被套期项目因被套期风险形成的利得或损失也应当计入当期损益,并调整被套期项目的账面价值;对于现金流量套期,有效套期部分计入所有者权益,无效套期部分计入当期损益。

被套期项目为预期交易的,计入所有者权益的套期工具利得或损失,按下列方法处理:第一,该预期交易使企业随后确认了一项金融资产或负债的,计入所有者权益的利得和损失应当在该金融资产或负债影响企业损益的相同期间转出,计入当期损益。第二,该预期交易使企业随后确认一项非金融资产或负债的，计入所有者权益的利得和损失应当在该非金融资产或负债影响企业损益的相同期间转出，计入当期损益；或者计入该非金融资产或负债的初始确认金额。第三，预期交易预计不会发生的，原直接计入所有者权益中的套期工具利得或损失应当转出，计入当期损益。对于境外经营净投资套期的计量类似于现金流量套期。

第二节 衍生工具的核算

一、衍生工具的概念

这里所指衍生工具（Derivative Instrument）是指除套期保值外，即为投机套利而持有的衍生金融工具。衍生工具和交易性金融资产或负债在计量上并无实质上区别。

二、科目设置

公司应设置"衍生工具"科目核算公司衍生工具的公允价值及其变动形成的衍生资产或衍生负债。该科目属于共同类科目，本科目借方余额，反映公司衍生工具形成资产的公允价值；本科目贷方余额，反映公司衍生工具形成负债的公允价值。该科目应按衍生工具类别设置明细账。

三、账务处理

1. 公司取得衍生工具，按其公允价值，借记"衍生工具"科目，按发生的交易费用，借记"投资收益"科目，按实际支付的金额，贷记"银行存款"科目。
2. 资产负债表日，衍生工具公允价值高于账面余额的差额，借记"衍生工具"科目，贷记"公允价值变动损益"科目；公允价值低于账面余额的差额做相反的会计分录。
3. 终止确认的衍生工具，应当比照"交易性金融资产"、"交易性金融负债"等科目的相关规定进行处理。

例9-1 甲担保公司于20×7年4月1日与A公司签订了一份期权合同。合同规定，甲公司有权要求A公司于20×8年2月28日以每股35元的价格购买甲公司的股票1 000股。即甲公司实际从A公司购买了一份看跌期权。其他有关资料如下：

20×7年4月1日甲公司股票每股市价	40元
20×7年12月31日甲公司股票每股市价	32元
20×8年2月28日甲公司股票每股市价	30元
20×7年4月1日该期权的公允价值	5 000元
20×7年12月31日该期权的公允价值	4 000元

20×8年2月28日该期权的公允价值　　　　　　　　　　　5 000元

甲公司应编制会计分录如下：

（1）20×7年4月1日，购入看跌期权，确认衍生工具资产：

借：衍生工具——看跌期权　　　　　　　　　　　　　　5 000
　　贷：银行存款　　　　　　　　　　　　　　　　　　　　　5 000

（2）20×7年12月31日，确认期权公允价值下降：

借：公允价值变动损益　　　　　　　　　　　　　　　　1 000
　　贷：衍生工具——看跌期权　　　　　　　　　　　　　　　1 000

（3）20×8年2月28日，确认期权公允价值上升：

借：衍生工具——看跌期权　　　　　　　　　　　　　　1 000
　　贷：公允价值变动损益　　　　　　　　　　　　　　　　　1 000

在同一天，A公司行使了该看跌期权。

第一种情况：假定合同以现金净额方式进行结算。

A公司向甲公司支付35 000元，而甲公司要向A公司支付30 000元，则甲公司实际收到的现金净额为5 000元。则甲公司确认有关期权合同的结算分录为：

借：银行存款　　　　　　　　　　　　　　　　　　　　5 000
　　贷：衍生工具——看跌期权　　　　　　　　　　　　　　　5 000

第二种情况：假定合同以普通股净额进行结算。

A公司有义务向甲公司交付与35 000元等值的甲公司股票，甲公司有义务向A公司交付与30 000元等值的甲公司股票。两者相抵，A公司有义务向甲公司交付与5 000元等值的甲公司股票166.67股（5 000÷30）。

借：股本　　　　　　　　　　　　　　　　　　　　　　166.67
　　资本公积——股本溢价　　　　　　　　　　　　　　4 833.33
　　贷：衍生工具——看跌期权　　　　　　　　　　　　　　　5 000

例9-2　乙担保公司于20×8年3月1日向B公司发行以自身普通股为标的看涨期权。根据该期权合约，行权价为204元，行权日期20×9年3月1日（欧式期权）。如果B公司行权，B公司有权以每股204元的价格从乙公司购入普通股1 000股。其他有关资料如下：

20×8年3月1日乙公司股票每股市价　　　　　　　　　200元
20×8年12月31日乙公司股票每股市价　　　　　　　　206元
20×9年3月1日乙公司股票每股市价　　　　　　　　　207元
20×8年3月1日该期权的公允价值　　　　　　　　　　6 000元
20×8年12月31日该期权的公允价值　　　　　　　　　4 000元
20×9年3月1日该期权的公允价值　　　　　　　　　　3 000元

乙公司应编制会计分录如下：

（1）20×8年3月1日乙公司发行的看涨期权，确认衍生负债：

借：银行存款　　　　　　　　　　　　　　　　　　　　6 000
　　贷：衍生工具——看涨期权　　　　　　　　　　　　　　　6 000

（2）20×8年12月31日确认期权公允价值下降：

借：衍生工具——看涨期权　　　　　　　　　　　　　　2 000

贷：公允价值变动损益　　　　　　　　　　　　　　　　　　　　　　2 000
（3）20×9年3月1日确认期权公允价值下降：
　　借：衍生工具——看涨期权　　　　　　　　　　　　　　　　　　　1 000
　　　　贷：公允价值变动损益　　　　　　　　　　　　　　　　　　　　　1 000
在同一天，B公司行使了该看涨期权。
第一种情况：假定合同以现金净额方式进行结算。
乙公司有义务向B公司交付207 000元（207×1 000），并从B公司收取204 000元，乙公司实际支付净额为3 000元。账务处理如下：
　　借：衍生工具——看涨期权　　　　　　　　　　　　　　　　　　　3 000
　　　　贷：银行存款　　　　　　　　　　　　　　　　　　　　　　　　　3 000
第二种情况：以普通股净额结算：
乙公司有义务向B公司交付与207 000元等值的本公司股票，并向B公司收取与204 000元等值的股票，实际向B公司交付普通股数量14.49股（3 000÷207）。
　　借：衍生工具——看涨期权　　　　　　　　　　　　　　　　　　　3 000
　　　　贷：股本　　　　　　　　　　　　　　　　　　　　　　　　　　 14.49
　　　　　　资本公积——股本溢价　　　　　　　　　　　　　　　　　2 985.51

第三节　套期保值的核算

一、套期保值的概念

套期保值（Hedge）（以下简称套期），是指企业为规避外汇风险、利率风险、商品价格风险、股票价格风险、信用风险等，指定一项或一项以上套期工具，使套期工具的公允价值或现金流量变动，预期抵销被套期项目全部或部分公允价值或现金流量变动。套期分为公允价值套期、现金流量套期和境外经营净投资套期。

二、科目设置

1．"套期工具"科目

"套期工具"科目核算公司开展套期保值业务（包括公允价值套期、现金流量套期和境外经营净投资套期）套期工具公允价值及其变动形成的资产或负债。该科目属于共同类科目，本科目借方余额，反映公司套期工具形成资产的公允价值；本科目贷方余额，反映公司套期工具形成负债的公允价值。该科目应按套期工具类别设置明细账。

其账务处理为：

（1）公司将已确认的衍生工具等金融资产或金融负债指定为套期工具时，按其账面价值,借记或贷记"套期工具"科目,贷记或借记"衍生工具"科目。

(2) 资产负债表日,对于有效套期,应按套期工具产生的利得,借记"套期工具"科目,贷记"公允价值变动损益"、"资本公积——其他资本公积"等科目;套期工具产生的损失做相反的会计分录。

(3) 金融资产或金融负债不再作为套期工具核算的,应按套期工具形成的资产或负债,借记或贷记有关科目,贷记或借记"套期工具"科目。

2. "被套期项目"科目

"被套期项目"科目核算公司开展套期保值业务被套期项目公允价值及其变动形成的资产或负债。该科目属于共同类科目,本科目借方余额,反映公司被套期项目形成资产的公允价值;本科目贷方余额,反映公司被套期项目形成负债的公允价值。该科目应按被套期项目类别设置明细账。

其账务处理为:

(1) 公司将已确认的资产或负债指定为被套期项目时,按其账面价值,借记或贷记"被套期项目"科目,贷记或借记"长期借款"、"持有至到期投资"等科目。已计提跌价准备或减值准备的,还应同时结转跌价准备或减值准备。

(2) 资产负债表日对于有效套期,应按被套期项目产生的利得,借记"被套期项目"科目,贷记"公允价值变动损益"、"资本公积——其他资本公积"等科目;被套期项目产生的损失做相反的会计分录。

(3) 资产或负债不再作为被套期项目核算的,应按被套期项目形成的资产或负债,借记或贷记有关科目,贷记或借记"被套期项目"科目。

三、公允价值套期的会计处理

公允价值套期(Fair Value Hedge)是指对已确认资产或负债、尚未确认的确定承诺,或该资产或负债、尚未确认的确定承诺中可辨认部分的公允价值变动风险进行的套期。该类价值变动源于某类特定风险,且将影响企业的损益。公允价值套期满足运用套期会计方法条件的,应当按照下列规定处理:

1. 套期工具为衍生工具的,套期工具公允价值变动形成的利得或损失应当计入当期损益;套期工具为非衍生工具的,套期工具账面价值因汇率变动形成的利得或损失应当计入当期损益。

2. 被套期项目因被套期风险形成的利得或损失应当计入当期损益,同时调整被套期项目的账面价值。被套期项目为按成本与可变现净值孰低进行后续计量的存货、按摊余成本进行后续计量的金融资产或可供出售金融资产的,也应当按此规定处理。

例 9-3 某担保公司有一批损余物资亟待处理,20×8 年 11 月 1 日与供应商签订协议,承诺 20×9 年 2 月 1 日以 50 万元的价格出售该批损余物资,当日价格为 48 万元。同时为了规避价格下跌的风险,该公司采用期货套期的方法,在期货市场上以 50 万元的价格卖出该批损余物资的标准合约。假设 20×9 年 2 月 1 日,市场上的价格为 44 万元。

本例中属于尚未确认的确定承诺的公允价值套期,套期工具是损余物资远期合同,被套期项目是购买损余物资的确定承诺(以下金额以万元为单位)。该公司应编制会计分录如下：

1. 20×8年11月1日，卖出期货合约，对签订确定承诺的远期合约进行初始确认：

借：其他应收款　　　　　　　　　　　　　　　　　　50
　　贷：衍生工具——期货远期合约　　　　　　　　　　　　　50

2. 指定套期关系时：

借：衍生工具——期货远期合约　　　　　　　　　　　50
　　贷：套期工具——期货远期合约　　　　　　　　　　　　　50
借：被套期项目——确定承诺　　　　　　　　　　　　50
　　贷：损余物资　　　　　　　　　　　　　　　　　　　　　50

3. 20×9年2月1日，确认套期工具和被套期项目公允价值变动形成的利得或损失：

借：公允价值变动损益　　　　　　　　　　　　　　　6
　　贷：被套期项目——确定承诺　　　　　　　　　　　　　　6
借：套期工具——期货远期合约　　　　　　　　　　　6
　　贷：公允价值变动损益　　　　　　　　　　　　　　　　　6

这样操作以后，该公司就用套期工具的利得弥补了被套期项目的损失，锁定了履行确定承诺购买损余物资的成本。

四、现金流量套期的会计处理

现金流量套期（Cash Flow Hedge）是指对现金流量变动风险进行的套期。该类现金流量变动源于与已确认资产或负债、很可能发生的预期交易有关的某类特定风险，且将影响企业的损益。现金流量套期满足运用套期会计方法条件的，应当按照下列规定处理：

1. 套期工具利得或损失中属于有效套期的部分，应当直接确认为所有者权益，并单列项目反映。该有效套期部分的金额，按照下列两项的绝对额中较低者确定：

（1）套期工具自套期开始的累计利得或损失；

（2）被套期项目自套期开始的预计未来现金流量现值的累计变动额。

2. 套期工具利得或损失中属于无效套期的部分（即扣除直接确认为所有者权益后的其他利得或损失），应当计入当期损益。

例9-4 某担保公司20×5年4月1日向银行取得8 000万美元的3年期借款，年利率为伦敦银行同业拆借利率（LIBOR）加0.05%，每年付息一次，本金到期一次偿还，当日的LIBOR为4.5%。为了控制利率变动带来的现金流量风险，该公司与国内一家金融机构签订了一项名义本金为8 000万美元，期限3年的利率互换协议，并规定在每年收取LIBOR+0.05%的浮动利息的同时，支付4.6%的利息，以此将浮动利率应付利息锁定为固定利率利息，从而规避利率浮动带来的风险。20×6年4月1日，LIBOR为4.7%。根据借款合同，应付利息为380万美元；根据利率互换协议，应收利息380万美元（8 000万美元×（4.7%+0.05%）），应付利息368万美元（8 000万美元×4.6%）。20×7年4月1日，LIBOR为4.4%，应收利息356万美元（8 000万美元×（4.4%+0.05%）），应付利息368万美元（8 000万美元×4.6%）。20×8年4月1日，LIBOR为4.8%，应收利息388万美元（8 000万美元×（4.8%+0.05%）），应付利息368万美元（8 000万美元×4.6%）。该公司应编制会计分录如下（会计分录中的金额单位为万美元）：

1. 20×5 年 4 月 1 日，借入美元时：

借：银行存款 8 000
　　贷：长期借款——本金 8 000

为了套期而签订 3 年期利率互换协议时进行初始确认：

借：衍生工具——利率互换——成本 1 104
　　贷：应付利息 1 104

2. 指定套期关系时：

借：套期工具——利率互换 1 104
　　贷：衍生工具——利率互换——成本 1 104

3. 20×6 年 4 月 1 日，LIBOR 为 4.7%：

确认套期工具产生的利得为 12 万美元（380 万美元 - 368 万美元）

被套期项目自套期开始的预计未来现金流量现值的累计变动额为：380 万美元 ×（1 + (P/A, 4.7, 2)）÷ (1 + 4.5%) - 364 万美元 ×（P/A, 4.5, 3）= 53 万美元，远大于套期工具累计利得 12 万美元，所以套期工具利得全部有效，计入资本公积。

借：套期工具 12
　　贷：资本公积——其他资本公积 12

4. 20×6 年 4 月 1 日，支付借款利息（预期交易发生）

借：利息支出 380
　　贷：银行存款 380

同时将资本公积转出，计入当期损益：

借：资本公积——其他资本公积 12
　　贷：投资收益 12

将不再作为套期工具的金融资产转出：

借：衍生工具——利率互换 380
　　贷：套期工具——利率互换 380

5. 结算利率互换协议利息：

借：应付利息 368
　　贷：银行存款 368

借：应收利息 380
　　贷：衍生工具——利率互换 380

借：银行存款 380
　　贷：应收利息 380

20×7 年和 20×8 年支付利息的会计处理与 2006 年相似。

20×8 年 4 月 1 日，偿还本金：

借：长期借款 8 000
　　贷：银行存款 8 000

五、境外经营净投资套期的会计处理

境外经营净投资套期（Overseas Net Investment Hedge）是指对境外经营净投资外汇风险进行的套期。境外经营净投资，是指企业在境外经营净资产中的权益份额。对境外经营净投资的套期，应当按照类似于现金流量套期会计的规定处理：

1. 套期工具形成的利得或损失中属于有效套期的部分，应当直接确认为所有者权益，并单列项目反映。

处置境外经营时，上述在所有者权益中单列项目反映的套期工具利得或损失应当转出，计入当期损益。

2. 套期工具形成的利得或损失中属于无效套期的部分，应当计入当期损益。

例9-5 某担保控股集团公司在美国收购了一家担保公司，为对20×7年12月31日的预期年终净资产2.5亿美元进行套期保值，在10月1日与中国银行按90天期的远期汇率RMB776/USD100，签订一项卖出2.5亿美元的远期合同，当日即期汇率为RMB774/USD100，12月31日即期汇率为RMB772/USD100，美国子公司20×7年12月31日的实际净资产为2.85亿美元。

本例中，套期工具是卖出2.5亿美元的远期合同，被套期项目是预期境外经营子公司年终净资产（2.5亿美元）（以下金额以万元美元为单位）。该担保控股集团公司应编制会计分录如下：

1. 10月1日，在签约日（金融工具交易日）对外汇远期合同进行初始确认：

借：其他应收款　　　　　　　　　　　　　（7.76×25 000）　　194 000
　　贷：衍生工具——远期合同（7.74×25 000）　　　　　　　　　　193 500
　　　　投资收益　　　　　　　　　　　　　　　　　　　　　　　　　　500

2. 指定套期关系时：

借：衍生工具——远期合同　　　　　　　　　　　　　　　　　　193 500
　　贷：套期工具　　　　　　　　　　　　　　　　　　　　　　　193 500

3. 12月31日，即期汇率为RMB772/USD100：

确认套期工具公允价值变动的收益为：

25 000 × (7.74 - 7.72) = 500

被套期项目自套期开始的预计未来现金流量现值的累计变动额为：

25 000 × (7.72 - 7.74) = -500

则套期有效部分为500，分录为：

借：套期工具　　　　　　　　　　　　　　　　　　　　　　　　　500
　　贷：资本公积——其他资本公积　　　　　　　　　　　　　　　　500

4. 购入美元进行结算：

借：银行存款——美元户　　　　　　　　（7.72×25 000）　　193 000
　　贷：银行存款——人民币户　　　　　　　　　　　　　　　　　193 000
借：套期工具　　　　　　　　　　　　　　　　　　　　　　　　193 000
　　贷：衍生工具——远期合同　　　　　　　　　　　　　　　　　193 000

借：衍生工具——远期合同	193 000	
贷：其他应付款		193 000
借：其他应付款	193 000	
贷：银行存款——美元户		193 000
借：银行存款——人民币户	194 000	
贷：其他应收款		194 000

5. 处置境外经营时，上述确认的资本公积应当转出，计入当期损益。

关键词

衍生金融工具　衍生工具　套期保值　套期工具　被套期项目　公允价值套期　现金流量套期　境外经营净投资套期

复习思考题

1. 简述衍生金融工具的概念和特点。
2. 简述衍生金融工具的确认和计量方法。
3. 公允价值套期、现金流量套期和境外经营净投资套期会计处理有何不同？

练习题

习题一

一、目的：练习衍生工具的核算。

二、资料：甲公司于 20×8 年 5 月 1 日与 A 公司签订了一份期权合同。合同规定，甲公司有权要求 A 公司于 20×9 年 1 月 30 日以每股 45 元的价格购买甲公司的股票 5 000 股。即甲公司实际从 A 公司购买了一份看跌期权。其他有关资料如下：

20×8 年 5 月 1 日甲公司股票每股市价	50 元
20×8 年 12 月 31 日甲公司股票每股市价	42 元
20×9 年 1 月 30 日甲公司股票每股市价	38 元
20×8 年 5 月 1 日该期权的公允价值	6 000 元
20×8 年 12 月 31 日该期权的公允价值	4 500 元
20×9 年 1 月 30 日该期权的公允价值	5 500 元

三、要求：根据上述资料，编制甲担保公司有关会计分录。

习题二

一、目的：练习衍生工具的核算。

二、资料：乙公司于20×8年5月1日向B公司发行以自身普通股为标的看涨期权。根据该期权合约，行权价为150元，行权日期20×9年5月1日（欧式期权）。如果B公司行权，B公司有权以每股150元的价格从乙公司购入普通股2 000股。其他有关资料如下：

20×8年5月1日乙公司股票每股市价	145元
20×8年12月31日乙公司股票每股市价	152元
20×9年5月1日乙公司股票每股市价	158元
20×8年5月1日该期权的公允价值	7 000元
20×8年12月31日该期权的公允价值	8 000元
20×9年5月1日该期权的公允价值	6 000元

三、要求：根据上述资料，编制乙担保公司有关会计分录。

习题三

一、目的：练习公允价值套期保值的核算。

二、资料：某担保公司有一批抵债资产需要处理，20×8年10月1日与供应商签订协议，承诺20×9年5月1日以120万元的价格出售该批抵债资产，当日价格为110万元。同时为了规避价格下跌的风险，该公司采用期货套期的方法，在期货市场上以120万元的价格卖出该批抵债资产的标准合约。假设20×9年5月1日，市场上的价格为105万元。

三、要求：根据上述资料，编制该担保公司有关会计分录。

习题四

一、目的：练习现金流量套期保值的核算。

二、资料：某担保公司20×4年11月16日向银行取得1.8亿美元的5年期借款，年利率为伦敦银行同业拆借利率（LIBOR）加0.06%，每年付息一次，本金到期一次偿还，当日的LIBOR为4.4%。为了控制利率变动带来的现金流量风险，该公司与国内一家金融机构签订了一项名义本金为1.8亿美元，期限5年的利率互换协议，并规定在每年收取LIBOR + 0.06%的浮动利息的同时，支付4.5%的利息，以此将浮动利率利息锁定为固定利率利息，从而规避利率浮动带来的风险。相关数据资料如下：

20×5年11月15日，LIBOR为4.6%，应收利息838.8万美元（18 000万美元×（4.6% +0.06%）），应付利息810万美元（18 000万美元×4.5%）。

20×6年11月15日，LIBOR为4.5%，应收利息820.8万美元（18 000万美元×（4.5% +0.06%）），应付利息810万美元（18 000万美元×4.5%）。

20×7年11月15日，LIBOR为4.2%，应收利息766.8万美元（18 000万美元×（4.2% +0.06%）），应付利息810万美元（18 000万美元×4.5%）。

20×8年11月15日，LIBOR为4.4%，应收利息802.8万美元（18 000万美元×（4.4% +0.06%）），应付利息810万美元（18 000万美元×4.5%）。

20×9年11月15日，LIBOR为4.7%，应收利息856.8万美元（18 000万美元×（4.7% +0.06%）），应付利息810万美元（18 000万美元×4.5%）。

三、要求：根据上述资料，编制该担保公司有关会计分录。

习题五

一、目的：练习境外经营净投资套期保值的核算。

二、资料：某担保控股集团公司在英国收购了一家担保公司，为对20×7年12月31日的预期年终净资产1.5亿英镑进行套期保值，在10月1日与中国银行按90天期的远期汇率RMB985.55/GBP100 签订一项卖出1.5亿英镑的远期合同，当日即期汇率为RMB984.26/GBP100，12月31日即期汇率为RMB982.67/GBP100，英国子公司20×7年12月31日的实际净资产为1.85亿英镑。

三、要求：根据上述资料，编制该担保控股集团公司有关会计分录。

第十章 担保公司财务报表

第一节 担保公司财务报表概述

一、财务报表的概念和作用

财务报表（Financidl Statement）是对公司财务状况、经营成果、现金流量的结构性表达。财务报表至少应当包括资产负债表、利润表、现金流量表、所有者权益（或股东权益，下同）变动表、附注等。因此，财务报表作为提供会计信息的重要手段，它无论是对公司本身，还是对公司外部报表使用者都具有重要的作用，这主要体现在以下五个方面：

（一）帮助投资者进行正确的投资决策，保护投资者的合法权益

财务报表可以全面系统地向投资者提供其所需要的信息资料，满足其投资决策的需要。在投资前，投资者可以通过财务报表了解担保公司的资金状况和经营情况，以作出正确的投资决策；同时，投资者借助于财务报表，了解担保公司期初、期末经济资源的数量、分布及其结构，了解担保公司的资产完好状况，资本能否保全，以判断担保公司的经营优劣，从而使自己的经济利益得到维护。

（二）帮助债权人正确进行决策，保护债权人的合法权益

财务报表可以帮助债权人了解担保公司的偿债能力的相关信息，从而使其作出正确的融资决策，在对报表进行详尽分析基础上，采取相应措施，保证其本息能够及时、足额地得以收回。

（三）保障被担保人的利益

通过财务报表的发布，可以使广大被担保人了解担保公司的经营情况、财务状况和经营成果等方面的信息，在充分了解情况的基础上作出投保决策，并获取参与担保的各种权益。

（四）强化担保公司的经营与管理，提高经营业绩

担保公司经营者可以通过财务报表掌握财务状况和经营成果的情况，明确经营中的得失，从而进一步改善经营管理，提高经营业绩。

（五）为担保监督管理机构对担保公司进行监管提供依据

担保监督管理机构通过对担保公司呈送的财务报表，了解担保公司的依法经营和偿付能力状况，从而采取相应监管措施，以确保担保市场的正常运行，维护广大被担保人的利益及全社会的安定。

二、财务报表的分类

财务报表可以按照不同的标准进行分类：

（一）按编报时间分类

按编报时间可分为年度、半年度、季度和月度财务报表。月度、季度财务报表是指月度和季度终了提供的财务报表，要求简明扼要、及时反映，主要有资产负债表、利润表；半年度财务报表是指在每个会计年度的前六个月结束后对外提供的财务报表；年度财务报表是指年度终了对外提供的财务报表，要求揭示完整、反映全面，主要有资产负债表、利润表、现金流量表等。

一般将月度、季度和半年度财务报表统称为中期财务报表。

（二）按反映的资金运动形态分类

按反映的资金运动形态可分为静态和动态报表。静态报表是指反映担保公司某一特定日期的资金变化处于相对静止状态的报表，如资产负债表；动态报表是指综合反映担保公司一定会计期间内资金增减变化的报表，如利润表或现金流量表。

（三）按会计信息使用者的需求分类

按会计信息使用者的需求，可分为法定财务报表、内部财务报表、香港准则财务报表和国际准则财务报表。法定财务报表，是指按照财政部制定的统一会计制度编制，向政府部门（包括财政、税务、担保监管、外汇管理、工商部门）提供的财务报表。根据有关部门的特定需求，同时提供相应的报表，如向税务部门提供纳税申报表、向担保公司监管部门提供偿付能力报表。内部财务报表，是指根据本公司管理需求编制，向本公司各级管理层提供的财务报表。它一般不对外公开，不需要统一规定的格式，也没有统一的指标体系，编制的目的是帮助公司管理人员了解掌握会计事项的发生和变化，以及由此引起的财务经营状况构成及

比例关系。香港准则财务报表，是指按香港公认会计准则编制，向投资者和有关上市监管机构提供的财务报表。国际准则财务报表，是按照国际公认会计准则编制，向投资者和国外上市监管机构提供的财务报表。

（四）按编制单位分类

按编制单位可分为单位或个别、汇总、合并和股份公司分部财务报表。单位或个别财务报表是根据单个单位或基层单位的经济活动资料，通过对会计账簿资料进行整理加工编制而成，单位或个别财务报表是编制汇总财务报表和合并财务报表的基础。汇总财务报表是总公司按隶属关系将其所属的分公司上报的报表进行综合汇总编制的财务报表。汇总报表一律折合为记账本位币后进行编制。合并财务报表由母公司编制，其中包括母公司和母公司的所有控股子公司会计报表内容，是反映母公司整体财务状况和经营成果的综合财务报表。合并财务报表的编制方法是由母公司根据所有控股子公司提供的报表数据和财务状况按要求进行合并编制，用来提供集团总体财务会计信息。分部财务报表公司以对外提供的财务报表为基础，按业务分部和地区分部编制提供分部信息的财务报表。

三、财务报表列报的基本要求

（一）列报基础

1. 公司应当以持续经营为基础，根据实际发生的交易和事项，按照《企业会计准则——基本准则》和其他各项会计准则的规定进行确认和计量，在此基础上编制财务报表。公司不应以附注披露代替确认和计量，不恰当的确认和计量也不能通过充分披露相关会计政策而纠正。

如果按照各项会计准则规定披露的信息不足以让报表使用者了解特定交易或事项对公司财务状况和经营成果的影响时，公司还应当披露其他的必要信息。

2. 在编制财务报表的过程中，公司管理层应当利用所有可获得信息来评价公司自报告期末起至少 12 个月的持续经营能力。

评价时需要考虑宏观政策风险、市场经营风险、公司目前或长期的盈利能力、偿债能力、财务弹性以及公司管理层改变经营政策的意向等因素。

评价结果表明对持续经营能力产生重大怀疑的，公司应当在附注中披露导致对持续经营能力产生重大怀疑的因素以及公司拟采取的改善措施。

3. 公司如有近期获利经营的历史且有财务资源支持，则通常表明以持续经营为基础编制财务报表是合理的。

公司正式决定或被迫在当期或将在下一个会计期间进行清算或停止营业的，则表明以持续经营为基础编制财务报表不再合理。在这种情况下，公司应当采用其他基础编制财务报表，并在附注中声明财务报表未以持续经营为基础编制的事实、披露未以持续经营为基础编制的原因和财务报表的编制基础。

（二）列报的一致性

财务报表项目的列报应当在各个会计期间保持一致，不得随意变更，但下列情况除外：（1）会计准则要求改变财务报表项目的列报。（2）公司经营业务的性质发生重大变化或对公司经营影响较大的交易或事项发生后,变更财务报表项目的列报能够提供更可靠、更相关的会计信息。

(三) 重要性项目列报

1. 性质或功能不同的项目,应当在财务报表中单独列报,但不具有重要性的项目除外。

性质或功能类似的项目,其所属类别具有重要性的,应当按其类别在财务报表中单独列报。某些项目的重要性程度不足以在资产负债表、利润表、现金流量表或所有者权益变动表中单独列示,但对附注却具有重要性,则应当在附注中单独披露。

2. 重要性,是指在合理预期下,财务报表某项目的省略或错报会影响使用者据此作出经济决策的,该项目具有重要性。

重要性应当根据公司所处的具体环境,从项目的性质和金额两方面予以判断,且对各项目重要性的判断标准一经确定,不得随意变更。判断项目性质的重要性,应当考虑该项目在性质上是否属于公司日常活动、是否显著影响公司的财务状况、经营成果和现金流量等因素;判断项目金额大小的重要性,应当考虑该项目金额占资产总额、负债总额、所有者权益总额,营业收入总额、营业成本总额、净利润、综合收益总额等直接相关项目金额的比重或所属报表单列项目金额的比重。

(四) 财务报表项目间的相互抵销

财务报表中的资产项目和负债项目的金额、收入项目和费用项目的金额、直接计入当期利润的利得项目和损失项目的金额不得相互抵销,但其他会计准则另有规定的除外。

一组类似交易形成的利得和损失应当以净额列示,但具有重要性的除外。

资产或负债项目按扣除备抵项目后的净额列示,不属于抵销。

非日常活动产生的利得和损失,以同一交易形成的收益扣减相关费用后的净额列示更能反映交易实质的,不属于抵销。

(五) 比较信息的列报

当期财务报表的列报,至少应当提供所有列报项目上一个可比会计期间的比较数据,以及与理解当期财务报表相关的说明,但其他会计准则另有规定的除外。

财务报表的列报项目发生变更的,应当至少对可比期间的数据按照当期的列报要求进行调整,并在附注中披露调整的原因和性质以及调整的各项目金额。对可比数据进行调整不切实可行的,应当在附注中披露不能调整的原因。

不切实可行,是指公司在作出所有合理努力后仍然无法采用某项会计准则规定。

(六) 财务报表表首的列报要求

公司应当在财务报表的显著位置至少披露下列各项:(1) 编报公司的名称。(2) 资产负债表日或财务报表涵盖的会计期间。(3) 人民币金额单位。(4) 财务报表是合并财务报表的,应当予以标明。

（七）报告期间

公司至少应当按年编制财务报表。年度财务报表涵盖的期间短于一年的，应当披露年度财务报表的涵盖期间、短于一年的原因以及报表数据不具可比性的事实。

第二节 资产负债表

一、资产负债表的作用

资产负债表（Balance Sheet）是反映公司在某一特定日期（月末、季末、半年末、年末）财务状况的会计报表。它是根据"资产＝负债＋所有者权益"这一会计基本等式按照一定的分类标准和顺序排列编制而成，它属于静态报表。比如，2014年资产负债表年报，反映的是2014年12月31日公司的资产、负债、所有者权益情况。

通过资产负债表可以提供公司在一定时日的财务信息，主要有：

（一）可以综合反映公司所拥有的资产及资产的分布构成情况，以便评价公司的财务实力

通过资产负债表，可以对公司经营规模和资产结构的了解，不仅可以分析公司的资产构成是否合理，而且还可以测定公司的财务实力。公司的财务实力主要是就公司的资产规模和资本规模而言的；资产与资本规模较大的公司当然具备较强的财务实力，反之则体现了较弱的财务实力，资产负债表中显示的资产总额与资本总额直观地描述了公司的财务实力。

（二）可以反映公司资金来源及其构成情况，了解公司的偿付能力

公司所拥有或控制的全部经济资源，有两个来源：一是来源于债权人提供的资本；二是来源于所有者投资。对公司而言，债权人投资是公司的负债，所有者投资形成了所有者在公司的权益，即所有者权益。通过阅读资产负债表，不仅可以知晓公司的负债和所有者权益各是多少，而且还可据以分析企业的资金来源结构是否合理，并且还可以通过有关资产项目和负债项目的对比、测算，了解和掌握公司的偿付能力。偿付能力是债权人最为关心的问题，它的大小，反映公司的财务基础、竞争能力和应付风险的能力。

（三）可以综合反映公司资产、负债、所有者权益的增减变化，掌握财务状况的变动趋势

通过资产负债表不同时期相同项目的横向对比和不同时期不同项目的纵向对比，可以了解和分析公司财务状况的发展趋势，以便为公司财务预测和财务决策提供预见性参考信息。在资产负债表中列示了期末数与年初数两栏金额资料，两栏的简单比较可以大体看出各项目的财务发展趋势，在需对这种趋势做出更为细致和准确的观察时，人们还可以多期资产负债表中的资料为基础，编制比较资产负债表加以分析总结。

（四）可以解释、评价和预测公司的绩效，供管理部门作出合理的经营决策

公司的经营业绩主要表现为获利能力。而获利能力则可以用资产利润率等相对指标来衡量，这样将资产负债表与利润表的信息结合起来，可以评价公司的经营业绩，并可以深入剖析公司绩效优劣的原因，寻求提高公司经济资源利用效率的良策。

二、资产负债表的格式和结构

资产负债表各项目在表中的排列结构，就形成了各种各样的资产负债表格式。资产负债表项目的排列以及其所采用的结构，因公司不同而有所区别。但无论何种格式，资产负债表均应冠以本表的名称、编表单位的名称、资产负债表日（即公司资产负债表反映的财务状况的日期）和货币单位，也可以编号。资产负债表日和报表公开日往往有一段时间间隔，而且资产负债表是反映财务状况的静态报表，所以必须写上资产负债表日，这样就可以知道该表反映的是哪一天的财务状况，而不至于使人误解。

资产负债表一般有两种格式，即账户式和报告式。

（一）账户式

资产负债表账户式（也称左右式），它是按照 T 字形账户的形式设计的资产负债表，将资产列在左边，负债及所有者权益列在右方，左右方总额相等。

资产负债表中资产分为金融资产和非金融资产，基本上是按流动性（变现能力）大小排列，流动性大的排在前，流动性小的排在后；负债分为金融负债和非金融负债，基本上是按偿还期限长短排列，偿还期限短的排在前，偿还期限长的排在后；所有者权益是按永久程度的高低排列，永久程度高的排列在前，永久程度低的排列在后。

账户式资产负债表的优点在于，能使资产和权益的恒等关系一目了然，尤其是易于比较流动资产和流动负债的数额和关系，但要编制比较资产负债表则颇为不便，尤其是 3 年期、5 年期的比较资产负债表更为困难。此外，由于左资产、右权益的格式占据了不少横行空间，一些项目难以加括弧注释。我国担保会计实务中习惯于采用账户式资产负债表。资产负债表的具体格式见表 10 - 1 所示。

表 10 - 1　　　　　　　　资　产　负　债　表

编制单位：　　　　　　　　　年　　月　　日　　　　　　　　　　　　单位：元

资产	期末余额	年初余额	负债和所有者权益（或股东权益）	期末余额	年初余额
资产：			负债：		
货币资金			短期借款		
拆出资金			拆入资金		
交易性金融资产			交易性金融负债		
衍生金融资产			衍生金融负债		

续表

资产	期末余额	年初余额	负债和所有者权益（或股东权益）	期末余额	年初余额
买入返售金融资产			卖出回购金融资产款		
应收利息			预收保费		
应收保费			应付手续费及佣金		
应收代位追偿款			应付分保账款		
应收分保账款			应付职工薪酬		
应收分保未到期责任准备金			应交税费		
应收分保担保赔偿准备金			应付赔付款		
贷款			未到期责任准备金		
定期存款			担保赔偿准备金		
可供出售金融资产			长期借款		
持有至到期投资			应付债券		
长期股权投资			其中：优先股		
存出资本保证金			永续债		
投资性房地产			递延所得税负债		
固定资产			其他负债		
无形资产			负债合计		
递延所得税资产			所有者权益（或股东权益）：		
其他资产			实收资本（或股本）		
			其他权益工具		
			其中：优先股		
			永续债		
			资本公积		
			担保扶持基金		
			减：库存股		
			盈余公积		
			一般风险准备		
			未分配利润		
			所有者权益（或股东权益）合计		
资产总计			负债及所有者权益（或股东权益）总计		

（二）报告式

资产负债表的报告式（也称上下式），指垂直列示资产、负债和所有者权益项目的一种格式，即上资产、下权益格式。

报告式资产负债表的优缺点正好与账户式资产负债表相反。报告式的优点是便于编制比较资产负债表，可在一张表内，平行列示相邻若干期的资产负债表，而且易于用括弧旁注方式证明某些特殊项目。其缺点是资产与权益间的恒等关系并不一目了然。目前，许多西方国家担保公司会计实务中采用报告式。

三、资产负债表的编制方法

（一）年初余额栏的填列方法

资产负债表中"年初余额"栏内各项数字，应根据上年末资产负债表"期末余额"栏内所列数字填列。如果本年度资产负债表规定的各个项目的名称和内容同上年度不相一致，应对上年年末资产负债表各项目的名称和数字按照本年度的规定进行调整，填入本表"年初余额"栏内。

（二）期末余额栏的填列方法

资产负债表"期末余额"栏内关系数字，一般应根据资产、负债、所有者权益科目的期末余额栏填列。各项目的内容和填列方法如下：

1. "货币资金"项目，反映公司期末持有的现金、银行存款中的活期存款部分和其他货币资金总额。本项目根据"库存现金"、"银行存款——活期存款"明细科目、"其他货币资金"三个科目的期末余额合计数填列。

2. "拆出资金"项目，反映公司拆借给境内、境外其他金融机构的款项。本项目根据"拆出资金"科目的期末余额填列。

3. "交易性金融资产"项目，反映公司持有的以公允价值计量且其变动计入当期损益的为交易目的所持有的债券投资、股票投资、基金投资、权证投资等金融资产。本项目根据"交易性金融资产"科目的期末余额填列。

4. "衍生金融资产"项目，反映公司衍生金融工具业务中的衍生金融工具的公允价值及其变动形成的衍生资产。本项目根据"衍生工具"、"套期工具"、"被套期项目"科目的期末借方余额合计数填列。

5. "买入返售金融资产"项目，反映公司按返售协议的约定先买入再按固定价格返售给卖出方的票据、证券、贷款等金融资产所融出的资产。本项目根据"买入返售金融资产"科目的期末余额填列。

6. "应收利息"项目，反映公司交易性金融资产、持有至到期投资、可供出售金融资产、发放贷款、拆出资金、买入返售金融资产等应收取的利息。本项目根据"应收利息"科目的期末余额减去"坏账准备——应收利息"明细科目的期末余额填列。

7. "应收保费"项目，反映公司原担保合同约定应向投保人收取但尚未收到的担保费。本项目根据"应收保费"科目的期末余额减去"坏账准备——应收保费"明细科目的期末余额填列。

8. "应收代位追偿款"项目，反映公司按照原担保合同约定承担赔付担保金责任后确认的代位追偿款。本项目根据"应收代位追偿款"科目的期末余额减去"坏账准备——应收代位追偿款"明细科目的期末余额填列。

9. "应收分保账款"项目，反映公司从事再担保业务应收取的款项。本项目应根据"应收分保账款"科目的期末余额减去"坏账准备——应收分保账款"明细科目的期末余额填列。

10. "应收分保未到期责任准备金"项目，反映再担保分出人从事再担保业务确认的应收分保未到期责任准备金。本项目根据"应收分保合同准备金——应收分保未到期责任准备金"明细科目的期末余额减去"坏账准备——应收分保未到期责任准备金"明细科目的期末余额填列。

11. "应收分保担保赔偿准备金"项目，反映再担保分出人从事再担保业务应向再担保接受人摊回的担保赔偿准备金。本项目根据"应收分保合同准备金——应收分保担保赔偿准备金"明细科目的期末余额减去"坏账准备——应收分保担保赔偿准备金"明细科目的期末余额填列。

12. "贷款"项目，反映公司委托金融机构向其他单位提供的贷款和其他贷款。本项目根据"贷款"科目的期末余额合计数减去相关"贷款损失准备"科目余额后的净额填列。

13. "定期存款"项目，反映公司银行存款中三个月以上定期存款部分。本项目根据"银行存款——定期存款"明细科目的期末余额填列。

14. "可供出售金融资产"项目，反映公司持有的供出售金融资产的公允价值。本项目根据"可供出售金融资产"科目的期末余额填列。

15. "持有至到期投资"项目，反映公司已表明有意且有能力持有至到期日的定期债券投资的摊余成本。本项目根据"持有至到期投资"科目的期末余额，减去"持有至到期投资减值准备"科目期末余额后的金额填列。

16. "长期股权投资"项目，反映公司持有的对子公司、联营企业和合营企业的长期股权投资。本项目根据"长期股权投资"科目的期末余额，减去"长期股权投资减值准备"科目期末余额后的金额填列。

17. "存出资本保证金"项目，反映公司按规定比例缴存的资本保证金。本项目根据"存出资本保证金"科目的期末余额填列。

18. "投资性房地产"项目，反映公司为赚取租金或资本增值，或两者兼有而持有的房地产的成本。本项目根据"投资性房地产"科目的期末余额，减去"投资性房地产累计折旧（摊销）"和"投资性房地产减值准备"科目期末余额后的金额填列。

19. "固定资产"项目，反映公司各种固定资产原价减去累计折旧和累计减值准备后的净额和固定资产清理的价值。本项目根据"固定资产"科目的期末余额，减去"累计折旧"和"固定资产减值准备"科目期末余额后的金额，以及"固定资产清理"科目期末余额的合计数填列。

20. "无形资产"项目，反映公司持有的无形资产，包括专利权、非专利技术、商标权、著作权、土地使用权等。本项目根据"无形资产"科目的期末余额减去"累计摊销"和"无形资产减值准备"科目的期末余额后的金额填列。

21. "递延所得税资产"项目,反映公司确认的可抵扣暂时性差异产生的递延所得税资产。本项目根据"递延所得税资产"科目的期末余额填列。

22. "其他资产"项目,反映公司"应收股利"、"预付赔付款"、"预付分出保费"、"存出保证金"、"其他应收款"、"低值易耗品"、在建工程"、"长期待摊费用"、"抵债资产"、"损余物资"等项目的内容。本项目根据"应收股利"、"预付赔付款"、"预付分出保费"、"存出保证金"、"其他应收款"、"低值易耗品"、"在建工程"、"长期待摊费用"、"抵债资产"、"损余物资"等科目的期末余额,减去"坏账准备"科目中有关其他应收款计提的坏账准备期末余额,以及"在建工程减值准备"、"抵债资产跌价准备"、"损余物资跌价准备"期末余额后的金额填列。

(三) 负债类项目的填列说明

1. "短期借款"项目,反映公司向银行或其他金融机构等借入的期限在一年以下(含一年)的各种借款。本项目根据"短期借款"科目的期末余额填列。

2. "拆入资金"项目,反映公司从境内、境外金融机构拆入的款项。本项目根据"拆入资金"科目的期末余额填列。

3. "交易性金融负债"项目,反映公司持有的以公允价值计量且其变动计入当期损益的金融负债和直接指定为以公允价值计量且其变动计入当期损益的金融负债。本项目根据"交易性金融负债"科目的期末余额填列。

4. "衍生金融负债"项目,反映公司衍生金融工具业务中的衍生金融工具的公允价值及其变动形成的衍生负债。本项目根据"衍生工具"、"套期工具"、"被套期项目"科目的期末贷方余额合计数填列。

5. "卖出回购金融资产款"项目,反映公司按回购协议先卖出再按固定价格买入票据、证券、贷款等金融资产所融入的资金。本项目根据"卖出回购金融资产款"科目的期末余额填列。

6. "预收保费"项目,反映公司收到未满足保费收入确认条件的担保费。本项目根据"预收保费"科目的期末余额填列。如"预收保费"科目所属明细科目期末有借方余额的,应在资产负债表"应收保费"项目内填列。

7. "应付手续费及佣金"项目,反映公司应支付但尚未支付的应付手续费及佣金。本项目根据"应付手续费及佣金"科目的期末余额填列。

8. "应付分保账款"项目,反映公司从事再担保业务应付未付的款项。本项目根据"应付分保账款"科目的期末余额填列。

9. "应付职工薪酬"项目,反映公司根据有关规定应付给职工的短期薪酬、离职后福利、辞退福利和其他长期职工福利。本项目根据"应付职工薪酬"科目的期末余额填列。

10. "应交税费"项目,反映公司按照税法规定计算应交纳的各种税费,包括、营业税、所得税、土地增值税、城市维护建设税、房产税、土地使用税、车船使用税、教育费附加等。公司代扣代交的个人所得税,也通过本项目列示。公司所交纳的税金不需要预计应交数的,如印花税等,不在本项目列示。本项目根据"应交税费"科目的期末贷方余额填列。该科目期末如为借方余额,以"-"号表示。

11. "应付赔付款"项目,反映公司应付但未付给保户的赔付款。本项目根据"应付赔付款"科目的期末余额填列。

12."未到期责任准备金"项目,反映公司提取的原担保合同未到期责任准备金和再担保合同分入业务未到期责任准备金。本项目根据"未到期责任准备金"科目的期末余额填列。

13."担保赔偿准备金"项目,反映公司提取的原担保合同担保赔偿准备金和再担保合同分入业务担保赔偿准备金。本项目根据"担保赔偿准备金"科目的期末余额填列。

14."长期借款"项目,反映公司向银行或其他金融机构借入的期限在一年以上(不含一年)的各项借款。本项目根据"长期借款"科目的期末余额填列。

15."应付债券"项目,反映企业为筹集长期资金而发行的债券本金和利息。本项目根据"应付债券"科目的期末余额填列。

16."递延所得税负债"项目,反映公司确认的应纳税暂时性差异产生的所得税负债。本项目根据"递延所得税负债"科目的期末余额填列。

17."其他负债"项目,反映公司"应付股利"、"应付利息"、"其他应付款"、"预收赔付款"、"存入保证金"、"应付保费"、"代理业务负债"、"预计负债"、"长期应付款"、"未确认融资费用"、"一年内到期的长期负债"等项目的内容。本项目根据"应付股利"、"应付利息"、"其他应付款"、"预收赔付款"、"存入保证金"、"应付保费"、"代理业务负债"、"预计负债"、"长期应付款"、"未确认融资费用"等科目的期末余额减去将于一年内(含一年)到期偿还后的余额填列。

(四)所有者权益项目的填列说明

1."实收资本(或股本)"项目,反映公司各投资者实际投入的资本(或股本)总额。本项目根据"实收资本(或股本)"科目的期末余额填列。

2."其他权益工具"项目,反映公司发行的除普通股以外分类为权益工具的金融工具的账面价值。本项目根据"其他权益工具"科目的期末余额填列。

3."资本公积"项目,反映公司收到投资者出资额超出其在注册资本或股本中所占的份额以及直接计入所有者权益的利得或损失。本项目应根据"资本公积"科目的期末余额填列。

4."担保扶持基金"项目,反映政策性担保业务政府给予的担保补贴。本项目根据"担保扶持基金"科目的期末余额填列。

5."盈余公积"项目,反映公司从净利润提取的盈余公积。本项目根据"盈余公积"科目的期末余额填列。

6."一般风险准备"项目,反映公司从净利润提取的一般风险准备。本项目根据"一般风险准备"科目的期末余额填列。

7."未分配利润"项目,反映公司尚未分配的利润。本项目根据"本年利润"和"利润分配"科目的期末余额分析填列,未弥补亏损在本项目中以"-"号表示。

8."库存股"项目,反映公司收购的尚未转让或注销的本公司股份金额。本项目根据"库存股"科目的期末余额填列。

第三节 利润表

一、利润表的概念及其作用

利润表（Profit Statement）是反映公司在一定期间经营成果的会计报表。它是根据"收入－费用＝利润"的平衡公式，按一定标准和顺序将一定期间的收入、费用和利润等各项具体会计要素适当排列而成。从利润表上，可以反映出一个公司的经营成果，它说明公司经营过程和盈亏原因，可以说它是报告公司盈亏的成绩单。利润表报告了一个公司一段时期的经营成果，是一张时期报表即动态报表。不同时期的报表是可以叠加的，即去年和今年的利润表可以叠加起来，计算出两年的利润总和。

通过利润表，可以反映以下财务信息：

（一）反映公司的收益能力，为公司分配经营成果提供重要依据

利润表反映了公司经营成果的形成及经营成果各组成部分的具体数额，因而利润表在公司利润分配中起着重要的作用，特别是利润表中的数据直接影响到相关集团的利益，如国家的税收收入、管理人员的奖金、职工的工资、股东的股利等等。在公司利润分配的实践中，无论是提取盈余公积，还是制定股利分配政策，都必须以利润表为重要依据。

（二）反映公司财务成果及构成情况，据以评价经营活动的绩效

利润表中的各项数据，实际上体现了公司在经营、融资、投资等活动中的管理效率，是对公司经营绩效的反映。通过对利润表的分析，可以反映公司是否实现了财务成果目标。

（三）反映公司经营成果和获利能力，为有关各方提供决策的依据

利润表提供了主营业务收入与成本费用配比状态以及利润水平，为投资者分析资本的获利能力，为债权人分析投入资金的安全性，为经营管理者评价公司收益性提供数据，通过分析公司主营业务经营状况以及进一步分析财务成果形成的原因提供数据，可据以作出合理的经营决策。经理人员可以通过分析利润表，了解公司各项收入、成本、费用与利润之间的消长趋势，发现公司在经营活动的各个环节中所存在的问题，找出差距，采取相应的改善措施，以作出合理的经营决策。

（四）可以预测公司未来的现金流量，反映公司的偿付能力

利润表本身不能直接提供有关偿付能力的数据，这些数据主要是由资产负债表提供的，但是，会计报表使用者可以根据公司提供的利润表，通过比较和分析同一公司在不同时期或不同公司在同一时期利润表信息，了解公司利润增长的规模和趋势，预测公司未来现金流量

的时间、数额、不确定性，间接地解释、评价和预测公司的偿付能力，尤其是长期偿付能力，进而作出合理的经济决策。

（五）为政府管制提供信息，在我国利润表还发挥着其他的作用

例如，证券监管部门部门在核准公司是否具备发行股票或债券的资格时，需要考虑该公司是否连续三年盈利；公司在确定股票发行价格时，需要考虑其前三年的每股收益水平；上市公司如果"最近三年连续亏损"，将由国务院证券管理部门决定暂停其股票上市等等。另外，利润表是担保公司依法交纳所得税的主要依据。

二、利润表的格式和结构

利润表分单步式和多步式两种结构。

（一）单步式利润表

单步式利润表将所有的收入及所有的费用和支出分别汇总，两者相抵得出本期净利润。

单步式利润表在计算利润时只有一个步骤，结构简单，但不能反映利润的构成情况，不能向报表使用者提供较为详细的分类信息，在进行比较分析时不是十分方便。

（二）多步式利润表

目前担保公司采用多步式利润表。多步式利润表是根据收入和费用相互配比的原则，按照利润的构成因素分为营业利润、利润总额、净利润、每股收益、综合收益总额几个步骤，按性质加以归类，按利润形成的主要环节列示一些中间性利润指标，分部计算当期损益。

多步式利润表的具体格式，见表 10 - 2 所示。

表 10 - 2　　　　　　　　　　　利　润　表

编制单位：　　　　　　　　　　　年　　月　　　　　　　　　　　单位：元

项　目	本期金额	上期金额
一、营业收入		
已赚保费		
担保业务收入		
其中：分保费收入		
减：分出保费		
提取未到期责任准备金		
投资收益（损失以"-"号填列）		
其中：对联营企业和合营企业的投资收益		
公允价值变动收益（损失以"-"号填列）		
汇兑收益（损失以"-"号填列）		

续表

项目	本期金额	上期金额
其他业务收入		
二、营业支出		
退保金		
赔付支出		
减：摊回赔付支出		
提取担保赔偿准备金		
减：摊回担保赔偿准备金		
分保费用		
营业税金及附加		
手续费及佣金支出		
业务及管理费		
减：摊回分保费用		
其他业务成本		
资产减值损失		
三、营业利润（亏损以"-"号填列）		
加：营业外收入		
减：营业外支出		
四、利润总额（亏损总额以"-"号填列）		
减：所得税费用		
五、净利润（净亏损以"-"号填列）		
六、每股收益		
（一）基本每股收益		
（二）稀释每股收益		
七、其他综合收益		
八、综合收益总额		

多步式利润表能够清晰地反映各类收入和成本费用项目之间的内在联系，可提供比单步式利润表更详细的信息，有助于分析和比较各个项目的增减变动对利润的影响。但多步式利润表较难理解，似乎费用和收入的配比有先后顺序，层次分明，而这实际上属于人为的假设，并无事实上的根据。

三、利润表的编制方法

(一) 上期金额栏的填列方法

利润表中"上期金额"栏内各项数字,应根据上年该期利润表"本期金额"栏内所列数字填列。如果上年该期利润表规定的各个项目名称和内容同本期不相一致,应对上年该期利润表规定的各个项目名称和数字按本期的规定进行调整,填入利润表"上期金额"栏内。

(二) 本期金额栏的填列方法

利润表中"本期金额"栏内各项数字反映各项目的本期实际发生数,一般应根据损益类科目的发生额分析填列。各项目的内容和填列方法如下:

1. "已赚保费"项目,反映公司本期可以用于当期赔付支出的保费收入。本项目根据"担保业务收入",减去"分出保费"和"提取未到期责任准备金"项目金额后的金额填列。

2. "担保业务收入"项目,反映公司因原担保合同和再担保合同实现的担保费收入和分担保费收入。本项目应根据"保费收入"科目发生额分析填列。

3. "分保费收入"项目,反映公司因再担保合同实现的分担保费收入。本项目应根据"保费收入-分保费收入"明细科目发生额分析填列。

4. "分出保费"项目,反映再担保分出人向再担保接受人分出的担保费。本项目根据"分出保费"科目发生额分析填列。

5. "提取未到期责任准备金"项目,反映公司提取的原担保合同未到期责任准备金和再担保合同分保未到期责任准备金。本项目应根据"提取未到期责任准备金"科目发生额分析填列。

6. "投资收益"项目,反映公司以各种方式对外投资所取得的收益或损失,包括公司根据投资性房地产准则确认的采用公允价值计量模式计量的投资性房地产的租金收入和处置损益,处置交易性金融资产、交易性金融负债、可供出售金融资产实现的损益,以及持有至到期投资和买入返售金融资产在持有期间取得的投资收益和处置损益。定期存款的利息收入也在此列报。本项目应根据"投资收益"科目和"利息收入-定期存款"发生额分析填列。如为投资损失,本项目以"-"号填列。

7. "对联营企业和合营企业的投资收益"项目,反映投资收益中对联营企业和合营企业的投资收益。因为,根据长期股权投资准则要求,对联营企业和合营企业的投资适用权益法,应随着被投资单位所有者权益的变动相应调整增加或减少长期股权投资账面价值,同时确认为当期投资损益。所以,"对联营企业和合营企业的投资收益"列示的是被投资单位所有者权益的增减变动,而不是投资单位实实在在分回的收益或承担的损失,应单独列示。

8. "公允价值变动收益"项目,反映公司在初始确认时划分为以公允价值计量计量且其变动应当计入当期损益的金融资产或金融负债(包括交易性金融资产或负债和直接指定以公允价值计计量且其变动应当计入当期损益的金融资产或金融负债),以及采用采用公允价值计量模式计量的投资性房地产、衍生工具和套期业务中公允价值变动形成的应计入当期损益的利得或损失。本项目应根据"公允价值变动损益"科目的发生额分析填列,如为净损失，本项目以"-"号填列。

9. "汇兑收益"项目，反映公司外币货币性项目因汇率变动而形成的收益或损失。本项目应根据"汇兑损益"科目发生额分析填列。如为汇兑损失，本项目以"-"号填列。

10. "其他业务收入"项目，反映公司确认的与经常性活动相关的其他活动收入和利息收入。第三方管理的收入也在此列报。定期存款的利息收入不在此列报。本项目应根据"利息收入"、"其他业务收入"等科目发生额分析填列。

11. "退保金"项目，反映原担保合同提前解除时按照约定应当退还给投保人的保单现金价值。本项目应根据"退保金"科目发生额分析填列。

12. "赔付支出"项目，反映公司支付的原担保合同和再担保合同赔付款项。本项目应根据"赔付支出"科目发生额分析填列。

13. "摊回赔付支出"项目，反映再担保分出人向再担保接受人摊回的赔付成本。本项目应根据"摊回赔付支出"科目发生额分析填列。

14. "提取担保赔偿准备金"项目，反映公司提取的原担保合同担保赔偿准备金和再担保合同分入业务分保担保赔偿准备金。本项目应根据"提取担保赔偿准备金"科目发生额分析填列。

15. "摊回担保赔偿准备金"项目，反映公司从事再担保分出业务应向再担保接受人摊回的担保赔偿准备金。本项目应根据"摊回担保赔偿准备金"科目发生额分析填列。

16. "分保费用"项目，反映再担保接受人向再担保分出人支付的分保费用。本项目应根据"分保费用"科目发生额分析填列。

17. "营业税金及附加"项目，反映公司经营活动发生的营业税、城市维护建设税和教育费附加等相关税费。本项目应根据"营业税金及附加"科目发生额分析填列。

18. "手续费及佣金支出"项目，反映公司发生的与经营活动相关的各项手续费、佣金等支出。本项目应根据"手续费及佣金支出"科目发生额分析填列。

19. "业务及管理费"项目，反映公司在业务经营及管理过程中所发生的各项费用。本项目应根据"业务及管理费"科目发生额分析填列。

20. "摊回分保费用"项目，反映再担保分出人向再担保接受人摊回的分保费用。本项目应根据"摊回分保费用"科目发生额分析填列。

21. "其他业务成本"项目，反映公司确认的与经常性活动相关的其他活动支出和利息支出。本项目应根据"利息支出"、"其他业务成本"等科目发生额分析填列。

22. "资产减值损失"项目，反映公司计提各项资产减值准备所形成的损失。本项目应根据"资产减值损失"科目发生额分析填列。

23. "营业外收入"项目，反映公司发生的与其经营活动无直接关系的各项净收入。本项目应根据"营业外收入"科目发生额分析填列。

24. "营业外支出"项目，反映公司发生的与其经营活动无直接关系的各项净支出。本项目应根据"营业外支出"科目发生额分析填列。

25. "所得税费用"项目，反映公司应从当期利润总额中扣除的所得税费用。本项目应根据"所得税费用"科目发生额分析填列。

26. "基本/稀释每股收益"项目，适用于普通股或潜在普通股已公开交易的公司，以及正处于公开发行普通股或潜在普通股过程中的公司。

27. "其他综合收益"项目，反映公司根据企业会计准则规定未在损益中确认的各项利得和损失扣除所得税影响后的净额。本项目应根据"资本公积——其他资本公积"、"所得税费用"科目发生额分析填列。

第四节 现金流量表

一、现金流量表的概念和作用

现金流量表（Cash Flow Statement）是反映公司会计期间内经营活动、投资活动和筹资活动等对现金及现金等价物产生影响的会计报表。虽然资产负债表反映了公司某一时点的资产、负债和所有者权益的总量和结构，但它没有说明其资产、负债和所有者权益发生变化的原因。利润表能够反映公司一定时期的经营规模和成果，说明其利润的健康状况，但它却不能保证公司有继续经营所需的现金。因此，仅仅编制资产负债表和利润表是不够的。现金流量表作为现行会计报表体系中三张基本报表之一的动态报表，它的主要特点和作用有以下四方面：

（一）以"现金"为编制基础，能够直观、确切地反映公司的支付能力

现金流量表以"现金"作为资金概念，能通过现金的流量变动直观而确切地反映担保公司的支付能力。这里的"现金"是指广义的，包括现金及现金等价物。现金是指公司库存现金以及可以随时用于支付的存款。现金等价物也称为约当现金，是指公司特有的期限短、流动性强、易于转换为已知金额现金、价值变动风险很小的投资。一般是指可在证券市场上流通的三个月内到期的证券投资项目，如短期企业债券和股票等。比如，担保公司于2010年12月1日购入2008年1月1日发行的期限为三年的国债，购买时还有一个月到期，则这项国债可视为现金等价物。

（二）以收付实现制为编制原则，能够客观、真实地反映公司的财务状况

现金流量表是按收付实现制原则编制的，它以款项是否收付即"实收实付"来确认收入和费用的归属期。只对当期的现金收入和现金支出进行确认，有可靠的原始凭证，受主观因素影响程度较小，能客观而真实地反映担保公司的财务状况。

（三）按经营活动现金净流量、投资活动现金净流量、筹资活动现金净流量等分段编制，能够客观地分类反映公司各项经济活动对公司现金流量净额的影响程度

通常，按照担保公司经营业务发生的性质，将担保公司一定期间内产生的现金流量分为经营活动产生的现金流量、投资活动产生的现金流量和筹资活动产生的现金流量三类。

1. 经营活动产生的现金流量

经营活动是指公司投资活动和筹资活动以外的所有交易和事项。担保公司经营活动产生的现金流入项目主要有：收到的现金保费、分保业务收到现金。经营活动产生的现金流出项目有：现金支付赔付款、现金支付手续费、佣金、支付职工的现金、支付税费等。通过对经营活动产生的现金流量的分析，可以判断公司从其主要业务活动中获取现金的能力，说明经营活动对现金流入和流出净额的影响程度。

2. 投资活动产生的现金流量

投资活动是指公司长期资产的购建和不包括在现金等价物范围内的投资、贷款及处置活动，包括实物资产投资、金融资产投资。担保公司投资活动产生的现金流入项目主要有：收回投资、收回贷款、取得债券利息、取得贷款利息、处置固定资产、无形资产所收到现金等。投资活动产生的现金流出项目有：购置固定资产和无形资产、债券投资、发放贷款等。对投资活动产生的现金流量的分析，可以了解担保公司通过投资活动获取现金流量的能力，以及投资产生的现金流量对公司现金流量净额的影响程度。

3. 筹资活动产生的现金流量

筹资活动是指导致公司资本及债务规模、构成发生变化的活动。这里的资本指实收资本、资本溢价。这里的债务指对外举债，包括银行借款、发行债券等。担保公司筹资活动产生的现金流入项目主要有：吸收权益性投资、借款等。筹资活动现金流出项目有：偿还债务、分配利润、偿付利息等。通过对筹资活动产生现金流量的分析可以看出担保公司筹资能力，以及筹资产生的现金流量对公司现金流量净额的影响程度。

对于不涉及现金变动的投资和筹资活动（如接受固定资产投资、以对外投资偿还债务、债务转为股本、融资租入固定资产等），虽然不影响本期现金的变动，但可能会对未来现金流量产生影响，甚至是重大影响，所以，对这类业务在现金流量表中予以反映。通常有两种表达方式：

（1）单独编制现金流量表的附表来揭示；

（2）单独以附注方式揭示。

（四）提供某一会计期间现金流量信息，能够及时、准确地衡量公司的偿付能力和支付股利的能力

现金流量表是说明某一段时期公司现金流入和现金流出情况的报表，并能够准确地提供现金流入和现金流出的缘由，即现金从哪里来，又流到哪里去。在正常经营情况下，现金净流量数额越大，则说明公司支付能力越强。对于担保公司的投资者和债权人来说，担保公司现金流量信息与他们的经济利益有着密切的关系，因为现金资产项目是决定一个公司支付能力大小及其变化的关键，公司的现金净流量越多，资金的流动性和应变能力就越大，其偿付能力和支付股利的能力就越强。

对于担保公司来说，其经营活动表现为现金的收付，现金是担保公司资金循环的起点和终点。担保经营作为一种负债经营，它的首要任务就是要确保足够的现金来满足偿付能力的需要，因此，现金是担保公司生存和发展的重要物质基础，如果担保公司没有现金流就无法经营下去，现金流量在担保公司具有至尊的地位。具体来看，现金流量表可以提供以下几个方面的信息：

1. 提供公司在一定时期内因经营活动而发生的现金收入来源和支出去向的信息，借以预测公司在未来期间产生现金流量的能力。

2. 反映公司现金增减变动的原因，分析在一定时期公司所产生的现金能否足够偿还债务和其他需要现金的预算支出，判断和衡量公司偿还债务的能力和支付股利的能力。

3. 反映公司净利润与经营活动所产生现金流量的差异及原因，确定公司的收益质量。

4. 提供了公司重要理财活动的信息数据，分析公司投资活动和筹资活动对财务状况的影响，有助于财务信息使用者设计决策模型以评价和比较不同未来现金流量的价值以及投资的风险。

二、担保公司现金流量表的结构和格式

（一）现金流量正表

现金流量正表（见表 10-3）是现金流量表的主体，公司一定会计期间现金流量的信息主要由正表提供。正表采用报告式的结构，按照现金流量的性质，依次分类反映经营活动产生的现金流量、投资活动产生的现金流量和筹资活动产生的现金流量，最后汇总反映企业现金及现金等价物净增加额。在有外币现金流量及境外子公司的现金流量折算为人民币的企业，正表中还应单设"汇率变动对现金的影响"项目，以反映企业外币现金流量及境外子公司的现金流量折算为人民币时，所采用的现金流量发生日的汇率或平均汇率折算的人民币金额与"现金及现金等价物增加额"中外币现金净增加额按期末汇率折算的人民币金额之间的差额。

现金流量表是由两部分组成：第一部分是报表的基本部分，反映各项经济活动现金流量和净流量；第二部分是报表的补充资料或附注，包括将净利润调节为经营活动现金流量、不涉及现金收支的重大投资和筹资活动、现金及现金等价物净变动情况情况。其具体各式如表 10-3、表 10-4 所示。

表 10-3　　　　　　　　　　　　现金流量表

编制单位：　　　　　　　　　　　年　月　　　　　　　　　　　　　单位：元

项　目	本期金额	上期金额
一、经营活动产生的现金流量：		
收到原担保合同保费取得的现金		
收到再担保业务现金净额		
收到其他与经营活动有关的现金		
经营活动现金流入小计		
支付原担保合同赔付款项的现金		
支付手续费及佣金的现金		
支付给职工以及为职工支付的现金		
支付的各项税费		

续表

项 目	本期金额	上期金额
支付其他与经营活动有关的现金		
经营活动现金流出小计		
经营活动产生的现金流量净额		
二、投资活动产生的现金流量：		
收回投资收到的现金		
取得投资收益收到的现金		
收到其他与投资活动有关的现金		
投资活动现金流入小计		
投资支付的现金		
贷款净增加额		
购置固定资产、无形资产和其他长期资产支付的现金		
支付其他与投资活动有关的现金		
投资活动现金流出小计		
投资活动产生的现金流量净额		
三、筹资活动产生的现金流量：		
吸收投资所收到的现金		
发行债券收到的现金		
收到其他与筹资活动有关的现金		
筹资活动现金流入小计		
偿还债务支付的现金		
分配股利、利润或偿付利息支付的现金		
支付其他与筹资活动有关的现金		
筹资活动现金流出小计		
筹资活动产生的现金流量净额		
四、汇率变动对现金及现金等价物的影响		
五、现金及现金等价物净增加额		
加：期初现金及现金等价物余额		
六、期末现金及现金等价物余额		

（二）现金流量表补充资料

现金流量表补充资料（见表10-4）包括三部分：（1）将净利润调节为经营活动现金流量（即按间接法编制的经营活动现金流量）；（2）不涉及现金收支的重大投资和筹资活动；（3）现金及现金等价物净变动情况。

表 10－4　　　　　　　　　　　　　现金流量表补充资料

补充资料	本期金额	上期金额
1. 将净利润调节为经营活动现金流量：		
净利润		
加：资产减值准备		
提取未到期责任准备金		
提取担保赔偿准备金		
固定资产折旧		
无形资产摊销		
长期待摊费用摊销		
处置固定资产、无形资产和其他长期资产的损失（收益以"－"号填列）		
固定资产报废损失（收益以"－"号填列）		
公允价值变动损失（收益以"－"号填列）		
利息支出（收入以"－"号填列）		
投资损失（收益以"－"号填列）		
递延所得税资产减少（增加以"－"号填列）		
递延所得税负债增加（减少以"－"号填列）		
存货的减少（增加以"－"号填列）		
经营性应收项目的减少（增加以"－"号填列）		
经营性应付项目的增加（减少以"－"号填列）		
其他		
经营活动产生的现金流量净额		
2. 不涉及现金收支的重大投资和筹资活动：		
债务转为资本		
一年内到期的可转换公司债券		
融资租入固定资产		
3. 现金及现金等价物净变动情况：		
现金的期末余额		
减：现金的期初余额		
加：现金等价物的期末余额		
减：现金等价物的期初余额		
现金及现金等价物净增加额		

三、担保公司现金流量表的编制方法

现金流量表的编制方法有两种：直接法和间接法。两者的区别在于经营活动现金净流量计算不同。

（一）直接法

直接法是指直接用经营活动现金流入减去经营活动现金流出来计算经营活动现金净流量。采用直接法报告经营活动的现金流量时，有关现金流入与流出的信息可从会计记录中直接获得。

现金流量表"本期金额"栏反映各项目的本期实际发生数，"上期金额"栏填列各项目上年全年同期累计实际发生数。

1. 经营活动产生的现金流量

（1）"收到原担保合同保费取得的现金"项目，反映公司原担保合同实际收取的现金保费，包括本期收到的现金保费收入、本期收到的前期应收保费和本期预收的保费，扣除本期发生退保费支付的现金。本项目可以根据"库存现金"、"银行存款"、"应收保费"、"预收保费"、"保费收入"等科目的记录分析填列。

（2）"收到再担保业务现金净额"项目，反映公司再担保业务实际收到的现金净额，包括本期收到的现金分保费收入、本期收到的前期分保业务往来和本期预收的分保赔款，以及摊回的分保赔付款和费用、以现金支付的分出保费、以现金支付的分保赔款和费用等。本项目可以根据"库存现金"、"银行存款"、"应收分保账款"、"应付分保账款"、"预收保费"、"预收赔付款"、"保费收入"、"摊回赔付支出"、"摊回分保费用"、"分出保费"、"预付分出保费"、"预付赔付款"、"赔付支出"、"分保费用"等科目的记录分析填列。

（3）"收到其他与经营活动有关的现金"项目，反映公司除了上述各项目外，收到的其他与经营活动有关的现金，如其他业务收入、捐赠的现金收入、罚款收入、存入保证金等。本项目可以根据"库存现金"、"银行存款"、"其他业务收入"、"营业外收入"、"其他应付款"、"存入保证金"等科目的记录分析填列。

（4）"支付原担保合同赔付款项的现金"项目，反映公司以现金支付和预付给被担保人的赔付款及退保金。本项目根据"库存现金"、"银行存款"、"赔付支出"、"退保金"、"预付赔付款"等科目的记录分析填列。

（5）"支付手续费及佣金的现金"项目，反映公司以现金支付给担保代理人和营销人员的手续费及佣金。本项目可以根据"库存现金"、"银行存款"、"应付手续费及佣金"、"手续费及佣金支出"等科目的记录分析填列。

（6）"支付给职工以及为职工支付的现金"项目，反映公司实际支付给职工以及为职工支付的现金，包括本期实际支付给职工的工资、奖金、各种津贴和补贴等，以及为职工支付的其他费用。公司代扣代缴的职工个人的所得税也在本项目反映。本项目不包括支付给离退休人员的各项费用及支付给在建工程人员的工资及其他费用。公司支付给离退休人员的各项费用（包括支付的统筹退休金以及未参加统筹的退休人员的费用），在"支付的其他与经营活动有关的现金"项目中反映；支付给在建工程人员的工资及其他费用，在"购建固定资

产、无形资产和其他长期资产所支付的现金"项目反映。本项目可以根据"应付职工薪酬"、"库存现金"、"银行存款"、"业务及管理费"等记录分析填列。

（7）"支付的各项税费"项目，反映公司按规定支付的各种税费，包括公司本期发生并支付的税费，以及本期支付以前各期发生的税费和本期预交的税费。包括所得税、营业税、印花税、房产税、土地使用税、车船使用税、教育费附加等，但不包括计入固定资产价值的实际支付的耕地占用税。本项目可以根据"应交税费"、"库存现金"、"银行存款"、"所得税费用"、"营业税金及附加"、"业务及管理费"等记录分析填列。

（8）"支付其他与经营活动有关的现金"项目，反映公司除上述各项目外所支付的其他与经营活动有关的现金流出，如经营租赁支付的租金、罚款支出、支付的差旅费和业务招待费等业务及管理费现金支出、其他业务支出、捐赠的现金支出、购买低值易耗品支出、存出资本保证金等。若其他与经营活动有关的现金流出金额较大，应单列项目反映。本项目可以根据"库存现金"、"银行存款"、"其他应收款"、"业务及管理费"、"其他业务成本"、"营业外支出"、"低值易耗品"、"存出资本保证金"等有关科目的记录分析填列。

2. 投资活动产生的现金流量

（1）"收回投资所收到的现金"项目，反映公司出售、转让或到期收回除现金等价物以外的对其他企业的权益工具、债务工具和合营中的权益等投资而收到的现金。收回债务工具实现的投资收益、处置子公司及其他营业单位收到的现金净额不包括在本项目内。本项目可根据"交易性金融资产"、"可供出售的金融资产"、"持有至到期投资"、"长期股权投资"、"库存现金"、"银行存款"等记录分析填列。

（2）"取得投资收益收到的现金"项目，反映公司除现金等价物以外的对其他企业的权益工具、债务工具和合营中的权益投资分回的现金股利和利息等，不包括股票股利。本项目可以根据"库存现金"、"银行存款"、"投资收益"等科目的记录分析填列。

（3）"收到其他与投资活动有关的现金"项目，反映公司除了上述各项目以外，所收到的其他与投资活动有关的现金流入。比如，处置固定资产、无形资产和其他长期资产收回的现金净额；返售证券所收到的现金；处置子公司及其他营业单位收到的现金净额；收到购买股票和债券时支付的已宣告但尚未领取的现金股利或已到付息期但尚未领取的债券利息。若其他与投资活动有关的现金流入金额较大，应单列项目反映。本项目可根据"固定资产清理"、"长期股权投资"、"买入返售金融资产"、"应收股利"、"应收利息"、"银行存款"、"库存现金"等科目的记录分析填列。

（4）"投资支付的现金"项目，反映公司除现金等价物以外的对其他企业的权益工具、债务工具和合营中的权益投资所支付的现金，以及支付的佣金、手续费等交易费用，但取得子公司及其他营业单位支付的现金净额除外。本项目可以根据"交易性金融资产"、"长期股权投资"、"可供出售的金融资产"、"持有至到期投资"、"库存现金"、"银行存款"等记录分析填列。

（5）"贷款净增加额"项目，反映公司按规定从事委托贷款等贷款业务的现金净增加额。本项目可以根据"库存现金"、"银行存款"、"贷款"科目的期末余额和期初余额记录分析填列。

（6）"购置固定资产、无形资产和其他长期资产支付的现金"项目，反映公司本期购买、建造固定资产、取得无形资产和其他长期资产所实际支付的现金，以及用现金支付的应由在建工程和无形资产负担的职工薪酬，不包括为购建固定资产而发生的借款利息资本化的部分，以及融资租入固定资产支付的租赁费。公司支付的借款利息和融资租入固定资产支付的租赁费，在筹资活动产生的现金流量中反映。本项目可以根据"固定资产"、"在建工程"、"无形资产"、"库存现金"、"银行存款"等科目的记录分析填列。

（7）"支付其他与投资活动有关的现金"项目，反映除上述各项目外所支付的其他与投资活动有关的现金流出，如取得子公司及其他营业单位支付的现金净额；买入返售证券所支付的现金；拆出资金净额；公司购买股票时实际支付的价款中包含的已宣告而尚未领取的现金股利，购买债券时支付的价款中包含的已到期尚未领取的债券利息等。如某项其他与投资活动有关的现金流出金额较大，应单列项目反映。本项目可以根据"长期股权投资"、"买入返售金融资产"、"拆出资金"、"应收股利"、"应收利息"、"银行存款"、"库存现金"等科目的记录分析填列。

3. 筹资活动产生的现金流量

（1）"吸收投资收到的现金"项目，反映公司以发行股票等方式筹集资金实际收到的款项，减去直接支付的佣金、手续费、宣传费、咨询费、印刷费等发行费用后的净额。本项目可以根据"实收资本（或股本）"、"库存现金"、"银行存款"等科目的记录分析填列。

（2）"发行债券收到的现金"项目，反映公司以发行债券方式筹集资金实际收到的款项，减去直接支付的佣金、手续费、宣传费、咨询费、印刷费等发行费用后的净额。本项目可以根据"应付债券"、"库存现金"、"银行存款"等科目的记录分析填列。

（3）"收到其他与筹资活动有关的现金"项目，反映公司除上述各项目外所收到的其他与筹资活动有关的现金流入，如取得借款、卖出回购金融资产、拆入资金净额、接受现金捐赠等。若某项其他与筹资活动有关的现金流入金额较大，应单列项目反映。本项目可以根据"库存现金"、"银行存款"、"短期借款"、"长期借款"、"卖出回购金融资产款"、"拆入资金"、"营业外收入"等有关科目的记录分析填列。

（4）"偿还债务支付的现金"项目，反映公司偿还债务本金所支付的现金，包括偿还借款本金、偿还债券本金等。公司支付的借款利息和债券利息在"分配股利、利润或偿付利息支付的现金"项目反映，不包括在本项目内。本项目可以根据"短期借款"、"长期借款"、"应付债券"、"库存现金"、"银行存款"等科目的记录分析填列。

（5）"分配股利、利润或偿付利息支付的现金"项目，反映公司实际支付的现金股利、支付给其他投资单位的利润以及用现金支付的借款利息、债券利息等。本项目可以根据"应付股利"、"应付利息"、"利息支出"、"库存现金"、"银行存款"等科目的记录分析填列。

（6）"支付其他与筹资活动有关的现金"，反映公司除上述各项目外所支付的其他与筹资活动有关的现金流出，如回购证券、捐赠现金支出、融资租入固定资产支付的租赁费等。若某项其他与筹资活动有关的现金流出金额较大，应单列项目反映。本项目可以根据"库存现金"、"银行存款"、"卖出回购金融资产款"、"营业外支出"、"长期应付款"有关记录分析填列。

4. "汇率变动对现金及现金等价物的影响"项目的内容和填列方法

该项目反映公司外币现金流量以及境外子公司的现金流量折算为人民币时，所采用的现金流量发生日的即期汇率或按照系统合理方法确定的、与现金流量发生日即期汇率近似汇率折算的人民币金额与"现金及现金等价物净增加额"中的外币现金净增加额按期末汇率折算的人民币金额之间的差额。

在编制现金流量表时，可逐笔计算外汇业务所发生的汇率变动对现金的影响，也可不必逐笔计算，而采用简化的计算方法，即通过现金流量表补充资料中的"现金及现金等价物净增加额"数额与正表中的"经营活动产生的现金流量净额"、"投资活动产生的现金净额"、"筹资活动产生的现金净额"三项之和比较，其差额即为"汇率变动对现金的影响"项目的金额。

（二）间接法

采用间接法在计算经营活动现金净流量时，是以本期净利润为起点，再调整不影响现金变动的有关项目，并据此计算公司本期经营活动产生的现金净流量。

1. 担保公司净利润调整时应遵循的原则

将担保公司净利润调整为经营活动现金净流量，应注意以下三个方面的原则：

（1）公司的净利润是按照权责发生制的原则确定的，其中有些收入、费用项目并没有实际发生现金的流入和流出，也就是说，计入本期的收入和费用，不一定就是本期的现金流入和流出，本期的现金流入和流出也不一定是计入本期的收入和费用，将净利润调整为经营活动现金净流量，就是要把按照权责发生制原则计算出来的净利润转化为按照收付实现制原则计算的现金净流量。

（2）公司的净利润是按照本期发生的全部损益项目确定的，它不仅包括经营活动的损益项目，还包括经营活动以外的投资活动和筹资活动的损益项目；将净利润调整为经营活动现金净流量，就是要把非经营活动即投资活动和筹资活动的损益项目对净利润的影响因素加以剔除。

（3）公司的净利润中不包括影响经营活动的现金净流量的非现金流动资产和非现金流动负债项目，而非现金流动资产的减少和流动负债的增加会使经营活动现金净流量增加，非现金流动资产的增加和流动负债的减少会使经营活动现金净流量减少，将净利润调整为经营活动现金净流量，就是要把属于经营活动的非现金流动资产和流动负债项目对经营活动现金净流量影响因素重新加以考虑。

2. 担保公司净利润调整时的计算

按照以上原则，将担保公司净利润调整为经营活动现金净流量，其计算公式是：

经营活动的现金净流量 = 本期净利润 + 不减少现金的费用 − 不增加现金的收入 − 不属于经营活动的损益 + 属于经营活动的非现金流动资产的减少和流动负债的增加 − 属于经营活动的非现金流动资产的增加和流动负债的减少

3. 具体调整方法

（1）"将净利润调节为经营活动现金流量"项目

① "资产减值准备"项目，反映公司本期实际各项资产减值准备，包括坏账准备、低值易耗品跌价准备、损余物资跌价准备、贷款损失准备、长期股权投资减值准备、持有至到期投资减值准备、投资性房地产减值准备、固定资产减值准备、在建工程减值准备、无形资产减值准备、抵债资产跌价准备、商誉减值准备等。本项目可以根据"资产减值损失"科目的记录分析填列。

② "提取未到期责任准备金"项目，反映公司本期提取的未到期责任准备金。本项目可以根据"提取未到期责任准备金"科目的记录分析填列。

③ "提取担保赔偿准备金"项目，反映公司本期提取的担保赔偿准备金。本项目可以根据"提取担保赔偿准备金"科目的记录分析填列。

④ "固定资产折旧"项目，反映公司本期累计计提的固定资产折旧。本项目可根据"累计折旧"等科目贷方发生额分析填列。

⑤ "无形资产摊销"项目，反映公司本期累计摊入成本费用的无形资产价值。本项目可以根据"累计摊销"科目的贷方发生额分析填列。

⑥ "长期待摊费用摊销"项目，反映公司本期累计摊入成本费用的长期待摊费用。本项目可以根据"长期待摊费用"贷方发生额分析填列。

⑦ "处置固定资产、无形资产和其他长期资产的损失"项目，反映公司本期处置固定资产、无形资产和其他长期资产发生的净损失（或净收益）。如为净收益以"-"号填列。本项目可以根据"营业外支出"、"营业外收入"等科目所属有关明细科目的记录分析填列。

⑧ "固定资产报废损失"项目，反映公司本期发生的固定资产盘亏净损失。可根据"营业外支出"、"营业外收入"所属的有关明细科目的记录分析填列。

⑨ "公允价值变动损失"项目，反映公司持有的交易性金融资产、交易性金融负债、采用公允价值模式计量的投资性房地产等公允价值变动形成的净损失。如为净收益以"-"号填列。本项目可根据"公允价值变动损益"科目所属的有关明细科目的记录分析填列。

⑩ "利息支出（减收入）"项目，反映公司本期实际发生的属于投资活动或筹资活动的利息支出净额。属于投资活动、筹资活动的部分，在计算净利润时已扣除，但这部分发生的现金流出不属于经营活动的现金流量范围，所以，在将净利润调节为经营活动现金流量时，需要予以加回。本项目可以根据"利息支出"本期借方发生额和"利息收入"本期贷方发生额分析填列；如为收入，以"-"号填列。

⑪ "投资损失（减：收益）"项目，反映公司对外投资实际发生的投资损失减去收益后的净损失。本项目可以根据利润表"投资收益"的数字填列；如为投资收益，以"-"号填列。

⑫ "递延所得税资产减少（减：增加）"项目，反映公司资产负债表"递延所得税资产"项目的期初、期末余额的差额。本项目可以根据"递延所得税资产"科目发生额分析填列。

⑬ "递延所得税负债增加"项目，反映公司资产负债表"递延所得税负债"项目的期初、期末余额的差额。本项目可以根据"递延所得税负债"科目发生额分析填列。

⑭ "存货的减少"项目，反映公司资产负债表"低值易耗品"、"损余物资"、"抵债资产"等存货期初、期末余额的差额；期末数大于期初数的差额，以"-"号填列。

⑮ "经营性应收项目的减少"项目，反映公司本期经营性应收项目（包括应收报费、应收利息、预付赔付款、预付分出保费、应收代位追偿款、应收分保账款、应收分保合同准备金、其他应收款、存出保证金等经营性应收项目中与经营活动有关的部分）的期初、期末余额的差额；期末数大于期初数的差额，以"-"号填列。

⑯ "经营性应付项目的增加"项目，反映公司本期经营性应付项目（包括应付手续费及佣金、应付赔付款、预收保费、预收赔付款、应付职工薪酬、应交税费、其他应付款、存

入保证金等经营性应付项目中与经营活动有关的部分）的期初、期末余额的差额；期末数大于期初数的差额，以"-"号填列。

（2）"不涉及现金收支的重大投资和筹资活动"项目。补充资料中"不涉及现金收支的重大投资和筹资活动"，反映公司一定会计期间内影响资产或负债但不形成该期现金收支的所有重大投资和筹资活动的信息。这些投资和筹资活动是公司的重大理财活动，虽然不涉及现金收支，但对以后各期的现金流量会产生重大影响。不涉及现金收支的重大投资和筹资活动项目主要有以下几项：

① "债务转为资本"项目，反映公司本期转为资本的债务金额。

② "一年内到期的可转换公司债券"项目，反映公司本期一年内到期的可转换公司债券的本息。

③ "融资租入固定资产"项目，反映公司本期融资租入固定资产的最低租赁付款额扣除应分期计入利息费用的未确认融资费用后的净额。

（3）"现金及现金等价物净变动情况"项目。其中，"现金及现金等价物净增加额"一项反映一定会计期间现金及现金等价物的期末余额减去期初余额后的净增加额（或净减少额），是对现金流量表正表中"现金及现金等价物"项目的补充说明。该项目的金额应与正表中最后一项"现金及现金等价物净增加额"项目核对相符。

（三）直接法和间接法的优缺点

从信息揭示的角度看，直接法的优点是能够具体地显示经营活动各项现金流入和现金流出的内容，直观反映经营性现金收支的主要构成，了解经营性现金收入的具体来源和现金支出的具体用途，有利于预测未来的经营活动的现金流量，并能揭示公司从经营活动中产生足够的现金来偿付其债务的能力，进行再投资的能力和支付股利的能力，因而更能体现现金流量表的目的。但直接法下不能披露经营活动现金流量与本期净利润的差异和原因，即没有揭示以收付实现制为基础重新计算的经营活动现金净收益的过程，这就不便于报表使用者分析经营成果对现金流量的影响。采用间接法，虽然没有直接表述经营活动现金流动的全貌，但它可以反映净利润和经营活动现金净流量的差异，并将现金流量表与资产负债表联系起来，这就便于会计信息利用者评价公司的收益质量，寻求与其决策更为相关的信息。从报表编制的角度看，采用直接法，填列现金流量表项目一般需要查阅许多账户记录，这会使得编报过程相当复杂，有时会影响其准确性和及时性。一般适合于现金收支种类简单、现金流动渠易于划分的情况。相对而言，采用间接法将净利润调节为经营活动的现金净流量时，调整项目较少，数据资料大多可从相关账簿记录中取得，编报过程简便省力，可以有效地实现权责发生制向收付实现制的转换。

第五节 所有者权益变动表

一、所有者权益变动表的概念和作用

所有者权益变动表（Statement of Change in Dwner's Equity）是指反映构成所有者权益各组成部分当期增减变动情况的报表。

通过所有者权益变动表可以获得以下信息：

（一）全面收益的构成情况

全面收益的概念由美国财务会计准则委员会（FASB）于1980年首次提出，并将它定义为"企业在报告期内，由企业同所有者以外的交易及其他事项与情况所产生的净资产的变动"（财务会计概念公告第3号，SFAC NO.3）。全面收益以资产负债观为基础，突破了传统收益的收入费用观，将未确认的利得和损失纳入收益报告的范围。所有者权益变动表除了反映净利润对所有者权益的影响外，还包括直接计入所有者权益的利得和损失，虽然表中没有明确全面收益的概念，但"上述（一）和（二）小计"实际上就是全面收益总额，增进了信息的完整性、有用性和相关性。

（二）所有者权益变动的原因

从资产负债表我们只能知道所有者权益项目的年初数、年末数，不清楚发生变化的具体原因。通过所有者权益变动表则可以分析各个项目的变化及其原因。比如实收资本（或股本）的本年增加数有多少是来源于资本公积转入、多少是盈余公积转入、多少是利润分配转入、多少是增发新股的股本等。盈余公积的本年减少数有多少是弥补亏损、有多少是转增资本、有多少是分配现金股利或利润、有多少是分配股票股利。

（三）所有者权益变动的结构

所有者权益的结构是复杂的，而其变化原因更加复杂，不同原因造成的增长反映出所有者权益增长的质量不同，这使得与公司有直接利益关系的人们有必要关注公司所有者权益的结构变动是否合理，关注这一点对评估公司的发展前景及所有者财富增减变化的趋势是十分有意义的。所有者权益变动表能够全面反映一定时期所有者权益变动的情况，不仅包括所有者权益总量的增减变动，还包括所有者权益增减变动的重要结构性信息，特别是反映直接计入所有者权益的利得和损失，让报表使用者准确理解增减变动的根源。

（四）公司的发展战略

不同的公司由于各自的收益水平、承受能力不同，其股利分配政策也完全不同。报表使

用者可以将所有者（股东）权益变动表中的"提取盈余公积"、"提取一般风险准备"、"对所有者权益（或股东）的分配"与"未分配利润"的数额相比较，分析出公司是运用"高积累的股利"政策，还是"高分配的股利"政策，从而可以从自身发展角度出发，选择其发展战略适合自己需要的公司。

二、所有者权益变动表的内容和结构

（一）所有者权益变动表的内容

在所有者权益变动表中，至少应当单独列示反映下列信息的项目：(1) 净利润；(2) 直接计入所有者权益的利得和损失项目及其总额；(3) 会计政策变更和差错更正的累积影响金额；(4) 所有者投入资本和向所有者分配利润等；(5) 按照规定提取的盈余公积；(6) 实收资本（或股本）、其他权益工具、资本公积、盈余公积、一般风险准备、未分配利润的期初和期末余额及其调节情况。

（二）所有者权益变动表的结构

为了清楚地表明构成所有者权益的各组成部分当期的增减变动情况，所有者权益变动表应当以矩阵的形式列示：一方面，列示所有者权益变动的交易或事项，改变了以往仅仅按照所有者权益的各组成部分反映所有者权益变动情况，而是从所有者权益变动的来源对一定时期所有者权益变动进行全面反映；另一方面，按照所有者权益的各组成部分（包括收实收资本、其他权益工具、资本公积、盈余公积、一般风险准备、未分配利润和库存股）及其总额列示交易或事项对所有者权益变动的影响。此外，公司还需要提供比较所有者权益变动表，所有者权益变动表还就各项目再分为"本年金额"和"上年金额"两栏分别填列。所有者权益变动表的具体格式如表 10-5 所示。

表 10-5　　　　　　　　　　所有者权益变动表

编制单位：　　　　　　　　　　　年度　　　　　　　　　　　　单位：元

项目	上年金额										本年金额									
	实收资本（或股本）	其他权益工具			资本公积	减：库存股	盈余公积	一般风险准备	未分配利润	所有者权益合计	实收资本（或股本）	其他权益工具			资本公积	减：库存股	盈余公积	一般风险准备	未分配利润	所有者权益合计
		优先股	永续债	其他								优先股	永续债	其他						
一、上年年末余额																				
加：会计政策变更																				
前期差错更正																				

续表

项目	上年金额									本年金额							
	实收资本（或股本）	其他权益工具			资本公积	减：库存股	盈余公积	一般风险准备	未分配利润	所有者权益合计	实收资本（或股本）	其他权益工具			资本公积	减：库存股	盈余公积	一般风险准备	未分配利润	所有者权益合计
		优先股	永续债	其他								优先股	永续债	其他						
二、本年年初余额																				
三、本年增减变动金额（减少以"-"号填列）																				
（一）净利润																				
（二）直接计入所有者权益的利得和损失																				
1. 可供出售金融资产公允价值变动净额																				
（1）计入所有者权益的金额																				
（2）转入当期损益的金额																				
2. 现金流量套期工具公允价值变动净额																				
（1）计入所有者权益的金额																				
（2）转入当期损益的金额																				

续表

项目	上年金额									本年金额								
	实收资本（或股本）	其他权益工具			资本公积	减：库存股	盈余公积	一般风险准备	未分配利润	所有者权益合计	实收资本（或股本）	其他权益工具			资本公积	减：库存股	盈余公积	一般风险准备	未分配利润	所有者权益合计
		优先股	永续债	其他								优先股	永续债	其他						
（3）计入被套期项目初始确认金额中的金额																			
3. 权益法下被投资单位其他所有者权益变动的影响																			
4. 与计入所有者权益项目相关的所得税影响																			
5. 其他																			
上述（一）和（二）小计																			
（三）所有者权益投入和减少资本																			
1. 所有者投入的普通股																			
2. 其他权益工具持有者投入资本																			
3. 股份支付计入所有者权益的金额																			
4. 其他																			
（四）利润分配																			
1. 提取盈余公积																			

续表

项目	上年金额										本年金额									
	实收资本（或股本）	其他权益工具			资本公积	减：库存股	盈余公积	一般风险准备	未分配利润	所有者权益合计	实收资本（或股本）	其他权益工具			资本公积	减：库存股	盈余公积	一般风险准备	未分配利润	所有者权益合计
		优先股	永续债	其他								优先股	永续债	其他						
2. 提取一般风险准备																				
3. 对所有者（或股东）的分配																				
4. 其他																				
（五）所有者权益内部结转																				
1. 资本公积转增资本（或股本）																				
2. 盈余公积转增资本（或股本）																				
3. 盈余公积弥补亏损																				
4. 一般风险准备弥补亏损																				
5. 其他																				
四、本年年末余额																				

注：对于政策性担保公司，"本年金额"栏和"上年金额"栏所有者权益各组成部分应增设"担保扶持基金"栏。

三、所有者权益变动表的填列方法

（一）上年金额栏的填列方法

所有者权益变动表中的"上年金额"栏内关系数字，应根据上年度所有者权益变动表"本年金额"栏内所列数字填列。如果本年度所有者权益变动表规定的各个项目的名称和内容同上年度不相一致，应对上年度所有者权益变动表各项目的名称和数字按照本年度的规定进行调整，填入本表"上年余额"栏内。

（二）本年金额栏的填列方法

所有者权益变动表中的"本年金额"栏内关系数字一般应根据"实收资本（或股本）"、"其他权益工具"、"资本公积"、"盈余公积"、"一般风险准备"、"利润分配"、"库存股"、"以前年度损益调整"科目的发生额分析填列。

1. 上年年末余额

"上年年末余额"项目，反映公司上年资产负债表中实收资本（或股本）、"其他权益工具"、资本公积、盈余公积、一般风险准备、未分配利润的年末余额。其数据可以从上年资产负债表中取得，也可以通过上年度所有者权益变动表获得。

2. 会计政策变更前期差错更正

"会计政策变更"和"前期差错更正"项目，分别反映公司采用追溯调整法处理的会计政策变更的累积影响金额和采用追溯重述法处理的会计差错更正的累积影响金额，并对应列在"未分配利润"栏。其数据可以从分析"以前年度损益调整"和"利润分配"账簿获得。

3. 本年增减变动金额

"本年增减变动金额"项目，分别反映如下内容：

（1）净利润。"净利润"项目，反映公司当年实现的净利润（或净亏损），并对应列在"未分配利润"栏。其数据可以从利润表获得。

（2）直接计入所有者权益的利得和损失。"直接计入所有者权益的利得和损失"项目，反映公司当年直接计入所有者权益的利得和损失金额。它包括以下内容：

① "可供出售金融资产公允价值变动净额"项目，反映公司持有的可供出售金融资产当年公允价值变动的金额，并对应列在"资本公积"和"未分配利润"栏。其数据可以从分析"资本公积"和"资产减值损失"账簿获得。

② "现金流量套期工具公允价值变动净额"项目，反映公司满足运用套期会计方法条件的现金流量套期工具公允价值变动的金额，并对应列在"资本公积"和"未分配利润"栏。其数据可以从分析"资本公积"、"公允价值变动损益"和"套期工具"账簿获得。

③ "权益法下被投资单位其他所有者权益变动的影响"项目，反映公司对按照权益法核算的长期股权投资，在被投资单位除当年实现的净损益以外其他所有者权益当年变动中应享有的份额，并对应列在"资本公积"栏。其数据可以从分析"资本公积"账簿获得。

④ "与计入所有者权益项目相关的所得税影响"项目，反映公司根据《企业会计准则第 18 号——所得税》规定应计入所有者权益项目的当年所得税影响金额，并对应列在"资本公积"栏。其数据可以从分析"资本公积"账簿获得。

（3）所有者权益投入和减少资本。"所有者权益投入和减少资本"项目，反映公司公司当年所有者投入的资本和减少的资本。它包括以下内容：

① "所有者投入的普通股"项目，反映公司接受投资者投入形成的股本、资本溢价和股本溢价，并对应列在"实收资本（或股本）"和"资本公积"栏。其数据可以从分析"实收资本（或股本）"和"资本公积"账簿获得。

② "其他权益工具持有者投入资本"，反映公司发行的除普通股以外分类为权益工具的金融工具的账面价值，并对应列在"其他权益工具"。其数据可以从分析"其他权益工具"账簿获得。

③"股份支付计入所有者权益的金额"项目，反映公司处于等待期中的权益结算的股份支付当年计入资本公积的金额，并对应列在"资本公积"栏。其数据可以从分析"资本公积"账簿获得。

（4）利润分配。"利润分配"项目，反映公司按照规定提取的盈余公积、一般风险准备和当年对股东分配的股利金额。它包括以下内容：

①"提取盈余公积"项目，反映公司按照规定提取的盈余公积，并对应列在"未分配利润"和"盈余公积"栏。其数据可以从分析"利润分配"账簿获得。

②"提取一般风险准备"项目，反映公司按照规定提取的一般风险准备，并对应列在"未分配利润"和"一般风险准备"栏。其数据可以从分析"利润分配"账簿获得。

③"对所有者（或股东）的分配"项目，反映公司对股东分配的股利金额，包含对其他权益工具持有者的股利分配，对应列在"未分配利润"栏。其数据可以从分析"利润分配"账簿获得。

（5）所有者权益内部结转。"所有者权益内部结转"项目，反映不影响当年所有者权益总额的所有者权益各组成部分之间当年的增减变动。它包括以下内容：

①"资本公积转增资本（或股本）"项目，反映公司以资本公积转增资本（或股本）的金额，并对应列在"实收资本（或股本）"和"资本公积"栏。其数据可以从分析"实收资本（或股本）"和"资本公积"账簿获得。

②"盈余公积转增资本（或股本）"项目，反映公司以盈余公积转增资本（或股本）的金额，并对应列在"实收资本（或股本）"和"盈余公积"栏。其数据可以从分析"实收资本（或股本）"和"盈余公积"账簿获得。

③"盈余公积弥补亏损"项目，反映公司以盈余公积弥补亏损的金额，并对应列在"未分配利润"和"盈余公积"栏。其数据可以从分析"利润分配"和"盈余公积"账簿获得。

④"一般风险准备弥补亏损"项目，反映公司以一般风险准备弥补亏损的金额，并对应列在"未分配利润"和"一般风险准备"栏。其数据可以从分析"利润分配"和"一般风险准备"账簿获得。

第六节 附　注

一、附注的概念

附注（Annotation）是对资产负债表、利润表、现金流量表和所有者权益变动表等报表中列示项目的文字描述或明细资料以及对未能在这些报表中列示项目的说明等。其目的是在不影响报表清晰性的前提下，披露那些报表本身不能说明或不能详细说明的信息，对会计报表起补充、说明和解释的作用。

附注应当披露财务报表的编制基础，相关信息应当与资产负债表、利润表、现金流量表和所有者权益变动表等报表中列示的项目相互参照。

二、附注的主要内容

附注是财务报表的重要组成部分。附注一般应当按照下列顺序披露有关内容：

（一）担保公司的基本情况
1. 公司注册地、组织形式和总部地址。
2. 公司的业务性质和主要经营活动。
3. 母公司以及集团最终母公司的名称。
4. 财务报告的批准报出者和财务报告批准报出日。

（二）财务报表的编制基础

（三）遵循企业会计准则的声明
公司应当声明编制的财务报表符合企业会计准则的要求，真实、完整地反映公司的财务状况、经营成果和现金流量等相关信息。

（四）重要会计政策和会计估计
公司应当披露采用的重要会计政策和会计估计，不重要的会计政策和会计估计可以不披露。在披露重要会计政策和会计估计时，应当披露重要会计政策的确定依据和财务报表项目的计量基础，以及会计估计中所采用的关键假设和不确定因素。

（五）会计政策和会计估计变更以及差错更正的说明
公司应当按照《企业会计准则第28号——会计政策、会计估计变更和差错更正》及其应用指南的规定，披露会计政策和会计估计变更及其差错更正的有关情况。

（六）报表重要项目的说明
公司对报表重要项目的说明，应当按照资产负债表、利润表、现金流量表、所有者权益变动表及其项目列示的顺序，采用文字和数字描述相结合的方式进行披露。报表重要项目的明细金额合计，应当与报表项目金额相衔接。

1. 应收保费账龄结构的披露格式如表10-6所示。

表10-6

账龄	期末账面余额	年初账面余额
3个月以内（含3个月）		
3个月至1年（含1年）		
1年以上		
合计		

2. 应收代位追偿款

(1) 应收代位追偿款的披露格式如表10-7所示。

表 10-7

账龄	期末账面余额	年初账面余额
1个月以内（含1个月）		
1个月至3个月（含3个月）		
3个月至1年（含1年）		
1年以上		
合计		

(2) 金额重大代位追偿款产生的原因和未确认的理由。

3. 定期存款的披露格式如表10-8所示。

表 10-8

到期期限	期末账面余额	年初账面余额
1个月至3个月（含3个月）		
3个月至1年（含1年）		
1年至2年（含2年）		
2年至3年（含3年）		
3年至4年（含4年）		
4年至5年（含5年）		
5年以上		
合计		

债券投资到期期限结构，比照上述格式披露。

4. 存出保证金的披露格式如表10-9所示。

表 10-9

项目	期末账面余额	年初账面余额
存出交易保证金		
存出理赔保证金		
存出分保保证金		
合计		

5. 其他资产的披露格式如表10-10所示。

表 10-10

项目	期末账面余额	年初账面余额
应收股利		
损余物资		
抵债资产		
……		
其他		
合计		

注：损余物资产生的原因、所处置损余物资的账面价值，实现的损益，应同时予以披露。

6. 担保合同准备金

（1）担保合同准备金增减变动情况的披露格式如表 10-11 所示。

表 10-11

项目	年初账面余额	本期增加额	本期减少额				期末账面余额
			赔付款项	提前解除	其他	合计	
未到期责任准备金							
原担保合同							
再担保合同							
担保赔偿准备金							
原担保合同							
再担保合同							
合计							

（2）担保合同准备金未到期期限的披露格式如表 10-12 所示。

表 10-12

项目	期末账面余额		年初账面余额	
	1年以下（含1年）	1年以上	1年以下（含1年）	1年以上
未到期责任准备金				
原担保合同				
再担保合同				
担保赔偿准备金				
原担保合同				
再担保合同				
合计				

(3) 原担保合同担保赔偿准备金的披露格式如下:

担保赔偿准备金	期末账面余额	年初账面余额
代偿准备金		
理赔费用准备金		
合计		

7. 存入保证金的披露格式如下:

项目	期末账面余额	年初账面余额
存入担保保证金		
存入理赔保证金		
存入分保保证金		
存入营销员保证金		
合计		

8. 代管担保基金的披露格式如表10-13所示。

表10-13

	上年数	本年数
一、期初代管担保基金金额		
其中:××单位		
……		
二、本期增加担保金额		
其中:××单位		
……		
三、本期使用代管担保基金金额		
其中:××单位		
……		
四、本期退还代管担保基金金额		
其中:××单位		
……		
五、期末代管担保基金金额		
其中:××单位		
……		

9. 其他负债的披露格式如下:

项目	期末账面余额	年初账面余额
应付利息		
……		
合计		

10. 担保扶持基金的披露格式如表 10-14 所示。

表 10-14

项目	期末账面余额	年初账面余额
……		
合计		

11. 发行的优先股、永续债等金融工具的披露格式如表 10-15、表 10-16 所示。

表 10-15　　　　期末发行在外的优先股、永续债等金融工具情况表

发行在外的金融工具	发行时间	会计分类	股利率或利息率	发行价格	数量	金额	到期日或续期情况	转股条件	转换情况
工具1									
工具2									
工具3									
……									
合计									

说明：①"会计分类"栏应填写"金融负债"、"权益工具"或"复合金融工具"等，对于整体指定以公允价值计量且其变动计入当期损益的金融负债，在"会计分类"栏中只需注明"整体指定"即可。

②"转股条件"栏应当披露合同中是否包含强制转股、自愿转股等条款。

③"金额"栏以发行价格乘以发行数量填列。

（1）条款披露

工具1的主要条款说明。包括本金是否可赎回，公司是否有权自主决定股利或利息支付政策，是否可转换为普通股以及发行合同关于转股价格或数量的约定等其他影响该类工具会计分类的重要特征。

工具2的主要条款说明。如果公司受特定监管规则约束，还需披露该金融工具是否被相关监管部门认定为合格的监管资本以及对本公司监管资本水平的影响。

表 10 – 16　　　　发行在外的优先股、永续债等金融工具变动情况表

发行在外的金融工具	年初		本期增加		本期减少		期末	
	数量	账面价值	数量	账面价值	数量	账面价值	数量	账面价值
工具 1								
工具 2								
工具 3								
……								
合计								

（2）发行方应披露股利（或利息）的设定机制

如果发行方发行的分类为权益工具的金融工具为累积的，即发行方当期未分配的股利或利息可累积至以后期间分配的，应当在财务报表附注中披露累积未分配的股利；如果发行方发行的其他权益工具为可参与剩余利润分配的，即可与普通股股东一起参加剩余利润分配的，应当披露可参与分配的事实及分配的方法等信息。

（3）发行方应当披露归属于权益工具持有者的相关信息，披露格式如表 10 – 17 所示。

表 10 – 17

项目	年初数/本期数	期末数/上期数
1. 归属于母公司所有者的权益（股东权益）		
（1）归属于母公司普通股持有者的权益		
（2）归属于母公司其他权益持有者的权益		
其中：净利润		
综合收益总额		
当期已分配股利		
累积未分配股利		
2. 归属于少数股东的权益		
（1）归属于普通股少数股东的权益		
（2）归属于少数股东其他权益工具持有者的权益		

12. 公司应当分别原担保合同和再担保合同披露提取未到期责任准备金的本期发生额和上期发生额。

13. 赔付支出

（1）赔付支出按担保合同列示的披露格式如表 10 – 18 所示。

表 10 – 18

项目	本期发生额	上期发生额
原担保合同		
再担保合同		
合计		

（2）赔付支出按内容列示的披露格式如表 10 – 19 所示。

表 10 – 19

项目	本期发生额	上期发生额
短期担保业务		
长期担保业务		
……		
合计		

14. 提取担保赔偿准备金

（1）提取担保赔偿准备金按担保合同列示的披露格式如表 10 – 20 所示。

表 10 – 20

项目	本期发生额	上期发生额
原担保合同		
再担保合同		
合计		

（2）提取原担保合同担保赔偿准备金按构成内容列示的披露格式如表 10 – 21 所示。

表 10 – 21

提取担保赔偿准备金	本期发生额	上期发生额
代偿准备金		
理赔费用准备金		
合计		

15. 摊回担保赔偿准备金的披露格式如表 10 – 22 所示。

表 10 – 22

项目	本期发生额	上期发生额
短期担保业务		
长期担保业务		
合计		

16. 分部报告

(1) 主要报告格式是分部的披露格式如表 10-23 所示。

表 10-23

项目	××业务		××业务		……	其他		抵销		合计	
	本期	上期	本期	上期		本期	上期	本期	上期	本期	上期
一、营业收入											
二、营业费用											
三、营业利润（亏损）											
四、资产总额											
五、补充信息											
1. 折旧和摊销费用											
2. 资本性支出											
3. 折旧和摊销以外的非现金费用											

注：主要报告形式是地区分部的，比照业务分部格式进行披露。

(2) 在主要报告形式的基础上，对于次要报告形式，公司还应披露对外交易收入、分部资产总额。

17. 担保业务的种类及其余额，担保余额变动表的披露格式如表 10-24 所示。

表 10-24

项目	上年数	本年数
一、期初担保余额		
其中：短期担保余额		
长期担保余额		
二、本期增加担保金额		
其中：短期担保金额		
长期担保金额		
三、本期解除担保金额		
其中：短期担保金额		
长期担保金额		
四、期末在保余额		
其中：短期担保余额		
长期担保余额		
其中：一年内到期的长期担保余额		

18. 除以上项目以外的其他项目。

（七）或有事项

或有事项是指过去的交易或者事项形成的，其结果须由某些未来事项的发生或不发生才能决定的不确定事项。按照《企业会计准则第 13 号——或有事项》第十四条和第十五条的相关规定进行披露。公司应当在附注中披露与或有事项有关的下列信息：

1. 预计负债

在资产负债表中，因或有事项而确认的负债（预计负债）应与其他负债项目区别开来，单独反映。同时，为了使报表使用者获得充分、详细的有关或有事项的信息，公司应在会计报表附注中披露以下内容：

（1）预计负债的种类、形成原因以及经济利益流出不确定性的说明。
（2）各类预计负债的期初、期末余额和本期变动情况。
（3）与预计负债有关的预期补偿金额和本期已确认的预期补偿金额。

2. 或有负债

或有负债无论是潜在义务还是现实义务，均不符合负债的确认条件，因而不予确认。但是，除非或有负债极小可能导致经济利益流出公司，否则公司应在会计报表附注中披露以下内容：

（1）或有负债的种类及其形成原因，包括未决诉讼、未决仲裁、对外提供担保等形成的或有负债。

担保公司对外提供担保的或有负债，是指正式签订担保合同标的担保债务金额，扣除客户交存的保证金、其他担保机构分保的业务金额、银行分担的风险责任金额。但包括借款期内的应计贷款利息。它是指担保机构承担的净风险。

（2）经济利益流出不确定性的说明。
（3）或有负债预计产生的财务影响，以及获得补偿的可能性；无法预计的，应当说明原因。

值得注意的是，在涉及未决诉讼、未决仲裁的情况下，如果披露全部或部分信息预期对公司造成重大不利影响的，公司无须披露这些信息，但应当披露该未决诉讼、未决仲裁的性质，以及没有披露这些信息的事实和原因。

3. 或有资产

或有资产作为一种潜在资产，不符合资产确认的条件，因而不予确认。公司通常不应当披露或有资产。但或有资产很可能会给公司带来经济利益的，应当披露其形成的原因、预计产生的财务影响等。担保公司或有资产是指在核保评估的基础上，签订正式反担保合同的反担保资产。或有资产是担保机构一笔重要的衍生金融资产，可以反映担保风险的控制程度，应作为重点项目在表外反映。它包括反担保物价值和反担保权利价值，对于反担保物价值，按评估价或市价确定（市价法、贴现法、重置法），对于反担保权利价值，按反担保人自有资产或净资产和风险系数评定。

（八）资产负债表日后事项

资产负债表日后事项，是指资产负债表日至财务报告批准报出日之间发生的有利或不利事项。资产负债表日是指会计年度末和会计中期期末。财务报告批准报出日,是指董事会或类似机构批准财务报告报出的日期。

资产负债表日后事项包括资产负债表日后调整事项和资产负债表日后非调整事项。

1. 资产负债表日后调整事项

资产负债表日后调整事项是指对资产负债表日已经存在的情况提供了新的或进一步证据的事项。公司发生的资产负债表日后调整事项,通常包括下列各项:

(1) 资产负债表日后诉讼案件结案,法院判决证实了公司在资产负债表日已经存在现时义务,需要调整原先确认的与该诉讼案件相关的预计负债,或确认一项新负债。

(2) 资产负债表日后取得确凿证据,表明某项资产在资产负债表日发生了减值或者需要调整该项资产原先确认的减值金额。

(3) 资产负债表日后进一步确定了资产负债表日前购入资产的成本或售出资产的收入。

(4) 资产负债表日后发现了财务报表舞弊或差错。

公司发生的资产负债表日后调整事项,应当调整资产负债表日的财务报表。

2. 资产负债表日后非调整事项

资产负债表日后非调整事项是指表明资产负债表日后发生的情况的事项。公司发生的资产负债表日后非调整事项,通常包括下列各项:

(1) 资产负债表日后发生重大诉讼、仲裁、承诺。

(2) 资产负债表日后资产价格、税收政策、外汇汇率发生重大变化。

(3) 资产负债表日后因自然灾害导致资产发生重大损失。

(4) 资产负债表日后发行股票和债券以及其他巨额举债。

(5) 资产负债表日后资本公积转增资本。

(6) 资产负债表日后发生巨额亏损。

(7) 资产负债表日后发生企业合并或处置子公司。

(8) 公司利润分配方案中拟分配的以及经审议批准宣告发放的股利或利润。

资产负债表日后非调整事项与资产负债表日存在状况无关,不应当调整资产负债表日的财务报表。但有的非调整事项对财务报告使用者具有重大影响,如不加以说明,将不利于财务报告使用者做出正确估计和决策,因此,应在附注中加以披露。披露的主要信息有:

①财务报告的批准报出者和财务报告批准报出日。按照有关法律、行政法规等规定,公司所有者或其他方面有权对报出的财务报告进行修改的,应当披露这一情况。

②每项重要的资产负债表日后非调整事项的性质、内容,及其对财务状况和经营成果的影响。无法作出估计的,应当说明原因。

(九) 关联方关系及其交易

1. 本公司的母公司有关信息披露格式如表 10-25 所示。

表 10-25

母公司名称	注册地	业务性质	注册资本

母公司不是本公司最终控制方的，说明最终控制方名称。

母公司和最终控制方均不对外提供财务报表的，说明母公司之上与其最相近的对外提供财务报表的母公司名称。

2. 母公司对本公司的持股比例和表决权比例。

3. 本公司的子公司有关会计信息披露格式如表 10-26 所示。

表 10-26

子公司名称	注册地	业务性质	注册资本	本公司合计持股比例	本公司合计享有的表决权比例
1.					
……					

4. 本公司的合营企业有关会计信息披露格式如表 10-27 所示。

表 10-27

被投资单位名称	注册地	业务性质	注册资本	本公司持股比例	本公司在被投资单位表决权比例	期末资产总额	期末负债总额	本期营业收入总额	本期净利润
1.									
……									

注：有联营企业的，比照合营企业进行披露。

5. 本公司与关联方发生交易的，分别说明各关联方的性质、交易类型及交易要素。交易要素至少应当包括：

（1）交易的金额。

（2）未结算项目的金额、条款和条件以及有关提供和取得担保的信息。

（3）未结算应收项目的坏账准备金额。

（4）定价政策。

（十）风险管理

1. 担保风险

（1）风险管理的目标和减轻风险的政策

①管理资产负债的技术，包括保持偿付能力的方法等。

②选择和接受可承保风险的政策，包括确定可接受风险的范围和水平等。

③评估和监控担保风险的方法，包括内部风险计量模式、敏感性分析等。

④限制和转移担保风险的方法，包括共同担保、再担保等。

（2）担保风险的类型

①担保风险的内容。

②选减轻担保风险的因素及程度，报告再担保风险等。

③可能引起现金流量发生变动的因素。

（3）担保风险集中度

①担保风险集中的业务。

②担保风险集中的地域。

（4）不考虑分出业务的索赔进展信息的披露格式如表 10 - 28 所示。

表 10 - 28

项目	前四年	前三年	前二年	前一年	本年	合计
本年末累计赔付款项估计额						
一年后累计赔付款项估计额						
二年后累计赔付款项估计额						
三年后累计赔付款项估计额						
四年后累计赔付款项估计额						
累计赔付款项估计额						
累计支付的赔付款项						
以前期间调整额						
尚未支付的赔付款项						

扣出分保业务后的索赔进展信息，比照上述的不考虑分出业务的索赔进展信息的格式进行披露。

（5）与担保合同有关的重大假设

①重大假设，包括赔付率、退保率、投资收益等。

②对假设具有重大影响的数据的来源。

③假设变动的影响及敏感性分析。

④影响假设不确定性的事项和程度。

⑤不同假设之间的关系。

⑥描述过去经验和当前情况。

⑦假设与可观察的市场假设或其他公开信息的符合程度。

2. 除担保风险以外的其他风险。

关键词

财务报表　资产负债表　利润表　现金流量表　所有者权益变动表　附注

复习思考题

1. 简述担保公司财务报表的作用及构成。
2. 简述担保公司资产负债表的结构和排列顺序。
3. 简述担保公司利润表的结构。

4. 简述担保公司现金流量表的特点和作用。
5. 简述担保公司所有者权益变动表的作用和结构。
6. 担保公司现金流量表的编制方法有哪两种？各有什么特点？
7. 担保公司附注主要包括哪些内容？

练习题

习题一

一、目的：练习担保公司资产负债表的编制方法。

二、资料：宏达担保公司20×1年12月31日的科目余额如下表：

科目余额表

科目	借方余额	科目	贷方余额
库存现金	590 000	拆入资金	400 000
银行存款	131 510 000	存入保证金	50 000
存出保证金	580 000	应付手续费及佣金	750 000
拆出资金	17 550 000	卖出回购金融资产款	1 200 000
交易性金融资产	15 000 000	预收保费	970 000
买入返售金融资产	13 470 000	应付职工薪酬	1 400 000
应收保费	2 430 000	应交税费	1 050 000
应收分保账款	6 430 000	应付股利	860 000
应收分保合同准备金	1 562 000	应付分保账款	5 368 000
其他应收款	410 000	应付赔付款	1 050 000
低值易耗品	960 000	其他应付款	1 480 000
委托贷款	500 000	长期借款	9 290 000
持有至到期投资	130 870 000	未到期责任准备金	10 260 000
长期股权投资	18 500 000	担保赔偿准备金	146 520 000
固定资产	19 490 000	应付利息	80 000 000
固定资产清理	345 000	预收赔付款	650 000
在建工程	10 000 000	递延所得税负债	400 000
无形资产	1 000 000	长期应付款	70 000
长期待摊费用	6 000 000	股本	120 000 000
抵债资产	1 470 000	担保扶持基金	9 620 000
存出资本保证金	50 000 000	盈余公积	1 200 000
损余物资	1 900 000	一般风险准备	1 200 000
递延所得税资产	80 000	利润分配（未分配利润）	32 800 000
		坏账准备	74 000
		固定资产减值准备	335 000
		累计折旧	3 650 000
合计	430 647 000	合计	430 647 000

该公司的有关明细账资料如下：

1. "银行存款——活期存款"明细账的余额为 1 250 000 元（借方），"银行存款——定期存款"明细账的余额为 130 260 000 元（借方）。

2. "应收分保合同准备金——未到期责任准备金"明细账的余额为 991 000（借方），"应收分保合同准备金——担保赔偿准备金"明细账的余额为 571 000 元（借方）。

3. "坏账准备——应收保费"明细账余额为 52 000 元（贷方），"坏账准备——应收分保账款"明细账余额为 22 000 元（贷方）。

三、要求：根据上述资料，为该公司编制资产负债表。（年初数略）

习题二

一、目的：练习担保公司利润表的编制方法。

二、资料：宏达担保公司 20×1 年度损益类科目的全年发生额情况如下表所示：

科目名称	本期贷方发生额	科目名称	本期借方发生额
保费收入	354 384 000	赔付支出	118 717 000
利息收入	10 000 000	退保金	25 600 000
其他业务收入	6 379 000	分出保费	9 869 000
投资收益	33 683 000	分保费用	3 400 000
汇兑损益	856 000	资产减值损失	1 250 000
摊回担保赔偿准备金	345 000	公允价值变动损益	500 000
摊回赔付支出	4 832 000	手续费及佣金支出	6 266 000
摊回分保费用	716 000	利息支出	8 979 000
营业外收入	2 560 000	营业税金及附加	2 654 000
		业务及管理费	12 860 000
		提取未到期责任准备金	35 600 000
		提取担保赔偿准备金	121 200 000
		其他业务成本	600 000
		营业外支出	980 000
		所得税费用	18 886 000

该公司的有关明细账资料如下：

1. "保费收入——原担保合同"明细账发生额为 350 000 000 元（贷方），"保费收入——再担保合同"明细账发生额为 4 384 000 元（贷方）。

2. "利息收入——活期存款"明细账发生额为 2 000 000 元（贷方），"利息收入——定期存款"明细账发生额为 8 000 000 元（贷方）。

三、要求：根据上述资料，为该公司编制利润表。（上期金额略）

练习题答案

第一章 担保公司会计导论

习题一

序号	内容	资产	负债及所有者权益	
			负债	所有者权益
1	公司的房屋及建筑物 54 500	54 500		
2	财会部门库存现金 500 元	500		
3	应收的代位追偿款 20 000 元	20 000		
4	存入的代偿保证金 10 000 元		10 000	
5	拥有空调等设备 15 000 元	15 000		
6	应付给代理人的手续费 4 200 元		4 200	
7	代偿后收回的物资 24 000 元	24 000		
8	应收投保人的保费 2 000 元	2 000		
9	预付给保户的赔款 120 800 元	120 800		
10	提供给保户的贷款 8 400 元	8 400		
11	债务重组收回的物资 29 000 元	29 000		
12	政府投入的担保扶持基金 151 000 元			151 000
13	应付给股东利润 24 000 元		24 000	
14	购买随时抛售的股票 135 000 元	135 000		
15	投资者投入的资本 240 000 元			240 000
16	购买三年期债券 40 000 元	40 000		
17	发行三年期债券 20 000 元		20 000	
	合计	449 200	58 200	391 000

习题二

业务类型	经济业务序号
1. 一项资产增加，另一项资产减少	例：1、6
2. 一项负债增加，另一项负债减少	
3. 一项所有者权益增加，另一项所有者权益减少	8
4. 一项资产减少，一项负债减少	2、4
5. 一项资产增加，一项负债增加	3
6. 一项资产减少，一项所有者权益减少	10
7. 一项资产增加，一项所有者权益增加	5、7
8. 一项负债增加，一项所有者权益减少	
9. 一项负债减少，一项所有者权益增加	9

习题三

1. 借：无形资产　　　　　　　　　　　　　500 000
　　　贷：实收资本　　　　　　　　　　　　　500 000
2. 借：库存现金　　　　　　　　　　　　　　5 000
　　　贷：保费收入　　　　　　　　　　　　　　5 000
3. 借：银行存款　　　　　　　　　　　　　　4 000
　　　贷：利息收入　　　　　　　　　　　　　　4 000
4. 借：银行存款　　　　　　　　　　　　　90 000
　　　贷：预收保费　　　　　　　　　　　　　90 000
5. 借：固定资产　　　　　　　　　　　　　50 000
　　　贷：银行存款　　　　　　　　　　　　　50 000
6. 借：手续费及佣金支出　　　　　　　　　　2 000
　　　贷：银行存款　　　　　　　　　　　　　　2 000
7. 借：其他应收款　　　　　　　　　　　　　3 000
　　　贷：库存现金　　　　　　　　　　　　　　3 000
8. 借：预付赔付款　　　　　　　　　　　　10 000
　　　贷：银行存款　　　　　　　　　　　　　10 000
9. 借：业务及管理费　　　　　　　　　　　　　800
　　　贷：库存现金　　　　　　　　　　　　　　　800
10. 借：交易性金融资产　　　　　　　　　　20 000
　　　贷：银行存款　　　　　　　　　　　　　20 000

试 算 平 衡 表

会计科目	期初余额		本期发生额		期末余额	
	借方	贷方	借方	贷方	借方	贷方
库存现金	（无）	（无）	5 000	3 800	1 200	
银行存款			94 000	82 000	12 000	
交易性金融资产			20 000		20 000	
预付赔付款			10 000		10 000	
固定资产			50 000		50 000	
无形资产			500 000		500 000	
其他应收款			3 000		3 000	
预收保费				90 000		90 000
实收资本				500 000		500 000
保费收入				5 000		5 000
利息收入				4 000		4 000
手续费及佣金支出			2 000		2 000	
业务及管理费			800		800	
合计			684 800	684 800	599 000	599 000

第二章 原担保合同的核算

习题一

1. 借：库存现金　　　　　　　　　　　　　　　　　　5 000
　　　贷：保费收入——信用证担保　　　　　　　　　　　　5 000

2. 20×3年1月1日：
借：应收保费——甲客户　　　　　　　　　　　　　10 000
　　贷：保费收入——项目融资担保　　　　　　　　　　10 000

20×3年4月6日：
借：银行存款　　　　　　　　　　　　　　　　　　10 000
　　贷：应收保费——甲客户　　　　　　　　　　　　　10 000

3. 借：保费收入——贷款担保　　　　　　　　　　　　8 500
　　　贷：应收保费——红星设备厂　　　　　　　　　　　2 800
　　　　　银行存款　　　　　　　　　　　　　　　　　5 700

4. 借：银行存款　　　　　　　　　　　　　　　　　　20 000
　　　应收保费——乙公司　　　　　　　　　　　　　80 000
　　　贷：保费收入——项目融资担保　　　　　　　　　100 000

以后每期收取保费时：
借：银行存款　　　　　　　　　　　　　　　　　　20 000

贷：应收保费——乙公司　　　　　　　　　　　　　　　　　　　　　20 000
5. 20×3年3月收取担保费时：
　　借：银行存款　　　　　　　　　　　　　　　　　　　　　　　　3 000 000
　　　　贷：预收保费——A客户　　　　　　　　　　　　　　　　　　3 000 000
20×4年1月合同生效：
　　借：预收保费——A客户　　　　　　　　　　　　　　　　　　　3 000 000
　　　　贷：保费收入——工程履约担保　　　　　　　　　　　　　　3 000 000
6. 借：银行存款　　　　　　　　　　　　　　　　　　　　　　　　　300 000
　　　贷：保费收入——投标担保　　　　　　　　　　　　　　　　　　300 000
7. 收到担保费时：
　　借：银行存款　　　　　　　　　　　　　　　　　　　　　　　　　200 000
　　　　贷：预收保费——A企业　　　　　　　　　　　　　　　　　　200 000
下月5日责任生效时：
　　借：预收保费——A企业　　　　　　　　　　　　　　　　　　　　200 000
　　　　银行存款　　　　　　　　　　　　　　　　　　　　　　　　　 40 000
　　　　应收保费——A企业　　　　　　　　　　　　　　　　　　　　 60 000
　　　　贷：保费收入——贷款担保　　　　　　　　　　　　　　　　　300 000
8. 甲公司应编制会计分录如下：
收到保费时：
　　借：银行存款　　　　　　　　　　　　　　　　　　　　　　　　　900 000
　　　　贷：保费收入——贷款担保　　　　　　　　　　　　　　　　　300 000
　　　　　　应付保费——乙公司　　　　　　　　　　　　　　　　　　300 000
　　　　　　　　　　——丙公司　　　　　　　　　　　　　　　　　　300 000
实际支付时：
　　借：应付保费——乙公司　　　　　　　　　　　　　　　　　　　　300 000
　　　　　　　——丙公司　　　　　　　　　　　　　　　　　　　　　300 000
　　　　贷：银行存款　　　　　　　　　　　　　　　　　　　　　　　600 000
乙公司和丙公司应编制会计分录如下：
接到承保通知后，应根据自身承担份额：
　　借：应收保费　　　　　　　　　　　　　　　　　　　　　　　　　 30 000
　　　　贷：保费收入——贷款担保　　　　　　　　　　　　　　　　　 30 000
收到甲公司划转的保费后：
　　借：银行存款　　　　　　　　　　　　　　　　　　　　　　　　　 30 000
　　　　贷：应收保费　　　　　　　　　　　　　　　　　　　　　　　 30 000
9. 借：保费收入——贷款担保　　　　　　　　　　　　　　　　　　　　2 000
　　　贷：银行存款　　　　　　　　　　　　　　　　　　　　　　　　　2 000

习题二

1. 20×3年4月：

借：未到期责任准备金——贷款担保	35 000	
贷：提取未到期责任准备金——贷款担保		35 000

20×3年9月：

借：提取未到期责任准备金——贷款担保	10 000	
贷：未到期责任准备金——贷款担保		10 000
2. 借：未到期责任准备金——贷款担保	40 000	
贷：提取未到期责任准备金——贷款担保		40 000

3. 担保赔偿准备金累计数 = 500 - 350 = 150（万元）

未超过年末担保责任余额的10%（1 800×10% = 180万元）

年末提取担保赔偿准备金 = 1 800×1% = 18（万元）

借：提取担保赔偿准备金——贷款担保	180 000	
贷：担保赔偿准备金—贷款担保		180 000

4. 担保赔偿准备金累计数 = 600 - 350 = 250（万元）

超过年末担保责任余额的10%（1 800×10% = 180万元）

则采取差额提取：

借：担保赔偿准备金金——贷款担保	700 000	
贷：提取担保赔偿准备金金——贷款担保		700 000
5. 借：担保赔偿准备金——代偿准备金——信用证担保	40 000	
——理赔费用准备金——信用证担保	3 000	
贷：提取担保赔偿准备金——代偿准备金——信用证担保		40 000
——理赔费用准备金——信用证担保		3 000
6. 借：提取担保赔偿准备金——项目融资担保	58 000	
贷：担保赔偿准备金——项目融资担保		58 000

7. 不需作调整分录。

习题三

1. 借：赔付支出——贷款担保	2 000 000	
贷：银行存款		2 000 000

2. 20×3年3月预付赔付款时：

借：预付赔付款——某投标商	100 000	
贷：银行存款		100 000

20×3年10月结案时：

借：赔付支出——投标保证担保	130 000	
贷：预付赔付款——某投标商		100 000
银行存款		30 000

3. 20×3年6月：

借：赔付支出——贷款担保	820 000	
贷：应付赔付款——某服装企业		820 000

20×3年12月支付全部代偿款时：

```
     借：应付赔付款——某服装企业                              820 000
         贷：银行存款                                        820 000
  4. 借：赔付支出——项目融资担保                              25 000
         贷：银行存款                                         25 000
  5. 20×3 年 5 月支付代偿款时：
     借：赔付支出——信用证担保                               180 000
         贷：银行存款                                        180 000
     支付代偿款，取得向 A 企业追偿的权利：
     借：应收代位追偿款——A 企业                              160 000
         贷：赔付支出——信用证担保                            160 000
     20×3 年 10 月通过追收收回款项时：
     借：银行存款                                           140 000
         赔付支出——信用证担保                                20 000
         贷：应收代位追偿款——A 企业                          160 000
  6. 20×3 年 3 月 1 日，支付代偿款时：
     借：赔付支出——项目融资担保                             840 000
         贷：银行存款                                        840 000
     3 月 12 日，确认应收代位追偿款时：
     借：应收代位追偿款——甲企业                             520 000
         贷：赔付支出——项目融资担保                          520 000
     5 月 2 日，收回代偿款时：
     借：银行存款                                           510 000
         赔付支出——项目融资担保                              10 000
         贷：应收代位追偿款——甲企业                          520 000
  7. 20×3 年 3 月支付代偿款时：
     借：赔付支出——贷款担保                               5 250 000
         贷：银行存款                                      5 250 000
     收到甲企业债券变现款时：
     借：银行存款                                         2 200 000
         贷：赔付支出——贷款担保                           2 200 000
     收回设备时：
     借：损余物资——设备                                   2 480 000
         贷：赔付支出——贷款担保                           2 480 000
     收到设备变卖款时：
     借：银行存款                                         2 520 000
         贷：损余物资——设备                               2 480 000
             赔付支出——贷款担保                               40 000
  8. 借：银行存款                                           150 000
         贷：赔付支出——项目融资担保                          150 000
```

借：损余物资——小轿车 128 000
　　贷：赔付支出——项目融资担保 128 000
借：银行存款 120 000
　　赔付支出——项目融资担保 8 000
　　　贷：损余物资——小轿车 128 000

习题四

1. 20×3年7月，担保公司根据合同确认保费收入并提取准备金：
借：银行存款 60 000
　　贷：保费收入——贷款担保 60 000
借：提取未到期责任准备金——贷款担保 30 000
　　贷：未到期责任准备金——贷款担保 30 000

2. 20×3年末，提取担保赔偿准备金：
借：提取担保赔偿准备金——贷款担保 20 000
　　贷：担保赔偿准备金——贷款担保 20 000

3. 20×4年7月支付代偿款，并收回抵押物资及确认代位追偿权：
借：赔付支出——贷款担保 1 160 000
　　贷：银行存款 1 160 000
冲回担保赔偿准备金余额时：
借：担保赔偿准备金保——贷款担保 20 000
　　贷：提取担保赔偿准备金——贷款担保 20 000
收回抵押物资时：
借：损余物资——库存存货 500 000
　　贷：赔付支出——贷款担保 500 000
确认应收代位追偿款：
借：应收代位追偿款——B企业 600 000
　　贷：赔付支出——贷款担保 600 000

4. 20×4年10月处置抵押物资：
借：银行存款 470 000
　　赔付支出——贷款担保 30 000
　　　贷：损余物资——库存存货 500 000

5. 20×4年11月收到代位追偿款：
借：银行存款 650 000
　　贷：应收代位追偿款——B企业 600 000
　　　　赔付支出——贷款担保 50 000

第三章　再担保合同的核算

习题一

A 担保公司应编制会计分录如下：

1. 20×3 年 7 月，按照再担保合同确定分出保费、应收未到期责任准备金及分保费用：

借：分出保费——贷款担保　　　　　　　　　　　　24 000
　　贷：应付分保账款——M 公司　　　　　　　　　　　　24 000

按照再担保合同约定计算的相关应收分保未到期责任准备金：

借：应收分保合同准备金——M 公司　　　　　　　12 000
　　贷：提取未到期责任准备金——贷款担保　　　　　　12 000

按再担保合同约定计算确定的应向再担保接受人摊回的分保费用：

借：应收分保账款——M 公司　　　　　　　　　　8 000
　　贷：摊回分保费用——贷款担保　　　　　　　　　　8 000

2. 20×3 年末，按照再担保合同确定应向再担保接受人摊回的担保赔偿准备金：

借：应收分保合同准备金——M 公司　　　　　　　8 000
　　贷：摊回担保赔偿准备金——贷款担保　　　　　　　8 000

3. 20×4 年 7 月支付代偿款，并收回抵押物资及确认代位追偿权：

（1）冲减应收的担保赔偿准备金：

借：摊回担保赔偿准备金——贷款担保　　　　　　8 000
　　贷：应收分保合同准备金——M 公司　　　　　　　　8 000

（2）摊回赔付支出：

借：应收分保账款——M 公司　　　　　　　　　　464 000
　　贷：摊回赔付支出——贷款担保　　　　　　　　　　464 000

（3）收回抵押物资：

借：摊回赔付支出——贷款担保　　　　　　　　　200 000
　　贷：应收分保账款——M 公司　　　　　　　　　　　200 000

（4）确认应收代位追偿款：

借：摊回赔付支出——贷款担保　　　　　　　　　240 000
　　贷：应收分保账款——M 公司　　　　　　　　　　　240 000

4. 20×4 年 10 月处置抵押物资：

借：应收分保账款——M 公司　　　　　　　　　　12 000
　　贷：摊回赔付支出——贷款担保　　　　　　　　　　12 000

5. 20×4 年 11 月收到代位追偿款：

借：摊回赔付支出——贷款担保　　　　　　　　　20 000
　　贷：应收分保账款——M 公司　　　　　　　　　　　20 000

M 担保公司应编制会计分录如下：

1. 预估分保费收入、预估分保手续费及相应的未到期责任准备金时：

借：预估应收账款　　　　　　　　　　　　　　　　　　　　30 000
　　贷：预估分保费收入　　　　　　　　　　　　　　　　　　　　30 000
借：预估分保手续费　　　　　　　　　　　　　　　　　　　　10 000
　　贷：预估应付账款　　　　　　　　　　　　　　　　　　　　　10 000
借：提取预估未到期责任准备金　　　　　　　　　　　　　　　20 000
　　贷：预估未到期责任准备金　　　　　　　　　　　　　　　　　20 000

2. 收到分保账单，作相反的分录冲销，同时根据分保账单确定分担保费收入、分保费用及未到期责任准备金：

借：应收分保账款——A公司　　　　　　　　　　　　　　　　24 000
　　贷：保费收入——分担保费收入——贷款担保　　　　　　　　　24 000
借：分保费用——贷款担保　　　　　　　　　　　　　　　　　8 000
　　贷：应付分保账款——A公司　　　　　　　　　　　　　　　　8 000
借：提取未到期责任准备金——贷款担保　　　　　　　　　　　12 000
　　贷：未到期责任准备金——贷款担保　　　　　　　　　　　　　12 000

3. 确定应付的担保赔偿准备金：

借：提取担保赔偿准备金——贷款担保　　　　　　　　　　　　8 000
　　贷：担保赔偿准备金——贷款担保　　　　　　　　　　　　　　8 000

4. 支付代偿款，并收回抵押物资及确认代位追偿权：

（1）冲减应付的担保赔偿准备金：
借：担保赔偿准备金——贷款担保　　　　　　　　　　　　　　8 000
　　贷：提取担保赔偿准备金——贷款担保　　　　　　　　　　　　8 000
（2）分担赔付成本：
借：赔付支出——分保赔付支出——贷款担保　　　　　　　　　464 000
　　贷：应付分保账款——A公司　　　　　　　　　　　　　　　464 000
（3）A公司收到抵押物资：
借：应付分保账款——A公司　　　　　　　　　　　　　　　　200 000
　　贷：赔付支出——分保赔付支出——贷款担保　　　　　　　　200 000
（4）A公司确认应收代位追偿款：
借：应付分保账款——A公司　　　　　　　　　　　　　　　　240 000
　　贷：赔付支出——分保赔付支出——贷款担保　　　　　　　　240 000

5. A公司处置损余物资：

借：赔付支出——分保赔付支出——贷款担保　　　　　　　　　12 000
　　贷：应付分保账款——A公司　　　　　　　　　　　　　　　12 000

6. A公司收到代位追偿款：

借：应付分保账款——A公司　　　　　　　　　　　　　　　　20 000
　　贷：赔付支出——分保赔付支出——贷款担保　　　　　　　　20 000

习题二

寄送 B 再担保公司分保账单格式如下:

分 保 账 单

公司名称：甲担保公司　　　　　　　　　　　　　　业务类型：贸易融资担保
分入人：B 再担保公司　　　　　　　　　　　　　　业务年度：20×3 年
账单期：20×3 年第四季度　　　　　　　　　　　　货币单位：万元

借　方		贷　方	
项　目	金　额	项　目	金　额
分保赔款	900	分保费	2 500
固定分保手续费	750	保费准备金返还	280
浮动分保手续费	80	准备金利息	20
纯益手续费	20		
经纪人手续费			
税款及杂项			
保费准备金扣存	500		
应付你方余额	550	应收你方余额	
合计	2 800	合计	2 800
你方成分（20%）	110	你方成分（20%）	

甲担保公司应编制会计分录如下：

1. 在确认原担保合同担保费收入的当期，计算确定分出保费：

借：分出保费——贸易融资担保　　　　　　　　　　　　　25 000 000
　　贷：应付分保账款——A 公司　　　　　　　　　　　　　　20 000 000
　　　　　　　　　　——B 公司　　　　　　　　　　　　　　 5 000 000

2. 在确认原担保合同担保费收入的当期，计算确定应向再担保接受人摊回的分保费用：

借：应收分保账款——A 公司　　　　　　　　　　　　　　 6 800 000
　　　　　　　　——B 公司　　　　　　　　　　　　　　 1 700 000
　　贷：摊回分保费用——贸易融资担保　　　　　　　　　　　 8 500 000

3. 在确定原担保合同赔付成本的当期，计算确定的应向再担保接受人摊回的赔付成本：

借：应收分保账款——A 公司　　　　　　　　　　　　　　 7 200 000
　　　　　　　　——B 公司　　　　　　　　　　　　　　 1 800 000
　　贷：摊回赔付支出——贸易融资担保　　　　　　　　　　　 9 000 000

4. 发出分保账单时，按账单标明的扣存本期分保准备金：

借：应付分保账款——A 公司　　　　　　　　　　　　　　 4 000 000
　　　　　　　　——B 公司　　　　　　　　　　　　　　 1 000 000
　　贷：存入保证金——存入分保保证金——A 公司　　　　　　 4 000 000
　　　　　　　　　　　　　　　　　　——B 公司　　　　　　 1 000 000

5. 按账单标明的返还上期扣存分保准备金：

借：存入保证金——存入分保保证金——A公司　　　　2 240 000
　　　　　　　　　　　　　　　　　——B公司　　　　560 000
　　贷：应付分保账款——A公司　　　　　　　　　　　2 240 000
　　　　　　　　　　——B公司　　　　　　　　　　　560 000

6. 计算存入分保保证金利息时：

借：利息支出　　　　　　　　　　　　　　　　　　　200 000
　　贷：应付分保账款——A公司　　　　　　　　　　　160 000
　　　　　　　　　　——B公司　　　　　　　　　　　40 000

7. 结算分保账款时：

借：应付分保账款——A公司　　　　　　　　　　　　18 400 000
　　　　　　　　——B公司　　　　　　　　　　　　4 600 000
　　贷：应收分保账款——A公司　　　　　　　　　　　14 000 000
　　　　　　　　　　——B公司　　　　　　　　　　　3 500 000
　　　　银行存款　　　　　　　　　　　　　　　　　5 500 000

其中：应付分保账款（A公司）＝20 000 000－4 000 000＋2 240 000＋160 000＝18 400 000（元）

应付分保账款（B公司）＝5 000 000－1 000 000＋560 000＋40 000＝4 600 000（元）

应收分保账款（A公司）＝6 800 000＋7 200 000＝14 000 000（元）

应收分保账款（B公司）＝1 700 000＋1 800 000＝3 500 000（元）

A公司应编制会计分录如下：

1. 平时预估分担保费收入、分保费用，收到分保账单，作相反的分录冲销，同时根据分保账单确定分担保费收入、分保费用：

借：应收分保账款——甲公司　　　　　　　　　　　20 000 000
　　贷：保费收入——分担保费收入——贸易融资担保　　20 000 000
借：分保费用——贸易融资担保　　　　　　　　　　　6 800 000
　　贷：应付分保账款——甲公司　　　　　　　　　　　6 800 000

2. 按照账单标明的分保赔付金额，确定分保赔付成本：

借：赔付支出——分保赔付支出——贸易融资担保　　　7 200 000
　　贷：应付分保账款——甲公司　　　　　　　　　　　7 200 000

3. 按账单标明的再担保分出人扣存本期分保准备金：

借：存出保证金——存出分保保证金——甲公司　　　　4 000 000
　　贷：应收分保账款——甲公司　　　　　　　　　　　4 000 000

4. 按账单标明的再担保分出人返还上期扣存分保保证金：

借：应收分保账款——甲公司　　　　　　　　　　　　2 240 000
　　贷：存出保证金——存出分保保证金——甲公司　　　2 240 000

5. 计算存出分保保证金利息时：

借：应收分保账款——甲公司　　　　　　　　　　　　160 000
　　贷：利息收入　　　　　　　　　　　　　　　　　　160 000

6. 结算分保账款时：

借：应付分保账款——甲公司   14 000 000
    银行存款   4 400 000
  贷：应收分保账款——甲公司   18 400 000

其中：应收分保账款 = 20 000 000 − 4 000 000 + 2 240 000 + 160 000 = 18 400 000（元）
      应付分保账款 = 6 800 000 + 7 200 000 = 14 000 000（元）

B 公司应编制会计分录如下：

1. 平时预估分担保费收入、分保费用，收到分保账单，作相反的分录冲销，同时根据分保账单确定分担保费收入、分保费用：

借：应收分保账款——甲公司   5 000 000
  贷：保费收入——分担保费收入——贸易融资担保   5 000 000
借：分保费用——贸易融资担保   1 700 000
  贷：应付分保账款——甲公司   1 700 000

2. 按照账单标明的分保赔付金额，确定分保赔付成本：

借：赔付支出——分保赔付支出——贸易融资担保   1 800 000
  贷：应付分保账款——甲公司   1 800 000

3. 按账单标明的再担保分出人扣存本期分保准备金：

借：存出保证金——存出分保保证金——甲公司   1 000 000
  贷：应收分保账款——甲公司   1 000 000

4. 按账单标明的再担保分出人返还上期扣存分保保证金：

借：应收分保账款——甲公司   560 000
  贷：存出保证金——存出分保保证金——甲公司   560 000

5. 计算存出分保保证金利息时：

借：应收分保账款——甲公司   40 000
  贷：利息收入   40 000

6. 结算分保账款时

借：应付分保账款——甲公司   3 500 000
    银行存款   1 100 000
  贷：应收分保账款——甲公司   4 600 000

其中：应收分保账款 = 5 000 000 − 1 000 000 + 560 000 + 40 000 = 4 600 000（元）
      应付分保账款 = 1 700 000 + 1 800 000 = 3 500 000（元）

习题三

分保比例 =（5 000 − 2 000）÷ 5 000 × 100% = 60%
分出保费 = 600 × 60% = 360（万元）
摊回赔付支出 = 300 × 60% = 180（万元）

A 担保公司应作如下会计处理：

1. 按照再担保合同确定分出保费：

借：分出保费——工程履约担保   3 600 000

    贷：应付分保账款——B公司　　　　　　　　　　　　　　　　　3 600 000
2. 收到现金赔款时：
借：银行存款　　　　　　　　　　　　　　　　　　　　　　　　1 500 000
    贷：预收赔付款——B公司　　　　　　　　　　　　　　　　　1 500 000
3. 摊回赔付支出时：
借：应收分保账款——B公司　　　　　　　　　　　　　　　　　1 800 000
    贷：摊回赔付支出——工程履约担保　　　　　　　　　　　　　1 800 000
同时
借：预收赔付款——B公司　　　　　　　　　　　　　　　　　　1 500 000
    贷：应收分保账款——B公司　　　　　　　　　　　　　　　　1 500 000
B担保公司应作如下会计处理：
1. 按照再担保合同确定分入保费：
借：应收分保账款——A公司　　　　　　　　　　　　　　　　　3 600 000
    贷：保费收入——分担保费收入——工程履约担保　　　　　　　3 600 000
2. 预付现金赔款时：
借：预付赔付款——预付分保赔付款——A公司　　　　　　　　　1 500 000
    贷：银行存款　　　　　　　　　　　　　　　　　　　　　　　1 500 000
3. 分担分保赔款时：
借：赔付支出——分保赔付支出——工程履约担保　　　　　　　　1 800 000
    贷：应付分保账款——A公司　　　　　　　　　　　　　　　　1 800 000
同时
借：应付分保账款——A公司　　　　　　　　　　　　　　　　　1 500 000
    贷：预付赔付款——预付分保赔付款——A公司　　　　　　　　1 500 000

习题四

甲担保公司应作如下会计处理：
1. 甲担保公司提前支付给乙担保公司的预付性质的分出保费时：
借：预付分出保费——乙公司　　　　　　　　　　　　　　　　　4 000 000
    贷：银行存款　　　　　　　　　　　　　　　　　　　　　　　4 000 000
2. 按照超赔合同计算当期分出保费时：
借：分出保费——项目融资担保　　　　　　　　　　　　　　　　7 000 000
    贷：应付分保账款——乙公司　　　　　　　　　　　　　　　　7 000 000
借：应付分保账款——乙公司　　　　　　　　　　　　　　　　　4 000 000
    贷：预付分出保费——乙公司　　　　　　　　　　　　　　　　4 000 000
3. 摊回赔付支出时：
借：应收分保账款——乙公司　　　　　　　　　　　　　　　　　1 000 000
    贷：摊回赔付支出——项目融资担保　　　　　　　　　　　　　1 000 000
乙担保公司应作如下会计处理：
1. 收取甲担保公司提前支付分出保费时：

借：银行存款 4 000 000
　　贷：预收保费——预收分出保费——甲公司 4 000 000

2. 按照超赔合同计算当期分入保费时：
借：应收分保账款——甲公司 7 000 000
　　贷：保费收入——分保费收入——项目融资担保 7 000 000
借：预收保费——预收分出保费——甲公司 4 000 000
　　贷：应收分保账款——甲公司 4 000 000

3. 分担分保赔款时：
借：赔付支出——分保赔付支出——项目融资担保 1 000 000
　　贷：应付分保账款——甲公司 1 000 000

习题五

A 再担保公司应编制会计分录如下：

1. 初始计量，接受分保费时：
借：应收分保账款——B 公司 600 万元
　　贷：保费收入——分保费收入——贸易融资担保 600 万元

（2）提取未到期责任准备金时：
借：提取未到期责任准备金——贸易融资担保 450 万元
　　贷：未到期责任准备金——贸易融资担保 450 万元

（3）按分保费的 35% 向 B 担保公司存出保费准备金时：
借：存出保证金——存出分保保证金——B 公司 210 万元
　　贷：应收分保账款——B 公司 210 万元

（4）提取担保赔偿准备金时：
借：提取担保赔偿准备金——贸易融资担保 200 万元
　　贷：担保赔偿准备金——贸易融资担保 200 万元

（5）按担保赔偿的 90% 向 B 担保公司存出赔款准备金时：
借：存出保证金——存出分保保证金——B 公司 180 万元
　　贷：应付分保账款——B 公司 180 万元

（6）年末该项合同终止，A 再担保公司将不能收回扣留的保费留存，应将对应的存出分保保证金冲减为零：
借：应收分保账款——B 公司 210 万元
　　贷：存出保证金——存出分保保证金——B 公司 210 万元
同时　借：保费收入——分保费收入——贸易融资担保 210 万元
　　　　贷：应收分保账款——B 公司 210 万元

并冲回提取的未到期责任准备金：
借：未到期责任准备金——贸易融资担保 450 万元
　　贷：提取未到期责任准备金——贸易融资担保 450 万元

（7）将担保赔偿准备金的 90% 调整为已决赔付：
借：赔付支出——分保赔付支出——贸易融资担保 180 万元

贷：应付分保账款——B公司　　　　　　　　　　　　　　180万元
同时，冲回按合同约定应结算90%的担保赔偿准备金的预提分录：
借：应付分保账款　　　　　　　　　　　　　　　　　　　　180万元
　　贷：存出保证金——存出分保保证金——B公司　　　　　　180万元
并冲回提取的担保赔偿准备金：
借：担保赔偿准备金——贸易融资担保　　　　　　　　　　　200万元
　　贷：提取担保赔偿准备金——贸易融资担保　　　　　　　　200万元

第四章　政府补助的核算

1. 20×2年该公司业务补助为：30 000 000×2%＝600 000（元）
20×2年该公司保费补助为：900 000×（6.86%×50%－3.2%）＝2 070（元）
20×2年末，该公司确认应收的财政补贴款：
借：其他应收款——应收担保损失补贴款　　　　　　　　　　602 070
　　贷：递延收益　　　　　　　　　　　　　　　　　　　　602 070
20×2年年初，甲公司实际收到财政补贴款：
借：银行存款　　　　　　　　　　　　　　　　　　　　　　602 070
　　贷：其他应收款——应收担保损失补贴款　　　　　　　　602 070
20×2年1月，将补偿的1月份补贴计入当期损益：
借：递延收益　　　　　　　　　　　　　　　　　　　　　　50 172.5
　　贷：营业外收入——政府补助　　　　　　　　　　　　　50 172.5
20×2年2月和12月分录同上。

2. 20×2年1月1日，该公司确认应收的财政补贴款：
借：其他应收款——应收担保损失补贴款　　　　　　　　　　1 200 000
　　贷：递延收益　　　　　　　　　　　　　　　　　　　　1 200 000
20×2年1月5日，该公司实际收到财政补贴款：
借：银行存款　　　　　　　　　　　　　　　　　　　　　　1 200 000
　　贷：其他应收款——应收担保损失补贴款　　　　　　　　1 200 000
20×2年1月，将补偿的1月份补贴计入当期损益：
借：递延收益　　　　　　　　　　　　　　　　　　　　　　200 000
　　贷：营业外收入——政府补助　　　　　　　　　　　　　200 000
20×2年2—6月分录同上。

3. 应收担保损失补贴＝12 000×6%－120＝600（万元）
确认应收补贴款时：
借：其他应收款——应收担保损失补贴款　　　　　　　　　　6 000 000
　　贷：赔付支出　　　　　　　　　　　　　　　　　　　　6 000 000
实际收到补贴时：
借：银行存款　　　　　　　　　　　　　　　　　　　　　　6 000 000

贷：其他应收款——应收担保损失补贴款　　　　　　　　　　　6 000 000

4．（1）20×1年1月3日，实际收到财政拨款，确认政府补助：
借：银行存款　　　　　　　　　　　　　　　　　　　　　　　1 800 000
　　贷：递延收益　　　　　　　　　　　　　　　　　　　　　　1 800 000
（2）20×1年1月12日，购入专利：
借：无形资产　　　　　　　　　　　　　　　　　　　　　　　2 400 000
　　贷：银行存款　　　　　　　　　　　　　　　　　　　　　　2 400 000
（3）自20×1年1月起每个资产负债表日，计提摊销，同时分摊递延收益：
①计提摊销时：
借：研发支出　　　　　　　　　　　　　　　　　　　　　　　　20 000
　　贷：累计摊销　　　　　　　　　　　　　　　　　　　　　　　20 000
②分摊递延收益时：
借：递延收益　　　　　　　　　　　　　　　　　　　　　　　　15 000
　　贷：营业外收入——政府补助　　　　　　　　　　　　　　　　15 000
（4）①20×6年2月3日，出售专利时：
借：银行存款　　　　　　　　　　　　　　　　　　　　　　　1 500 000
　　累计摊销　　　　　　　　　　　　　　　　　　　　　　　1 200 000
　　贷：无形资产　　　　　　　　　　　　　　　　　　　　　　2 400 000
　　　　营业外收入——非流动资产处置利得　　　　　　　　　　　300 000
②转销递延收益余额时：
借：递延收益　　　　　　　　　　　　　　　　　　　　　　　　900 000
　　贷：营业外收入——政府补助　　　　　　　　　　　　　　　　900 000

5．（1）20×2年1月1日，实际收到拨款48万元：
借：银行存款　　　　　　　　　　　　　　　　　　　　　　　　480 000
　　贷：递延收益　　　　　　　　　　　　　　　　　　　　　　　480 000
（2）自20×2年1月1日至20×7年1月1日，在每个资产负债表日分配递延收益（假设按年分配）：
借：递延收益　　　　　　　　　　　　　　　　　　　　　　　　120 000
　　贷：营业外收入——政府补助　　　　　　　　　　　　　　　　120 000
（3）20×7年3月项目完工，项目验收，于5月1日收到拨付32万元：
借：银行存款　　　　　　　　　　　　　　　　　　　　　　　　320 000
　　贷：营业外收入——政府补助　　　　　　　　　　　　　　　　320 000

6．借：其他应收款——应收担保损失补贴款　　　　　　　　　　　2 000 000
　　　贷：资本公积——担保扶持基金　　　　　　　　　　　　　　2 000 000
实际收到补贴时：
借：银行存款　　　　　　　　　　　　　　　　　　　　　　　2 000 000
　　贷：其他应收款——应收担保损失补贴款　　　　　　　　　　　2 000 000

7．借：其他应收款——应收担保损失补贴款　　　　　　　　　　　3 000 000
　　　贷：一般风险准备——风险补偿金　　　　　　　　　　　　　3 000 000

第五章　外币交易的核算

习题一

1. 借：银行存款——美元户　　　　　　　　　　　USD 60 000
　　　贷：货币兑换——美元户　　　　　　　　　　USD 60 000
　借：货币兑换——人民币户　　　　　　　　　　RMB 414 270
　　　贷：实收资本——人民币户　　　　　　　　　RMB 414 270
2. 借：银行存款——港币户　　　　　　　　　　　HKD 112 841.35
　　　贷：货币兑换——港币户　　　　　　　　　　HKD 112 841.35
　借：货币兑换——人民币户　　　　　　　　　　RMB 100 000
　　　贷：银行存款——人民币户　　　　　　　　　RMB 100 000
3. 借：银行存款——人民币户　　　　　　　　　　RMB 67 236
　　　贷：货币兑换——人民币户　　　　　　　　　RMB 67 236
　借：货币兑换——美元户　　　　　　　　　　　USD 10 000
　　　贷：银行存款——美元户　　　　　　　　　　USD 10 000
4. 借：银行存款——美元户　　　　　　　　　　　USD 80 000
　　　贷：货币兑换——美元户　　　　　　　　　　USD 80 000
　借：货币兑换——人民币户　　　　　　　　　　RMB 549 160
　　　贷：保费收入——贷款担保（人民币）　　　　RMB　549 160
5. 借：银行存款——港币户　　　　　　　　　　　HKD 50 000
　　　贷：货币兑换——港币户　　　　　　　　　　HKD 50 000
　借：货币兑换——人民币户　　　　　　　　　　RMB 43 365
　　　贷：货币兑换——人民币户　　　　　　　　　RMB 43 365
　借：货币兑换——美元户　　　　　　　　　　　USD 6 374.77
　　　贷：银行存款——美元户　　　　　　　　　　USD 6 374.77
6. 借：银行存款——港币户　　　　　　　　　　　HKD 60 000
　　　贷：货币兑换——港币户　　　　　　　　　　HKD 60 000
　借：货币兑换——人民币户　　　　　　　　　　RMB 53 544
　　　贷：预收保费——贸易融资担保（人民币）　　RMB 53 544
7. 借：银行存款——港币户　　　　　　　　　　　HKD 20 000
　　　贷：货币兑换——港币户　　　　　　　　　　HKD 20 000
　借：货币兑换——人民币户　　　　　　　　　　RMB 17 024
　　　贷：其他业务收入——手续费收入　　　　　　RMB 17 024
8. 借：货币兑换——美元户　　　　　　　　　　　USD 8 000
　　　贷：银行存款——美元户　　　　　　　　　　USD 8 000
　借：保费收入——信用证担保　　　　　　　　　RMB 54 588.8
　　　贷：货币兑换——人民币户　　　　　　　　　RMB 54 588.8

9. 借：货币兑换——港币户　　　　　　　　　　　　　　　　HKD 5 000
　　　贷：银行存款——港币户　　　　　　　　　　　　　　　HKD 5 000
　　借：手续费及佣金支出——项目融资担保（人民币户）　　RMB 4 362.5
　　　贷：货币兑换——人民币户　　　　　　　　　　　　　RMB 4 362.5

10. 汇出理赔保证金时：
　　借：存出保证金——存出理赔保证金（美元户）　　　　　USD 40 000
　　　贷：银行存款——美元户　　　　　　　　　　　　　　USD 40 000
　　支付赔款时：
　　借：赔付支出——投标担保（人民币户）　　　　　　　　RMB 204 804
　　　贷：货币兑换——人民币户　　　　　　　　　　　　　RMB 204 804
　　借：货币兑换——美元户　　　　　　　　　　　　　　　USD 30 000
　　　贷：存出保证金——存出理赔保证金（美元户）　　　　USD 30 000
　　收回余款时：
　　借：银行存款——美元户　　　　　　　　　　　　　　　USD 10 000
　　　贷：存出保证金——存出理赔保证金（美元户）　　　　USD 10 000

11. 借：货币兑换——港币户　　　　　　　　　　　　　　　HKD 50 000
　　　贷：银行存款——港币户　　　　　　　　　　　　　　HKD 50 000
　　借：持有至到期投资——工商债券（人民币户）　　　　　RMB 44 190
　　　贷：货币兑换——人民币户　　　　　　　　　　　　　RMB 44 190

12. 根据上述外币交易，现将"货币兑换"账户余额结算如表 5 – 1、5 – 2、5 – 3 所示。

表 5 – 1

借方	货币兑换——人民币户		贷方
1.	414 270	3.	67 236
2.	100 000	5.	43 365
4.	549 160	8.	54 588.8
5.	43 365	9.	4 362.5
6.	53 544	10.	204 804
7.	17 024	11.	44 190
本期借方发生额	1 177 363	本期贷方发生额	418 546.3
借方余额	758 816.7		

表 5 – 2

借方	货币兑换——美元户		贷方
3.	10 000	1.	60 000
5.	6 374.77	4.	80 000
8.	8 000		
10.	30 000		
本期借方发生额	54 374.77	本期贷方发生额	140 000
		贷方余额	85 625.23

表 5－3

借方		货币兑换——港币户	贷方
9.	5 000	2.	112 841.35
11.	50 000	5.	50 000
		6.	60 000
		7.	20 000
本期借方发生额	55 000	本期贷方发生额	242 841.35
		贷方余额	187 841.35

由表 5－1、5－2、5－3 可知,"货币兑换——美元户"账户贷方余额为 85 625.23 美元,按期末汇率 RMB 665.35/USD 100,折算为人民币贷方余额为 569 707.47 元。"货币兑换——港币户"账户贷方余额为 187 841.35 港元,按期末汇率 RMB 86.12/HKD 100,折算为人民币为贷方余额 161 768.97 元。至此,两个外币的"货币兑换"账户余额合计为贷方余额 731 476.44 元人民币。而"货币兑换——人民币户"账户余额为借方余额 758 816.7 人民币,两者差额为 27 340.26 元,该差额即为汇兑损失,因此,中信公司应编制会计分录如下:

  借：汇总损益   27 340.26
    贷：货币兑换——人民币户   27 340.26

习题二

1. 借：银行存款——港币户   43 690
   汇兑损益   945
  贷：银行存款——人民币户   44 635

2. 借：银行存款——人民币户   3 562.1
   汇兑损益   55.3
  贷：银行存款——日元户   3 617.4

3. 借：银行存款——美元户   1 360 740
  贷：实收资本——美元户   1 360 740

4. 借：银行存款——美元户   328 115
  贷：短期借款——美元户   328 115

20×4 年 12 月 31 日：
  借：汇兑损益   3 360
    贷：短期借款   3 360

5. 借：应收保费——甲进出口公司（日元户）   2 941.12
  贷：保费收入——贷款担保（日元户）   2 941.12

20×4 年 12 月 31 日：
  借：应收保费——甲进出口公司（日元户）   29.88
    贷：汇兑损益   29.88

6. 借：赔付支出——票据承兑担保（美元户）   342 930
  贷：银行存款——美元户   342 930
7. 借：交易性金融资产——股票（港币户）   85 760
  贷：银行存款——港币户   85 760

20×4 年 12 月 31 日：

借：公允价值变动损益   8 045
  贷：交易性金融资产——股票（港币户）   8 045

8. 借：资本公积——其他资本公积   600 000
  贷：投资收益   600 000

第六章 担保合同收入、费用和利润的核算

习题一

1. 借：银行存款   20 000
   应收保费——甲客户   60 000
  贷：其他业务收入——评审费收入   80 000

以后每期收到应收评审费时：

借：银行存款   20 000
  贷：应收保费——甲客户   20 000

2. 借：银行存款   100 000
  贷：其他业务收入——租赁收入   100 000

3. 借：银行存款   8 000
  贷：其他业务收入——手续费收入   8 000

4. 借：银行存款   1 200
  贷：其他业务收入——咨询费收入   1 200

5. 借：固定资产清理   20 000
   累计折旧   30 000
  贷：固定资产   50 000

借：银行存款   25 000
  贷：固定资产清理   25 000

借：固定资产清理   5 000
  贷：营业外收入——处理固定资产净收益   5 000

6. 借：银行存款   56 000
  贷：营业外收入——非流动资产处置利得   56 000

习题二

1. 借：退保金——贷款担保   5 000
  贷：库存现金   5 000

2. 借：退保金——贷款担保　　　　　　　　　　　　　　　　　6 000
　　　　预收保费——某保户　　　　　　　　　　　　　　　　　150
　　　贷：库存现金　　　　　　　　　　　　　　　　　　　　6 150
3. 计提佣金时：
借：手续费及佣金支出——直接佣金　　　　　　　　　　　　5 000
　　贷：应付手续费及佣金——李红　　　　　　　　　　　　5 000
支付佣金时：
借：应付手续费及佣金——李红　　　　　　　　　　　　　　5 000
　　贷：应交税费——应交个人所得税　　　　　　　　　　　　800
　　　　　　　　　——应交个人营业税及附加　　　　　　　　290
　　　　库存现金　　　　　　　　　　　　　　　　　　　　3 910
4. 计提佣金时：
借：手续费及佣金支出——附加佣金——委托报酬　　　　　　5 000
　　贷：应付手续费及佣金——××代理人　　　　　　　　　5 000
实际支付和发放时：
借：应付手续费及佣金——××代理人　　　　　　　　　　　5 000
　　贷：银行存款　　　　　　　　　　　　　　　　　　　　4 500
　　　　低值易耗品　　　　　　　　　　　　　　　　　　　　500
5. 收到保费时：
借：银行存款　　　　　　　　　　　　　　　　　　　　200 000
　　应收保费——项目融资担保——某代办单位　　　　　　50 000
　　贷：保费收入——项目融资担保　　　　　　　　　　250 000
支付和计提应付手续费时：
借：手续费及佣金支出——项目融资担保　　　　　　　　20 000
　　贷：银行存款　　　　　　　　　　　　　　　　　　　16 000
　　　　应付手续费及佣金——某代办单位　　　　　　　　4 000
下月代理人交来保费时：
借：银行存款　　　　　　　　　　　　　　　　　　　　50 000
　　贷：应收保费——项目融资担保——某代办单位　　　50 000
借：应付手续费及佣金——某代办单位　　　　　　　　　　4 000
　　贷：银行存款　　　　　　　　　　　　　　　　　　　4 000
6. 借：营业税金及附加　　　　　　　　　　　　　　　　94 000
　　　　固定资产清理　　　　　　　　　　　　　　　　60 000
　　　贷：应交税费——应交营业税　　　　　　　　　154 000
借：营业税金及附加　　　　　　　　　　　　　　　　　6 580
　　固定资产清理　　　　　　　　　　　　　　　　　　4 200
　　贷：应交税费——应交城市维护建设税　　　　　　10 780
借：营业税金及附加　　　　　　　　　　　　　　　　　2 820
　　固定资产清理　　　　　　　　　　　　　　　　　　1 800

```
           贷：应交税费——应交教育费附加                    4 620
   7. 借：业务及管理费——车船使用税                         2 000
           贷：应交税费——应交车船使用税                    2 000
   8. 借：业务及管理费——广告费                             20 000
           贷：银行存款                                     20 000
   9. 借：业务及管理费——印花税                             3 400
           贷：库存现金                                     3 400
  10. 借：业务及管理费——咨询费                             50 000
           贷：银行存款                                     50 000
  11. 借：业务及管理费——印刷费                             1 600
           贷：银行存款                                     1 600
  12. 借：业务及管理费——租赁费                             3 800
                    ——水电费                             1 430
           贷：银行存款                                     5 230
  13. 借：业务及管理费——外事费                             500
           贷：库存现金                                     500
  14. 借：业务及管理费——业务宣传费                         3 200
           贷：银行存款                                     3 200
  15. 借：银行存款                                          65 000
           贷：其他业务收入——咨询费收入                    65 000
      借：其他业务成本——咨询费支出                          21 250
           贷：银行存款                                     18 000
               应交税费——应交营业税                        3 250
  16. 购入时：
      借：低值易耗品——在库                                1 200
           贷：银行存款                                     1 200
      领用时：
      借：低值易耗品——在用                                1 200
           贷：低值易耗品——在库                            1 200
      领用时摊销其价值的一半：
      借：业务及管理费——低值易耗品摊销                     600
           贷：低值易耗品——摊销                            600
      报废时摊销其价值的一半：
      借：业务及管理费——低值易耗品摊销                     600
           贷：低值易耗品——摊销                            600
      同时
      借：低值易耗品——低值易耗品摊销                      1 200
           贷：低值易耗品——在用                            1 200
  17. 盘亏固定资产时：
```

借：待处理财产损溢——待处理固定资产损溢 1 200
　　累计折旧 2 800
　　　贷：固定资产 4 000
转销时：
借：其他应收款——某管理人员 240
　　营业外支出——固定资产盘亏损失 960
　　　贷：待处理财产损溢——待处理固定资产损溢 1 200

18. 本月折旧额 = 900 000 × 24% ÷ 12 + 20 000 × 24% ÷ 12 − 10 000 × 24% ÷ 12 = 18 200（元）

借：业务及管理费——固定资产折旧费 18 200
　　贷：累计折旧 18 200

19. 固定资产进入清理时：
借：固定资产清理 7 800 000
　　累计折旧 8 200 000
　　　贷：固定资产 16 000 000
计算应交纳的营业税：
借：固定资产清理 400 000
　　贷：应交税费——应交营业税 400 000
支付清理费用：
借：固定资产清理 80 000
　　贷：银行存款 80 000
收到出售固定资产价款：
借：银行存款 8 000 000
　　贷：固定资产清理 8 000 000
结转固定资产清理净损失：
借：营业外支出——处置非流动资产损失 280 000
　　贷：固定资产清理 280 000

20. 借：待处理财产损溢——待处理固定资产损溢 4 500
　　　累计折旧 1 500
　　　固定资产减值准备 600
　　　　贷：固定资产 6 600
借：营业外支出——固定资产盘亏损失 4 500
　　贷：待处理财产损溢——待处理固定资产损溢 4 500

21. 借：资产减值损失——计提的固定资产减值准备 7 500
　　贷：固定资产减值准备 7 500

22. 借：资产减值损失——计提的在建工程减值准备 15 000
　　贷：在建工程减值准备 15 000

23. 借：业务及管理费——审计费 20 000
　　贷：银行存款 20 000

24. 借：无形资产——专利权　　　　　　　　　　　　　　240 000
　　　　贷：银行存款　　　　　　　　　　　　　　　　　　　240 000
每月摊销：
　　借：业务及管理费——无形资产摊销　　　　　　　　　4 000
　　　　贷：累计摊销　　　　　　　　　　　　　　　　　　　4 000
25. 借：银行存款　　　　　　　　　　　　　　　　　　　400 000
　　　　累计摊销　　　　　　　　　　　　　　　　　　　200 000
　　　　无形资产减值准备　　　　　　　　　　　　　　　15 000
　　　　营业外支出——非流动资产处置损失　　　　　　　5 000
　　　　贷：无形资产　　　　　　　　　　　　　　　　　　　600 000
　　　　　　应交税费——应交营业税　　　　　　　　　　　　20 000
26. 20×4年发生的研发支出：
　　借：研发支出——费用化支出　　　　　　　　　　　1 000 000
　　　　贷：银行存款　　　　　　　　　　　　　　　　　　1 000 000
20×4年12月31日，发生的研发支出全部属于研究阶段的支出：
　　借：业务及管理费——研究开发费用　　　　　　　　1 000 000
　　　　贷：研发支出——费用化支出　　　　　　　　　　　1 000 000
20×4年，发生开发支出并满足资本化确认条件：
　　借：研发支出——资本化支出　　　　　　　　　　　200 000
　　　　贷：银行存款　　　　　　　　　　　　　　　　　　　200 000
20×5年8月15日，该技术研究完成并形成无形资产：
　　借：无形资产——担保业务流程系统　　　　　　　　200 000
　　　　贷：研发支出——资本化支出　　　　　　　　　　　200 000
27. 借：资产减值损失——计提的无形资产减值准备　　　15 000
　　　　贷：无形资产减值准备　　　　　　　　　　　　　　　15 000
28. 借：长期待摊费用——租入固定资产改良支出　　　　35 100
　　　　贷：低值易耗品　　　　　　　　　　　　　　　　　　24 600
　　　　　　应付职工薪酬——工资　　　　　　　　　　　　　10 000
　　　　　　　　　　　　——职工福利　　　　　　　　　　　　500
　　借：业务及管理费——长期待摊费用摊销　　　　　　487.5
　　　　贷：长期待摊费用——租入固定资产改良支出　　　　　487.5
29. 应计入业务及管理费的职工薪酬金额
　　= 350 000 + 350 000 × (8% + 20% + 2% + 12% + 5% + 2% + 2.5%) = 530 250（元）
应计入在建工程成本的职工薪酬金额
　　= 10 000 + 100 000 × (8% + 20% + 2% + 12% + 5% + 2% + 2.5%) = 151 500（元）
应计入无形资产的职工薪酬金额
　　= 50 000 + 50 000 × (8% + 20% + 2% + 12% + 5% + 2% + 2.5%) = 75 750（元）
应编制会计分录如下：
　　借：业务及管理费——职工工资　　　　　　　　　　350 000

	——职工福利费	17 500
	——社会统筹保险费	105 000
	——住房公积金	42 000
	——工会经费	7 000
	——职工教育经费	8 750
在建工程		151 500
研发支出——资本化支出		75 750
贷：应付职工薪酬——工资		500 000
	——职工福利	25 000
	——社会保险费	150 000
	——住房公积金	60 000
	——工会经费	10 000
	——职工教育经费	12 500

30. 从银行提取现金时：
借：库存现金　　　　　　　　　　　　　　　　　　440 000
　　贷：银行存款　　　　　　　　　　　　　　　　400 000
发放工资时：
借：应付职工薪酬——工资　　　　　　　　　　　440 000
　　库存现金　　　　　　　　　　　　　　　　　400 000
结转代扣款项：
借：应付职工薪酬——工资　　　　　　　　　　　60 000
　　贷：其他应收款——职工房租　　　　　　　　20 000
　　　　　　　　　　——医药费　　　　　　　　30 000
　　　　应交税费——应交个人所得税　　　　　　10 000

31. 借：应付职工薪酬——职工福利　　　　　　　　8 600
　　　贷：库存现金　　　　　　　　　　　　　　600
　　　　　银行存款　　　　　　　　　　　　　8 000

32. 借：业务及管理费——董事会费　　　　　　　　30 000
　　　贷：银行存款　　　　　　　　　　　　　　30 000

33. 借：业务及管理费——折旧费　　　　　　　　　27 000
　　　　　　　　　　——租赁费　　　　　　　　30 000
　　　贷：应付职工薪酬——非货币性福利　　　　57 000
借：应付职工薪酬——非货币性福利　　　　　　　57 000
　　贷：累计折旧　　　　　　　　　　　　　　　27 000
　　　　其他应付款——租金　　　　　　　　　　30 000

34. 购入写字楼时：
借：投资性房地产——写字楼　　　　　　　　　　500 000 000
　　　　　　　　——土地使用权　　　　　　　　10 000 000
　　贷：银行存款　　　　　　　　　　　　　　　510 000 000

每年计提折旧或摊销时：

借：其他业务成本——出租投资性房地产支出	12 700 000	
贷：投资性房地产累计折旧		12 500 000
投资性房地产累计摊销		200 000

每年确认租金时：

借：银行存款（或其他应收款）	20 000 000	
贷：其他业务收入——租金收入		20 000 000

租赁期满：

借：固定资产	471 900 000	
投资性房地产累计折旧	37 500 000	
投资性房地产累计摊销	600 000	
贷：投资性房地产——写字楼		500 000 000
——土地使用权		10 000 000

35. 20×4年12月31日：

借：资产减值损失——计提的抵债资产跌价准备	20 000	
贷：抵债资产跌价准备		20 000

20×5年6月30日：

借：抵债资产跌价准备	5 000	
贷：资产减值损失——计提的抵债资产跌价准备		5 000

20×5年12月31日：

借：抵债资产跌价准备	10 000	
贷：资产减值损失——计提的抵债资产跌价准备		10 000

36. 收到抵债资产福田小轿车时：

借：抵债资产——福田小轿车	200 000	
营业外支出——债务重组损失	100 000	
贷：应收保费——A企业		300 000

此车变卖时：

借：银行存款	120 000	
营业外支出——债务重组损失	86 000	
贷：应交税费——应交营业税		6 000
抵债资产——福田小轿车		200 000

37. 20×5年1月5日，债务重组确认债务重组损失：

借：应收代位追偿款——B企业——本金	50 000	
营业外支出——债务重组损失	15 400	
贷：应收代位追偿款——B企业——本金		60 000
——B企业——利息		5 400

20×5年12月31日，收到本金和利息时：

借：银行存款	51 000	
贷：应收代位追偿款——B企业——本金		50 000

利息收入　　　　　　　　　　　　　　　　　　　　　　　　　　1 000

习题三

1. 结转各项收入时：

借：保费收入　　　　　　　　　　　　　　　　　　　　1 200 000
　　利息收入　　　　　　　　　　　　　　　　　　　　　　364 000
　　汇兑损益　　　　　　　　　　　　　　　　　　　　　　 40 000
　　投资收益　　　　　　　　　　　　　　　　　　　　　　 25 000
　　其他业务收入　　　　　　　　　　　　　　　　　　　　 54 000
　　摊回赔付支出　　　　　　　　　　　　　　　　　　　　 78 000
　　摊回分保费用　　　　　　　　　　　　　　　　　　　　 36 000
　　摊回担保赔偿准备金　　　　　　　　　　　　　　　　　 25 000
　　营业外收入　　　　　　　　　　　　　　　　　　　　　355 000
　　贷：本年利润　　　　　　　　　　　　　　　　　　　2 177 000

结转各项成本、费用和支出时：

借：本年利润　　　　　　　　　　　　　　　　　　　　3 494 500
　　贷：赔付支出　　　　　　　　　　　　　　　　　　　560 000
　　　　分出保费　　　　　　　　　　　　　　　　　　　240 000
　　　　分保费用　　　　　　　　　　　　　　　　　　　120 000
　　　　手续费及佣金支出　　　　　　　　　　　　　　　204 000
　　　　营业税金及附加　　　　　　　　　　　　　　　　740 000
　　　　业务及管理费　　　　　　　　　　　　　　　　　350 000
　　　　利息支出　　　　　　　　　　　　　　　　　　　150 000
　　　　提取未到期责任准备金　　　　　　　　　　　　　560 000
　　　　提取担保赔偿准备金　　　　　　　　　　　　　　210 000
　　　　资产减值损失　　　　　　　　　　　　　　　　　340 000
　　　　其他业务成本　　　　　　　　　　　　　　　　　 12 000
　　　　营业外支出　　　　　　　　　　　　　　　　　　 8 500

该公司实现的利润总额为：2 177 000 - 3 494 500 = -1 317 500（元）

2. （1）计算 20×4 年度当期应交所得税：

应纳税所得额应该在利润总额的基础上，按照税法规定进行调整。

①允许扣除的公益性捐赠 = 5 000 × 12% = 600（万元）

实际发生 200 万元全部允许扣除。

②业务招待费按实际发生额的 60% 扣除 = 180 × 60% = 108（万元）

最高扣除额 = 20 000 × 5‰ = 100（万元）

因此允许扣除额 = 100（万元）

应纳税所得额调增 = 108 - 100 = 8（万元）

③广告费及业务宣传费允许扣除 = 20 000 × 15% = 3 000（万元）

实际发生 150 万元全部允许扣除。

④提取担保赔偿准备金允许扣除 = 56 000 × 1% = 560（万元）

应纳税所得额调增 = 600 − 560 = 40（万元）

⑤提取责任准备金允许扣除 = 4 500 × 50% = 2 250（万元）

应纳税所得额调增 = 2 400 − 2 250 = 150（万元）

⑥税收罚款不允许税前扣除

应纳税所得额调增 = 5（万元）

⑦非广告性赞助支出不允许税前扣除

应纳税所得额调增 = 20（万元）

⑧国库券利息收入准予免税

应纳税所得额调减 = 80 万元

20×4 年度当期应交所得税为：

应纳税所得额 = 5 000 + 8 + 40 + 150 + 5 + 20 − 80 = 5 143（万元）

应交所得税 = 5 143 × 25% = 1 285.75（万元）

（2）计算提取法定盈余公积：

提取法定盈余公积 = (5 000 − 1 285.75) × 10% = 371.425（万元）

（3）计算提取一般风险准备：

提取一般风险准备 = (5 000 − 1 285.75) × 10% = 371.425（万元）

（4）计算应付股东股利：

应付股东股利 = (5 000 + 500 − 1 285.75 − 371.425 − 371.425) × 70% = 2 429.98（万元）

应编制会计分录如下：

计算应交所得税时：

借：所得税费用　　　　　　　　　　　　　　　　　　12 857 500

　　贷：应交税费——应交所得税　　　　　　　　　　　　　　12 857 500

将"所得税费用"科目的借方发生额转入"本年利润"科目时：

借：本年利润　　　　　　　　　　　　　　　　　　　12 857 500

　　贷：所得税费用　　　　　　　　　　　　　　　　　　　　12 857 500

从净利润中提取法定盈余公积时：

借：利润分配——提取法定盈余公积　　　　　　　　　3 714 250

　　贷：盈余公积——法定盈余公积　　　　　　　　　　　　　3 714 250

从净利润中提取一般风险准备时：

借：利润分配——提取一般风险准备　　　　　　　　　3 714 250

　　贷：一般风险准备　　　　　　　　　　　　　　　　　　　3 714 250

计算应当分配给普通股股东的现金股利或利润时：

借：利润分配——应付普通股股利　　　　　　　　　　24 299 800

　　贷：应付股利——应付普通股股利　　　　　　　　　　　　24 299 800

结转本年净利润时：

借：本年利润　　　　　　　　　　　　　　　　　　　37 142 500

　　贷：利润分配——未分配利润　　　　　　　　　　　　　　37 142 500

将"利润分配"科目下的其他明细科目的余额转入"利润分配——未分配利润"明细

科目时：
　　借：利润分配——未分配利润　　　　　　　　　　　　　　　31 728 300
　　　　　贷：利润分配——提取法定盈余公积　　　　　　　　　　3 714 250
　　　　　　　　　　　——提取一般风险准备　　　　　　　　　　3 714 250
　　　　　　　　　　　——应付普通股股利　　　　　　　　　　24 299 800

　　年末该公司"利润分配——分配利润"明细科目余额为贷方余额 10 415 400 元（5 000 000 + 37 142 500 - 31 728 300 = 10 414 200），则该公司 20×4 年年末未分配利润为 10 414 200 元。

3.（1）计算 20×4 年度当期应交所得税

当期所得税 = 当期应交所得税 = 85（万元）

（2）计算 20×4 年度递延所得税

①期末递延所得税负债	（550×25%）137.5
期初递延所得税负债	35.69
递延所得税负债增加	101.81
②期末递延所得税资产	（680×25%）170
期初递延所得税资产	58.45
递延所得税资产增加	111.55

递延所得税 = 101.81 - 111.55 = -9.74（万元）

（3）计算 20×4 年度确认的所得税费用

所得税费用 = 85 - 9.74 = 75.26（万元）

其会计处理如下：
　　借：所得税费用　　　　　　　　　　　　　　　　　　　　　　　752 600
　　　　递延所得税资产　　　　　　　　　　　　　　　　　　　　1 115 500
　　　　　贷：递延所得税负债　　　　　　　　　　　　　　　　　　1 018 100
　　　　　　　应交税费——应交所得税　　　　　　　　　　　　　　 850 000

4.　借：以前年度损益调整　　　　　　　　　　　　　　　　　　　　6 000
　　　　　贷：应付利息　　　　　　　　　　　　　　　　　　　　　　6 000

由于调整减少的以前年度利润而相应减少的所得税时：
　　借：应交税费——应交所得税　　　　　　　　　　　　　　　　　1 500
　　　　　贷：以前年度损益调整　　　　　　　　　　　　　　　　　　1 500

将"以前年度损益调整"科目的余额转入"利润分配——未分配利润"科目时：
　　借：利润分配——未分配利润　　　　　　　　　　　　　　　　　4 500
　　　　　贷：以前年度损益调整　　　　　　　　　　　　　　　　　　4 500
　　借：预收保费　　　　　　　　　　　　　　　　　　　　　　　　80 000
　　　　　贷：以前年度损益调整　　　　　　　　　　　　　　　　　80 000
　　借：以前年度损益调整　　　　　　　　　　　　　　　　　　　　20 000
　　　　　贷：应交税费——应交所得税　　　　　　　　　　　　　　20 000
　　借：以前年度损益调整　　　　　　　　　　　　　　　　　　　　60 000
　　　　　贷：利润分配——未分配利润　　　　　　　　　　　　　　60 000

5. 借：固定资产　　　　　　　　　　　　　　　　　　　6 000
　　　贷：以前年度损益调整　　　　　　　　　　　　　　6 000
确定应交纳的所得税时：
借：以前年度损益调整　　　　　　　　　　　　　　　　1 500
　　贷：应交税费——应交所得税　　　　　　　　　　　 1 500
结转为留存收益时：
借：以前年度损益调整　　　　　　　　　　　　　　　　4 500
　　贷：盈余公积——法定盈余公积　　　　　　　　　　　450
　　　　一般风险准备　　　　　　　　　　　　　　　　　450
　　　　利润分配——未分配利润　　　　　　　　　　　3 600

第七章　金融资产的核算

习题一

银行存款余额调节表　　　　　　　　单位：元

项目	金额	项目	金额
银行存款日记账余额	30 636	银行对账单余额	28 178
加：银行已收，公司未收	2 800 282	加：公司已收，银行未收	6 800
减：银行已付，公司未付	540	减：公司已付，银行未付	1 200 600
调整后存款余额	33 178	调整后存款余额	33 178

习题二

1. 借：库存现金　　　　　　　　　　　　　　　　　　　　100
　　　贷：待处理财产损溢——待处理流动资产损溢　　　　 100
借：待处理财产损溢——待处理流动资产损溢　　　　　　 100
　　贷：营业外收入　　　　　　　　　　　　　　　　　　100
2. 借：待处理财产损溢——待处理流动资产损溢　　　　　2 000
　　　贷：库存现金　　　　　　　　　　　　　　　　　 2 000
借：其他应收款　　　　　　　　　　　　　　　　　　　1 000
　　营业外支出　　　　　　　　　　　　　　　　　　　1 000
　　　贷：待处理财产损溢——待处理流动资产损溢　　　 2 000
3. 借：其他货币资金——银行汇票存款　　　　　　　　　9 500
　　　贷：银行存款　　　　　　　　　　　　　　　　　 9 500

借：业务及管理费用——业务宣传费	9 360	
银行存款	140	
贷：其他货币资金——银行汇票存款		9 500

4. 借：其他货币资金——信用卡存款　　　　　　　　　　20 000
　　　贷：银行存款　　　　　　　　　　　　　　　　　　　　20 000
　借：业务及管理费用——业务招待费　　　　　　　　　　680
　　　贷：其他货币资金——信用卡存款　　　　　　　　　　　680
　借：银行存款　　　　　　　　　　　　　　　　　　　　19 300
　　　贷：其他货币资金——信用卡存款　　　　　　　　　　19 320

5. 借：其他应收款——张民　　　　　　　　　　　　　　4 000
　　　贷：库存现金　　　　　　　　　　　　　　　　　　　　4 000
　借：业务及管理费——差旅费　　　　　　　　　　　　　4 960
　　　贷：其他应收款——张民　　　　　　　　　　　　　　　4 000
　　　　　库存现金　　　　　　　　　　　　　　　　　　　　　960

6. 公司垫资时：
　借：低值易耗品——宣传用品　　　　　　　　　　　　10 000
　　　贷：银行存款　　　　　　　　　　　　　　　　　　　10 000
　实际领用：
　借：其他应收款——某代理人　　　　　　　　　　　　4 000
　　　业务及管理费——宣传费　　　　　　　　　　　　6 000
　　　贷：低值易耗品——宣传用品　　　　　　　　　　　　10 000
　收到代理人交来的款项：
　借：银行存款　　　　　　　　　　　　　　　　　　　　4 000
　　　贷：其他应收款——某代理人　　　　　　　　　　　　4 000

7. 借：存出资本保证金　　　　　　　　　　　　　　500 000 000
　　　贷：银行存款　　　　　　　　　　　　　　　　　500 000 000

8. 存出保证金时：
　借：存出保证金——存出理赔保证金——某建设银行　2 000 000
　　　贷：银行存款　　　　　　　　　　　　　　　　　2 000 000
　结案转入赔款并收回余款时：
　借：银行存款　　　　　　　　　　　　　　　　　　　250 000
　　　赔付支出　　　　　　　　　　　　　　　　　　1 750 000
　　　贷：存出保证金——存出理赔保证金——某建设银行　2 000 000

9. （1）发放委托贷款时：
　借：贷款——委托贷款　　　　　　　　　　　　　3 000 000
　　　贷：银行存款　　　　　　　　　　　　　　　　　3 000 000
　（2）每季度1—2月确认贷款利息：
　借：应收利息　　　　　　　　　　　　　　　　　　15 000
　　　贷：利息收入　　　　　　　　　　　　　　　　　　15 000

每季收到利息时：

借：银行存款　　　　　　　　　　　　　　　　　　　　　　　45 000
　　贷：应收利息　　　　　　　　　　　　　　　　　　　　　　30 000
　　　　利息收入　　　　　　　　　　　　　　　　　　　　　　15 000

到期收回本金时：

借：银行存款　　　　　　　　　　　　　　　　　　　　　　3 000 000
　　贷：贷款——委托贷款　　　　　　　　　　　　　　　　3 000 000

10. 20×4年10月1日成交时：

借：买入返售金融资产——B证券　　　　　　　　　　　　1 000 000
　　贷：银行存款　　　　　　　　　　　　　　　　　　　1 000 000

12月31日计算应收利息：

借：应收利息　　　　　　　　　　　　　　　　　　　　　　　8 750
　　贷：利息收入　　　　　　　　　　　　　　　　　　　　　　8 750

利息收入＝1 000 000×3.5%÷12×3＝8 750（元）

20×5年4月1日，返售到期的买入返售证券时：

借：银行存款　　　　　　　　　　　　　　　　　　　　　1 017 500
　　贷：买入返售金融资产——B证券　　　　　　　　　　　1 000 000
　　　　应收利息　　　　　　　　　　　　　　　　　　　　　8 750
　　　　利息收入　　　　　　　　　　　　　　　　　　　　　8 750

利息收入＝1 000 000×3.5%÷12×3＝8 750（元）

11. 拆出资金时：

借：拆出资金　　　　　　　　　　　　　　　　　　　　10 000 000
　　贷：银行存款　　　　　　　　　　　　　　　　　　　10 000 000

月末计算应收利息：

借：应收利息　　　　　　　　　　　　　　　　　　　　　13 333.33
　　贷：利息收入　　　　　　　　　　　　　　　　　　　　13 333.33

利息收入＝10 000 000×4.8%÷360×10＝13 333.33（元）

收回拆出资金本息：

借：银行存款　　　　　　　　　　　　　　　　　　　　10 020 000
　　贷：拆出资金　　　　　　　　　　　　　　　　　　　10 000 000
　　　　应收利息　　　　　　　　　　　　　　　　　　　　13 333.33
　　　　利息收入　　　　　　　　　　　　　　　　　　　　 6 666.67

利息收入＝10 000 000×4.8%÷360×5＝6 666.67（元）

习题三

（1）发放贷款：

借：贷款——委托贷款——本金　　　　　　　　　　　　100 000 000
　　贷：银行存款　　　　　　　　　　　　　　　　　　100 000 000

（2）20×3年3月31日、6月30日、9月30日和12月31日，分别确认贷款利息：

借：应收利息 2 500 000
　　贷：利息收入 2 500 000
借：银行存款 2 500 000
　　贷：应收利息 2 500 000

（3）20×3年12月31日，确认减值损失：
借：资产减值损失 10 000 000
　　贷：贷款损失准备 10 000 000
借：贷款——委托贷款——已减值 100 000 000
　　贷：贷款——委托贷款——本金 100 000 000
此时贷款的摊余成本 = 100 000 000 − 10 000 000 = 90 000 000（元）

（4）20×4年3月31日，从客户收到利息：
借：银行存款 1 000 000
　　贷：贷款——委托贷款——已减值 1 000 000
按实际利率法以摊余成本为基础应确认的利息收入 = 90 000 000 × 10% ÷ 4 = 2 250 000（元）
借：贷款损失准备 2 250 000
　　贷：利息收入 2 250 000

（5）20×4年4月1日收到抵债资产：
借：抵债资产 85 000 000
　　营业外支出 6 450 000
　　贷款损失准备 7 750 000
　　贷：贷款——委托贷款——已减值 99 000 000
　　　　应交税费 200 000

（6）20×4年6月30日，从租户处收到上述房地产的租金：
借：银行存款 800 000
　　贷：其他业务收入——租金收入 800 000
确认抵债资产跌价准备：
借：资产减值损失 1 000 000
　　贷：抵债资产跌价准备 1 000 000

（7）20×4年12月31日，确认抵债资产租金：
借：银行存款 1 600 000
　　贷：其他业务收入——租金收入 1 600 000
确认发生的维修费用：
借：其他业务成本 200 000
　　贷：银行存款 200 000
确认抵债资产跌价准备 = 84 000 000 − 83 000 000 = 1 000 000（元）
借：资产减值损失 1 000 000
　　贷：抵债资产跌价准备 1 000 000

（8）20×5年1月1日，确认抵债资产处置：

借：银行存款　　　　　　　　　　　　　　　　　　　83 000 000
　　抵债资产跌价准备　　　　　　　　　　　　　　　2 000 000
　　营业外支出　　　　　　　　　　　　　　　　　　1 500 000
　　贷：抵债资产　　　　　　　　　　　　　　　　　　85 000 000
　　　　应交税费　　　　　　　　　　　　　　　　　　1 500 000

习题四

(1) 20×3 年 1 月 1 日，发放贷款时：
借：贷款——委托贷款——本金　　　　　　　　　　5 000
　　贷：银行存款　　　　　　　　　　　　　　　　　　4 900
　　　　贷款——委托贷款——利息调整　　　　　　　　100
摊余成本 = 4 900（万元）

(2) 20×3 年 12 月 31 日，确认并收到贷款利息：
借：应收利息　　　　　　　　　　　　　　500（5 000×10%）
　　贷款——委托贷款——利息调整　　　　　15.97
　　贷：利息收入　　　　　　　　　　　　515.97（4 900×10.53%）
借：银行存款　　　　　　　　　　　　　　500
　　贷：应收利息　　　　　　　　　　　　　　500
摊余成本 = 4 900 + 515.97 − 500 = 4 915.97（万元）

(3) 20×4 年 12 月 31 日，确认并收到贷款利息：
借：应收利息　　　　　　　　　　　　　　500（50 000×10%）
　　贷款——委托贷款——利息调整　　　　　17.65
　　贷：利息收入　　　　　　　　　　　　517.65（4 915.97×10.53%）
借：银行存款　　　　　　　　　　　　　　500
　　贷：应收利息　　　　　　　　　　　　　　500
摊余成本 = 4 915.97 + 517.65 − 500 = 4 933.62（万元）

(4) 20×5 年 12 月 31 日，确认贷款利息：
借：应收利息　　　　　　　　　　　　　　500（5 000×10%）
　　贷款——委托贷款——利息调整　　　　　19.51
　　贷：利息收入　　　　　　　　　　　　519.51（4 933.62×10.53%）

计提贷款损失准备前，贷款的摊余成本 = 4 933.62 + 519.51 = 5 453.13（万元），20×5 年 12 月 31 日，预计从 A 企业贷款将收到的现金流量现值计算如下：

$500/(1+10.53\%) + 2\ 500/(1+10.53\%)^2 = 2\ 498.72$（万元）

应确认贷款减值损失 = 5 453.13 − 2 498.72 = 2 954.41（万元）
借：资产减值损失　　　　　　　　　　　　　　2 954.41
　　贷：贷款损失准备　　　　　　　　　　　　　　2 954.41
借：贷款——委托贷款——已减值　　　　　　　　5 453.13
　　贷款——委托贷款——利息调整　　46.87（100 − 15.97 − 17.65 − 19.51）
　　贷：贷款——委托贷款——本金　　　　　　　　5 000

应收利息　　　　　　　　　　　　　　　　　　　　　　　500

确认减值损失后，贷款的摊余成本 = 5 453.13 - 2 954.41 = 2 498.72（万元）

（5）20×6年12月31日，确认利息收入并收到利息：

借：贷款损失准备　　　　　　　　　　　　　　　　　263.12
　　贷：利息收入　　　　　　　　　　263.12（2 498.72 × 10.53%）
借：银行存款　　　　　　　　　　　　　　　　　　　400
　　贷：贷款——委托贷款——已减值　　　　　　　　　400

收入：应收未收利息　　　500

计提贷款损失准备前，贷款的摊余成本 = 2 498.71 + 263.12 - 400 = 2 361.83（万元），20×6年12月31日，预期原来的现金流量估计不会改变，因此从A企业将收到的现金流量现值计算如下：2 500/（1 + 10.53%）= 2 261.83（万元）

应计提的贷款损失准备 = 2 361.83 - 2 261.83 = 100（万元）

借：资产减值损失　　　　　　　　　　　　　　　　　100
　　贷：贷款损失准备　　　　　　　　　　　　　　　　100

确认减值损失后，贷款的摊余成本 = 2 361.83 - 100 = 2 261.83（万元）

（6）20×7年12月31日，结算贷款：

借：贷款损失准备　　　　　　　238.17（2 261.83 × 10.53%）
　　贷：利息收入　　　　　　　　　　　　　　　　　　238.17
借：银行存款　　　　　　　　　　　　　　　　　　　4 000
　　贷款损失准备　　2 553.12（2 954.41 - 263.12 + 100 - 238.17）
　　贷：贷款——委托贷款——已减值　　5 053.13（5 453.13 - 400）
　　　　资产减值损失　　　　　　　　　　　　　　　1 499.99

付出：应收未收利息　　　500

习题五

20×7年年末提取坏账准备：

借：资产减值损失　　　　　　　　　　　　　　　　30 000
　　贷：坏账准备　　　　　　　　　　　　　　　　　30 000

20×8年发生坏账损失20 000元：

借：坏账准备　　　　　　　　　　　　　　　　　　20 000
　　贷：应收保费　　　　　　　　　　　　　　　　　20 000

20×8年年末按年末"应收账款"余额计算提取坏账准备：

坏账准备余额为57 000元（3 800 000 × 1.5%）；

应提的坏账准备为47 000元（57 000 - 30 000 + 20 000）

借：资产减值损失　　　　　　　　　　　　　　　　47 000
　　贷：坏账准备　　　　　　　　　　　　　　　　　47 000

20×9年收回20×8年已冲销的坏账：

借：应收保费　　　　　　　　　　　　　　　　　　20 000
　　贷：坏账准备　　　　　　　　　　　　　　　　　20 000

借：银行存款 20 000
　　贷：应收保费 20 000
发生坏账损失 6 000 元：
借：坏账准备 6 000
　　贷：应收利息 6 000
20×9 年年末按"应收账款"余额计算提取坏账准备：
坏账准备余额为 21 600 元（1 800 000×1.2%）；
应提的坏账准备为 −49 400 元（21 600 − 20 000 − 57 000 + 6 000）
借：坏账准备 49 400
　　贷：资产减值损失 49 400

习题六

1. 购买股票时：

借：交易性金融资产——成本 1 000 000
　　应收股利——乙公司 60 000
　　投资收益 10 000
　　贷：银行存款 1 070 000

（1）5 月 23 日收到现金股利：

借：银行存款 60 000
　　贷：应收股利——乙公司 60 000

（2）6 月 30 日确定股票的公允价值与账面价值的差额：

6 月 30 日股票的收盘价即为交易性金融资产的公允价值 = 100 000 × 13 = 1 300 000（元）

股票的公允价值与账面价值的差额 = 1 300 000 − 1 000 000 = 300 000（元）

借：交易性金融资产——公允价值变动 300 000
　　贷：公允价值变动损益 300 000

（3）8 月 15 日将上述股票出售：

借：银行存款 1 500 000
　　贷：交易性金融资产——成本 1 000 000
　　　　　　　　　　　　——公允价值变动 300 000
　　　　投资收益 200 000

将原计入该金融资产的公允价值变动转出：

借：公允价值变动损益 300 000
　　贷：投资收益 300 000

2. 20×4 年 1 月 1 日，购入债券：

借：交易性金融资产——成本 1 000 000
　　应收利息 25 000
　　投资收益 30 000
　　贷：银行存款 1 055 000

(1) 20×4年1月5日，收到该债券2006年下半年利息：

借：银行存款 25 000
　　贷：应收利息 25 000

(2) 20×4年6月30日，确认债券公允价值变动和投资收益：

借：交易性金融资产——公允价值变动 150 000
　　贷：公允价值变动损益 150 000
借：应收利息 25 000
　　贷：投资收益 25 000

(3) 20×4年7月5日，收到债券半年利息：

借：银行存款 25 000
　　贷：应收利息 25 000

(4) 20×4年12月31日，确认债券公允价值变动和投资收益：

借：交易性金融资产——公允价值变动 50 000
　　贷：公允价值变动损益 50 000
借：应收利息 25 000
　　贷：投资收益 25 000

(5) 20×5年1月5日，收到该债券20×4年下半年利息：

借：银行存款 25 000
　　贷：应收利息 25 000

(6) 20×5年3月31日，将该债券予以出售：

借：应收利息 12 500
　　贷：投资收益 12 500
借：银行存款 1 160 000
　　公允价值变动损益 200 000
　　贷：交易性金融资产——成本 1 000 000
　　　　　　　　　　　　——公允价值变动 200 000
　　　　投资收益 160 000
借：银行存款 12 500
　　贷：应收利息 12 500

习题七

(1) 20×7年1月购入时（本题假设以万元为单位）：

借：持有至到期投资——成本 100
　　　　　　　　　——利息调整 6
　　贷：银行存款 106

(2) 20×7年12月31日，计算应收利息和确认利息收入：

①该债券名义利息 = 10%，年应收利息 = 100 × 10% = 10（万元）
②计算该债券的实际利率 r = 7.6889%。计算过程如下：
$10 \div (1+r) + 10 \div (1+r)^2 + 10 \div (1+r)^3 = 106$

当 r = 8% 时：

$10 \div (1+8\%) + 10 \div (1+8\%)^2 + 10 \div (1+8\%)^3 = 105.1542$（万元）

当 r = 7% 时：

$10 \div (1+7\%) + 10 \div (1+7\%)^2 + 10 \div (1+7\%)^3 = 107.873$（万元）

表 7 - 1　　　　　　　　　　　插值法表

8%	105.1542
r	106
7%	107.873

$(r - 8\%) \div (7\% - 8\%) = (106 - 105.1542) \div (107.873 - 105.1542)$

$r = (106 - 105.1542) \div (107.873 - 105.1542) \times (7\% - 8\%) + 8\% = 7.6889\%$

③计算利息收入（实际利率法）

表 7 - 2　　　　　　溢价摊销表（实际利率为 7.6889%）

项目	应收利息 ① = 面值 × 票面利率	利息收入 ② = 上一期④ × 实际利率	溢价摊销 ③ = ① — ②	摊余成本 ④ = 上一期④ - ③
20 × 7.1.1				106
20 × 7.12.31	10	8.15	1.85	104.15
20 × 8.12.31	10	8.01	1.99	102.16
20 × 9.12.31	10	7.84	2.16	100
合计	30	24	6	

借：应收利息　　　　　　　　　　　　　　　　　　　　　　10
　　贷：投资收益　　　　　　　　　　　　　　　　　　　　8.15
　　　　持有至到期投资——利息调整　　　　　　　　　　　1.85
借：银行存款　　　　　　　　　　　　　　　　　　　　　　10
　　贷：应收利息　　　　　　　　　　　　　　　　　　　　10

（3）20×8 年 12 月 31 日，计算应收利息和确认利息收入：

借：应收利息　　　　　　　　　　　　　　　　　　　　　　10
　　贷：投资收益　　　　　　　　　　　　　　　　　　　　8.01
　　　　持有至到期投资——利息调整　　　　　　　　　　　1.99
借：银行存款　　　　　　　　　　　　　　　　　　　　　　10
　　贷：应收利息　　　　　　　　　　　　　　　　　　　　10

（4）20×9 年 12 月 31 日，计算应收利息和确认利息收入，还本金额为：

借：应收利息　　　　　　　　　　　　　　　　　　　　　　10
　　贷：投资收益　　　　　　　　　　　　　　　　　　　　7.84
　　　　持有至到期投资——利息调整　　　　　　　　　　　2.16

借：银行存款	110	
贷：持有至到期投资——成本		100
应收利息		10

习题八

(1) 20×4年8月20日，购入股票：

借：可供出售金融资产——成本	6 010 000	
贷：银行存款		6 010 000

(2) 20×4年12月31日，确认股票价格变动：

借：可供出售金融资产——公允价值变动	1 490 000	
贷：资本公积——其他资本公积		1 490 000

(3) 20×5年2月1日，出售股票：

借：银行存款	8 980 000	
资本公积——其他资本公积	1 490 000	
贷：可供出售金融资产——成本		6 010 000
——公允价值变动		1 490 000
投资收益		2 970 000

习题九

1. 借：长期股权投资——乙公司	12 000 000	
资本公积	900 000	
盈余公积	800 000	
一般风险准备	700 000	
利润分配——未分配利润	600 000	
贷：股本		15 000 000
2. 借：长期股权投资——乙公司	13 700 000	
累计折旧	4 000 000	
固定资产减值准备	500 000	
贷：固定资产		15 000 000
银行存款		1 200 000
营业外收入		2 000 000
3. 借：长期股权投资——乙公司	1 510 000	
应收股利	20 000	
贷：银行存款		1 530 000
4. 借：长期股权投资——乙公司	60 000 000	
贷：股本		30 000 000
资本公积		30 000 000
借：资本公积	4 500 000	
贷：银行存款		4 500 000

5. 借：长期股权投资——乙公司　　　　　　　　　　　　60 000 000
　　　贷：实收资本　　　　　　　　　　　　　　　　　　50 000 000
　　　　　资本公积——资本溢价　　　　　　　　　　　　10 000 000

习题十

1. 20×1年3月1日取得投资，全部作为投资成本：
借：长期股权投资——丙公司　　　　　　　　　　　　1 100 000
　　贷：银行存款　　　　　　　　　　　　　　　　　　1 100 000
20×1年5月2日宣告发放现金股利：
借：应收股利　　　　　　　　　　　　　　　　　　　　70 000
　　贷：投资收益　　　　　　　　　　　　　　　　　　　70 000

2. 甲公司占B企业可辨认净资产公允价值的份额为：（48 000 - 12 000）×30% = 10 800（万元）

其初始投资成本为9 000万元，小于应享有B企业的可辨认净资产公允价值份额10 800万元，则应将其差额1 800万元计入当期损益，同时调整长期股权投资的成本。会计分录为：

借：长期股权投资——B企业（投资成本）　　　　　　　1 800 000
　　贷：营业外收入　　　　　　　　　　　　　　　　　1 800 000

3. 甲公司在确定其应享有的投资收益时，应在乙公司实现净利润的基础上，根据取得投资时乙公司有关资产的账面价值与其公允价值差额的影响进行调整（假定不考虑所得税影响）：

抵债资产账面价值与公允价值的差额应调减的利润 =（1 050 - 750）×80% = 240（万元）

固定资产公允价值与账面价值差额应调整增加的折旧额 = 2 400÷16 - 1 800÷20 = 60（万元）

无形资产公允价值与账面价值差额应调整减少的摊销额 = 800÷8 - 1 050÷10 = -5（万元）

调整后的净利润 = 900 - 240 - 60 + 5 = 605（万元）

甲公司应享有份额 = 605×30% = 181.5（万元）

确认投资收益的会计分录为：

借：长期股权投资——乙公司（损益调整）　　　　　　　1 815 000
　　贷：投资收益　　　　　　　　　　　　　　　　　　1 815 000

4. ①初始投资时：
甲公司占乙公司可辨认净资产公允价值的份额为：1 000×20% = 200（万元）

其初始投资成本为300万元，大于应享有乙公司的可辨认净资产公允价值份额200万元，则不再调整长期股权投资的初始投资成本。

借：长期股权投资——投资成本　　　　　　　　　　　　3 000 000
　　贷：银行存款　　　　　　　　　　　　　　　　　　3 000 000

②取得20×4年现金股利：
借：应收股利　　　　　　　　　　　　　　　　　　　　120 000
　　贷：长期股权投资——投资成本　　　　　　　　　　　120 000

借：银行存款 120 000
　　贷：应收股利 120 000
③20×4年年末确认投资收益：
应享有的净利润份额=200×20%=40（万元）
借：长期股权投资——损益调整 400 000
　　贷：投资收益 400 000
④取得20×5年现金股利：
借：应收股利 500 000
　　贷：长期股权投资——损益调整 500 000
⑤20×5年年末确认投资收益：
应享有的净利润份额=400×20%=80（万元）
借：长期股权投资——损益调整 800 000
　　贷：投资收益 800 000
⑥20×6年年末确认投资亏损：
借：投资收益 3 000 000
　　贷：长期股权投资——损益调整 3 000 000
⑦20×7年年末确认投资收益：
借：长期股权投资——损益调整 400 000
　　贷：投资收益 400 000
⑧20×8年年末确认应享有被投资单位所有者权益的变动：
借：长期股权投资——其他权益变动 100 000
　　贷：资本公积——其他资本公积 100 000

5. 甲公司当年度的亏损额为18 000万元，则甲公司按其持股比例确认应分担的损失为：18 000×30%=5 400万元，长期股权投资账面价值=6 000-1 000=5 000（万元），因此冲减投资5 000万元，会计分录如下：
借：投资收益 50 000 000
　　贷：长期股权投资——损益调整 50 000 000
6. 借：资产减值损失——计提的长期股权投资减值准备 3 400 000
　　贷：长期股权投资减值准备 3 400 000

第八章　金融负债的核算

习题一

1. 借入款项时：
借：银行存款 200 000
　　贷：短期借款——某银行 200 000
每季第1—2月月底计提利息：200 000×3%÷12=500（元）
借：利息支出 500

　　　　贷：应付利息——某银行　　　　　　　　　　　　　　　　　　　500
季末支付利息：
借：利息支出　　　　　　　　　　　　　　　　　　　　　　　　　　　500
　　应付利息——某银行　　　　　　　　　　　　　　　　　　　　　1 000
　　　　贷：银行存款　　　　　　　　　　　　　　　　　　　　　　1 500
借款期满时：
借：短期借款——某银行　　　　　　　　　　　　　　　　　　　200 000
　　　　贷：银行存款　　　　　　　　　　　　　　　　　　　　200 000
2. ①取得借款时：
借：银行存款　　　　　　　　　　　　　　　　　　　　　　12 000 000
　　　　贷：长期借款——本金　　　　　　　　　　　　　　12 000 000
②支付工程价款时：
借：在建工程　　　　　　　　　　　　　　　　　　　　　　12 000 000
　　　　贷：银行存款　　　　　　　　　　　　　　　　　　12 000 000
③20×4年年末计提利息：
借：在建工程　　　　　　　　　　　　　　　　　　　　　　　360 000
　　　　贷：应付利息　　　　　　　　　　　　　　　　　　　360 000
④20×5年年末计提利息：
借：在建工程　　　　　　　　　　　　　　　　　　　　　　　720 000
　　　　贷：应付利息　　　　　　　　　　　　　　　　　　　720 000
⑤20×6年年末计提利息：
借：在建工程　　　　　　　　　　　　　　　　　　　　　　　360 000
　　利息支出　　　　　　　　　　　　　　　　　　　　　　　360 000
　　　　贷：应付利息　　　　　　　　　　　　　　　　　　　720 000
⑥20×7年7月1日还本付息时：
借：长期借款——本金　　　　　　　　　　　　　　　　　　12 000 000
　　应付利息　　　　　　　　　　　　　　　　　　　　　　1 800 000
　　利息支出　　　　　　　　　　　　　　　　　　　　　　　360 000
　　　　贷：银行存款　　　　　　　　　　　　　　　　　　14 160 000

习题二

1. 1月31日计提应付经营租入固定资产租金：
借：业务及管理费——租赁费　　　　　　　　　　　　　　　　　3 000
　　　　贷：其他应付款　　　　　　　　　　　　　　　　　　　3 000
1—5月底计提应付经营租入固定资产租金的会计处理同上。
6月30日支付租金：
借：其他应付款　　　　　　　　　　　　　　　　　　　　　　15 000
　　业务及管理费——租赁费　　　　　　　　　　　　　　　　　3 000
　　　　贷：银行存款　　　　　　　　　　　　　　　　　　　18 000

2. 发行价格 = 500 000 × (P/F, 6%, 6) + 500 000 × 10% × (P/A, 6%, 6)
   = 475 413（元）

甲公司根据上述资料，采用实际利率法和摊余成本法计算确定的利息费用如表 8-1 所示。

表 8-1　　　　　　　　　债券折价摊销表（实际利率法）　　　　　　　　单位：元

A	B	C	D	E	F
付息期次	各期实际利息费用	各期票面利息	各期摊销折价	未摊销折价	长期债券账面价值
	F × 12% ÷ 2	面值 × 10% ÷ 2	B - C	E - D	面值 - E
发行时				24 587	475 413
1	28 524.78	25 000	3 524.78	21 062.22	478 937.78
2	28 736.27	25 000	3 736.27	17 325.95	482 674.05
3	28 960.44	25 000	3 960.44	13 365.51	486 634.49
4	29 198.07	25 000	4 198.07	9 167.44	90 832.56
5	29 449.95	25 000	4 449.95	4 717.49	495 282.51
6	29 717.49*	25 000	4 717.49	0	500 000
合计	174 587	150 000	24 587		

注：为了保持平衡，考虑了小数点尾差，即 29 717.49 = 25 000 + 4 717.49。

根据上表资料，甲公司应编制会计分录如下：

① 20×4 年 12 月 31 日，发行债券时：

借：银行存款　　　　　　　　　　　　　　　　　　　　　　475 413
　　应付债券——利息调整　　　　　　　　　　　　　　　　24 587
　　贷：应付债券——面值　　　　　　　　　　　　　　　　500 000

② 20×5 年 6 月 30 日，计算利息费用并摊销折价时：

借：利息支出　　　　　　　　　　　　　　　　　　　　　28 524.78
　　贷：应付债券——利息调整　　　　　　　　　　　　　　3 524.78
　　　　应付利息　　　　　　　　　　　　　　　　　　　25 000

支付利息时：

借：应付利息　　　　　　　　　　　　　　　　　　　　　25 000
　　贷：银行存款　　　　　　　　　　　　　　　　　　　25 000

以后各期确认利息费用的会计处理同上。

③ 20×7 年 12 月 31 日，归还债券本金及最后一期利息时：

借：应付债券——面值　　　　　　　　　　　　　　　　　500 000
　　应付利息　　　　　　　　　　　　　　　　　　　　　25 000
　　贷：银行存款　　　　　　　　　　　　　　　　　　525 000

3. (1) 甲公司收到理赔保证金：

借：银行存款　　　　　　　　　　　　　　　　　　　　150 000
　　贷：存入保证金——A 公司　　　　　　　　　　　　150 000

（2）发生代偿时：

借：赔付支出——贷款担保　　　　　　　　　　　　400 000
　　　贷：银行存款　　　　　　　　　　　　　　　　　　400 000

（3）行使代位追偿权时：

借：应收代位追偿款——A 公司　　　　　　　　　　380 000
　　　贷：赔付支付——贷款担保　　　　　　　　　　　　380 000

（4）收回代偿款时：

借：银行存款　　　　　　　　　　　　　　　　　　200 000
　　　存入保证金——A 公司　　　　　　　　　　　　　150 000
　　　赔付支出——贷款担保　　　　　　　　　　　　　300 000
　　　贷：应收代位追偿款——A 公司　　　　　　　　　　380 000

4. ① 20×7 年 6 月 20 日，拆入资金：

借：银行存款　　　　　　　　　　　　　　　　　 40 000 000
　　　贷：拆入资金——乙公司　　　　　　　　　　　 40 000 000

② 20×7 年 6 月 30 日，计提利息：

借：利息支出　　　　　　　　　　　　　　　　　　26 666.67
　　　贷：应付利息——乙公司　　　　　　　　　　　　 26 666.67

利息支出 = 40 000 000 × 2.4% ÷ 360 × 10 = 26 666.67（元）

③ 到期归还拆入资金本息：

借：拆入资金——乙公司　　　　　　　　　　　　 40 000 000
　　利息支出　　　　　　　　　　　　　　　　　　53 333.33
　　应付利息——乙公司　　　　　　　　　　　　　 26 666.67
　　　贷：银行存款　　　　　　　　　　　　　　　　 40 080 000

利息支出 = 40 000 000 × 2.4% ÷ 360 × 20 = 53 333.33（元）

5. ① 20×7 年 10 月 1 日，卖出 B 证券成交时：

借：银行存款　　　　　　　　　　　　　　　　　 3 000 000
　　　贷：卖出回购金融资产款——B 证券　　　　　　 3 000 000

② 20×7 年 12 月 31 日，计算利息费用：

借：利息支出　　　　　　　　　　　　　　　　　　　28 500
　　　贷：应付利息　　　　　　　　　　　　　　　　　　28 500

利息支出 = 3 000 000 × 3.8% ÷ 12 × 3 = 28 500（元）

③ 20×8 年 3 月 1 日，回购该批证券：

借：卖出回购金融资产款——B 证券　　　　　　　　 3 000 000
　　应付利息　　　　　　　　　　　　　　　　　　　28 500
　　利息支出　　　　　　　　　　　　　　　　　　　19 000
　　　贷：银行存款　　　　　　　　　　　　　　　　 3 047 500

利息支出 = 3 000 000 × 3.8% ÷ 12 × 2 = 19 000（元）

6. 收取营销员保证金时：

借：银行存款　　　　　　　　　　　　　　　　　　　 5 000

贷：存入保证金——营销员保证金 5 000
退还营销员保证金时：
借：存入保证金——营销员保证金 5 000
　　贷：库存现金 4 000
　　　　营业外收入——赔款收入 1 000
7. 收到委托管理业务款项时：
借：银行存款 8 000
　　贷：代理业务负债——某客户 8 000
根据合同规定从委托管理基金支付相关给付时：
借：代理业务负债——某客户 6 000
　　贷：银行存款 6 000
计算账户利息时：
借：银行存款 200
　　贷：代理业务负债——某客户 200
按合同约定应支付给委托人时：
借：代理业务负债——某客户 150
　　贷：银行存款 150
从基金账户扣除管理费时：
借：代理业务负债——某客户 100
　　贷：其他业务收入——账户管理费收入 100

第九章　衍生金融工具的核算

习题一

（1）20×8年5月1日，购入看跌期权，确认衍生工具资产：
借：衍生工具——看跌期权 6 000
　　贷：银行存款 6 000
（2）20×8年12月31日，确认期权公允价值下降：
借：公允价值变动损益 1 500
　　贷：衍生工具——看跌期权 1 500
（3）20×9年1月30日，确认期权公允价值上升：
借：衍生工具——看跌期权 1 000
　　贷：公允价值变动损益 1 000
在同一天，A公司行使了该看跌期权。
第一种情况：假定合同以现金净额方式进行结算
A公司向甲公司支付225 000元，而甲公司要向A公司支付190 000元，则甲公司实际收到的现金净额为35 000元。则甲公司确认有关期权合同的结算分录为：
借：银行存款 35 000

贷：衍生工具——看跌期权　　　　　　　　　　　　　　　　　　35 000
　　第二种情况：假定合同以普通股净额进行结算
　　A公司有义务向甲公司交付与225 000元等值的甲公司股票，甲公司有义务向A公司交付与190 000元等值的甲公司股票。两者相抵，A公司有义务向甲公司交付与35 000元等值的甲公司股票921.05股（35 000元/38）。
　　借：股本　　　　　　　　　　　　　　　　　　　　　　　　　　921.05
　　　　资本公积——股本溢价　　　　　　　　　　　　　　　　　34 078.95
　　　　贷：衍生工具——看跌期权　　　　　　　　　　　　　　　　35 000

习题二

乙公司应编制会计分录如下：
（1）20×8年5月1日，乙公司发行的看涨期权，确认衍生负债：
　　借：银行存款　　　　　　　　　　　　　　　　　　　　　　　7 000
　　　　贷：衍生工具——看涨期权　　　　　　　　　　　　　　　　7 000
（2）20×8年12月31日，确认期权公允价值上升：
　　借：公允价值变动损益　　　　　　　　　　　　　　　　　　　1 000
　　　　贷：衍生工具——看涨期权　　　　　　　　　　　　　　　　1 000
（3）20×9年5月1日，确认期权公允价值下降：
　　借：衍生工具——看涨期权　　　　　　　　　　　　　　　　　2 000
　　　　贷：公允价值变动损益　　　　　　　　　　　　　　　　　　2 000
在同一天，B公司行使了该看涨期权。
第一种情况：假定合同以现金净额方式进行结算
乙公司有义务向B公司交付316 000元，并从B公司收取300 000元，乙公司实际支付净额为16 000元。账务处理如下：
　　借：衍生工具——看涨期权　　　　　　　　　　　　　　　　　16 000
　　　　贷：银行存款　　　　　　　　　　　　　　　　　　　　　16 000
第二种情况：以普通股净额结算
乙公司有义务向B公司交付与316 000元等值的本公司股票，并向B公司收取与300 000元等值的股票，实际向B公司交付普通股数量101.27股（16 000/158股）。
　　借：衍生工具——看涨期权　　　　　　　　　　　　　　　　　16 000
　　　　贷：股本　　　　　　　　　　　　　　　　　　　　　　　　101.27
　　　　　　资本公积——股本溢价　　　　　　　　　　　　　　　15 898.73

习题三

（1）20×8年10月1日，卖出期货合约，对签订确定承诺的远期合约进行初始确认（以下金额以万元为单位）：
　　借：其他应收款　　　　　　　　　　　　　　　　　　　　　　120
　　　　贷：衍生工具——期货远期合约　　　　　　　　　　　　　　120
（2）指定套期关系时：

借：衍生工具——期货远期合约　　　　　　　　　　　　　120
　　贷：套期工具——期货远期合约　　　　　　　　　　　　　120
借：被套期项目——期货远期合约　　　　　　　　　　　　120
　　贷：抵债资产　　　　　　　　　　　　　　　　　　　　　120
（3）20×9年5月1日，确认套期工具和被套期项目公允价值变动形成的利得或损失：
借：公允价值变动损益　　　　　　　　　　　　　　　　　15
　　贷：被套期项目——确定承诺　　　　　　　　　　　　　　15
借：套期工具——期货远期合约　　　　　　　　　　　　　15
　　贷：公允价值变动损益　　　　　　　　　　　　　　　　　15
这样操作以后，该公司就用套期工具的利得弥补了被套期项目的损失，锁定了履行确定承诺购买损余物资的成本。

习题四

（1）20×4年11月16日，借入美元（以下金额单位为万美元）：
借：银行存款　　　　　　　　　　　　　　　　　　　18 000
　　贷：长期借款——本金　　　　　　　　　　　　　　　18 000
为了套期签订5年期利率互换协议时进行初始确认：
借：衍生工具——利率互换——成本　　　　　　　　　4 050
　　贷：应付利息　　　　　　　　　　　　　　　　　　　4 050
（2）指定套期关系时：
借：套期工具——利率互换　　　　　　　　　　　　　4 050
　　贷：衍生工具——利率互换——成本　　　　　　　　　4 050
（3）20×5年11月15日，LIBOR为4.6%。
确认套期工具产生的利得为28.8（838.8－810）。
被套期项目自套期开始的预计未来现金流量现值的累计变动额为：
838.8×（1+（P/A,4.6%,4））/（1+4.4%）－802.8×（P/A,4.4%,5）=145，远大于套期工具累计利得28.8，所以套期工具利得全部有效，计入资本公积。
借：套期工具　　　　　　　　　　　　　　　　　　　　28.8
　　贷：资本公积——其他资本公积　　　　　　　　　　　　28.8
（4）20×5年11月15日，支付贷款利息（预期交易发生）：
借：利息支出　　　　　　　　　　　　　　　　　　　838.8
　　贷：银行存款　　　　　　　　　　　　　　　　　　　838.8
同时将资本公积转出，计入当期损益：
借：资本公积——其他资本公积　　　　　　　　　　　　28.8
　　贷：投资收益　　　　　　　　　　　　　　　　　　　28.8
将不再作为套期工具的金融资产转出：
借：衍生工具——利率互换　　　　　　　　　　　　　838.8
　　贷：套期工具——利率互换　　　　　　　　　　　　　838.8
（5）结算利率互换协议利息：

借：应付利息　　　　　　　　　　　　　　　　　　　810
　　贷：银行存款　　　　　　　　　　　　　　　　　　　810
借：应收利息　　　　　　　　　　　　　　　　　　　838.8
　　贷：衍生工具——利率互换　　　　　　　　　　　　　838.8
借：银行存款　　　　　　　　　　　　　　　　　　　838.8
　　贷：应收利息　　　　　　　　　　　　　　　　　　　838.8

20×6 至 20×9 年支付利息与 20×5 年相似。

20×9 年 11 月 15 日，偿还本金：
借：长期借款　　　　　　　　　　　　　　　　　　18 000
　　贷：银行存款　　　　　　　　　　　　　　　　　　　18 000

注：通过套期，原本是浮动利率的贷款利息变成了固定利率利息，最后实际支付的利息为 4 050 万美元；若不套期，则需要支付的利息为 4 086 万美元。可见通过套期，使公司规避了利率浮动的风险。

习题五

(1) 10 月 1 日，在签约日（金融工具交易日）对外汇远期合同进行初始确认（以下金额以万元为单位）：

借：其他应收款　　　　　　　　　　　　　　　　　147 832.5
　　贷：衍生工具——远期合同　　　　　　　　　　　　　147 639
　　　　投资收益　　　　　　　　　　　　　　　　　　　193.5

(2) 指定套期关系时：

借：衍生工具——远期合同　　　　　　　　　　　　147 639
　　贷：套期工具　　　　　　　　　　　　　　　　　　　147 639

(3) 12 月 31 日，即期汇率为 RMB 982.67/GBP 100：

确认套期工具公允价值变动的收益为：
15 000 × (9.8426 - 9.8267) = 238.5
被套期项目自套期开始的预计未来现金流量现值的累计变动额为：
15 000 × (9.8267 - 9.8426) = -238.5
则套期有效部分为 238.5，分录为：

借：套期工具　　　　　　　　　　　　　　　　　　238.5
　　贷：资本公积——其他资本公积　　　　　　　　　　　238.5

(4) 购入英镑进行结算：

借：银行存款——英镑户　　　　　　　　　　　　　147 400.5
　　贷：银行存款——人民币户　　　　　　　　　　　　　147 400.5
借：套期工具　　　　　　　　　　　　　　　　　　147 400.5
　　贷：衍生工具——远期合同　　　　　　　　　　　　　147 400.5
借：衍生工具——远期合同　　　　　　　　　　　　147 400.5
　　贷：其他应付款　　　　　　　　　　　　　　　　　　147 400.5
借：其他应付款　　　　　　　　　　　　　　　　　147 400.5

  贷：银行存款——美元户   147 400.5
 借：银行存款——人民币户   147 832.5
  贷：其他应收款   147 832.5

（5）处置境外经营时，上述确认的资本公积应当转出，计入当期损益。

第十章 担保公司财务报表

习题一

资产负债表

编制单位：宏达担保公司   20×1年12月31日   单位：元

资产	期末余额	年初余额	负债和所有者权益（或股东权益）	期末余额	年初余额
资产：			负债：		
货币资金	1 840 000		短期借款		
拆出资金	17 550 000		拆入资金	400 000	
交易性金融资产	15 000 000		交易性金融负债		
衍生金融资产			衍生金融负债		
买入返售金融资产	13 470 000		卖出回购金融资产款	1 200 000	
应收利息			预收保费	970 000	
应收保费	2 378 000		应付手续费及佣金	750 000	
应收代位追偿款			应付分保账款	5 368 000	
应收分保账款	6 408 000		应付职工薪酬	1 400 000	
应收分保未到期责任准备金	991 000		应交税费	1 050 000	
应收分保担保赔偿准备金	571 000		应付赔付款	1 050 000	
贷款	500 000		未到期责任准备金	10 260 000	
定期存款	130 260 000		担保赔偿准备金	146 520 000	
可供出售金融资产			长期借款	9 290 000	
持有至到期投资	130870 000		应付债券		
长期股权投资	18 500 000		其中：优先股		
存出资本保证金	50 000 000		永续债		
投资性房地产			递延所得税负债	400 000	
固定资产	15 850 000		其他负债	83 110 000	

续表

资产	期末余额	年初余额	负债和所有者权益（或股东权益）	期末余额	年初余额
无形资产	1 000 000		负债合计	261 768 000	
递延所得税资产	80 000		所有者权益（或股东权益）：		
其他资产	21 320 000		实收资本（或股本）	120 000 000	
			其他权益工具		
			其中：优先股		
			永续债		
			资本公积		
			担保扶持基金	9 620 000	
			减：库存股		
			盈余公积	1 200 000	
			一般风险准备	1 200 000	
			未分配利润	32 800 000	
			所有者权益（或股东权益）合计	164 820 000	
资产总计	426 588 000		负债及所有者权益（或股东权益）总计	426 588 000	

习题二

利 润 表

编制单位：宏达担保公司　　　　　20×1年12月　　　　　　　　　　　　单位：元

项　目	本期金额	上期金额
一、营业收入	359 333 000	
已赚保费	308 915 000	
保险业务收入	354 384 000	
其中：分保费收入	4 384 000	
减：分出保费	9 869 000	
提取未到期责任准备金	35 600 000	
投资收益（损失以"-"号填列）	41 683 000	
其中：对联营企业和合营企业的投资收益		
公允价值变动收益（损失以"-"号填列）	-500 000	

续表

项　目	本期金额	上期金额
汇兑收益（损失以"-"号填列）	856 000	
其他业务收入	8 379 000	
二、营业支出	295 633 000	
退保金	25 600 000	
赔付支出	118 717 000	
减：摊回赔付支出	4 832 000	
提取担保赔偿准备金	121 200 000	
减：摊回担保赔偿准备金	345 000	
分保费用	3 400 000	
营业税金及附加	2 654 000	
手续费及佣金支出	6 266 000	
业务及管理费	12 860 000	
减：摊回分保费用	716 000	
其他业务成本	9 579 000	
资产减值损失	1 250 000	
三、营业利润（亏损以"-"号填列）	63 700 000	
加：营业外收入	2 560 000	
减：营业外支出	980 000	
四、利润总额（亏损总额以"-"号填列）	65 280 000	
减：所得税费用	18 886 000	
五、净利润（净亏损以"-"号填列）	46 394 000	
六、每股收益		
（一）基本每股收益		
（二）稀释每股收益		
七、其他综合收益		
八、综合收益总额		

参考文献

1. 财政部：《企业会计准则》，经济科学出版社2006年版。
2. 财政部：《企业会计准则——应用指南》，立信会计出版社2006年版。
3. 中国注册会计师协会：《会计》，中国财政经济出版社2013年版。
4. 财政部：《担保企业会计核算办法》，中国金融出版社2006年版。
5. 狄娜、张利胜：《信用担保机构经营管理》，经济科学出版社2007年版。
6. 王鹏：《担保理论研究》，中国金融出版社2005年版。
7. 梁宝忠：《智圆行为：担保体系的构筑与担保机构全动态风险管理》，中国经济出版社2007年版。
8. 侯旭华：《担保公司会计》，中国金融出版社2011年版。
9. 侯旭华：《保险公司会计》第四版，复旦大学出版社2012年版。
10. 侯旭华：《保险公司会计习题指南》（修订版），复旦大学出版社2012年版。
11. 侯旭华：《保险公司财务会计报告精析——新会计准则下的解读》，中国金融出版社2009年版。
12. 侯旭华：《保险公司财务分析与风险防范》，复旦大学出版社2013年版。
13. 侯旭华：《金融企业会计》，复旦大学出版社2014年版。
14. 侯旭华：《金融企业会计习题指南》，复旦大学出版社2014年版。
15. 侯旭华："担保准备金公允价值计量方法研究"，《财经理论与实践》2012年第4期。
16. 侯旭华："对担保行业会计改革几个问题的思考"，《会计之友》2012年第9期。